黄河流域乡村产业高质量发展

汪红梅　陆　迁　张永旺　冯晓春　孙自来　著

中国农业出版社

北　京

图书在版编目（CIP）数据

黄河流域乡村产业高质量发展 / 汪红梅等著. —北
京：中国农业出版社，2024.12
（黄河流域生态保护与农业农村高质量发展研究丛书）
ISBN 978-7-109-31690-4

Ⅰ.①黄…　Ⅱ.①汪…　Ⅲ.①黄河流域—乡村—农业
产业—产业发展—研究　Ⅳ.①F327.2

中国国家版本馆 CIP 数据核字（2024）第 011250 号

中国农业出版社出版

地址：北京市朝阳区麦子店街 18 号楼
邮编：100125
责任编辑：闫保荣
版式设计：小荷博睿　　责任校对：赵　硕
印刷：北京中兴印刷有限公司
版次：2024 年 12 月第 1 版
印次：2024 年 12 月北京第 1 次印刷
发行：新华书店北京发行所
开本：700mm×1000mm　1/16
印张：21.5
字数：330 千字
定价：88.00 元

黄河流域生态保护与农业农村高质量发展研究丛书

编 委 会

序言

黄河——这条蜿蜒数千公里的母亲河，孕育了璀璨的中华文明，见证了中华民族的繁衍与发展。2019年9月18日，习近平总书记主持召开黄河流域生态保护和高质量发展座谈会并发表重要讲话，提出要让黄河成为造福人民的幸福河，实施黄河流域生态保护和高质量发展重大国家战略。党的十八大以来，习近平总书记走遍沿黄9省份，并在上中下游分别主持召开3场座谈会专题部署黄河流域生态保护和高质量发展。2024年9月12日，习近平总书记主持召开全面推动黄河流域生态保护和高质量发展座谈会时强调，以进一步全面深化改革为动力，开创黄河流域生态保护和高质量发展新局面。

黄河流域生态保护和高质量发展重大国家战略的实施，为黄河流域乡村发展提供了新的机遇。党的二十届三中全会《中共中央关于进一步全面深化改革 推进中国式现代化的决定》提出的"坚持以人民为中心"的发展思想，以及"教育科技人才一体改革"的总体要求，为我们的工作指明了方向。本系列研究正是在这样的背景下应运而生，旨在深入探讨黄河流域乡村高质量发展之路，让发展成果更多更公平地惠及全体人民。

西北农林科技大学作为我国农业科教事业的中坚力量，自1934年国立西北农林专科学校创建以来，就肩负着"教育救国""兴学兴农"的时代使命。学校秉承"诚朴勇毅"的校训，恪守"民为国本，食为民天，树德务滋，树基务坚"的教育理念，承远古农神后稷之志，行当代教民稼穑之为，形成了"扎根杨凌、胸怀社稷、脚踏黄土、情系三农、甘于吃苦、追求卓越"的西农精神和"团结、求真、坚韧、自信"的西农科学文化，走出了一条产学研紧密结合的特色办学之路。

在这些精神的指引下，西北农林科技大学经济管理学院的师生们，积极响应国家战略部署，自2020年起连续多年组织研究生开展专项调研，"黄河岸边问国策"成为网络头条和新闻热点，建成涵盖黄河流域中上游主要区域的"千村万户"数据库，获批陕西（高校）哲学社会科学重点研究基地——黄河中上游生态保护与农业农村高质量发展研究基地，调研团队获得全国大中专学生志愿者暑期"三下乡"社会实践活动优秀团队和陕西省大中专学生志愿者暑期文化科技卫生"三下乡"社会实践活动标兵团队。此次择录部分调查资料形成的四部专题研究报告，从不同角度切入，全面系统地分析了黄河流域的农业农村发展现状、城乡融合发展、生态环境保护以及乡村产业高质量发展现状，为相关政策的制定和实施提供了科学依据。

《黄河流域农业农村高质量发展水平评价》，结合黄河流域9个省份农村经济的实际情况，构建了农业农村高质量发展的理论框架和评价模型。研究指出，黄河流域农业高质量发展水平整体不高，省份间存在较大差异，但近年来呈现持续增长态势。报告还提出了提升黄河流域农业农村高质量发展水平的对策建议。

《黄河流域城乡融合发展水平与实现策略》，系统梳理了国内外相关文献和城乡关系演化历程，分析了黄河流域城乡融合现状与主要问题。研究从产业结构、政府财政支持、市场化水平、金融发展水平、区位特征等方面识别了黄河流域城乡融合的主要驱动因素，并提出了针对性的对策建议。

《黄河流域生态环境保护效果及提升策略》，深入分析了黄河流域生态环境保护的历史脉络，运用多种分析方法评估了2001—2019年黄河流域生态环境保护效果的时空演变格局与趋势。研究提出了黄河流域生态环境保护的体制、机制建议。

《黄河流域乡村产业高质量发展》，深入探讨了黄河流域乡村产业高质量发展之路。研究从乡村产业结构、产业分布、产业政策等方面展现了黄河流域乡村产业发展现状，构建了乡村产业发展评价指标体系。研究分析了各省份乡村产业发展的制约因素，设计了有针对性的高质量发展路径，并提出了乡村产业高质量发展的政策保障体系。

这些研究是一次对黄河流域乡村发展的全面梳理和深入思考。我们希望这些研究成果能够为黄河流域乃至全国的乡村发展提供有益的参考和借鉴。同时，我们也期待读者能够对研究内容提出宝贵的意见和建议，共同推动中国乡村高质量发展。

在研究过程中，我们得到了西北农林科技大学相关学院、部门以及众多专家学者的大力支持和帮助，他们的智慧和经验为这些研究的完成提供了宝贵资源。在此，我们对他们表示衷心的感谢。还要感谢为这些研究付出辛勤劳动的老师和研究生们，他们的努力和奉献是这些研究能够顺利完成的重要保障。

在全面建成社会主义现代化强国的新征程上，黄河流域乡村发展正迎来历史性机遇。我们坚信，通过深化体制机制改革、加速数字技术渗透、培育新型经营主体，必将开创流域农业农村现代化新格局。

让母亲河的生态底蕴转化为发展势能，使千年农耕文明焕发时代生机，这既是学术研究的使命担当，更是新时代赋予的历史责任。西北农林科技大学将继续发挥农林水学科优势，为谱写黄河流域乡村振兴新篇章贡献智慧力量。

夏显力　陆　迁　刘军弟
2024 年 11 月于西北农林科技大学

　　黄河流域，这条蜿蜒数千公里的母亲河，孕育了璀璨的中华文明，见证了中华民族的繁衍与发展。黄河流域生态保护与高质量发展国家战略的实施，为黄河流域乡村产业的发展提供了新的机遇。在党的二十届三中全会《中央关于进一步全面深化改革、推进中国式现代化的决定》的指导下，我们认识到黄河流域的乡村产业发展，不仅是实现区域均衡发展、促进社会和谐稳定的重要举措，更是推动中国经济高质量发展的关键一环。《决定》中提出的"坚持以人民为中心"的发展思想，为我们的工作指明了方向。本书正是在这样的背景下应运而生，旨在深入探讨黄河流域乡村产业的高质量发展之路，让发展成果更多更公平地惠及全体人民。

　　本书分为三篇，第一篇是总论篇。从乡村产业结构、产业分布、产业政策梳理3个方面展现了黄河流域乡村产业现状。从农业投入水平、农业产出水平、农业经济效益、农业生产效率、农业生产基础、农业产业体系、农业创新基础等7个维度构建了乡村产业发展评价指标体系，利用2005—2020年相关数据，对黄河流域乡村产业发展进行了总体评价和分维度评价，分析了各省份乡村产业发展的制约因素，并对乡村产业发展趋势进行了预判。从产业体系、生产体系、经营体系三个方面分析了黄河流域乡村产业发展中存在的问题，并设计了有针对性的高质量发展路径。从人才政策、科技政策、财税政策和公共服务四个方面提出了乡村产业高质量发展的政策保障体系。第二篇是专题篇，包括四个专题，分别从主要粮食作物种植业、畜牧业、果业和特色农业产业四个角度报告了黄河流域农业高质量发展水平、存在的问题和发展路径。第三篇是案例篇，分别选取新型农业经营主体与农户利益联结模式、乡村产业高质量发展模式选择及增效机制、科研投入与价值共创的三产融合发展、科技支撑乡村产业高质量发展模式等4个案例，详细剖析了黄河流域乡村产业高质量发展的思路和路径。

研究发现黄河流域乡村产业高质量发展指数在波动中呈总体上升趋势。分省份来看，宁夏、四川、河南、陕西、青海五省份乡村产业高质量发展指数年均增长率超过了黄河流域的平均增速，但山东省乡村产业高质量发展指数始终位列第一。分流域来看，黄河流域上游乡村产业发展状况较好，始终高于黄河流域均值，而中游和下游水平相近。各省份乡村产业高质量发展的制约因素不尽相同，但农业创新基础是所有省份的共同制约因素。绿色引领转化、产业链带动和生产性服务提升将是黄河流域乡村产业发展的趋势。黄河流域乡村产业发展中在产业体系、生产体系和经营体系方面存在着诸多问题：乡村产业结构不合理，多功能产业结构有待形成；三产融合深度不足，融合发展进程缓慢；农业创新驱动要素不足，缺少产业创新发展动力；市场发展水平不足，农产品出口面临较大压力；农业生产基础资源匮乏，仍以粗放生产方式为主；地区发展不平衡不充分，生产体系有待完善；新型经营主体培育步伐慢，发展内生动力不足；新型经营主体发展不平衡，带动辐射作用不充分。从产业体系优质化、生产体系智慧化等方面设计出了夯实农业基础，优化产业布局；延伸农业产业链，提高农产品附加值；完善利益联结机制，推动农村三产融合；补齐农业标准化管理短板；加强数字人才培养，提升劳动者数字技能；加大农技推广资金扶持力度等乡村产业高质量发展路径。

本书的撰写是一次对黄河流域乡村产业发展的全面梳理和深入思考。我们希望本书的研究成果，能够为黄河流域乃至全国的乡村产业发展提供有益的参考和借鉴。同时，我们也期待读者能够对本书提出宝贵的意见和建议，共同推动乡村产业的高质量发展。

本书第一篇由汪红梅撰写；第二篇专题一由孙自来撰写，专题二由陆迁撰写，专题三由冯晓春撰写，专题四由张永旺撰写；第三篇案例一和案例二由汪红梅撰写，案例三由冯晓春撰写，案例四由陆迁撰写。

在撰写本书的过程中，我们得到了西北农林科技大学经济管理学院的资助，得到了众多专家学者的大力支持和帮助，他们的智慧和经验为本书的完成提供了宝贵的资源。在此，我们对他们表示衷心的感谢。还要感谢为本书付出辛勤劳动的研究生们：李琦、郝博伦、陈雅婷、谈家凯、王雯、沙洪莹、张璐、张志坚……

最后，我们希望本书能够成为推动黄河流域乡村产业高质量发展的一份力量，为实现乡村振兴战略贡献智慧和力量。我们坚信，在国家的大力支持下，在社会各界的共同努力下，黄河流域的乡村产业必将焕发出新的活力，为实现中华民族伟大复兴的中国梦作出新的更大贡献。

作者

2024 年 10 月于西北农林科技大学

目录

序言

前言

第一篇　总论篇

第1章　黄河流域乡村产业现状

第二篇　专题篇

专题一 ┆ 主要粮食作物种植业

专题二 | 黄河流域畜牧业高质量发展报告

专题三 | 果业高质量发展

第三篇 案例篇

案例一 新型农业经营主体与农户利益联结模式比较研究
——基于沿黄省份农企利益联结案例分析

案例四 科技支撑乡村产业高质量发展的模式与路径

——基于"高校＋合作社＋农户"产业模式的案例分析

第一篇
总论篇

第1章

黄河流域乡村产业现状

黄河流域西起巴颜喀拉山，东临渤海，南至秦岭，北抵阴山，流域面积75.2万平方千米，流经青海、四川、甘肃、宁夏、内蒙古、陕西、山西、河南、山东9个省份，最后注入渤海，是我国仅次于长江的第二长河。"黄河之水天上来，奔流到海不复回"，依托黄河流域衍生的农耕文明从古至今绵延不断，千百年来，人民依黄河而栖，因黄河而兴。2020年6月，最高人民法院发布《关于为黄河流域生态保护和高质量发展提供司法服务与保障的意见》，指出要"注重加强对黄淮海平原、河套灌区、汾渭平原等区域能源资源合理开发利用的司法保障，确保国家粮食安全，提高经济承载能力"。2021年3月，全国人民代表大会发布《中华人民共和国国民经济和社会发展第十四个五年规划和2035年远景目标纲要》，指出要扎实推进黄河流域生态保护和高质量发展。2021年4月，全国人大常委会发布《中华人民共和国乡村振兴促进法》，指出"各级人民政府应当坚持以农民为主体，以乡村优势特色资源为依托，支持、促进农村一二三产业融合发展，推动建立现代农业产业体系、生产体系和经营体系，推进数字乡村建设，培育新产业、新业态、新模式和新型农业经营主体，促进小农户和现代农业发展有机衔接"。黄河流域作为我国重要的经济发展区域，长久以来其粗放的发展方式，较为单一的产业结构使得黄河流域面临的生态环境问题日渐严重（赵建吉等，2020），黄河流域亟须转型实现乡村产业的高质量发展。

1.1 乡村产业结构现状

根据国家统计局发布的数据，2010—2021年间，黄河流域总产值从117 604.91亿元上升到286 851.80亿元（表1-1）。其中，第一产业产值占比从 2010 年的 10.94% 逐步下降到 2021 年的 8.83%；第二产业产值占比从 2010 年的 54.20% 逐步下降到 2021 年的 41.36%；第三产业产值占比从 2010 年的 34.86% 逐步上升到 2021 年的 49.82%（图 1-1）。总体来看，近十年来，黄河流域产业结构趋于优化，但仍显不足。一是一产比重较高，2021 年一产占比 8.83%，高于全国总体水平（7.3%）。相比之下，黄河流域装备制造业不发达，不仅规模较小，而且发展层次低，黄河流域各省份的装备制造业在地区工业主营业务收入中的占比皆小于国家平均水平（金凤君等，2020)[1]。二是三产发展有待提升，2021 年的三产占比为 49.82%，虽然相较于 2010 年的 34.86% 增长较多，但离全国总体水平 53.41% 仍有较大差距。三是发展动力不足，发展压力较大。黄河流域 GDP 占全国 GDP 比重从 2010 年的 26.91% 波动下降至 2021 年的 25.01%，2021 年有所回升，为 25.21%，黄河流域第一产业 GDP 占全国比重从 2010 年的 2.94% 下降到 2021 年的 2.22%，但 2021 年黄河流域乡村人口占全国总人口的 33.44%。2021 年我国人均 GDP 为 80 976 元，而黄河流域中仅有内蒙古、山东超过该水平，表明黄河流域乡村产业发展仍面临较大压力。

表 1-1　2010—2021 年黄河流域产业结构变化情况

年份	第一产业 GDP（亿元）	第二产业 GDP（亿元）	第三产业 GDP（亿元）	黄河流域 GDP（亿元）	全国 GDP（亿元）
2010	12 860.96	63 742.38	41 001.57	117 604.91	437 042.19
2011	14 656.19	76 491.00	49 075.12	140 222.31	521 441.32
2012	16 022.32	83 199.93	56 595.20	155 817.45	576 551.71
2013	16 945.29	87 443.40	66 242.42	170 631.11	634 345.35
2014	17 804.78	91 060.04	74 150.56	183 015.38	684 349.34
2015	17 714.60	79 492.40	79 339.20	176 546.20	693 642.00
2016	18 128.50	82 132.80	88 618.10	188 879.40	750 948.60
2017	18 693.40	89 956.30	100 950.60	209 600.30	832 096.40
2018	19 484.30	95 587.80	114 817.90	229 890.00	914 117.50
2019	20 881.11	100 007.66	125 108.44	245 997.21	982 320.61
2020	23 602.54	99 613.90	129 396.47	252 612.91	1 009 938.10
2021	25 315.05	118 630.81	142 905.94	286 851.80	1 137 743.61

---

① 金凤君，马丽，许堞. 黄河流域产业发展对生态环境的胁迫诊断与优化路径识别 [J]. 资源科学，2020，42（1）：127-136.

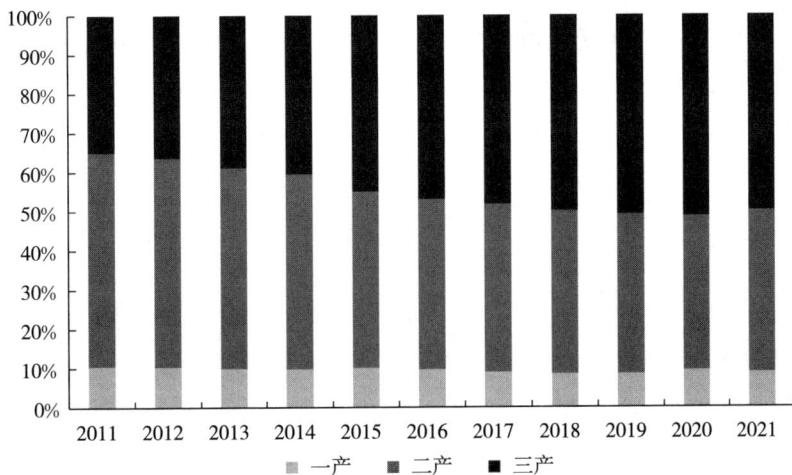

图 1-1 2010—2021 年黄河流域三产比重变化情况

1.1.1 第一产业发展情况

2010—2021 年间，黄河流域第一产业产值从 12 860.96 亿元上升到 25 315.05 亿元（图 1-2）。占全国第一产业产值比重从 2010 年的 31.72% 逐步下降到 2021 年的 30.47%。10 余年来，黄河流域第一产业产值占全国第一产业产值年均为 30.48%。从沿黄河流域分布情况来看，青海省黄河流域面积为 15.22 万平方千米，占流域总面积最大，为 19.14%，2021 年第一产业产值为 352.65 亿元，占流域总产值的 1.39%；内蒙古黄河流域面积次之，为 15.1 万平方千米，占流域总面积比重 18.99%，2021 年第一产业产值 2 225.23 亿元，占流域总产值的 8.79%；河南省黄河流域面积 3.62 万平方千米，占流域总面积比重 4.55%，2021 年河南省第一产业产值达 5 620.82 亿元，占到流域农业总产值的 22.20%。山东省黄河流域面积最小，为 1.36 万平方千米，占流域总面积比重 1.71%，2021 年山东省第一产业产值达到 6 029.03 亿元，占流域农业总产值的 23.82%。就各省份第一产业产值来看，2010—2021 年黄河九省份第一产业产值呈上升趋势，其中青海、陕西、山西三地第一产业产值增加趋势明显，青海省从 2010 年的 134.92 亿元增加到 2021 年的 352.65 亿元，增加 161.38%；陕西省从 2010

年的 988.45 亿元增加到 2021 年的 2 409.39 亿元，增加 143.75%；山西省
从 2010 年的 554.48 亿元增加到 2021 年的 1 286.87 亿元，增加 132.09%
（图 1-3）。

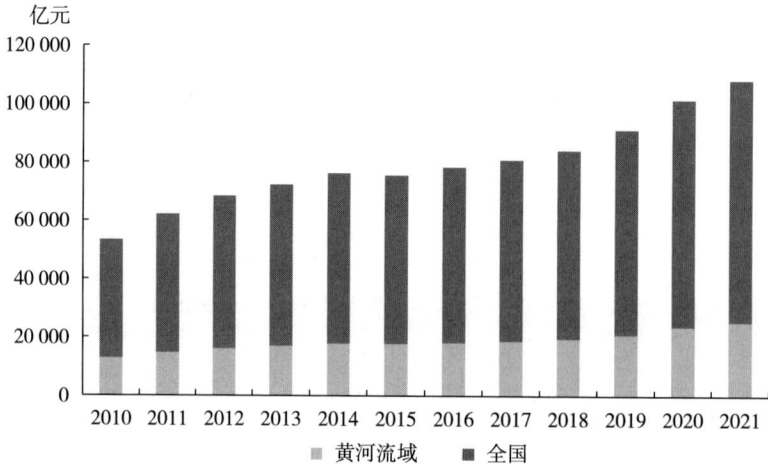

图 1-2　2010—2021 年黄河流域各省份第一产业产值与全国产值比较

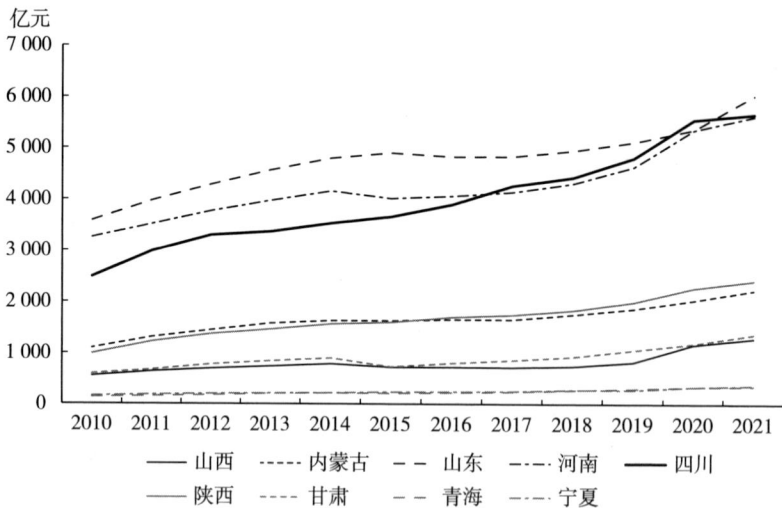

图 1-3　2010—2021 年黄河流域各省份第一产业产值变化

1.1.2　休闲农业发展情况

根据《中国休闲农业年鉴》（2015—2018 年）数据，总体来看，黄河流域产业多功能不断拓展，休闲农业营业收入额占第一产业产值增加值比重从 2015 年的 6.81％增加到 2018 年的 12.91％，休闲农业营业收入额从 2015 年的 1 231.12 亿元增加到 2018 年的 2 600.75 亿元。总体来看，各省休闲农业营业收入额占第一产业产值增加值比重、休闲农业营业收入额均呈上升趋势，且上涨势头良好。从营业收入额来看，四川、山东增加明显。四川省从 2015 年的 750.10 亿元增加到 2018 年的 1 320.06 亿元，增加 569.96 亿元；山东省从 2015 年的 240 亿元增加到 2018 年的 635.27 亿元，增加 395.27 亿元；从休闲农业营业收入额占第一产业产值比重来看，占比增加明显的省份为四川省、陕西省及山东省。其中，四川省从 2015 年的 22.62％增加到 2018 年的 31.78％，增加 9.16 个百分点；陕西省从 2015 年的 2.65％增加到 2018 年的 12.28％，增加 9.63 个百分点；山东省从 2015 年的 5.15％增加到 2018 年的 13.28％，增加 8.13 个百分点。2018 年青海、四川、陕西、山东休闲农业占比均超过 10％；甘肃、宁夏、内蒙古、河南占比较低，分别为 2.87％、5.11％、4.28％、3.1％，乡村产业多功能发展有待深化（图 1 - 4）。

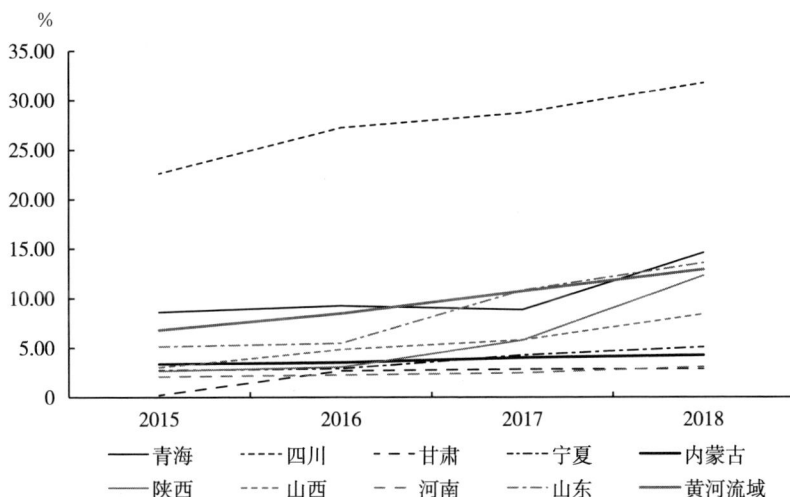

图 1 - 4　2015—2018 年黄河流域各省份休闲农业营收占第一产业增加值比重变化

1.1.3 三产融合情况

（1）评价指标体系构建

参考黎新伍和徐书彬（2021）设立的农村产业融合评价指标体系[①]，在此基础上构建黄河流域乡村产业融合评价指标体系（表1-2）。

表1-2 黄河流域乡村产业融合评价指标体系

一级指标	二级指标	三级指标	指标计算	属性
融合主体	农民专业合作社	每万人农民专业合作社数量（C1）	农民专业合作社数量/乡村人口数	正
	家庭农场	每万人家庭农场数量（C2）	家庭农场数量/乡村人口数	正
	规模经营	土地流转比例（C3）	家庭承包耕地流转面积/家庭承包经营的耕地面积	正
	龙头企业	每万人农业产业化企业数量（C4）	国家级农业产业化龙头企业数/乡村人口数	正
		农业企业数量（C5）	农业企业数量/乡村人口数	正
	劳动力素质	农村劳动力素质（C6）	小学占比×6＋初中占比×9＋高中占比×12＋大专及以上占比×16	正
融合基础	政策支持	财政支农力度（C7）	农林水事务支出/财政支出	正
	金融支持	金融支持（C8）	涉农金融机构/乡村人口数	正
		农业保险深度（C9）	农业保费收入/农林牧渔业增加值	正
	技术支持	农业知识产权创造水平（C10）	农业知识产权创造指数	正
		农业技术人员保障度（C11）	农业技术人员数/第一产业从业人员数	正
		农村互联网普及率（C12）	农村宽带入户数/农户总数	正
	市场需求	居民消费升级水平（C13）	1/6×食品支出占比＋2/6×居住支出占比＋3/6×交通通信支出占比	正
	创业支持	创业支持水平（C14）	全国农村创业园区数量/乡村人口数	正

[①] 黎新伍，徐书彬. 农村产业融合：水平测度与空间分布格局 [J]. 中国农业资源与区划，2021，42（12）：60-74.

（续）

一级指标	二级指标	三级指标	指标计算	属性
融合路径	链条延伸	农产品加工业发展（C15）	农产品加工企业数量/乡村就业人数	正
		农产品品牌化及标准化水平（C16）	三品一认证数/耕地面积	正
		物流运输发展（C17）	农产品物流总额/第三产业增加值	正
		农业机械服务组织水平（C18）	农业机械作业服务收入/农业机械作业服务组织人数	正
	功能拓展	休闲体验功能（C19）	中国美丽休闲乡村	正
		文化传承功能（C20）	中国重要农业文化遗产数量	正
		绿色引领功能（C21）	单位面积化肥农药农膜投入水平	逆
	特色产业	特色产业集群（C22）	优势特色产业集群数	正
		每百万人专业村镇数量（C23）	"一村一品"示范村镇数量/乡村人口数	正
		产业融合发展园区（C24）	国家农村产业融合发展示范园	正
	科技赋能	农产品电商发展水平（C25）	淘宝村数量/乡村人口数	正
		国家农业科技园（C26）	国家农业科技园数量	正
		农业综合机械化率（C27）	机耕水平×0.4＋机播水平×0.3＋机收水平×0.3	正
融合效应	农业增效	农业劳动生产率（C28）	农林牧渔业增加值/第一产业就业人员	正
		农业土地生产率（C29）	农林牧渔业增加值/耕地面积	正
		农业资本生产率（C30）	农林牧渔业增加值/上年度农业固定资产投资	正
	农民增收	农民收入水平（C31）	农村居民人均可支配收入	正
		农民非农就业占比（C32）	1－（从事第一产业劳动力/劳动力总数）	正
	农村繁荣	城乡居民收入比（C33）	城镇居民可支配收入/农村居民可支配收入	逆
		城乡居民消费比（C34）	城镇居民消费支出/农村居民消费支出	逆

（续）

一级指标	二级指标	三级指标	指标计算	属性
融合效应	农村繁荣	农村居民移动电话拥有量（C35）	年末每百户农村居民移动电话拥有量	正
		农村居民家用汽车拥有量（C36）	年末每百户农村居民家用汽车拥有量	正
		村镇发展水平（C37）	产业强镇数量/乡村从业人员数	正

　　基于数据可得性，计算的农村产业融合水平包含 37 个研究单元。数据来源方面，农民专业合作社数量、家庭农场数量、农业企业数量、涉农金融机构数量、农产品加工企业数量均来自 CCAD 数据库；家庭承包耕地流转面积、家庭承包经营耕地面积来自《农村经营管理统计年报》；农业技术人员数据来自《中国科技统计年鉴》；农业产业化龙头企业数量、设施农业面积数据来自《中国农业年鉴》；农村劳动力受教育程度数据整理自《中国人口和就业统计年鉴》；农业保费收入数据来自《中国保险年鉴》；农业知识产权创造指数来自《中国农业创造知识产权指数报告》；农产品物流总额数据来自《中国物流年鉴》；机耕面积、机播面积、机收面积、农业机械作业服务收入、农业机械作业服务组织人数数据来自《中国农业机械工业年鉴》；"三品一标"认证数据来自中国绿色发展中心网站；国家级农业产业化龙头企业数、中国美丽休闲乡村、农业文化遗产数据、优势特色产业集群数、"一村一品"示范村镇数据、国家农村产业融合发展示范园、国家农业科技园数量、农业产业强镇数据来自农业农村部网站；淘宝村数据来自阿里研究院网站；其他指标数据来自国家统计局网站、《中国统计年鉴》《中国农村统计年鉴》及各省统计年鉴。

　　本书首先采用熵值法对指标体系进行赋权和评价，具体步骤如下：

　　设 r 为年份，n 为黄河流域各省份，m 个指标，则 $x_{\theta ij}$ 为第 θ 年省份 i 的第 j 个指标值（本部分 θ 始终为 2020 年）。乡村产业高质量发展涉及多个指标，由于各个指标存在差异无法直接计算，应在降维前先对各个指标进行无量纲化处理。在对基础数据特征分析后，将数据进行正向标准化和负向标准化，正向标准化方式如下：

$$x'_{\theta ij} = x_{\theta ij} / x_{\max}$$

负向标准化方式如下：

$$x'_{\theta ij} = x_{\theta ij} / x_{\min}$$

根据正向标准化和负向标准化的结果确定各项指标的权重，公式如下所示：

$$y_{\theta ij} = x_{\theta ij}' \Big/ \sum_\theta \sum_i x'_{\theta ij}$$

计算第 j 项指标的熵值 e_j：

$$e_j = -k \sum_e \sum_i y_{ij} \ln(y_{\theta ij})$$

其中 $k > 0$，$k = \dfrac{1}{\ln(rn)}$。

第 j 项指标的信息效用值取决于 j 指标的信息熵 e_j 与 1 之间的差值。由此，计算第 j 项指标的信息效用值：

$$g_j = 1 - e_j$$

根据得到的信息效用值，计算各指标的权重。一般信息效用值越大，指标对评价的重要性越大。由此，第 j 项指标的权重为：

$$w_j = g_j \Big/ \sum_j g_j$$

根据得到的权重，加权求和得到各省份乡村产业发展质量的综合得分：

$$H_{\theta i} = \sum_j (w_j x'_{\theta ij})$$

$H_{\theta i}$ 值越大，表明 i 省份第 θ 年乡村产业发展融合质量越高，反之 $H_{\theta i}$ 值越小，表明 i 省份第 θ 年乡村产业融合质量越低。黄河流域乡村产业融合评价指标体系权重见表 1-3。

表 1-3 黄河流域乡村产业融合评价指标体系权重

一级指标	二级指标	三级指标	权重	权重排名
融合主体	农民专业合作社	每万人农民专业合作社数量（C1）	0.018	24
	家庭农场	每万人家庭农场数量（C2）	0.018	25
	规模经营	土地流转比例（C3）	0.026	17
	龙头企业	每万人农业产业化企业数量（C4）	0.041	5
		农业企业数量（C5）	0.013	31
	劳动力素质	农村劳动力素质（C6）	0.014	29

（续）

一级指标	二级指标	三级指标	权重	权重排名
融合基础	政策支持	财政支农力度（C7）	0.020	21
	金融支持	金融支持（C8）	0.018	26
		农业保险深度（C9）	0.032	13
	技术支持	农业知识产权创造水平（C10）	0.041	6
		农业技术人员保障度（C11）	0.040	9
		农村互联网普及率（C12）	0.012	33
	市场需求	居民消费升级水平（C13）	0.037	11
	创业支持	创业支持水平（C14）	0.024	20
融合路径	链条延伸	农产品加工业发展（C15）	0.053	2
		农产品品牌化及标准化水平（C16）	0.026	18
		物流运输发展（C17）	0.017	27
		农业机械服务组织水平（C18）	0.032	14
	功能拓展	休闲体验功能（C19）	0.014	30
		文化传承功能（C20）	0.041	7
		绿色引领功能（C21）	0.012	34
	特色产业	特色产业集群（C22）	0.045	4
		每百万人专业村镇数量（C23）	0.041	8
		产业融合发展园区（C24）	0.034	12
	科技赋能	农产品电商发展水平（C25）	0.053	3
		国家农业科技园（C26）	0.020	22
		农业综合机械化率（C27）	0.027	16
融合效应	农业增效	农业劳动生产率（C28）	0.013	32
		农业土地生产率（C29）	0.028	15
		农业资本生产率（C30）	0.025	19
	农民增收	农民收入水平（C31）	0.016	28
		农民非农就业占比（C32）	0.011	36
	农村繁荣	城乡居民收入比（C33）	0.011	37
		城乡居民消费比（C34）	0.012	35
		农村居民移动电话拥有量（C35）	0.020	23
		农村居民家用汽车拥有量（C36）	0.039	10
		村镇发展水平（C37）	0.054	1

（2）黄河流域乡村产业融合水平测度结果

采用熵权法对 2020 年黄河流域 9 个省份的乡村产业融合水平及其子系统水平进行测度，结果见表 1-4。从综合水平来看，2020 年黄河流域乡村产业融合水平在 0.211～0.600，得分最高的是山东（0.600），得分最低的是山西（0.211）；黄河流域平均水平为 0.440，标准差为 0.125，有 5 个地区低于黄河流域平均水平。总体来看，黄河流域乡村产业融合水平整体偏低，地区之间差异较为明显。从子系统水平来看，各子系统间分数差异较大，且子系统内省际差异大，其中，融合路径的省际差异最大。融合主体的平均水平为 0.412，标准差为 0.168，5 个省份低于黄河流域平均水平；融合基础的平均水平为 0.368，标准差为 0.160，5 个省份低于黄河流域平均水平；融合路径的黄河流域平均水平为 0.368，标准差为 0.178，5 个省份低于黄河流域平均水平；融合效应的黄河流域平均水平为 0.440，标准差为 0.159，4 个省份低于黄河流域平均水平。

表 1-4　2020 年黄河流域 9 省份乡村产业融合水平及其子系统得分

地区	乡村产业融合		融合主体		融合基础		融合路径		融合效应	
	得分	排名	得分	排名	得分	排名	得分	排名	得分	排名
山东	0.600	1	0.488	4	0.387	4	0.782	1	0.542	3
内蒙古	0.521	2	0.678	1	0.537	3	0.412	3	0.612	2
青海	0.482	3	0.674	2	0.625	1	0.243	7	0.666	1
宁夏	0.442	4	0.538	3	0.564	2	0.301	6	0.523	4
河南	0.378	5	0.299	7	0.164	9	0.480	2	0.446	5
四川	0.351	6	0.217	9	0.251	6	0.407	4	0.424	6
陕西	0.320	7	0.316	6	0.243	7	0.342	5	0.358	7
甘肃	0.217	8	0.245	8	0.330	5	0.171	9	0.173	9
山西	0.211	9	0.334	5	0.208	8	0.172	8	0.215	8

（3）融合主体比较

分省份来看，得分最高的是内蒙古、青海及宁夏。具体来看，各省份在不同方面均有优异表现。从绝对值来看，2020 年山东省各类新型农业经营主体发展水平均较高，在农民专业合作社、家庭农场、家庭承包耕地流转面积、农业企业数量、国家级农业产业化龙头企业数方面具有绝对优势，均位列黄河流域第一，其中合作社在营 205 747 家、家庭农场 70 659 家、家庭承包耕地流转面积 39 048 207 亩*、农业企业 214 636 家、国家级农业产业化龙头企业 107 家。就相对指标来看，内蒙古每万人农民专业合作社数量为 103.983 家，每万人农业企业数量为 69.237 家，均位列黄河流域第一，土地流转比例为 37.823%，位列黄河流域第二；青海省每万人家庭农场数量为 38.644 家，每万人农业产业化企业数量为 0.102 家，均位列黄河流域第一；宁夏回族自治区每万人家庭农场数量为 19.151 家，每万人农业产业化企业数量为 0.092 家，均位列黄河流域第二。就农村劳动力素质来看，山西省农村居民受教育平均年限为 8.777 年，位列黄河流域第一，陕西省农村居民受教育平均年限为 8.259 年，位列黄河流域第二。

（4）融合基础比较

分省份来看，得分最高的是青海、宁夏及内蒙古，得分分别为 0.625、0.564、0.537。具体来看，各省份在不同方面均有优异表现。2020 年山东省农技员数、农村创业园数分别为 57 680 人和 122 家，均位列黄河流域第一，涉农金融机构为 11 953 家，农村宽带安装 10 709 000 户，位列黄河流域第二，保费收入为 41.271 亿元，位列黄河流域第三。山东在农民专业合作社、家庭农场、家庭承包耕地流转面积、农业企业数量、国家级农业产业化龙头企业数方面具有绝对优势，均位列黄河流域第一。四川省涉农金融机构为 12 122 家，农村宽带安装 11 092 300 户，位列黄河流域第一，河南省保费收入为 55.872 亿元，位列黄河流域第一。从相对指标来看，青海省农业保险深度为 0.028，农业技术人员保障度为 0.012，居民消费升级水平为 0.199，均位列黄河流域第一，表明青海省的金融支持、技术支持及市场需求发展情况较好；宁夏回族自治区财政支农力度为 0.171，每万人涉农金融机构为 4.678 家，农业保险深度为 0.023，农业技术人员保障度为 0.010，均位列黄河流域第二，表明宁夏回族自治区的金融支持、技术支持及市场需求发展情况较好；内蒙古自治区每万人涉农金融机构为 6.253 家，创业支持

---

　　* 1亩＝1/15公顷。

水平为 0.064，位列黄河流域第一，表明内蒙古自治区的金融支持及创业支持发展情况较好；山东省的农业知识产权创造水平为 91.72，位列黄河流域第一，农村互联网普及率为 0.751，位列黄河流域第三，表明山东省在农业技术支持方面发展较好；甘肃省财政支农力度为 0.186，农村互联网普及率为 0.841，位列黄河流域第一。

（5）融合路径比较

分省份来看，得分最高的是山东、河南及内蒙古，得分分别为 0.782、0.480、0.412。其中山东和河南相差 0.302 分，表明山东在融合基础这一子系统上具有较大优势。具体来看，从绝对指标来看，2020 年山东省农产品加工公司为 137 824 家，"三品一标"数为 9 188 个，农业机械作业服务收入为 3 591 565.19 万元，农业机械作业服务组织人数为 211 869 人，中国美丽休闲乡村 55 个，中国重要农业文化遗产数量 49 个，"一村一品" 231 个，国家农村产业融合发展示范园 12 个，淘宝村数量 134 个，均位列黄河流域第一。2020 年河南省农产品物流总额 9 528.5 亿元，位列黄河流域第一，农产品加工公司 43 640 家，农业机械作业服务收入 2 296 036 万元，农业机械作业服务组织人数为 147 751 人，国家农村产业融合发展示范园 11 个，淘宝村数量 94 个，均位列黄河流域第二。从相对指标来看，各省份在不同方面均有优异表现。2020 年山东省农产品加工业发展水平为 63.689，农产品电商发展水平为 0.036，位列黄河流域第一，农产品品牌化及标准化水平为 1.422，农业综合机械化率为 88.754%，位列黄河流域第二，绿色引领水平为 0.149，位列黄河流域第八，表明其化肥农药投入水平较低，绿色发展程度较好。总体来看，山东省在链条延伸、功能拓展、特色产业及科技赋能方面发展较好，具有相对优势；河南省农业综合机械化率为 100%，位列黄河流域第一，农产品电商发展水平为 0.021，位列黄河流域第二，绿色引领水平为 0.163，位列黄河流域第七，农产品加工业发展水平为 19.031，物流运输发展水平为 0.357，均位列黄河流域第三。总体来看，河南省在链条延伸、功能拓展及科技赋能方面发展较好。2020 年内蒙古农业机械服务组织水平为 322 851.7，创业支持水平为 0.064，均位列黄河流域第一，物流运输发展水平为 0.419，为黄河流域第二。2020 年青海省农产品品牌化及标准化水平为 1.881，每百万人专业村镇数为 0.343，均位列黄河流域第一，2020 年甘肃省物流运输发展水平为 0.433，位列黄河流域第一。

（6）融合效应比较

分省份来看，得分最高的是青海、内蒙古及山东，得分分别为 0.666、0.612、0.542。2020 年青海省农业劳动生产率为 48 211.268 元/公顷，村镇发展水平为 0.083，位列黄河流域第一，农村居民每百户家用汽车拥有量为 47.1 辆，位列黄河流域第二，表明青海省的农业增效、农村繁荣情况发展较好。2020 年内蒙古农业劳动生产率为 46 501.129 元/人，农民年收入水平为 31 497 元，村镇发展水平为 0.059，均位列黄河流域第二，城乡居民收入比为 1.380，位列黄河流域第九，表明城乡居民收入差距较小。2020 年山东省农民年收入水平为 32 886 元，农村居民每百户家用汽车拥有量为 52.3 辆，位列黄河流域第一，农业土地生产率为 88 984.664 元/公顷，农民非农就业占比为 0.756，位列黄河流域第二，城乡居民收入比为 1.313，位列黄河流域第八，表明城乡居民收入差距较小。2020 年四川省农业土地生产率为 109 067.952 元/公顷，位列黄河流域第一，城乡居民消费比为 1.681，位列黄河流域第九，表明四川省城镇居民与农村居民消费水平差距较小。2020 年宁夏回族自治区农民非农就业占比为 0.759，位列黄河流域第一，农村居民每百户移动电话拥有量为 271 部，位列黄河流域第二。

1.2 乡村产业分布

黄河流域是我国重要的农产品主产区，目前传统农业模式在黄河流域地区仍然占据主导地位。而黄河流域长期存在的生态脆弱、水资源短缺、水沙结构不合理等生态问题进一步加大了黄河流域乡村产业发展压力（文玉钊等，2021）[1]。

根据地理划分，黄河流域上游包括青海、四川、甘肃、宁夏、内蒙古，

---

① 文玉钊，李小建，刘帅宾. 黄河流域高质量发展：比较优势发挥与路径重塑 [J]. 区域经济评论，2021（2）：70-82.

中游包括陕西和山西，下游为河南和山东（李凯风和李子豪 2022）①。黄河流域中上游地区，是我国主要的旱作农业生产区，降水偏少且时空分布不均，也是我国西北地区主要的粮食生产基地，近年来通过传统农业转型升级，成为农业发展新的增长点（杜森，2020）②。黄河流域中下游地区为引黄灌区，第一产业产值较大，具有显著的社会效益。近年来，黄河流域产业集聚水平逐渐上升，但由于上、中游地区要素禀赋不足，产业集聚水平低于下游地区，各产业空间分布中心基本位于山西省内（张双悦，2022）③。

1.2.1 黄河流域各省份特色产业分布状况

根据农业农村部数据显示，截至 2022 年 6 月，我国优势特色产业集群共 140 个，其中黄河流域共 41 个，占全国的 29.286%。优势特色产业主要分布在内蒙古、山东、河南及四川。分流域来看，上游地区主要以畜产品为主，例如牛肉、羊肉、奶牛，以蔬菜为辅。中游地区以水果为主，例如苹果、猕猴桃，以粮食、茶叶及畜产品为辅。下游地区以粮食、蔬菜为主，如小麦、大豆。可以看出，从上游至下游，优势特色产业涵盖种类逐渐丰富，数量逐渐增多（表 1-5）。

表 1-5　2022 年黄河流域优势特色产业分布情况

黄河流域省份	优势特色产业
山西	道地中药材、高粱、苹果
内蒙古	大豆、绒山羊、肉牛、肉羊、向日葵
山东	大豆、花生、苹果、肉牛、蔬菜、小麦
河南	花生、奶业、肉牛、香菇、小麦、中药材
四川	茶、柑橘、牦牛、肉牛、生猪、油菜

① 李凯风，李子豪. 黄河流域绿色全要素生产率测度［J］. 统计与决策，2022，38（4）：98-101.

② 杜森. 黄河流域节水农业现状、问题及建议［J］. 中国农业综合开发，2020（1）：24-25.

③ 张双悦. 黄河流域产业集聚与经济增长：格局、特征与路径［J］. 经济问题，2022（3）：20-28，37.

（续）

黄河流域省份	优势特色产业
陕西	茶、猕猴桃、奶山羊、苹果、羊
甘肃	道地中药材、牛、肉羊、蔬菜
青海	牦牛、羊、油菜
宁夏	奶牛、肉牛、羊

1.2.2 黄河流域各省份乡村产业品牌分布状况

近年来，黄河流域乡村产业品牌蓬勃发展。根据中国绿色食品发展中心官网数据，截至2022年，黄河流域"三品一标"共35 281个，主要分布在山东、内蒙古及四川。自2007年12月农业部《农产品地理标志管理办法》发布以来，黄河流域各省份积极申请，截至2022年，黄河流域共有1 417个黄河流域国家地理标志农产品，占到全国的40.370%（表1-6）。其中，国家地理标志农产品主要分布在山东、四川及山西。分流域来看，黄河流域上游国家地理标志农产品类别主要以种植业类、畜牧业类、粮食类为主，但各省份各有侧重，其中，甘肃省、四川省、内蒙古自治区、宁夏回族自治区以种植业类居多，青海省以畜牧业类居多，内蒙古自治区水产业类为上游地区第一；中游地区国家地理标志农产品类别主要以种植业类及粮食类为主；下游地区以种植业、水产业、畜牧业、粮食类为主，其中山东省水产业类国家地理标志农产品数为54个，位列黄河流域第一。

表1-6 2008—2021年黄河流域国家地理标志农产品变化情况

年份	甘肃	河南	内蒙古	宁夏	青海	山东	山西	陕西	四川	黄河流域
2008	0	0	8	26	0	13	12	15	0	74
2009	3	5	5	0	0	8	0	0	18	39
2010	9	18	9	10	5	63	19	8	34	175
2011	7	20	11	3	1	54	22	9	29	156
2012	9	4	3	2	1	46	5	4	20	94
2013	11	6	10	5	14	48	32	4	16	146

（续）

年份	甘肃	河南	内蒙古	宁夏	青海	山东	山西	陕西	四川	黄河流域
2014	5	2	11	4	10	29	0	2	18	81
2015	15	1	7	2	10	17	11	15	9	87
2016	14	4	18	0	8	16	7	13	10	90
2017	4	19	12	2	6	19	22	11	5	100
2018	15	24	13	5	4	10	13	15	10	109
2019	17	16	10	1	4	7	12	7	7	81
2020	17	41	14	0	3	14	10	8	15	122
2021	11	3	4	0	11	7	11	6	10	63
总计	137	163	135	60	77	351	176	117	201	1 417

在乡村特色产业发展方面，截至 2021 年，全国"一村一品"共 3 786 个，其中黄河流域 1 281 个，占到全国的 33.84%（表 1-7）。其中，山东省、四川省、陕西省、河南省相对较多，分别为 254、196、190、165 个，累计占到黄河流域的 62.84%，宁夏回族自治区相对较少，为 76 个。

表 1-7　2011—2021 年黄河流域"一村一品"示范村累计变化情况

年份	山西	内蒙古	山东	河南	四川	陕西	甘肃	青海	宁夏	黄河流域
2011	7	9	22	13	12	14	8	6	10	101
2012	21	17	46	23	24	30	16	16	17	210
2013	37	25	70	36	38	47	24	28	24	329
2014	53	33	95	49	53	63	33	40	31	450
2015	65	42	122	63	71	81	41	47	38	570
2016	72	51	146	78	88	101	50	55	45	686
2017	77	62	166	87	107	120	59	61	52	791
2018	83	72	185	98	125	139	68	67	59	896
2019	92	82	209	118	148	162	78	75	68	1 032
2020	100	91	231	142	173	176	91	81	72	1 157
2021	108	101	254	165	196	190	104	87	76	1 281

农业农村部数据显示，2021 年，全国乡村特色产业亿元村共入选 251 个，其中，黄河流域 60 个，主要分布在山东及四川；全国乡村特色产业十

亿元镇入选 176 个，黄河流域 75 个，主要分布在山东、四川、河南。截至 2022 年 6 月，全国乡村特色产品目录共 880 个，其中黄河流域 304 个，主要分布在山东、四川、河南。全国农业全产业链重点链 31 个，其中黄河流域 9 家，全国农业全产业链重点链典型县 63 个，其中黄河流域 19 个。全产业链具有"主导产业地位突出""联结机制健全""融合层次较深""基础设施完善""参与主体多元"的特点，能够较好地推动黄河流域乡村产业发展。2021 年黄河流域农业全产业链重点链及全产业链典型县产品状况见表 1-8。

表 1-8　2021 年黄河流域农业全产业链重点链及全产业链典型县产品状况

黄河流域省份	全产业链重点链产品	全产业链典型县产品
山西	生猪	苹果、高粱
内蒙古	肉羊	肉牛、马铃薯
山东	小麦	玉米、苹果、生猪
河南	肉制品	小麦、夏南牛、茶叶
四川	油菜	糯稻、蔬菜、生猪
陕西	乳制品	面条、苹果
甘肃	马铃薯	肉羊
青海	牦牛	牦牛
宁夏	奶业	滩羊

休闲旅游发展方面，截至 2022 年，中国美丽休闲乡村共 1 472 个，黄河流域 403 个，占全国的 27.38%，其中，山东省、四川省、河南省、陕西省数量较多，分别为 65 个、57 个、50 个、50 个，累计占到黄河流域的 55.09%，宁夏回族自治区相对较少，为 22 个。

农业文化遗产是指人类与其所处环境长期协同发展中创造并传承的独特农业生产系统。农业文化遗产不仅能够传承传统农业的精髓，保护当地特色农作物，也有利于黄河流域各省份依托农业文化遗产进行品牌建设，发展乡村产业。截至 2022 年 6 月，我国农业文化遗产共 524 个，其中黄河流域 138 个，占到全国的 26.336%，主要分布在山东、四川及陕西（表 1-9）。

表 1-9 2013—2021 年黄河流域农业文化遗产认定情况

年份	山西	内蒙古	山东	河南	四川	陕西	甘肃	青海	宁夏	黄河流域
2013	0	1	0	0	0	1	2	0	0	4
2014	0	2	1	0	1	1	3	0	1	9
2016	6	8	47	6	21	9	9	3	7	116
2017	7	9	48	7	23	11	9	3	8	125
2019	7	10	49	8	26	12	9	3	8	132
2021	8	12	51	8	26	13	9	3	8	138

1.2.3 黄河流域各省份乡村产业组织分布状况

根据中国农村专业技术协会数据显示，截至 2022 年 6 月，我国基层农技协共 16 380 家，其中黄河流域共 6 047 家，占全国的 36.917%。基层农技协主要分布在四川省、陕西省及甘肃省。2022 年黄河流域基层农技协地域分布见表 1-10。

表 1-10 2022 年黄河流域基层农技协地域分布情况

黄河流域省份	专业技术协会	农技协联合会	合作社	涉农企业	家庭农场	农业基地	科协组织
山西	200	4	18	20	1	3	24
内蒙古	385	24	40	46	1	1	15
山东	602	23	223	117	136	24	12
河南	469	10	156	107	24	35	26
四川	2 225	39	221	98	133	9	25
陕西	1 042	11	61	98	4	26	1
甘肃	741	137	82	54	2	83	26
青海	114	10	9	3	1	2	0
宁夏	269	26	6	6	4	0	2

农业产业化组织发展方面。黄河流域优势特色产业集群、现代农业产业园、农业产业强镇等项目均将龙头企业作为项目实施主体。截至 2022 年 6 月，我国累计建设现代农业产业园 270 个，其中黄河流域 84 个，主要分布在山东省、四川省、河南省；农业产业强镇（乡）1 299 个，其中黄河流域

432 家，主要分布在山东省、四川省、河南省；创建国家农村产业融合发展示范园 326 个，其中，黄河流域 108 个，占到全国的 33.13%，创建国家农业科技园 242 个，其中，黄河流域 68 家，占到全国的 28.10%。全国农业产业化国家重点龙头企业共 2 093 家，黄河流域 586 家，占全国的 28%。其中，山东省、河南省、四川省数量较多，分别为 130 家、100 家、98 家，累计占到黄河流域的 55.97%，青海省和宁夏回族自治区相对较少，分别为 28 家、27 家（表 1-11）。

表 1-11　2011—2021 年黄河流域农业产业化国家重点龙头企业认定情况

年份	山西	内蒙古	山东	河南	四川	陕西	甘肃	青海	宁夏	黄河流域
2000	4	3	11	6	5	3	3	0	2	37
2003	8	11	24	11	16	8	8	3	5	94
2004	12	15	39	20	24	13	12	6	8	149
2008	22	26	58	35	40	22	19	11	13	246
2011	32	35	80	54	61	34	25	17	19	357
2019	41	46	107	76	76	42	33	24	23	468
2021	48	59	130	100	98	53	43	28	27	586

1.2.4 黄河流域各省份主要出口特色作物状况①

　　近年来，黄河流域各省份立足当地优势，发展电商，助力乡村产业特色产品"走出去"。从出口特色作物来看，山西省主要出口特色农产品为苹果、樱桃、梨、黄花等。2015—2017 年，山西水果年出口量分别为 17.8 万吨、23.7 万吨、36 万吨，与上年相比三年的增长幅度分别为 32.84%、33.15%、51.9%，连续三年水果出口量均占山西农产品出口总量的 80% 以上。以大同市云州区为例，该区是全国黄花的主要产区之一，截至 2020 年 7 月全区黄花种植面积达 17 万亩，拥有黄花加工龙头企业 15 家，备案出口黄花生产企业 2 家，全区黄花产业年产值达 7 亿元。2019 年全年，山西大同向加拿大、泰国、马来西亚等国出口干黄花 40 多吨。2019 年

---

　　① 本节数据信息来自各省份农业农村厅网站。

1—9 月山西出口食品农产品 5 964 批，货值 22.72 亿元，重量 22.8 万吨，出口到 91 个国家和地区，其中包括 32 个"一带一路"沿线国家和地区，即食小米粥、线麻籽蛋白粉、紫苏油等山西省特色农产品在 2019 年实现了首次出口。

内蒙古主要出口特色农产品为荞麦、葵花籽、有机原奶、脱水蔬菜等加工产品。以巴彦淖尔市为例，该市粮食产量稳定在 60 亿斤*以上，牲畜饲养量 2 268 万头（只），为全国地级市中唯一能够四季均衡出栏的肉羊养殖加工基地，也是全国最大的有机原奶、葵花籽、脱水菜生产基地、番茄出口基地；农产品出口 93 个国家和地区，连续 11 年居内蒙古首位。截至 2021 年，内蒙古赤峰已有 13 家荞麦加工企业获得出口食品备案资格。据统计，2020 年 1—6 月赤峰海关已累计完成 90 批、1.1 万吨荞麦及其制品的查检、出证任务，半年出口量突破 1 万吨。批次和数量比上年同期分别增加 83.6％和 163％。

山东省主要出口特色农产品包括蔬菜、水（海）产品、鲜（干）水果及坚果等。据海关统计，2020 年，山东省农产品出口 1 257.4 亿元，同比增长 1.9％，占全国农产品出口总值的 23.9％，农产品出口值已连续 22 年位居全国第一位。从出口市场看，2020 年山东省对"一带一路"沿线国家出口农产品 407 亿元，同比增长 13.9％，占出口总值的 32.4％，其中对东盟出口 255.4 亿元，同比增长 17.6％。同期，山东省对日本、欧盟和韩国分别出口农产品 283.8 亿元、149 亿元、129.7 亿元，同比分别下降 7.1％、7.1％和 4.8％；对美国出口农产品 110 亿元，同比增长 9％。从具体产品看，蔬菜、水（海）产品、鲜（干）水果及坚果为主要出口商品，其中出口蔬菜 302.6 亿元，同比增长 4.9％；出口水（海）产品 296.6 亿元，同比下降 15.3％；出口鲜（干）水果及坚果 140 亿元，同比增长 40.5％，三者合计占农产品出口总值的 58.8％。

河南省主要出口特色农产品包括食用菌、大蒜、制刷用山羊毛、脱水及腌制蔬菜、洋葱、中药材等。2019 年河南省农产品贸易总额 39.5 亿美元，

---

*　1 斤＝500 克。

居全国第 12 位。其中，出口额 29.2 亿美元，居全国第 8 位；进口额 10.3 亿美元，居全国第 15 位，贸易顺差 18.9 亿美元。近三年，河南省农产品年均出口额 26.5 亿美元，年均增长率 12.1%，连续三年持续增长，在面临全球贸易摩擦和市场需求萎缩的形势下，呈现逆势上扬。2019 年河南省出口食用菌、大蒜、制刷用山羊毛、脱水及腌制蔬菜、洋葱等合计出口额 21.4 亿美元，超过河南农产品出口额的七成。其中，2019 年食用菌出口 14.9 亿美元，超过河南农产品出口额的一半。2021 年 1 月，河南中药材出口 188.3 吨、货值 463.3 万元，同比分别增长 70.3%、75.4%。2020 年，郑州海关共检疫监管出口各类中药材 1 389.8 吨，同比增长 2 倍。

四川省主要出口特色农产品为茶叶。以乐山市夹江县为例，2020 年夹江县茶叶基地 30 万亩，投产面积 23 万亩，机采面积 15 万亩，年产茶 4.3 万吨，综合产值 64 亿元。全县出口茶备案基地达 4.4 万亩，直接或间接出口达 3.2 万吨，出口额突破 10 亿元，全年出口茶产量较 2019 年增长 20.3%，出口量和出口额均位列全省第一位，荣获全省唯一"全国绿茶出口强县"。

陕西省主要出口特色农产品为苹果、梨及浓缩苹果汁。2021 年 5 月，陕西省鲜苹果出口数量 1 482 吨，金额 123 万美元，平均单价 832 美元/吨。2021 年 1—5 月，全省鲜苹果出口总量 1.45 万吨，同比减少 7.83%，金额 1 723 万美元，同比增长 2.7%。鲜苹果主要出口国家为泰国、马来西亚、孟加拉国等。2021 年 1—5 月，鲜苹果出口泰国 998.48 吨，金额 131.04 万美元；出口马来西亚 125.73 吨，金额 11.58 万美元，出口孟加拉国 118.6 吨，金额 6.52 万美元。2021 年 5 月，全省鲜梨出口数量 430 吨，金额 39 万美元，平均单价 907 美元/吨。2021 年 1—5 月，全省鲜梨出口总量 4 496 吨，同比减少 52.93%，金额 531 万美元，同比减少 40.79%。鲜梨主要出口国家为泰国、印度尼西亚、越南、菲律宾等。2021 年 1—5 月，鲜梨出口泰国 706.11 吨，金额 81.07 万美元。出口印度尼西亚 161.67 万吨，金额 17.64 万美元。2021 年 5 月，全省浓缩苹果汁出口数量 5 144 吨，金额 547 万美元，平均单价 1 064 美元/吨。2021 年 1—5 月，全省浓缩苹果汁出口数量 2.98 万吨，同比减少 66.01%，金额 3 022 万美元，同比减少 67.42%。浓缩苹果汁主要出口国家为美国、俄罗斯、南非、波兰、日本等国家。

甘肃省主要出口特色农产品为高原夏菜、苹果、红枣等。2019年甘肃省全年农产品出口21.2亿元，同比增长5.5%，其中，鲜（干）水果及坚果出口7.2亿元，同比增长12.3%；蔬菜出口2.6亿元，同比增长36%。以兰州市榆中县、静宁县为例。截至2021年6月，榆中县累计认定无公害蔬菜产地67万亩，认证"三品一标"228个，高原夏菜区域品牌评估价值达到59亿元，年加工外销高原夏菜140万吨，各类蔬菜产品畅销东南沿海地区60多个大中城市的80多家专业批发市场，出口日本、马来西亚、新加坡等多个国家。静宁县坚持国内国外市场并重、线上线下交易同步，依托全县9家拥有自主经营和出口权的龙头企业，扶持建设静宁苹果"海外仓"和全球营销网络。截至2021年6月，全县有外贸出口业绩企业13家，苹果远销尼泊尔、俄罗斯、墨西哥等17个国家，2019年外贸出口额达3.92亿元，位于全省之首；2020年受疫情防控影响，外贸出口额为1.61亿元。

青海省主要出口特色农产品为枸杞、蚕豆、冬虫夏草等作物。2020年青海出口农产品贸易总值1.5亿元，同比增长9.4%，高于全国农产品出口增速。据西宁海关统计，2020年，青海省冬虫夏草出口4 729.5万元，占全省农产品出口总值的30.6%，出口值居全国第一位；枸杞出口2 864.7万元，同比增长3.6%，占全省农产品出口总值的18.5%，出口值居全国第9位；蜂产品出口1 867.5万元，同比增长89.6%，出口值位居全国第13位。冬虫夏草、枸杞、蜂产品等三类合计占青海农产品出口总值的61.2%。2020年，青海水产品出口1 400.1万元，其中，冻鳟鱼出口值居全国第三位，占全国同类商品出口总值的20%。山羊肉出口393.7万元。

宁夏主要出口特色农产品为枸杞、葡萄酒、天然蜂蜜。2019年全区农产品出口8.1亿元，同比增长1.1%；枸杞、果蔬汁、天然蜂蜜分别出口2.3亿元、1.6亿元和0.3亿元，同比分别增长8.6%、33%和39%。2020年宁夏葡萄酒出口值达265万元，同比增长46.4%。以中卫市为例，2020年1—2月，中卫市食品农产品出口0.3亿元，同比增长121.41%，主要出口农产品包括枸杞、南瓜仁、红枣、枸杞汁、果汁等，主要销往荷兰、英国、美国、法国等国家和地区。其中，枸杞出口0.17亿元，其他食品农产品出口0.13亿元。

1.3 乡村产业政策梳理

1.3.1 农村第一产业政策

（1）农业投入与补贴政策

"三农"问题是我国发展的重中之重，为保障粮食生产与农民增收，党中央、国务院持续坚持"多予少取放活"的方针，稳定、完善和强化各项支农政策。初期的农业补贴主要向粮食生产倾斜，2004年中央1号文件指出，"现有农业固定资产投资、农业综合开发资金、土地复垦基金等要相对集中使用，向主产区倾斜。继续增加农业综合开发资金，新增部分主要用于主产区。从2004年起，确定一定比例的国有土地出让金，用于支持农业土地开发，建设高标准基本农田，提高粮食综合生产能力。"2005年中央支农的力度不断加大，继续加大"两减免、三补贴"等政策实施力度，减免农业税、取消除烟叶以外的农业特产税，对种粮农民实行直接补贴，对部分地区农民实行良种补贴和农机具购置补贴。2008年中央1号文件按照统筹城乡发展加大"三农"投入力度，坚持县级以上各级财政每年对农业总投入增长幅度高于其财政经常性收入增长幅度，把国家基础设施建设和社会事业发展的重点转向农村，重点加强农田水利、农业综合开发和农村基础设施建设。2009年的支农政策一方面增加国家对农村基础设施建设和社会事业发展的投入，提高预算内固定资产投资用于农业农村的比重，新增国债使用向"三农"倾斜。另一方面，进一步增加补贴资金，增加对种粮农民直接补贴，提高补贴标准，实现水稻、小麦、玉米、棉花全覆盖，扩大油菜和大豆良种补贴范围。2011年中央在农业投入中强调发挥政府在农业科技投入中的主导作用，保证财政农业科技投入增幅明显高于财政经常性收入增幅，建立投入稳定增长的长效机制。从2012年开始，新增补贴开始向专业大户、家庭农场、农民合作社等新型生产经营主体倾斜。

（2）农业科技政策

国家高度重视科技对农业的突出作用，积极完善农业科技创新体制机制，发挥科技对农业生产的支撑作用。2004 年中央 1 号文件指出要加强农业科研和技术推广。要围绕增强我国农业科技的创新能力、储备能力和转化能力，改革农业科技体制，较大幅度地增加预算内农业科研投入。深化农业科技推广体制改革，加快形成国家推广机构和其他所有制推广组织共同发展、优势互补的农业技术推广体系。随后 2005 年与 2006 年的文件将建设国家创新基地和区域性农业科研中心摆在突出位置，依托具有明显优势的省级农业科研单位和高等学校，建设区域性的农业科研中心，并探索对公益性职能与经营性服务实行分类管理的办法，完善农技推广的社会化服务机制。从 2009 年开始，农业科技研发的重点放在良种培育上，引导种子企业与科研单位联合，加快培育一批突破性新品种。2011 年 1 号文件主要着笔于推进农业科技创新，从农业科技创新方向、农业科技创新重点、农业科技创新机制、农业科技创新等多个方面提出改革措施。着眼长远发展，超前部署农业前沿技术和基础研究，力争在世界农业科技前沿领域占有重要位置；稳定支持农业基础性、前沿性、公益性科技研究，大力加强农业基础研究，加快推进前沿技术研究；打破部门、区域、学科界限，有效整合科技资源，建立协同创新机制，推动产学研、农科教紧密结合；加大国家各类科技计划向农业领域倾斜支持力度，提高公益性科研机构运行经费保障水平。2014 年中央在农业科技创新主体方面，明确要引导和支持科研机构与企业联合研发，加大农业科技创新平台基地建设和技术集成推广力度，推动发展国家农业科技园区协同创新战略联盟。2015 年、2016 年、2017 年，根据农业现代化建设的需求，国家加强了农业科技研发，加大实施种业自主创新重大工程和主要农作物良种联合攻关力度，加快适宜机械化生产、优质高产多抗广适新品种选育。加强中低产田改良、经济作物、草食畜牧业、海洋牧场、智慧农业、农林产品精深加工、仓储物流等科技研发。加快研发适宜丘陵山区、设施农业、畜禽水产养殖的农机装备，2018 年《乡村振兴战略规划（2018—2022 年）》中提出要大力发展数字农业，实施智慧农业工程和"互联网＋"现代农业行动，鼓励对农业生产进行数字化改造，加强农业遥感、物联网应用，提高农业精准化水平。2019 年国家提出建设农业领域国家重点实验室等科技创新平台基地，打造产学研深度融合平台，加强国家现代农业产业技术体系、科技创新联盟、产业创新中心、高新技术产业示范区、科技园区等建设，强化企业技术创新主体地位，培育农业科技创新型企业，支持符合条件的企业牵头实施技术创新项目。

（3）农业组织政策

中央历来支持农业产业组织的发展，采取多种政策扶持、引导产业组织做大做强。在2004—2008年期间，政策支持的重点主要集中在龙头企业上，对龙头企业的技改贷款给予财政贴息，对龙头企业为农户提供培训、营销服务，以及研发引进新品种新技术、开展基地建设和污染治理等给予财政补助，完善农产品加工税收政策，加快改进对龙头企业的信贷服务，切实解决龙头企业收购资金紧张的问题。明确龙头企业是引导农民发展现代农业的重要带动力量，引导产业组织与农民结成更紧密的利益共同体，让农民更多地分享产业化经营成果。从2009年开始，除了延续对龙头企业的扶持外，中央开始扶持、培育农民专业合作社的发展，开展示范社建设行动。加强合作社人员培训，各级财政给予经费支持。2013年1号文件中明确农业生产经营组织创新是推进现代农业建设的核心和基础，从2013年起，中央开始构建新型农业经营体系，要培育和壮大新型农业生产经营组织，充分激发农村生产要素潜能，并对农户、新型农民合作组织、龙头企业等主体分类施策。对农民要努力提高其集约经营水平，扶持联户经营、专业大户、家庭农场，着力加强农业职业教育和职业培训，提高他们的生产技能和经营管理水平；对新型农民合作组织，大力支持其发展多种形式适度规模经营，鼓励农民兴办专业合作和股份合作等多元化、多类型合作社；培育壮大龙头企业，支持龙头企业通过兼并、重组、收购、控股等方式组建大型企业集团，创建农业产业化示范基地，促进龙头企业集群发展。从2017年开始，中央政策不仅延续对新型农业经营主体的支持，还明确大力培育新型农业服务主体，总结推广农业生产全程社会化服务试点经验，扶持培育农机作业、农田灌排、统防统治、烘干仓储等经营性服务组织。同年出台的《关于加快构建政策体系培育新型农业经营主体的意见》从新型农业经营主体多元融合发展、多路径提升规模经营水平、多模式完善利益分享机制、多形式提高发展质量等不同角度明晰了新型农业经营主体的发展路径。随着农业现代化建设的推进，中央认识到虽然培育新型农业经营主体是增加农民收入、提高农业竞争力的有效途径，但我国人多地少，各地农业资源禀赋条件差异很大，短时间内不能全面实行规模化经营。因此当前和今后很长一个时期，小农户家庭经营将是我国农业的主要经营方式，农业产业组织政策更加关注小农户与现代农业的衔接，发挥新型农业经营主体对小农户的带动作用，完善两者之间的利益联结机制。为了实施乡村振兴战略，走质量兴农之路，中央将品牌建设贯穿农业全产业链，2018 年发布的《农业农村部关于加快推进品牌强农的意见》《乡村振兴战略规划（2018—2022 年)》都对农业品牌建设进行了指导。实施农业品牌提升行动，加快形成以区域公用品牌、企业品牌、大宗农产品品牌、特色农产品品牌为核心的农业品牌格局。并从筑牢品牌发展基础、构建农业品牌体系、完善品牌发展机制、挖掘品牌文化内涵、提升品牌营销能力等方面指导了品牌建设的着力点。

（4）农业生产政策

国家历来高度重视粮食生产工作，稳定及提升粮食生产能力是中央一以贯之的政策方针。从 2004 年起，国家就实施优质粮食产业工程，支持主产区建设旱涝保收、稳产高产基本农田，不断提高耕地质量，推广优良品种和先进适用技术。2006 年 1 号文件强调坚持和完善重点粮食品种最低收购价政策，保持合理的粮价水平，保护种粮农民利益。2008 年起，开始大力发展油料生产，加快优质油菜、花生生产基地县建设，积极发展油茶、核桃等木本油料。支持优势产区发展棉花、糖料生产。2009 年开始推进全国新增千亿斤粮食生产能力建设，加快提升了 800 个产粮大县（市、区、场）生产能力。2014 年，国家将抓好粮食生产工作上升到了粮食安全战略，深入实施藏粮于地、藏粮于技战略，严守耕地保护红线，划定永久基本农田，大规模推进农村土地整治和高标准农田建设，加强农田水利建设，不断提升农业综合生产能力，确保谷物基本自给、口粮绝对安全。除了稳定保障粮食生产外，提升农产品的质量安全水平也是重中之重。2004—2012 年间通过实施优势农产品区域布局规划，发挥各地的比较优势等措施，来调整农业区域布局，积极发展特色农业、绿色食品和生态农业，保护农产品知名品牌，建设优势农产品产业带。通过加强农业标准化工作，加快园艺作物生产设施化、畜禽水产养殖规模化，完善农产品的检验检测、安全监测及质量认证体系等手段，来保证优质农产品的生产和供应。2013年起，国家将抓好食品安全摆在突出位置，要建立最严格的覆盖全过程的食品安全监管制度，从支持标准化生产、重点产品风险监测预警、食品追溯体系建设、严格农业投入品管理等多方面持续发力，2015年起开展农产品质量安全县、食品安全城市创建活动。2016年更是将食品安全上升到战略高度，并对畜禽养殖业规范管理作出详细要求。伴随食品安全工作的推进，促进生态友好型农业发展也成为农业供给侧改革与现代化建设的重点。主要通过加强农业面源污染治理，深入开展测土配方施肥，大力推广生物有机肥、低毒低残留农药，开展秸秆、畜禽粪便资源化利用和农田残膜回收区域性示范，发展绿色农产品、有机农产品和地理标志农产品等政策推进农业生产绿色化，助力农业高质量发展。

农村第一产业政策梳理汇总见表1-12。

表1-12　农村第一产业政策梳理

时间	文　件	涉及内容
2003年12月31日	《中共中央　国务院关于促进农民增加收入若干政策的意见》	加强主产区粮食生产能力建设，增加对粮食主产区的投入，全面提高农产品质量安全水平，加快发展农业产业化经营，加强农业科研和技术推广
2004年12月31日	《中共中央　国务院关于进一步加强农村工作提高农业综合生产能力若干政策的意见》	继续加大"两减免、三补贴"等政策实施力度，切实加强对粮食主产区的支持，建立稳定增长的支农资金渠道，严格保护耕地，努力培肥地力，加快实施以节水改造为中心的大型灌区续建配套，狠抓小型农田水利建设，加强农业科技创新能力建设，加快改革农业技术推广体系，加快农产品流通和检验检测设施建设，进一步抓好粮食生产，大力发展特色农业，加快发展畜牧业，发展农业产业化经营
2005年12月31日	《中共中央　国务院关于推进社会主义新农村建设的若干意见》	大力提高农业科技创新和转化能力，加强农村现代流通体系建设，稳定发展粮食生产，积极推进农业结构调整，发展农业产业化经营，加快发展循环农业，稳定、完善、强化对农业和农民的直接补贴政策，大力加强农田水利、耕地质量和生态建设
2006年12月31日	《中共中央　国务院关于积极发展现代农业扎实推进社会主义新农村建设的若干意见》	大力抓好农田水利建设，切实提高耕地质量，提高农业可持续发展能力，加强农业科技创新体系建设，推进农业科技进村入户，大力推广资源节约型农业技术，积极发展农业机械化，加快农业信息化建设，促进粮食稳定发展，发展健康养殖业，扶持农业产业化龙头企业发展，培育现代农业经营主体

（续）

时间	文 件	涉及内容
2007 年 12 月 31 日	《中共中央 国务院关于切实加强农业基础建设进一步促进农业发展农民增收的若干意见》	按照统筹城乡发展要求切实加大"三农"投入力度，巩固、完善、强化强农惠农政策，高度重视发展粮食生产，加强农业标准化和农产品质量安全工作，支持农业产业化发展，狠抓小型农田水利建设，大力发展节水灌溉，加强耕地保护和土壤改良，加快推进农业机械化，积极发展农民专业合作社和农村服务组织，加快推进农业科技研发和推广应用，建立健全动植物疫病防控体系，大力培养农村实用人才，积极发展农民专业合作社和农村服务组织，加强农村市场体系建设，积极推进农村信息化
2008 年 12 月 31 日	《中共中央 国务院关于 2009 年促进农业稳定发展农民持续增收的若干意见》	进一步增加农业农村投入，较大幅度增加农业补贴，加大力度扶持粮食生产，支持优势产区集中发展油料等经济作物生产，加快发展畜牧水产规模化标准化健康养殖，严格农产品质量安全全程监控，加快农业科技创新步伐，加快高标准农田建设，加强水利基础设施建设，加快推进农业机械化，扶持农民专业合作社和龙头企业发展
2009 年 12 月 31 日	《中共中央 国务院关于加大统筹城乡发展力度进一步夯实农业农村发展基础的若干意见》	稳定发展粮食等大宗农产品生产，推进菜篮子产品标准化生产，突出抓好水利基础设施建设，大力建设高标准农田，提高农业科技创新和推广能力
2011 年 12 月 31 日	《中共中央 国务院关于加快推进农业科技创新持续增强农产品供给保障能力的若干意见》	毫不放松抓好粮食生产，加大农业投入和补贴力度，明确农业科技创新方向，突出农业科技创新重点，完善农业科技创新机制，改善农业科技创新条件，着力抓好种业科技创新
2012 年 12 月 31 日	《中共中央 国务院关于加快发展现代农业进一步增强农村发展活力的若干意见》	稳定发展农业生产，强化农业物质技术装备，提升食品安全水平，加大农业补贴力度。努力提高农户集约经营水平，大力支持发展多种形式的新型农民合作组织，培育壮大龙头企业
2014 年 1 月 20 日	《中共中央 国务院关于全面深化农村改革加快推进农业现代化的若干意见》	抓紧构建新形势下的国家粮食安全战略，强化农产品质量和食品安全监管，健全"三农"投入稳定增长机制，完善农业补贴政策，完善农田水利建设管护机制，推进农业科技创新，加快发展现代种业和农业机械化，加强农产品市场体系建设，促进生态友好型农业发展，发展多种形式规模经营，扶持发展新型农业经营主体
2015 年 2 月 1 日	《中共中央 国务院关于加大改革创新力度加快农业现代化建设的若干意见》	不断增强粮食生产能力，深入推进农业结构调整。提升农产品质量和食品安全水平，强化农业科技创新驱动作用，加强农业生态治理，优先保证农业农村投入，提高农业补贴政策效能

（续）

时间	文件	涉及内容
2015年12月31日	《中共中央 国务院关于落实发展新理念加快农业现代化实现全面小康目标的若干意见》	大规模推进高标准农田建设，大规模推进农田水利建设，强化现代农业科技创新推广体系建设，加快推进现代种业发展，发挥多种形式农业适度规模经营引领作用，优化农业生产结构和区域布局，加强农业资源保护和高效利用，加快农业环境突出问题治理，实施食品安全战略
2016年12月31日	《中共中央 国务院关于深入推进农业供给侧结构性改革加快培育农业农村发展新动能的若干意见》	统筹调整粮经饲种植结构，发展规模高效养殖业，做大做强优势特色产业，全面提升农产品质量和食品安全水平，积极发展适度规模经营，建设现代农业产业园，推进农业清洁生产，大规模实施农业节水工程，集中治理农业环境突出问题，加强农业科技研发，强化农业科技推广，完善农业科技创新激励机制，提升农业科技园区建设水平，持续加强农田基本建设
2017年5月31日	中共中央办公厅 国务院办公厅印发《关于加快构建政策体系培育新型农业经营主体的意见》	引导新型农业经营主体多元融合发展，引导新型农业经营主体多路径提升规模经营水平，引导新型农业经营主体多模式完善利益分享机制，引导新型农业经营主体多形式提高发展质量
2018年1月2日	《中共中央 国务院关于实施乡村振兴战略的意见》	夯实农业生产能力基础，实施质量兴农战略，促进小农户和现代农业发展有机衔接，加强农村突出环境问题综合治理
2019年1月3日	《中共中央 国务院关于坚持农业农村优先发展做好"三农"工作的若干意见》	稳定粮食产量，完成高标准农田建设任务，调整优化农业结构，加快突破农业关键核心技术，实施重要农产品保障战略，加快发展乡村特色产业，实施数字乡村战略
2020年1月2日	《中共中央 国务院关于抓好"三农"领域重点工作确保如期实现全面小康的意见》	稳定粮食生产，加快恢复生猪生产，加强现代农业设施建设
2021年1月4日	《中共中央 国务院关于全面推进乡村振兴加快农业农村现代化的意见》	提升粮食和重要农产品供给保障能力，打好种业翻身仗，坚决守住18亿亩耕地红线，强化现代农业科技和物质装备支撑，构建现代乡村产业体系。推进农业绿色发展，推进现代农业经营体系建设

1.3.2 农村第二产业

在2004—2012年间，我国农业和农村发展中所存在的突出问题之一就是农民增收困难，全国农民人均纯收入连续多年增长缓慢，粮食主产区农民收入增长幅度低于全国平均水平，许多纯农户的收入持续徘徊甚至下降，城乡居民收入差距仍在不断扩大。因此在这一背景下，党中央与国务院在中央1号文件中多次提出要扶持农村工业的发展，拓展农民增收渠道，增强农业生产支撑。这一阶段的政策特点主要体现在：从区域上看，重点支持粮食主产区发展；从行业来看，主要扶持粮食加工业与农用工业；在政策工具方面，以财税与金融等优惠政策进行扶持。

到2012年我国实现了粮食生产"九连增"、农民增收"九连快"，巩固和发展了农业农村经济好形势，现代农业建设全面启动。在此基础上，在2013—2017年间，为全面推进农业现代化建设水平，让农民平等参与现代化进程、共同分享现代化成果，党中央、国务院进一步明确了农村二产在农村经济稳定发展中的重要地位，农村第二产业在拓宽农民增收渠道，保持农民收入持续稳定增长，带动农民就近就业创业等方面都发挥着重要作用。在农产品种类方面，政策重点支持了主食加工业的发展，实施了主食加工业提升行动，促进主食加工业的规范化、标准化建设，支持玉米深加工，开发传统面米、马铃薯及薯类、杂粮、预制菜肴等多元化主食产品，积极打造质量过硬、标准化程度高的主食品牌。随着农产品加工的发展与农业现代化建设的推进，政策开始支持包括粮食、油料、薯类、果品、蔬菜、茶叶、菌类和中药材等在内的多品类农产品进行加工，支持农户和农民合作社改善储藏、保鲜、烘干、清选分级、包装等设施装备条件，促进商品化处理，通过实施相关项目和推广适用技术，推动农产品初加工水平整体提升。这阶段的政策重点主要包括三方面：财政支持、优化布局与示范建设。在财政支持方面，国家出台了相应的财税政策扶持农产品加工企业，减轻其生产经营负担，例如扩大农产品加工增值税进项税额核定扣除试点行业范围、实施农产品产地初加工补助政策等。在优化布局方面，根据全国农业现代化规划和优势特色农产品产业带、粮食生产功能区、重要农产品生产保护区分布，合理布局原料基地和农产品加工业，引导加工企业向主产区、优势产区、产业园区集中，形成生产与加工、科研与产业、企业与农户相衔接配套的上下游产业格局，在优势农产品产地打造食品加工产业集群。在示范建设方面，引导和扶持发展一批农产品加工领军企业，培育一批农产品精深加工领军企业和国内外知名品牌，支持建设一批农产品加工示范县、示范园区，完善功能、突出特色、优化分工，吸引农产品加工企业向园区集聚，以园区为主要依托，创建集标准化原料基地、集约化加工、便利化服务网络于一体的产业集群和融合发展先导区，加快建设农产品加工特色小镇，在区域内形成良好的示范效应，推动农业产业化发展。

经过了前期的发展，我国农村创新创业环境不断改善，新产业新业态大量涌现，乡村产业发展取得了积极成效，但为了让农民更多分享产业增值收益，从 2018 年开始，政策着重突出县域这个重要载体。将农产品加工产业根植于县域，以农业农村资源为依托，以农民为主体，以农村一二三产业融合发展为路径，把产业链的主体留在县域，改变农村卖原料、城市搞加工的格局。政策不仅延续了对农业企业的引导与扶持，还鼓励、支持家庭农场、农民专业合作社等新型农业经营主体参与农产品加工业，支持发展适合家庭农场和农民合作社经营的农产品初加工，支持县域发展农产品精深加工，建成一批农产品专业村镇和加工强县。当前，农产品市场竞争已经演变为不同区域、不同国家之间的产业链、产业体系间的竞争，补齐乡村产业体系中的短板和弱项成为产业政策的重点。面对我国农产品加工产业链条短、精深加工不足等问题，着力延伸产业链条，大力发展农产品产地初加工，深入发展农产品精深加工，推动农业全产业链条建设成为主要发展思路。扶持农民合作社和家庭农场发展冷藏保鲜、原料处理、杀菌、储藏、分级、包装等延时类初加工，以及干制、腌制、熟制、分级分割、速冻等食品类初加工。提升农产品精深加工，引导大型农业企业开发营养均衡、养生保健、食药同源的加工食品和质优价廉、物美实用的非食用加工产品，提升农产品加工转化增值空间。发展食材预处理、面制、米制、带馅、调理等主食加工，培育原料基地＋中央厨房＋物流配送（餐饮门店、商超销售）以及中央厨房＋餐饮门店（连锁店、社区网点、终端客户）等模式，进一步延长加工链条。推进农产品加工循环、高值、梯次利用和减损增效取得实质性进展。

农村第二产业政策梳理汇总见表 1–13。

表 1 - 13　农村第二产业政策梳理

时间	文　件	涉及内容
2003 年 12 月 31 日	《中共中央　国务院关于促进农民增加收入若干政策的意见》	扶持主产区发展以粮食为主要原料的农产品加工业，重点是发展精深加工。国家通过技改贷款贴息、投资参股、税收政策等措施，支持主产区建立和改造一批大型农产品加工、种子营销和农业科技型企业
2004 年 12 月 31 日	《中共中央　国务院关于进一步加强农村工作提高农业综合生产能力若干政策的意见》	采取财政贴息等方式，支持粮食主产区农产品加工企业进行技术引进和技术改造，建设仓储设施。尽快完善农产品加工业增值税政策。按照增值税转型改革的统一部署，加快食品等农产品加工业增值税转型的步伐
2006 年 12 月 31 日	《中共中央　国务院关于积极发展现代农业扎实推进社会主义新农村建设的若干意见》	积极发展新型肥料、低毒高效农药、多功能农业机械及可降解农膜等新型农业投入品。优化肥料结构，加快发展适合不同土壤、不同作物特点的专用肥、缓释肥。加快农机行业技术创新和结构调整，重点发展大中型拖拉机、多功能通用型高效联合收割机及各种专用农机产品
2013 年 1 月 9 日	《农业部关于做好 2013 年农业农村经济工作的意见》	逐步推动扩大农产品加工增值税进项税额核定扣除试点行业范围，适当扩大农产品产地初加工补助项目试点，支持产地发展农产品储藏、保鲜、干燥等初加工设施建设，加强农产品加工产业聚集区建设。引导和扶持发展一批农产品加工领军企业，实施主食加工业提升行动，培育一批示范企业，促进主食加工业的规范化、标准化建设
2015 年 2 月 4 日	《农业部关于扎实做好 2015 年农业农村经济工作的意见》	继续实施农产品产地初加工补助政策，重点支持发展贮藏、保鲜、烘干、分等分级、包装和运销，支持建设一批农产品加工示范县、示范园区和示范企业。实施主食加工业提升行动，推动农产品及加工副产物综合利用，建设一批农产品加工技术集成基地
2015 年 12 月 31 日	《中共中央　国务院关于落实发展新理念加快农业现代化实现全面小康目标的若干意见》	加强农产品加工技术创新，促进农产品初加工、精深加工及综合利用加工协调发展。支持粮食主产区发展粮食深加工，形成一批优势产业集群。开发拥有自主知识产权的技术装备，支持农产品加工设备改造提升，建设农产品加工技术集成基地。培育一批农产品精深加工领军企业和国内外知名品牌
2016 年 1 月 16 日	《农业部关于扎实做好 2016 年农业农村经济工作的意见》	完善并继续实施农产品产地初加工补助政策，加快建设一批农产品加工示范县、示范园区、示范企业。支持粮食主产区发展粮食深加工，继续加强农产品加工科技创新和推广，深入开展加工副产物综合利用试点，实施主食加工和农产品加工质量品牌提升行动

（续）

时间	文件	涉及内容
2016年 12月17日	《国务院办公厅关于进一步促进农产品加工业发展的意见》	推进农产品加工业向优势产区集中布局，加快农产品初加工发展，提升农产品精深加工水平，鼓励主食加工业发展，推进加工园区建设
2016年 12月31日	《中共中央 国务院关于深入推进农业供给侧结构性改革加快培育农业农村发展新动能的若干意见》	加大食品加工业技术改造支持力度，开发拥有自主知识产权的生产加工设备。鼓励食品企业设立研发机构，围绕"原字号"开发市场适销对路的新产品。实施主食加工业提升行动，积极推进传统主食工业化、规模化生产，大力发展方便食品、休闲食品、速冻食品、马铃薯主食产品。加强新食品原料、药食同源食品开发和应用
2017年 1月26日	《农业部关于推进农业供给侧结构性改革的实施意见》	大力发展优质原料基地和加工专用品种生产，支持粮食主产区发展粮食深加工。加强农产品加工技术集成基地建设，组织开展关键技术装备研发和推广
2019年 1月3日	《中共中央 国务院关于坚持农业农村优先发展做好"三农"工作的若干意见》	支持主产区依托县域形成农产品加工产业集群，尽可能把产业链留在县域，改变农村卖原料、城市搞加工的格局。支持发展适合家庭农场和农民合作社经营的农产品初加工，支持县域发展农产品精深加工，建成一批农产品专业村镇和加工强县
2019年 6月17日	《国务院关于促进乡村产业振兴的指导意见》	支持粮食主产区和特色农产品优势区发展农产品加工业，建设一批农产品精深加工基地和加工强县。鼓励农民合作社和家庭农场发展农产品初加工，建设一批专业村镇
2021年 1月4日	《中共中央 国务院关于全面推进乡村振兴加快农业农村现代化的意见》	依托乡村特色优势资源，打造农业全产业链，把产业链主体留在县城，让农民更多分享产业增值收益。加快健全现代农业全产业链标准体系，推动新型农业经营主体按标生产，培育农业龙头企业标准"领跑者"。立足县域布局特色农产品产地初加工和精深加工，建设现代农业产业园、农业产业强镇、优势特色产业集群
2021年 5月26日	《农业农村部关于加快农业全产业链培育发展的指导意见》	拓展农产品初加工，支持新型经营主体发展清洗分拣、烘干储藏、杀菌消毒、预冷保鲜、净菜鲜切、分级分割、产品包装等，开展干制、腌制、熟制等初加工，实现减损增效。提升农产品精深加工，引导大型农业企业开发营养均衡、养生保健、食药同源的加工食品和质优价廉、物美实用的非食用加工产品，提升农产品加工转化增值空间。推进综合利用加工，推进加工副产物循环、全值、梯次利用，实现变废为宝、化害为利

（续）

时间	文 件	涉及内容
2021年11月17日	《农业农村部关于拓展农业多种功能　促进乡村产业高质量发展的指导意见》	围绕产业链部署创新链、围绕创新链部署资金链和资源链，引导农产品加工企业牵头开展"产学研用"联合攻关，攻克食品预处理、分离提取、混合均质、灌装包装、减损增效等技术瓶颈。组织加工企业、研发团队和装备企业，打造共性技术研发平台和创新联合体，创制信息化、智能化、工程化加工装备，建设一批集成度高、系统性强、能应用、可复制的农产品加工技术集成基地，打造一批中国农业食品创新产业园

1.3.3　农村第三产业政策

从2013年开始，休闲农业作为农村一二三产业发展的融合体，发展迅猛，已成为一种新型产业形态和消费业态，在促进农业提质增效、带动农民就业增收、传承中华农耕文明、建设美丽乡村、推动城乡一体化发展方面发挥了重要作用。关于扶持、引导与规划乡村旅游业的政策开始持续出台。初始阶段，政策侧重培育创建一批休闲农业品牌与产业群，指出要积极开发农业多种功能，做好乡村旅游示范创建和中国最美休闲乡村推介工作，发掘、认定和保护重要农业文化遗产。

但在乡村旅游业的发展过程中，服务设施不足、经营主体融资不畅、基础设施建设滞后、人员素质亟待提升等问题逐步凸显，严重影响了产业的持续健康发展。农业部等11部门出台了《关于积极开发农业多种功能大力促进休闲农业发展的通知》，在布局方面，重点在大中城市周边、名胜景区周边、特色景观旅游名镇名村周边、依山傍水逐草自然生态区、少数民族地区和传统特色农区发展休闲农业；在内涵上，注重农村文化资源挖掘，强化休闲农业经营场所的创意设计，推进农业与文化、科技、生态、旅游的融合，提高农产品附加值，提升休闲农业的文化软实力和持续竞争力；在利益共享上，发展一批农家乐、小超市、小型采摘园等特色旅游到村到户项目，带动传统种养产业转型升级，促进农村经济发展和农民持续稳定增收，支持社会力量积极参与休闲农业发展，引导建立农民参与和利益共享机制；在人员素质和设施上，加大休闲农业从业人员的培训，引进一批规划设计、创意策划和市场营销人才，加快休闲农业经营场所的公共基础设施建设，鼓励因地制宜兴建特色餐饮、住宿、购物、娱乐等配套服务设施；在规范管理上，加大休闲农业行业标准的制定和宣贯力度，指导各地分层次制定相关标准，促进休闲农业规范有序发展；在品牌培育上，培育一批叫得响、传得开、留得住的知名品牌，继续开展中国最美休闲乡村推介、中国美丽田园推介、全国休闲农业星级示范创建、特色景观旅游名镇名村示范等品牌培育工程，打造一批有影响的休闲农业知名品牌。该文件从布局、内涵、共享、设施、服务等多方面指导各地推进休闲农业的升级行动。

2016 年农业部《关于大力发展休闲农业的指导意见》在持续推进以往政策的前提下，强调了规划对于乡村旅游业的重要性，在宏观上注重乡村旅游形成串点成线、连片成带、集群成圈的发展格局，注重休闲农业专项规划与当地经济社会发展规划、城乡规划、土地利用规划、易地扶贫搬迁规划等的有效衔接。并引导各地根据自身资源进一步丰富业态，大力发展休闲度假、旅游观光、养生养老、创意农业、农耕体验、乡村手工艺等，有规划地开发休闲农庄、乡村酒店、特色民宿、自驾车房车营地、户外运动等乡村休闲度假产品。

2018 年，随着生态文明建设的推进与乡村旅游业的发展，为贯彻落实"绿水青山就是金山银山"理念，正确处理好发展与保护的关系，《中共中央国务院关于实施乡村振兴战略的意见》明确提出将乡村生态优势转化为发展生态经济的优势，提供更多更好的绿色生态产品和服务，加快发展森林草原旅游、河湖湿地观光、冰雪海上运动、野生动物驯养观赏等产业，积极开发观光农业、游憩休闲、健康养生、生态教育等服务，促进生态和经济良性循环。同年 4 月，农业农村部对开展休闲农业升级行动发出通知，从业态升级、设施升级、服务升级、文化升级、管理升级等多方面指出推进路径，相比初期的培育，更注重升级以推动乡村休闲旅游高质量发展。同年的《乡村振兴战略规划（2018—2022 年）》中更加强调文化在乡村旅游建设中的重要性，对保护、利用与发展自然历史文化特色资源丰富的村庄，打造一批特色文化产业乡镇、文化产业特色村和文化产业群作出详细指导。到 2021 年，除了持续丰富乡村休闲旅游业业态、内涵，政策开始突出农民和农村集体经济组织的主体地位，引导大型农业企业、文旅企业等经营主体与农户进行联合，通过连接小农户与现代农业，推动乡村休闲旅游业高质量发展。

农村第三产业政策梳理汇总见表 1－14。

表 1－14　农村第三产业政策梳理

时间	文　件	涉及内容
2013 年 1 月 9 日	《农业部关于做好 2013 年农业农村经济工作的意见》	加大休闲农业公共服务力度，启动休闲农业品牌培育试点工作，着力创建一批主导产业突出、环境友好、文化浓郁的休闲农业优势产业带和产业群
2015 年 2 月 4 日	《农业部关于扎实做好 2015 年农业农村经济工作的意见》	积极开发农业多种功能，大力发展休闲农业，继续开展乡村旅游示范创建和中国最美休闲乡村推介，加强重要农业文化遗产发掘认定和保护
2015 年 8 月 18 日	农业部等 11 部门《关于积极开发农业多种功能大力促进休闲农业发展的通知》	丰富类型和融合集聚上实现重大提升。围绕丰富内涵，着力在文化传承和创意设计上实现重大提升。围绕增收脱贫，着力在产业升级和利益共享上实现重大提升。在人员素质和设施改善上实现重大提升。围绕有序发展，着力在规范管理和生态保护上实现重大提升。围绕品牌培育，着力在典型示范和氛围营造上实现重大提升
2015 年 12 月 31 日	《中共中央　国务院关于落实发展新理念加快农业现代化实现全面小康目标的若干意见》	依托农村资源，大力发展多种业态的休闲农业和乡村旅游，着力改善基础服务设施，引导和支持社会资本参与乡村旅游项目，加强乡村生态环境和文化遗存保护，有规划地开发乡村休闲度假产品
2016 年 1 月 16 日	《农业部关于扎实做好 2016 年农业农村经济工作的意见》	深入推进公共服务设施和美丽乡村建设，继续开展休闲农业与乡村旅游示范创建，宣传推介中国最美休闲乡村、休闲农业与乡村旅游景点线路。加强重要农业文化遗产发掘认定和保护，培育各种文化产品
2016 年 7 月 8 日	《关于大力发展休闲农业的指导意见》	加强休闲农业的规划引导，丰富产品业态，改善基础设施，推动产业扶贫，弘扬优秀农耕文化，保护传统村落，培育知名品牌
2017 年 1 月 26 日	《农业部关于推进农业供给侧结构性改革的实施意见》	拓展农业多种功能，推进农业与休闲旅游、教育文化、健康养生等深度融合，发展新产业新业态。实施休闲农业和乡村旅游提升工程，继续开展示范县、美丽休闲乡村、特色魅力小镇、精品景点线路、重要农业文化遗产等宣传推介。鼓励农村集体经济组织创办乡村旅游合作社，或与社会资本联办乡村旅游企业。完善休闲农业行业标准。组织召开全国休闲农业与乡村旅游大会

(续)

时间	文 件	涉及内容
2018年 1月2日	《中共中央 国务院关于 实施乡村振兴战略的意见》	增加农业生态产品和服务供给，打造绿色生态环保的乡 村生态旅游产业链
2018年 4月13日	《农业农村部关于开展休 闲农业和乡村旅游升级行 动的通知》	通过培育乡村旅游精品品牌、完善公共设施、提升服务 水平、传承农耕文化、注重规范管理等促进休闲农业和乡 村旅游升级
2018年 9月26日	《乡村振兴战略规划 （2018—2022年）》	保护、利用、发展历史文化名村、传统村落、少数民族 特色村寨、特色景观旅游名村等自然历史文化特色资源丰 富的村庄，挖掘培养乡土文化本土人才，建设一批特色鲜 明、优势突出的农耕文化产业展示区，打造一批特色文化 产业乡镇、文化产业特色村和文化产业群
2021年 11月17日	《农业农村部关于拓展农 业多种功能 促进乡村产 业高质量发展的指导意见》	发挥乡村休闲旅游业在横向融合农文旅中的连接点作 用，以农民和农村集体经济组织为主体，联合大型农业企 业、文旅企业等经营主体，大力推进"休闲农业＋"，突 出绿水青山特色、做亮生态田园底色、守住乡土文化本 色，推动乡村休闲旅游业高质量发展

1.3.4 农村产业融合政策

2015年中央1号文件《中共中央 国务院关于加大改革创新力度加快农业现代化建设的若干意见》中首次明确提出"三产融合"，指出要立足资源优势，以市场需求为导向，延长农业产业链、提高农业附加值，推进农村一二三产业融合发展，壮大县域经济，带动农民就业致富。同年12月，国务院办公厅出台《关于推进农村一二三产业融合发展的指导意见》，为各地推进三产融合指明了基本原则、主要目标与基本路径。在融合方式方面，意见指出着力推进新型城镇化，将农村产业融合发展与新型城镇化建设有机结合，引导农村二三产业向县城、重点乡镇及产业园区等集中；加快农业结构调整，以农牧结合、农林结合、循环发展为导向，调整优化农业种植养殖结构，加快发展绿色农业；延伸农业产业链，发展农业生产性服务业，完善农产品产地初加工补助政策，支持农产品深加工发展；拓展农业多种功能，推进农业与旅游、教育、文化、健康养老等产业深度融合；大力发展农业新型业态，推进现代信息技术应用于农业生产、经营、管理和服务；引导产业集聚发展，加强农村产业融合发展与城乡规划、土地利用总体规划有效衔接。在融合主体方面，意见指出要强化农民合作社和家庭农场基础作用，支持龙头企业发挥引领示范作用，发挥供销合作社综合服务优势，积极发展行业协会和产业联盟，鼓励社会力量加入。

而后 2016 年中央 1 号文件再次提及推进农村"三产融合"，并强调了在"三产融合"过程中完善与农民的利益联结机制，并从合作社引领农户、发展订单农业、发展股份合作等方面指明如何做好利益联结。支持供销合作社创办领办农民合作社，引领农民参与农村产业融合发展、分享产业链收益；创新发展订单农业，支持农业产业化龙头企业建设稳定的原料生产基地、为农户提供贷款担保和资助订单农户参加农业保险；鼓励发展股份合作，引导农户自愿以土地经营权等入股龙头企业和农民合作社，采取"保底收益＋按股分红"等方式，让农户分享加工销售环节收益，建立健全风险防范机制。财政支农资金使用要与建立农民分享产业链利益机制相联系。巩固和完善"合同帮农"机制，为农民和涉农企业提供法律咨询、合同示范文本、纠纷调处等服务。同年 10 月 18 日，全国各地在"三产融合"中采取了一系列行之有效的落实措施，取得了较好的成效，但也存在扶持政策落实不够到位、部门之间尚未形成合力、试点示范项目实施较慢等问题。鉴于此，农业部印发《关于推动落实农村一二三产业融合发展政策措施的通知》，文件在持续推动融合方式、融合主体、利益联结机制的基础上，提出要协调推动落实农村产业融合发展扶持政策，推动实施农村产业融合试点示范工程。明确提出了包括财政、税收、用地、金融、基本建设和用电等在内的一系列政策措施，为推进农村产业融合发展提供了强大动力。在财政政策上，要积极争取将财政现有资金、预算内投资、农业综合开发资金等向农村产业融合发展项目倾斜，实施好农产品产地初加工补助，带动社会力量投向农村产业融合领域；在税收政策上，进一步完善农产品初加工所得税优惠目录等。在用地政策上，要积极争取年度建设用地指标中单列一定比例用于"三产融合"；在金融政策上，要积极争取推广产业链金融模式等；在基本建设政策上，健全以县、乡、村三级物流节点为支撑的农村物流网络体系，完善休闲农业和乡村旅游道路、供电、供水、停车场、观景台、游客接待中心等配套设施；在用电政策上，要积极争取落实初加工用电享受农业用电等。明确提出开展农村产业融合发展试点示范，各级农业部门要积极探索和总结成功的做法，制定具体实施方案，明确项目总体要求、实施区域、资金分配、支持对象、组织实施、监管要求等，创建一批以农产品加工园区、农业产业化示范基地为主要依托，建设集标准化原料基地、集约化加工园区、体系化物流配送和营销体系"三化一体"和园区、农区、镇（城）区"三区互动"的融合发展先导区。

2017年中央1号文件与农业部在2017年1月26日发布的《关于推进农业供给侧结构性改革的实施意见》都进一步明确要发展农村"三产融合"的平台。一方面要围绕有基础、有特色、有潜力的产业，建设一批农业文化旅游"三位一体"、生产生活生态同步改善、一产二产三产深度融合的特色村镇。另一方面，启动建设以规模化种养基地为基础，依托农业产业化龙头企业带动，聚集现代生产要素，建设"生产＋加工＋科技"、一二三产融合的现代农业产业园，发挥技术集成、产业融合、创业平台、核心辐射等功能作用。

党的十八大之后，各级农业农村部门积极推动"三产融合"政策落实和示范带动，取得了积极成效。但一些地方还存在政策落实不到位，融合发展水平不高，产业链延伸、价值链提升不充分，利益联结机制还不完善等问题。因此，农业农村部印发了《关于实施农村一二三产业融合发展推进行动的通知》以加快构建农村产业融合发展体系。该通知在坚持推动政策落实、加强利益联结的基础上，更加强调人才的作用，通过推动农村创业创新促进"三产融合"，以返乡下乡本乡创业创新人员为重点，培育一批融合利益共同体；以科技人员、企业家、经营管理和职业技能人才等为重点，加快实施一批融合发展相关项目；以农村创业创新项目创意大赛、农村创业创新成果展览展示等为载体，选拔培育一批农村创业创新标杆和代表人物。

2019年6月17日国务院出台了《关于促进乡村产业振兴的指导意见》，其中对如何丰富"三产融合"业态形式给出指导，指出要跨界配置农业和现代产业要素，促进产业深度交叉融合，形成"农业＋"多业态发展态势。推进规模种植与林牧渔融合，发展稻渔共生、林下种养等。推进农业与加工流通业融合，发展中央厨房、直供直销、会员农业等。推进农业与文化、旅游、教育、康养等产业融合，发展创意农业、功能农业等。推进农业与信息产业融合，发展数字农业、智慧农业等。

进入 2021 年后，"三产融合"政策重点突出"县域"与"全产业链"两方面。2021 年中央 1 号文件明确依托乡村特色优势资源，打造农业全产业链，把产业链主体留在县城，让农民更多分享产业增值收益。立足县域布局特色农产品产地初加工和精深加工，建设现代农业产业园、农业产业强镇、优势特色产业集群。推进公益性农产品市场和农产品流通骨干网络建设。开发休闲农业和乡村旅游精品线路，完善配套设施。还提出推进农村一二三产业融合发展示范园和科技示范园区建设，到 2025 年创建 500 个左右示范区，形成梯次推进农业现代化的格局。

农村产业融合政策梳理汇总见表 1-15。

表 1-15 农村产业融合政策梳理

时间	文 件	涉及内容
2015 年 2 月 1 日	《中共中央 国务院关于加大改革创新力度加快农业现代化建设的若干意见》	推进农村一二三产业融合发展。增加农民收入，必须延长农业产业链、提高农业附加值。立足资源优势，以市场需求为导向，大力发展特色养业、农产品加工业、农村服务业，扶持发展一村一品、一乡（县）一业，壮大县域经济，带动农民就业致富
2015 年 12 月 30 日	《国务院办公厅关于推进农村一二三产业融合发展的指导意见》	发展多类型农村产业融合方式：着力推进新型城镇化、加快农业结构调整、延伸农业产业链、拓展农业多种功能、大力发展农业新型业态、引导产业集聚发展。培育多元化农村产业融合主体：强化农民合作社和家庭农场基础作用、支持龙头企业发挥引领示范作用、发挥供销合作社综合服务优势、积极发展行业协会和产业联盟、鼓励社会资本投入、搭建公共服务平台。建立多形式利益联结机制：创新发展订单农业、鼓励发展股份合作、强化工商企业社会责任、健全风险防范机制

（续）

时间	文件	涉及内容
2015年 12月31日	《中共中央 国务院关于落实发展新理念加快农业现代化实现全面小康目标的若干意见》	支持供销合作社创办领办农民合作社，引领农民参与农村产业融合发展、分享产业链收益。创新发展订单农业，支持农业产业化龙头企业建设稳定的原料生产基地、为农户提供贷款担保和资助订单农户参加农业保险。鼓励发展股份合作，引导农户自愿以土地经营权等入股龙头企业和农民合作社，采取"保底收益＋按股分红"等方式，让农户分享加工销售环节收益。加强农民合作社示范社建设，支持合作社发展农产品加工流通和直供直销
2016年 10月18日	《农业部关于推动落实农村一二三产业融合发展政策措施的通知》	明确提出了包括财政、税收、用地、金融、基本建设和用电等在内的一系列政策措施协调推动农村产业融合发展，积极推动探索农村产业融合发展多种方式，大力推动培育农村产业融合发展多元主体，着力推动建立农村产业融合多形式利益联结机制，认真推动实施农村产业融合试点示范工程
2016年 12月31日	《中共中央 国务院关于深入推进农业供给侧结构性改革加快培育农业农村发展新动能的若干意见》	培育宜居宜业特色村镇。围绕有基础、有特色、有潜力的产业，建设一批农业文化旅游"三位一体"、生产生活生态同步改善、一产二产三产深度融合的特色村镇。支持各地加强特色村镇产业支撑、基础设施、公共服务、环境风貌等建设。打造"一村一品"升级版，发展各具特色的专业村
2017年 1月26日	《农业部关于推进农业供给侧结构性改革的实施意见》	启动建设现代农业产业园。以规模化种养基地为基础，依托农业产业化龙头企业带动，聚集现代生产要素，建设"生产＋加工＋科技"、一二三产融合的现代农业产业园，发挥技术集成、产业融合、创业平台、核心辐射等功能作用
2018年 1月2日	《中共中央 国务院关于实施乡村振兴战略的意见》	构建农村一二三产业融合发展体系。大力开发农业多种功能，延长产业链、提升价值链、完善利益链，通过保底分红、股份合作、利润返还等多种形式，让农民合理分享全产业链增值收益
2018年 6月6日	《农业农村部关于实施农村一二三产业融合发展推进行动的通知》	落实政策引导融合，创业创新促进融合，发展产业支撑融合，完善机制带动融合，加强服务推动融合

（续）

时间	文　件	涉及内容
2018 年 9 月 26 日	《乡村振兴战略规划（2018—2022 年）》	顺应城乡居民消费拓展升级趋势，结合各地资源禀赋，深入发掘农业农村的生态涵养、休闲观光、文化体验、健康养老等多种功能和多重价值。依托现代农业产业园、农业科技园区、农产品加工园、农村产业融合发展示范园等，打造农村产业融合发展的平台载体，促进农业内部融合、延伸农业产业链、拓展农业多种功能、发展农业新型业态等多模式融合发展。加快培育一批"农字号"特色小镇，在有条件的地区建设培育特色商贸小镇，推动农村产业发展与新型城镇化相结合
2019 年 6 月 17 日	《国务院关于促进乡村产业振兴的指导意见》	鼓励发展农业产业化龙头企业带动、农民合作社和家庭农场跟进、小农户参与的农业产业化联合体。跨界配置农业和现代产业要素，促进产业深度交叉融合，形成"农业＋"多业态发展态势。立足县域资源禀赋，突出主导产业，建设一批现代农业产业园和农业产业强镇，创建一批农村产业融合发展示范园。引导农业企业与小农户建立契约型、分红型、股权型等合作方式，把利益分配重点向产业链上游倾斜，促进农民持续增收
2020 年 1 月 2 日	《中共中央　国务院关于抓好"三农"领域重点工作确保如期实现全面小康的意见》	支持各地立足资源优势打造各具特色的农业全产业链，建立健全农民分享产业链增值收益机制，形成有竞争力的产业集群，推动农村一二三产业融合发展
2021 年 1 月 4 日	《中共中央　国务院关于全面推进乡村振兴加快农业农村现代化的意见》	依托乡村特色优势资源，打造农业全产业链，把产业链主体留在县城，让农民更多分享产业增值收益。加快健全现代农业全产业链标准体系，推动新型农业经营主体按标生产，培育农业龙头企业标准"领跑者"。推进农村一二三产业融合发展示范园和科技示范园区建设，把农业现代化示范区作为推进农业现代化的重要抓手
2021 年 5 月 26 日	《农业农村部关于加快农业全产业链培育发展的指导意见》	延伸产业链条，构建完整完备的农业全产业链：聚焦规模化主导产业、建设标准化原料基地、发展精细化综合加工、搭建体系化物流网络、开展品牌化市场营销、推进社会化全程服务、推广绿色化发展模式、促进数字化转型升级。完善支撑体系，提升全产业链稳定性和竞争力：融合创新链、优化供应链、提升价值链、畅通资金链

第2章 黄河流域乡村产业发展评价

2.1 评价指标体系构建

　　遵循指标选取的科学性、全面性、代表性和可比性原则，在充分考虑数据的可得性及连续性基础上，参考刘云菲等（2021）[①]、于婷和于法稳（2021）[②] 以及黎新伍和徐书彬（2020）[③] 等相关研究的做法，设立"农业投入水平、农业产出水平、农业经济效益、农业生产效率、农业生产基础、农业产业体系、农业创新基础"等七个基本维度，25 项具体指标的乡村产业高质量发展评价指标体系（表 2-1）。本章选取的指标采用比率值或均值，以避免各省份农业经济体量差异可能带来的影响。

　　指标体系共 25 个研究单元，涉及 29 个原始指标。其中，固定资产投资及投向来自《中国农村统计年鉴》，农林水支出及财政支出来自《中国统计年鉴》，农业技术人员数来自《中国科技统计年鉴》，农村人口受教育年限来自《中国人口和就业统计年鉴》，农村人口平均受教育年限的计算公式为小学人数占比×6＋初中人数占比×9＋高中和中专人数占比×12＋大专及本科以上人数占比×16，农作物机耕面积来自《中国农业机械工业年鉴》，节水灌溉面积来自《中国环境统计年鉴》，农林牧渔服务业总产值来自《中国第

　　① 刘云菲、李红梅，马宏阳. 中国农垦农业现代化水平评价研究——基于熵值法与 TOPSIS 方法 [J]. 农业经济问题，2021（2）：107-116.
　　② 于婷，于法稳. 基于熵权 TOPSIS 法的农业高质量发展评价及障碍因子诊断 [J]. 云南社会科学，2021（5）：76-83.
　　③ 黎新伍，徐书彬. 中国农业供给结构失衡的测度及其空间特征研究 [J]. 广东财经大学学报，2020，35（4）：87-102.

三产业统计年鉴》，农产品出口收入额来自商务部《中国农产品进出口月度统计报告》，其他指标来自国家统计局官网、中国经济社会大数据研究平台、CSMAR 数据库、各省统计年鉴、《中国农村统计年鉴》，个别缺失数据采用线性插值法补充。

表 2-1　黄河流域乡村产业高质量发展评价指标体系

一级指标	二级指标	计算方法	指标性质
农业投入水平（B1）	单位面积化肥消耗（C1）	化肥消耗折纯总量/耕地总面积	－
	单位面积农药消耗（C2）	农药使用总量/耕地总面积	－
	单位面积农膜消耗（C3）	农膜使用总量/耕地总面积	－
	单位面积水资源消耗（C4）	农业用水量/耕地总面积	－
农业产出水平（B2）	农林牧渔业总产值（C5）	农林牧渔业总产值	＋
	劳均农林牧渔业产值（C6）	农林牧渔总产值/第一产业从业人员总数	＋
	粮食单产量（C7）	粮食作物总产量/耕地总面积	＋
	肉类劳均产量（C8）	肉类总产量/第一产业从业人员总数（CSMAR 找到 1949—2020 年）	＋
农业经济效益（B3）	第一产业产值（C9）	第一产业产值	＋
	农村居民收入（C10）	农村居民可支配收入	＋
	农产品出口收入占比（C11）	农产品出口收入总额/第一产业产值	＋
农业生产效率（B4）	劳动生产率（C12）	第一产业增加值/第一产业从业人员总数	＋
	土地生产率（C13）	第一产业增加值/耕地总面积	＋
	农机生产率（C14）	第一产业增加值/农业机械总动力	＋
农业生产基础（B5）	机耕面积比重（C15）	机耕面积/耕地总面积	＋
	节水灌溉面积比重（C16）	节水灌溉总面积/有效灌溉面积	＋
	农业电气化程度（C17）	第一产业增加值/农场用电总量	＋
	农业机械总动力（C18）	农业机械总动力	＋
	森林覆盖率（C19）	森林覆盖率	＋
农业产业体系（B6）	农业产业发展财政支持力度（C20）	农林水支出/财政总支出	＋
	农业与第三产业融合强度（C21）	第三产业增加值/第一产业增加值	＋
	农业社会化服务发展程度（C22）	农林牧渔服务业产值/农林牧渔总产值	＋
农业创新基础（B7）	农村人口平均受教育年限（C23）	小学占比×6＋初中占比×9＋高中占比×12＋大专及以上占比×16	＋
	农技人员比重（C24）	每万人农业科技人员数	＋

2.2 指标权重确定

本章首先采用熵值法对指标体系进行赋权和评价，具体步骤如下：

设 r 为年份，n 为黄河流域各省份，m 个指标，则 $x_{\theta ij}$ 为第 θ 年省份 i 的第 j 个指标值。乡村产业高质量发展涉及多个指标，由于各个指标存在差异无法直接计算，应在降维前先对各个指标进行无量纲化处理。在对基础数据特征分析后，将数据进行正向标准化和负向标准化，正向标准化方式如下：

$$x'_{\theta ij} = x_{\theta ij} / x_{\max}$$

负向标准化方式如下：

$$x'_{\theta ij} = x_{\theta ij} / x_{\min}$$

根据正向标准化和负向标准化的结果确定各项指标的权重，公式如下所示：

$$y_{\theta ij} = x'_{\theta ij} / \sum_{\theta} \sum_{i} x'_{\theta ij}$$

计算第 j 项指标的熵值 e_j：

$$e_j = -k \sum_{e} \sum_{i} y_{ij} \ln(y_{\theta ij})$$

其中 $k>0$，$k = \dfrac{1}{\ln(rn)}$。

第 j 项指标的信息效用值取决于 j 指标的信息熵 e_j 与 1 之间的差值。由此，计算第 j 项指标的信息效用值：

$$g_j = 1 - e_j$$

根据得到的信息效用值，计算各指标的权重。一般信息效用值越大，指标对评价的重要性越大。由此，第 j 项指标的权重为：

$$w_j = g_j / \sum_{j} g_j$$

根据得到的权重，加权求和得到各省份乡村产业发展质量的综合得分：

$$H_{\theta i} = \sum_{j} (w_j x'_{\theta ij})$$

$H_{\theta i}$ 值越大，表明 i 省份第 θ 年乡村产业发展质量越高，反之 $H_{\theta i}$ 值越小，表明 i 省份第 θ 年乡村产业发展质量越低。黄河流域乡村产业高质量发展评价指标体系权重及排名情况见表 2-2。

表 2 - 2　黄河流域乡村产业高质量发展评价指标体系权重及排名情况

一级指标	二级指标	权重	权重排名
农业投入水平（B1）	单位面积化肥消耗（C1）	0.017	18
	单位面积农药消耗（C2）	0.017	19
	单位面积农膜消耗（C3）	0.016	20
	单位面积水资源消耗（C4）	0.011	23
农业产出水平（B2）	农林牧渔业总产值（C5）	0.074	3
	劳均农林牧渔业产值（C6）	0.042	11
	粮食单产量（C7）	0.046	7
	肉类劳均产量（C8）	0.046	8
农业经济效益（B3）	第一产业产值（C9）	0.074	4
	农村居民收入（C10）	0.04	13
	农产品出口收入占比（C11）	0.134	1
农业生产效率（B4）	劳动生产率（C12）	0.045	10
	土地生产率（C13）	0.056	6
	农机生产率（C14）	0.036	14
农业生产基础（B5）	机耕面积比重（C15）	0.013	22
	节水灌溉面积比重（C16）	0.023	17
	农业电气化程度（C17）	0.042	12
	农业机械总动力（C18）	0.078	2
	森林覆盖率（C19）	0.046	9
农业产业体系（B6）	农业产业发展财政支持力度（C20）	0.015	21
	农业与第三产业融合强度（C21）	0.026	16
	农业社会化服务发展程度（C22）	0.062	5
农业创新基础（B7）	农村人口平均受教育年限（C23）	0.01	24
	农技人员比重（C24）	0.032	15

2.3 产业发展评价

2.3.1 黄河流域乡村产业发展总体评价

由表 2 - 3 各一级指标得分变动可知，农业产出水平、农业经济效益、农业生产效率和农业生产基础这四项增长较快，是推动黄河流域乡村产业高质量发展的主要力量（图2-1）。

表2-3 2005—2020年黄河流域乡村产业高质量发展各维度分值表

年份	B1	B2	B3	B4	B5	B6	B7
2005	0.765	0.152	0.139	0.080	0.245	0.221	0.401
2006	0.750	0.168	0.151	0.090	0.253	0.229	0.431
2007	0.696	0.185	0.171	0.128	0.270	0.244	0.442
2008	0.686	0.212	0.164	0.158	0.291	0.256	0.461
2009	0.701	0.218	0.156	0.159	0.316	0.296	0.461
2010	0.686	0.239	0.182	0.191	0.336	0.272	0.462
2011	0.668	0.269	0.205	0.230	0.355	0.272	0.481
2012	0.657	0.300	0.215	0.260	0.365	0.281	0.476
2013	0.646	0.327	0.224	0.293	0.380	0.288	0.483
2014	0.649	0.349	0.240	0.313	0.395	0.301	0.475
2015	0.645	0.367	0.245	0.324	0.401	0.330	0.466
2016	0.650	0.384	0.264	0.368	0.376	0.337	0.468
2017	0.666	0.403	0.282	0.391	0.379	0.378	0.466
2018	0.636	0.444	0.294	0.446	0.406	0.398	0.441
2019	0.653	0.464	0.313	0.492	0.414	0.398	0.440
2020	0.664	0.531	0.329	0.593	0.430	0.360	0.441

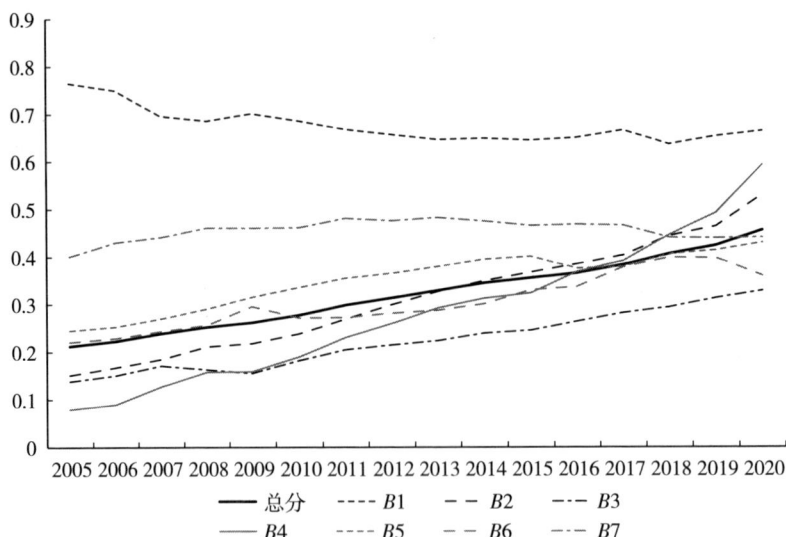

图2-1 2005—2020年黄河流域乡村产业高质量发展各维度分值变化趋势图

　　从黄河流域总体发展制约因素来看，2005—2020 年权重排名前八位的二级指标中农业社会化服务发展程度、农产品出口收入占比这 2 个指标未出现显著增长或存在下行趋势，成为制约黄河流域乡村产业高质量发展的重要因素（图 2-2）。2005—2020 年黄河流域农产品出口额从 851 095 万美元上升到 2 240 646.4 万美元，但农产品出口占第一产业产值比重却出现波动下降。

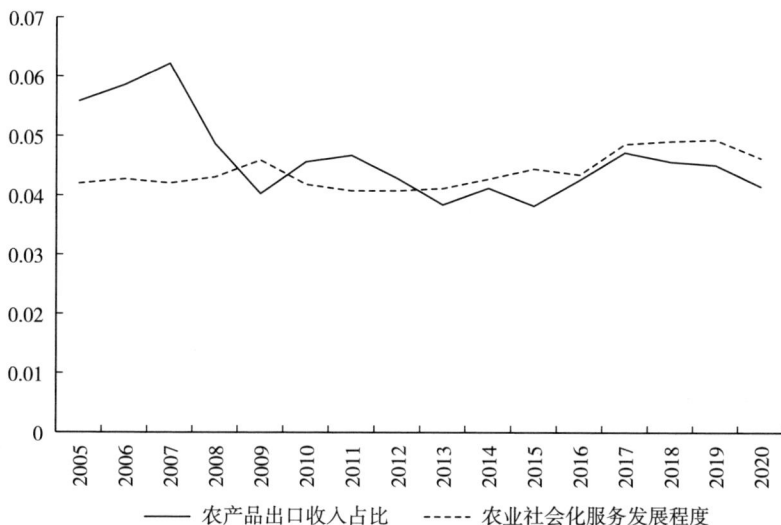

图 2-2　2005—2020 年黄河流域乡村产业高质量发展制约因素分值变化趋势图

　　参考刘云菲等（2021），设立黄河流域乡村产业高质量发展程度标准（表 2-4）。若以单一的熵值法结果进行评判，2005—2020 年黄河流域乡村产业高质量发展整体仍处于第一阶段，属于尚未实现农业现代化阶段。

表 2-4　黄河流域乡村产业高质量发展阶段标准分值

黄河流域乡村产业高质量发展阶段	评价值范围
尚未实现阶段	0.00～0.50
准备实现阶段	0.50～0.60
初步实现阶段	0.60～0.75
基本实现阶段	0.75～0.90
完全实现阶段	0.90～1.00

　　2005—2020 年黄河流域乡村产业高质量发展指数的年度值和均值的结果见表 2-5。结果表明，黄河流域乡村产业高质量发展指数在波动中呈总体上升趋势，其均值从 2005 年的 0.212 波动上升至 2020 年 0.456，年均增长 5.224%。分省份来看，宁夏、四川、河南、陕西、青海五省份乡村产业高质量发展指数年均增长率超过了黄河流域的平均增速。其中，宁夏乡村产业高质量发展指数从 2005 年的 0.140 上升到了 2020 年的 0.364，年均增长 6.599%，增长速度最快；四川、河南、陕西、青海增速分别为 6.449%、5.902%、5.706%、5.638%。甘肃乡村产业高质量发展指数从 2005 年的 0.189 上升到了 2020 年的 0.308，年均增长 3.320%，增长速度最慢，山东增速为 4.580%，低于黄河流域增速均值，但山东乡村产业高质量发展指数始终位列第一。从乡村产业高质量发展指数绝对值变化来看，四川、山东、河南变化最大，从 2005 年至 2020 年分别增长了 0.350、0.345、0.336。

　　从发展阶段来看山西、内蒙古、陕西、甘肃、青海、宁夏仍处于第一阶段，四川、河南于 2018 年进入第二阶段，即准备实现阶段，山东发展态势较好，于 2011—2016 年为第二阶段，2017—2020 年为第三阶段，即初步实现阶段（图 2-3）。

表 2-5　黄河流域分省份乡村产业高质量发展水平测度结果

年份	山西	内蒙古	山东	河南	四川	陕西	甘肃	青海	宁夏	均值
2005	0.174	0.234	0.360	0.246	0.225	0.197	0.189	0.147	0.140	0.212
2006	0.156	0.242	0.392	0.256	0.237	0.221	0.195	0.146	0.163	0.223
2007	0.165	0.258	0.403	0.268	0.268	0.252	0.200	0.165	0.171	0.239
2008	0.176	0.280	0.418	0.296	0.287	0.253	0.212	0.170	0.181	0.252
2009	0.197	0.283	0.434	0.313	0.289	0.257	0.216	0.174	0.194	0.262
2010	0.207	0.282	0.473	0.347	0.312	0.271	0.214	0.190	0.204	0.278
2011	0.218	0.311	0.507	0.369	0.348	0.289	0.222	0.206	0.218	0.299
2012	0.231	0.331	0.521	0.387	0.373	0.307	0.236	0.216	0.227	0.314
2013	0.245	0.338	0.543	0.411	0.386	0.324	0.240	0.249	0.229	0.329

（续）

年份	山西	内蒙古	山东	河南	四川	陕西	甘肃	青海	宁夏	均值
2014	0.253	0.347	0.566	0.432	0.404	0.339	0.252	0.256	0.257	0.345
2015	0.262	0.360	0.584	0.453	0.420	0.345	0.264	0.249	0.259	0.355
2016	0.266	0.375	0.590	0.463	0.441	0.358	0.255	0.263	0.278	0.366
2017	0.277	0.390	0.625	0.486	0.462	0.365	0.273	0.270	0.298	0.383
2018	0.297	0.406	0.658	0.520	0.500	0.392	0.277	0.293	0.317	0.407
2019	0.305	0.426	0.680	0.547	0.535	0.410	0.287	0.313	0.318	0.425
2020	0.333	0.449	0.705	0.582	0.575	0.453	0.308	0.334	0.364	0.456

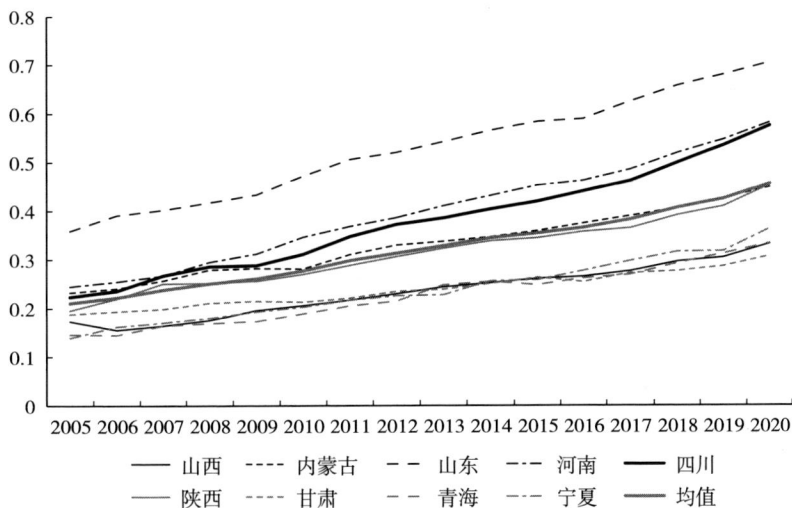

图 2-3　2005—2020 年黄河流域乡村产业高质量发展各省份分值变化趋势图

　　分流域来看，黄河流域上游乡村产业发展状况较好，始终高于黄河流域均值，而中游和下游水平相近。从增速来看，上游增速最快，从 2005 年的 0.187 增长到 2020 年的 0.406，年增长率为 5.309%，下游次之，年增长率为 5.146%，最后是中游，年增长率为 5.133%。从绝对值来看，下游增幅最大为 0.341，上游次之增幅为 0.219，中游最后增幅为 0.207（表 2-6、图 2-4）。

表 2-6 黄河流域分流域乡村产业高质量发展水平测度结果

年份	上游	中游	下游	黄河流域均值
2005	0.187	0.186	0.303	0.212
2006	0.197	0.189	0.324	0.223
2007	0.212	0.208	0.335	0.239
2008	0.226	0.214	0.357	0.252
2009	0.231	0.227	0.374	0.262
2010	0.240	0.239	0.410	0.278
2011	0.261	0.253	0.438	0.299
2012	0.276	0.269	0.454	0.314
2013	0.288	0.285	0.477	0.329
2014	0.303	0.296	0.499	0.345
2015	0.311	0.303	0.519	0.355
2016	0.322	0.312	0.527	0.366
2017	0.339	0.321	0.556	0.383
2018	0.358	0.345	0.589	0.407
2019	0.376	0.358	0.613	0.425
2020	0.406	0.393	0.644	0.456

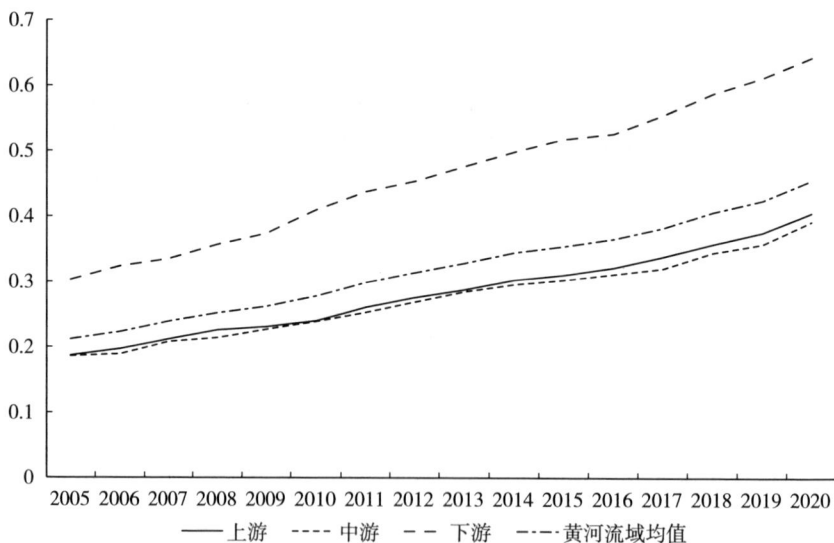

图 2-4 2005—2020 年黄河流域乡村产业高质量发展分流域分值变化趋势图

2.3.2 黄河流域乡村产业发展分维度评价

表2-7 2005—2020年黄河流域各省份农业投入水平得分及排名变化情况

省份	2005年		2010年		2015年		2019年		2020年	
	得分	排名	得分	排名	得分	排名	得分	排名	得分	排名
内蒙古	0.924	1	0.895	1	0.840	1	0.898	1	0.905	1
青海	0.908	2	0.827	2	0.791	2	0.823	2	0.842	2
陕西	0.898	3	0.772	4	0.729	4	0.639	6	0.641	6
山西	0.880	4	0.819	3	0.777	3	0.790	3	0.795	3
甘肃	0.823	5	0.728	5	0.569	7	0.697	5	0.702	5
四川	0.818	6	0.674	7	0.650	6	0.586	7	0.609	7
宁夏	0.774	7	0.728	6	0.723	5	0.710	4	0.710	4
河南	0.571	8	0.453	8	0.405	8	0.421	8	0.437	8
山东	0.289	9	0.275	9	0.320	9	0.316	9	0.339	9

分维度来看，在农业投入水平维度中，内蒙古、青海和山西表现较好，2010年以来位列前三，而山东及河南该项得分相对较低，而陕西从2005年的第三降至2020年的第六，宁夏从2005年的第七升至2020年的第四，表明宁夏近年来在农业绿色发展中有较好表现（表2-7）。

农业投入水平维度的4个四级指标显示，2005年以来，黄河流域农业绿色发展水平有所提升。就单位面积化肥投入来看，青海、甘肃发展情况较好。其中，青海单位面积化肥消耗从2005年的0.102吨/公顷波动上升至2015年的0.172吨/公顷，而后逐年下降到2020年的0.097吨/公顷。甘肃省从2005年的0.151吨/公顷波动上升至2016年的0.173吨/公顷，而后逐年下降到2020年的0.154吨/公顷。就单位面积农药消耗来看，宁夏和内蒙古发展较好，其中，宁夏单位面积农药消耗，从2005年的0.001 2吨/公顷波动上升至2013年的0.002 1吨/公顷，而后逐年下降到2020年的0.001 8吨/公顷；内蒙古单位面积农药消耗，从2005年的0.002吨/公顷波动上升至2017年的0.003吨/公顷，而后逐年下降到2020年的0.002吨/公顷。就单位面积农膜消耗来看，内蒙古和山西发展情况较好，其中内蒙古自治区单位面积农膜消耗，从 2005 年的 0.005 吨/公顷波动上升至 2017 年的 0.010 吨/公顷后，波动下降到 2020 年的 0.008 吨/公顷；山西单位面积农膜消耗，从 2005 年的 0.007 吨/公顷逐年上升到 2017 年的 0.012 6 吨/公顷，然后逐年下降到 2020 年的 0.012 5 吨/公顷。就单位面积水资源消耗来看，内蒙古和山西发展情况较好，2020 年两省份单位面积水资源消耗分别为 0.122 万立方米/公顷和 0.106 万立方米/公顷。

表 2-8　2005—2020 年黄河流域各省份农业产出水平得分及排名变化情况

省份	2005 年		2010 年		2015 年		2019 年		2020 年	
	得分	排名	得分	排名	得分	排名	得分	排名	得分	排名
山东	0.346	1	0.511	1	0.740	1	0.863	1	0.923	1
河南	0.305	2	0.479	2	0.680	2	0.827	2	0.915	2
四川	0.235	3	0.376	3	0.542	3	0.654	3	0.742	3
内蒙古	0.221	4	0.252	4	0.393	4	0.521	4	0.582	4
宁夏	0.082	5	0.105	7	0.206	6	0.342	5	0.416	5
陕西	0.057	6	0.150	5	0.246	5	0.323	6	0.411	6
山西	0.050	7	0.105	6	0.187	7	0.240	8	0.302	7
青海	0.043	8	0.100	8	0.170	8	0.240	7	0.268	8
甘肃	0.028	9	0.069	9	0.142	9	0.168	9	0.217	9

在农业产出水平维度中，山东、河南、四川始终位列前三。其他省份基本在波动中保持相对稳定的排名（表 2-8）。

从农林牧渔业总产值来看，山东和河南发展情况较好。2020 年分别为 10 190.580 亿元和 9 956.347 亿元；从劳均农林牧渔产值来看，宁夏和河南发展较好，2020 年分别为 84 707.440 元/人和 81 409.210 元/人；从粮食单产量来看，河南及山东发展较好，2020 年分别为 9.084 吨/公顷和 8.429 吨/公顷。从肉类劳均产量来看，内蒙古及山东发展较好，2020 年分别为 0.060 千克/人和 0.053 千克/人。

表 2 - 9　2005—2020 年黄河流域各省份农业经济效益得分及排名变化情况

省份	2005 年		2010 年		2015 年		2019 年		2020 年	
	得分	排名	得分	排名	得分	排名	得分	排名	得分	排名
山东	0.636	1	0.670	1	0.712	1	0.859	1	0.866	1
河南	0.127	2	0.226	2	0.335	2	0.422	2	0.435	2
四川	0.117	3	0.187	3	0.281	3	0.383	3	0.430	3
内蒙古	0.105	5	0.128	5	0.223	4	0.299	4	0.304	4
陕西	0.106	4	0.142	4	0.185	5	0.242	5	0.266	5
宁夏	0.034	7	0.083	7	0.130	7	0.169	6	0.186	6
山西	0.033	8	0.071	8	0.121	8	0.162	8	0.176	7
甘肃	0.082	6	0.097	6	0.144	6	0.166	7	0.174	8
青海	0.009	9	0.038	9	0.077	9	0.116	9	0.126	9

在农业经济效益维度中，山东、河南、四川始终位列前三。内蒙古从 2005 年的第五升至 2020 年的第四，陕西从 2005 年的第四降至 2020 年的第五，甘肃下降较大，从 2005 年的第六降至 2020 年的第八（表 2 - 9）。

从第一产业产值来看，四川和山东发展情况较好。2020 年分别为 5 556.580 亿元和 5 363.760 亿元；从农村居民收入来看，山东和内蒙古发展情况较好，2020 年分别为 32 886 元和 31 497 元；从农产品出口收入占比来看，山东和宁夏发展状况较好，2020 年分别为 0.234% 和 0.032%。

表 2 - 10　2005—2020 年黄河流域各省份农业生产效率得分及排名变化情况

省份	2005 年		2010 年		2015 年		2019 年		2020 年	
	得分	排名	得分	排名	得分	排名	得分	排名	得分	排名
四川	0.192	1	0.347	1	0.513	1	0.788	1	0.925	1
山东	0.136	2	0.295	2	0.488	2	0.638	2	0.684	3
河南	0.120	3	0.260	3	0.391	3	0.572	4	0.679	4
内蒙古	0.112	4	0.184	5	0.318	6	0.413	6	0.475	7
陕西	0.066	5	0.224	4	0.390	4	0.604	3	0.751	2
青海	0.043	6	0.175	6	0.323	5	0.518	5	0.598	5
甘肃	0.030	7	0.062	9	0.122	9	0.244	9	0.300	9
宁夏	0.015	8	0.091	7	0.216	7	0.369	7	0.485	6
山西	0.003	9	0.079	8	0.153	8	0.285	8	0.442	8

在农业生产效率维度中,四川、山东始终位列前三。内蒙古从 2005 年的第四降至 2020 年的第七,甘肃从 2005 年的第七降至 2020 年的第九。陕西从 2005 年的第五升至 2020 年的第二。宁夏从 2005 年的第八升至 2020 年的第六(表 2 - 10)。

从劳动生产率来看,内蒙古及河南发展状况较好,2020 年分别为 45 796.840 元/人和 43 777.600 元/人。从土地生产率来看,四川和山东发展情况较好,2020 年分别为 106 307.400 元/公顷和 83 015.830 元/公顷。从农机生产率来看,四川和陕西发展状况较好,2020 年分别为 11 689.090 元/千瓦和 9 497.628 元/千瓦。

表 2 - 11 2005—2020 年黄河流域各省份农业生产基础得分及排名变化情况

省份	2005 年		2010 年		2015 年		2019 年		2020 年	
	得分	排名	得分	排名	得分	排名	得分	排名	得分	排名
山东	0.392	1	0.516	1	0.598	1	0.557	1	0.570	2
河南	0.374	2	0.496	2	0.556	2	0.551	2	0.562	3
内蒙古	0.291	3	0.397	3	0.433	5	0.445	5	0.463	5
陕西	0.280	4	0.372	5	0.464	4	0.492	4	0.508	4
四川	0.271	5	0.380	4	0.487	3	0.550	3	0.571	1
山西	0.214	6	0.249	6	0.292	6	0.262	9	0.270	9
甘肃	0.180	7	0.209	7	0.265	8	0.293	7	0.305	7
青海	0.116	8	0.203	8	0.282	7	0.312	6	0.331	6
宁夏	0.085	9	0.200	9	0.232	9	0.264	8	0.291	8

在农业生产基础维度中,山东、河南始终位列前三。内蒙古从 2005 年的第三降至 2020 年的第五,山西从 2005 年的第六降至 2020 年的第九。四川从 2005 年的第五升至 2020 年的第一,青海从 2005 年的第八升至 2020 年的第六(表 2 - 11)。

从机耕面积比重来看,四川及陕西发展状况较好。2020 年均为 100%。从节水灌溉面积比重来看,内蒙古及甘肃发展状况较好,2020 年分别为

0.916%和0.809%。从农业电气化程度来看，青海及四川发展状况较好，2020年分别为45.068元/千瓦时和26.988元/千瓦时。从农业机械总动力来看，山东和河南发展情况较好，2020年分别为10 964.660亿千瓦时和10 463.710亿千瓦时。从森林覆盖率来看，陕西和四川发展状况较好，2020年分别为43.060%和38.030%。

表2-12　2005—2020年黄河流域各省份农业产业体系得分及排名变化情况

省份	2005年		2010年		2015年		2019年		2020年	
	得分	排名	得分	排名	得分	排名	得分	排名	得分	排名
甘肃	0.552	1	0.605	1	0.675	1	0.541	2	0.509	2
山西	0.424	2	0.380	2	0.465	2	0.582	1	0.466	3
青海	0.250	3	0.141	7	0.197	7	0.226	8	0.180	9
陕西	0.232	4	0.313	4	0.336	4	0.405	6	0.376	6
宁夏	0.171	5	0.331	3	0.355	3	0.416	5	0.380	5
河南	0.165	6	0.194	6	0.273	6	0.427	4	0.396	4
内蒙古	0.087	7	0.127	8	0.175	8	0.216	9	0.190	8
四川	0.061	8	0.095	9	0.171	9	0.234	7	0.208	7
山东	0.045	9	0.259	5	0.326	5	0.532	3	0.533	1

在农业产业体系维度中，甘肃、山西始终位列前三。青海从2015年的第三降至2020年的第九，陕西从2005年的第四降至2020年的第六。山东从2005年的第九升至2020年的第一，河南从2005年的第六升至2020年的第四（表2-12）。

从农业产业发展财政支持力度来看，甘肃和宁夏发展较好。2020年分别为18.634%和17.121%。从农业与第三产业融合强度来看，山西和山东发展状况较好，2020年分别为7.685和7.266。从农业社会化服务发展程度来看，山东和甘肃发展状况较好，2020年分别为7.891%和7.168%。

表 2 - 13　2005—2020 年黄河流域各省份农业创新基础得分及排名变化情况

省份	2005 年		2010 年		2015 年		2019 年		2020 年	
	得分	排名	得分	排名	得分	排名	得分	排名	得分	排名
宁夏	0.721	1	0.722	1	0.651	1	0.611	2	0.577	2
青海	0.599	2	0.712	2	0.604	2	0.639	1	0.683	1
内蒙古	0.545	3	0.604	3	0.553	4	0.477	5	0.456	4
甘肃	0.365	4	0.451	5	0.598	3	0.494	3	0.524	3
陕西	0.354	5	0.464	4	0.524	5	0.484	4	0.444	5
山西	0.346	6	0.410	6	0.424	6	0.358	6	0.368	6
山东	0.262	7	0.327	7	0.328	7	0.334	7	0.344	7
四川	0.238	8	0.289	8	0.282	8	0.310	8	0.329	8
河南	0.180	9	0.177	9	0.227	9	0.250	9	0.245	9

在农业创新基础维度中，宁夏、青海始终位列前两名。其他省份排名较为稳定（表 2 - 13）。

从农村人口平均受教育年限来看，山西和陕西发展较好，2020 年分别为 8.777 年和 8.259 年。从科研人员比重来看，青海和宁夏发展较好，2020 年分别为 14.468 人/万人和 11.000 人/万人。

2.3.3　黄河流域各省份乡村产业发展制约因素分析

将各省份单项维度得分低于黄河流域该维度均值的定义为该省份乡村产业高质量发展的制约维度，并根据该维度选取该省份在 2005—2020 年平均水平排名靠后的指标作为制约指标。黄河流域各省份乡村产业发展制约因素汇总见表 2 - 14。

表 2 - 14　黄河流域各省份乡村产业发展制约因素汇总

发展阶段	省份	制约维度	制约指标
第三阶段	山东	农业投入水平、农业创新基础	单位面积化肥消耗、农技人员比重
第二阶段	四川	农业投入水平、农业产业体系、农业创新基础	单位面积水资源消耗、农村人口平均受教育年限、农技人员比重
	河南	农业投入水平、农业创新基础	单位面积化肥消耗、农技人员比重

（续）

发展阶段	省份	制约维度	制约指标
第一阶段	山西	农业产出水平、农业经济效益、农业生产效率、农业生产基础、农业创新基础	农业产值、第一产业产值、农产品出口收入占比、土地生产率、农技人员比重
	内蒙古	农业经济效益、农业产业体系、农业创新基础	第一产业产值、农业与第三产业融合强度、农业社会化服务发展程度
	陕西	农业投入水平、农业产出水平、农业经济效益、农业创新基础	单位面积化肥消耗、粮食单产、第一产业产值、农产品出口收入占比、农技人员比重
	甘肃	农业产出水平、农业经济效益、农业生产效率、农业生产基础	农业产值、粮食单产、肉类劳均产量、农村居民收入、农产品出口占比、劳动生产率、土地生产率、农业机械总动力、森林覆盖率
	青海	农业产出水平、农业经济效益、农业生产基础、农业产业体系、农业创新基础	农业产值、粮食单产、肉类劳均产量、第一产业产值、农产品出口收入占比、农业机械总动力、农业社会化服务发展程度、农村人口平均受教育年限
	宁夏	农业产出水平、农业经济效益、农业生产效率、农业生产基础	农业产值、第一产业产值、土地生产率、农业机械总动力、森林覆盖率

山东的制约维度为农业投入水平、农业创新基础，制约指标为单位面积化肥消耗、农技人员比重。山东化肥施用折纯量在2007年达到峰值500.340万吨，而后稳中有降，2020年为380.880万吨，但仍然相对较高，山东单位面积化肥消耗折纯量在2007年达到峰值0.666吨/公顷，而后保持稳中有降，到2020年为0.589吨/公顷，在黄河流域九省份中排名第二。山东农技人员比重在2005—2008年逐年下降，2011年达到峰值为每万人农技员5.913人，之后逐年下降，2015年为每万人5.343人，之后逐年上升，2020年为每万人5.681人，但山东农技员比重相对较低，2020年排名为第八名。

四川的制约维度为农业投入水平、农业产业体系、农业创新基础，制约指标为单位面积水资源消耗、农村人口平均受教育年限、农技人员比重。四川单位面积水资源消耗从2005年以来逐年增加，从2005年的0.010万立方米/公顷上升到2020年的0.294万立方米/公顷，2020年四川耗水总量为

153.9亿立方米，位列黄河流域第一。四川农村人口平均受教育年限自2005年以来稳中有增，从2005年的6.012年上升到2020年的7.49年，但总体来看，四川农村人口平均受教育年限仍然较低，低于2020年的均值（7.726年）。四川农技员比重较为稳定，2005年为每万人5.996人，2020年为每万人5.847人，位列黄河流域第四。

河南的制约维度为农业投入水平、农业创新基础，制约指标为单位面积化肥消耗、农技人员比重。河南省化肥消耗折纯量从2005年的419.46万吨逐年增加到2015年的716.09万吨，之后逐年下降到2020年的647.98万吨。2020年河南单位面积化肥施用折纯量为0.862吨/公顷，位列黄河流域第一。河南2020年每万人农技人员为3.38人，位列黄河流域最末。

山西的制约维度为农业产出水平、农业经济效益、农业生产效率、农业生产基础、农业创新基础，制约指标为农业产值、第一产业产值、农产品出口收入占比、土地生产率、农技人员比重。山西农业产值从2005年的483.797万元逐年上升到2020年的1 935.840万元，但产值始终较低，2020年位列第七。山西第一产业产值2020年为946.680亿元，位列第七。山西农产品出口总额从2005年的4 546.200万美元逐年增加到2020年的14 125.6万美元，但2020年山西农产品出口总额较低，位列黄河流域第八名，农产品出口收入占比为0.010，位列黄河流域第八。山西土地生产率2020年为30 148.6元/公顷，位列黄河流域第八。山西农技人员从2005年的20 011人逐年增加到2013年的25 931人，而后逐年下降到2020年的17 541人，2020年山西每万人农技人员为4.884人，位列黄河流域第八名。

内蒙古的制约维度为农业经济效益、农业产业体系、农业创新基础，制约指标为第一产业产值、农业与第三产业融合强度、农业社会化服务发展程度。2020年内蒙古第一产业产值为2 025.120亿元，位列黄河流域第五。内蒙古农林牧渔服务业产值从2005年的15.000亿元逐年增加到2020年的52.400亿元，2020年内蒙古农业社会化服务发展程度为0.015，位列黄河流域第八。

陕西的制约维度为农业投入水平、农业产出水平、农业经济效益、农业创新基础，制约指标为单位面积化肥消耗、粮食单产、第一产业产值、农产品出口收入占比、农技人员比重。陕西化肥施用折纯量从 2005 年的 131.19 万吨逐年增加到 2013 年的 241.73 万吨，而后逐年下降到 2020 年的 201.91 万吨，但陕西单位面积化肥消耗仍然较高，2020 年为 0.688 吨/公顷，位列黄河流域第二名，仅次于河南省。陕西粮食总产量从 2005 年的 1 043.000 万吨逐年增长到 2020 年的 1 274.833 万吨，2020 年陕西粮食产量位列黄河流域第六，2020 年陕西粮食单产为 4.344 吨/公顷，位列黄河流域第四，2020 年陕西第一产业产值为 2 267.540 亿元，位列黄河流域第四。陕西农产品出口额从 2005 年的 26 865.1 万美元波动上升到 2012 年的峰值 81 413.9 万美元，之后波动下降到 2019 年的 49 061.7 万美元，2020 年上升到 55 702.6 万美元，2020 年陕西农产品出口收入占比为 0.017，位列黄河流域第五。

甘肃的制约维度为农业产出水平、农业经济效益、农业生产效率、农业生产基础，制约指标为农业产值、粮食单产、肉类劳均产量、农村居民收入、农产品出口占比、劳动生产率、土地生产率、农业机械总动力、森林覆盖率。2020 年甘肃农业产值为 2 103.607 万元，位列黄河流域第六。甘肃粮食总产量从 2005 年的 836.890 万吨增长到 2020 年的 1 202.214 万吨，2020 年位列黄河流域第七，2020 年甘肃粮食单产为 2.308 吨/公顷，位列黄河流域第八。甘肃肉类产量从 2005 年的 82.096 万吨逐年增加到 2020 年的 110.205 万吨，2020 年位列黄河流域第五，2020 年肉类劳均产量为 0.018 吨/人，位列黄河流域第八。甘肃农村居民收入从 2005 年的 3 962 元逐年上升到 2020 年的 20 335 元，2020 年位列黄河流域第九。农产品出口额从 2005 年的 15 849.6 万美元逐年增长到 2015 年的 43 198.4 万美元，而后逐年下降到 2020 年的 28 537.4 万美元，2020 年甘肃农产品出口占比为 0.016，位列黄河流域第六。2020 年甘肃劳动生产率为 19 901.170 元/人，位列黄河流域第九，土地生产率为 22 806.410 元/公顷，位列第七，农业机械总动力为 2 289.526 万千瓦，位列第六，森林覆盖率为 11.330%，位列第八。

青海的制约维度为农业产出水平、农业经济效益、农业生产基础、农业产业体系、农业创新基础，制约指标为农业产值、粮食单产、肉类劳均产量、第一产业产值、农产品出口收入占比、农业机械总动力、农业社会化服务发展程度、农村人口平均受教育年限。2020年青海农业产值为507.102万元，位列黄河流域第九，粮食单产为1.903吨/公顷，位列黄河流域第九，肉类劳均产量为0.036吨/人，位列第六，第一产业产值为334.3亿元，位列第九。青海农产品出口额从2005年的618.700万美元逐年上升到2011年的3 457.700万美元，而后波动下降到2020年的2 235.400万美元、2020年青海农产品出口收入占比为0.004，位列黄河流域第九。2020年青海农业机械总动力为491.413万千瓦，农业社会化服务发展程度为0.014，农村人口平均受教育年限6.554年，均位列黄河流域第九。

宁夏的制约维度为农业产出水平、农业经济效益、农业生产效率、农业生产基础，制约指标为农业产值、第一产业产值、土地生产率、农业机械总动力、森林覆盖率。2020年宁夏农业产值为703.071亿元，第一产业产值为338.01亿元，农业机械总动力为644.088万千瓦，均位列黄河流域第八，土地生产率28 283.420元/公顷，森林覆盖率为12.63%，均位列黄河流域第七。

2.4 黄河流域乡村产业发展趋势

2.4.1 绿色引领转化

乡村是绿水青山的集聚地，也是推动经济高质量发展的重要载体。根据习近平总书记提出的"共同抓好大保护，协同推进大治理"的战略导向，生态保护是黄河流域乡村产业发展的前提，绿色发展是黄河流域乡村产业高质量发展的重要内容，黄河流域乡村产业高质量发展需要实现绿色引领转化，筑牢生态之基。绿色引领意味着在推动黄河流域乡村产业发展的过程中，应依据可持续发展的战略思路，坚持绿水青山就是金山银山的理念，以生态保护作为黄河流域乡村产业发展背景，规避以过度开发资源为代价的经济增长方式。

在产业发展中，重点要抓住"水"的问题（金凤君等，2021）[①]。上游地区要提升水源涵养能力，中游地区要抓好水土保持和重点污染治理，下游地区要保护湿地生态系统（张贡生，2020）[②]。我国已经进入经济增长的新阶段，在这一阶段，黄河流域应依据绿色发展的先进理念，坚持生态优先、环保为重，以水而定、量水而行，因地制宜、分类施策。依据黄河流域的整体战略规划，就黄河上下游、干支流、左右岸的具体环境分别进行统筹谋划，以"共同抓好大保护，协同推进大治理"为核心思路，以黄河的长治久安为战略目标，着力加强生态保护治理，最终实现黄河流域乡村产业高质量发展与当地居民生活条件的改善。着眼于黄河水资源的利用与调度，以黄河流域的水土资源作为各省份发展的刚性约束，通过合理规划发展方向及节水产业的发展提高用水效率。

同时，黄河流域也要依托禀赋盘活资源，发展绿色品牌，如发展农产品地理标志、"一村一品"、农产品区域公用品牌等。其次，黄河流域要继续推进标准化生产，加强农业投入品的质量安全管理，建立标准化生产基地，逐步实现乡村产业发展绿色转型。

2.4.2 产业链带动

新中国成立70年来，中国农业已经实现双重转变：一是由纯粹或者单一的农产品生产转向农产品生产、初级加工和精深加工、品牌建设、市场销售等全产业链各个环节的共同发展；二是由单一的农产品生产功能转向农耕文化传承、农业生态保护、乡村旅游体验等多功能的综合开发利用，这两大转变，从产业形态看就表现为农村一二三产业融合（以下简称"三产融合"）发展。推进"三产融合"发展，是构建现代农业产业体系的重要举措。对于黄河流域农业高质量协调发展，必须积极深入贯彻落实党中央、国务院决策部署，切实把"三产融合"发展作为推进农业供给侧结构性改革和培育农业

---

① 金凤君，马丽，许堞，林美含. 黄河流域产业绿色转型发展的科学问题与研究展望 [J]. 中国科学基金，2021，35（4）：537-543.

② 张贡生. 黄河流域生态保护和高质量发展：内涵与路径 [J]. 哈尔滨工业大学学报（社会科学版），2020，22（5）：119-128.

农村发展新动能的重要手段，不断创新体制机制和完善政策支持，持续加大工作力度，促进"三产融合"发展。目前来看，黄河流域乡村产业发展主要基于以下四种模式：

一是农业内部交叉融合模式。黄河流域是我国重要的农牧业生产基地，特色农牧产品优势突出（姜长云等，2019）①。以农业独特的优势资源禀赋为基础，不断调整、优化农业产业与经济结构，构建粮食、经济作物、饲草料协调发展的三元种植结构和新型种养模式。立足农业废弃物的资源化利用，发展生态循环农业，着力构建农业生态保护与经济质量效益并举并重的农业产业新体系。通过种养循环，一方面创新了种养方式，拓展了生态循环农业发展新空间；另一方面实现了经济效益和生态效益的双赢，农业内部交叉产业融合发展模式，是黄河流域农业高质量发展长期成功的保证。

二是农业产业链延伸融合模式。以农产品终端消费需求为导向，加快推动黄河流域农业"接二连三"，大力发展农产品"产加销、贸工农"一体化，构建农产品从田间到餐桌、从初级产品到终端消费无缝对接的农业产业链延伸融合模式和现代化农业产业新体系，促进农业全产业链的复合式、融合型和立体化发展。①前向延伸融合。以农产品加工、流通和销售为基础，向农产品种植环节延伸，强化农产品原料数量和质量供给及时性、稳定性，培育农产品自有品牌。多表现为农产品加工企业、流通企业、超市和大型零售商向前延伸建设规模化、标准化农产品原料基地。②后向延伸融合。以农业生产为基础，向产后加工、流通、餐饮等环节延伸，带动农业后向产业链、价值链升级和农产品梯度增值。多表现为专业大户等新型农业经营主体大力发展农产品的本地化初级与精深加工、流通和餐饮等。

三是农业功能拓展融合模式。立足农业多种功能的挖掘与拓展，顺应人民群众精神消费需求日益增长的需要，依托农村绿色生态资源，推进黄河流域农业与乡村旅游、科普教育、传统文化、康养、素质拓展与休闲运动等产业的深度有机融合，利用黄河流域文化景观资源，大力发展休闲农业与乡村

---

① 姜长云，盛朝迅，张义博. 黄河流域产业转型升级与绿色发展研究［J］. 学术界，2019（11）：68-82.

旅游、农耕体验、科普教育、康体运动、素质拓展、创意农业等，构建集生产、生活、生态功能于一体的农业产业新体系。具体看，以蔬菜瓜果种植农民专业合作社和龙头企业为核心，促进黄河流域农业生产与旅游观光、农耕体验、节庆采摘、科普教育深度融合。依托黄河流域农村温泉、传统历史文化资源等，促进黄河流域农业生产与美丽乡村和特色小镇建设、颐养居住深度融合，大力发展"吃、住、游、购"一体化的特色村寨民宿旅游休闲业、体验农业、康养农业等，依托黄河流域农村特色农业资源和产品以及历史文化、传统农耕文化和农产品加工文化，引入创意元素，发展参与式、体验式、娱乐式、定制式创意农业。

四是先进要素渗透融合模式。黄河流域农业高质量发展要立足科技进步和模式创新，将互联网、物联网、云计算、大数据等新一代信息技术和传感器、地理信息系统、卫星导航等设备和软件渗透融合于农业生产、加工、营销和服务等领域和环节，大力发展农村电商、智慧农业等新产业新业态，以及农商直供、产地直销、食物短链、个性化定制等新型经营模式。例如，专业大户、家庭农场等新型农业经营主体对接天猫、京东、我买网、淘宝等电商平台，开设农产品及加工制品特色馆，开拓电商销售渠道。鼓励、支持将农村地区的供销社基层网点、村邮站、农家小商店等改造为农村电商服务点，发展特色电商村。在养殖业、设施农业等领域，鼓励、支持农业经营主体开展农业物联网应用示范工程，对农产品生产、销售、加工等全过程实施智能感知、预警、分析、决策和控制。

2.4.3 生产性服务提升

发展农业生产性服务业，搭建区域农业生产性服务综合平台，创新农业技术推广服务机制，促进公益性农技推广机构与经营性服务组织融合发展，为小农户提供多形式技术指导服务。还要鼓励和支持农垦企业、供销合作社组织实施农业社会化服务惠农工程，发挥自身组织优势，通过多种方式服务小农户。另外，加快推进农业生产托管服务，发展单环节托管、多环节托管、关键环节综合托管等多种托管模式，实施小农户生产托管服务促进工程。实施互联网＋小农户计划，加快农业大数据、物联网、移动互联网、人工智能等技术向小农户覆盖，为小农户提供便捷高效的信息服务。实施以镇带村、以村促镇的镇村融合发展模式，将小农户生产逐步融入区域性产业链和生产网络。鼓励在小城镇建设返乡创业园、创业孵化基地等，为小农户创新创业提供多元化、高质量的空间载体。提升小城镇服务农资农技、农产品交易等功能，合理配置集贸市场、物流集散地、农村电商平台等设施。

第 3 章

黄河流域乡村产业
发展中存在的问题

3.1 产业体系不完善

3.1.1 乡村产业结构不合理，多功能产业结构有待形成

许多沿黄地区乡村产业结构不够合理，加剧了地区发展不平衡，尤其在黄河滩区问题尤其明显，种养结构、产品结构和区域结构还没有完全适应市场需求，种植业内部经济作物比重不高，农业产业链较短，集聚度不高，上市流通的农产品以初级产品为主，精深加工及综合利用不强，农产品加工和农业总产值远低于国际现代农业标准，生产效益偏低。主要包括以下两方面：

一是乡村产业内部结构不协调。一方面，农业一二三产业发展不协调。与农业种植及农产品生产相比，农产品加工业、物流业及服务业发展缓慢，产业链严重脱节，无法形成协同效应；另一方面，虽然我国粮食产量实现了年年增产，但是一些粮食品种的产量却无法满足大众需求，因此我国需要进口大量粮食以满足市场需求。

二是乡村产业多功能结构不协调。长期以来，农业发展中坚持"以粮为纲"的思想，重在农产品产出，农业的功能仅仅体现了食品安全功能。随着多种农业经营方式的推行，农业的多功能性不断得到开发和实现，其中围绕农业多功能性发展观光、休闲、旅游为一体的新型农业生产经营生态模式成为典型代表。目前，我国农业的经济功能、政治功能和社会功能偏强，而农业的文化功能和生态功能偏弱。首先，我国有丰富的具有地方特色的农业文

化遗产,但是发掘、保护和再生产过程中存在浪费和破坏现象,不利于农业文化功能的实现。其次,长期形成的资源消耗型农业生产模式,过度强调农业生产投入,忽视了农业的生态保护,带来了水土流失、土壤贫瘠、水源枯竭、气候变化等生态问题。这不仅影响农业生态功能的发挥,还威胁到我国粮食安全,影响社会稳定。

3.1.2 "三产融合"深度不足,融合发展进程缓慢

一是产业融合深度不高。黄河流域内不同地区自然资源禀赋差异较大,农林牧渔产业门类齐全,能够提供丰富的农业产业类型与农产品种类。但在农产品精深加工、乡村旅游、休闲康养、农耕体验、农村电商等新产业新业态方面的发展还不够,需要进一步促进农业功能由生产向生活、生态功能拓展,通过农产品加工业实现农业"接二连三",通过乡村旅游等实现农业"隔二连三",促进农村一二三产业深度融合。

二是缺少区域品牌意识。地方政府对区域品牌重视不够,所辖企业竞争多过合作,缺少抱团做强意识,导致区域品牌影响力弱。以"一村一品"为例,截至 2022 年 6 月,黄河流域仅有山东、河南、四川高于全国平均水平。总体来看,黄河流域名优产品比例较低,全国范围的知名品牌少,尤其是具有国际影响力和竞争力的品牌和民族品牌较为缺乏,品牌附加值不高。同时一般性产品多,个性化、差异化产品少;初加工产品多,精深加工产品少,产品附加值不高。

3.2 生产体系不现代

3.2.1 农业创新驱动要素不足,缺少产业创新发展动力

根据《中国农业知识产权创造指数报告》,2019 年黄河流域农业知识产权创造指数中,仅有山东、四川、河南超过了全国平均水平,黄河流域总体低于全国平均水平。在农业领域,黄河流域地区农业科技成果转化进程缓慢,农业生产力水平滞后于农业科技创新水平。尤其体现在以下方面:

一是农业科技创新不能有效对接农业生产需求。与东部发达地区相比，黄河流域地区的农业科技创新主要由政府或科研机构主导。科研机构的农业科技创新成果评价多数是从学术角度出发，对于科技创新成果所服务企业和产业的实施成效关注较少。而农业企业与种植大户等作为引致需求主体，在科技创新中的引导地位较弱，缺乏成果转化的主动性和积极性，使得大量农业科技成果不能落地应用，造成农业科技成果经济和社会回报率较低。

二是农业技术推广经费短缺问题相对突出，重大关键技术、主导产业集成技术研发资金明显不足。尤其是黄河流域中上游地区的省级财政投入技术推广的重大项目非常少，县乡级推广部门几乎没有地方财政资金支持，仪器设备、设施条件、交通工具、人力投入费用等都无法满足当前推广要求。农事企业的研发投入也非常有限，多数企业资本实力偏弱，难以投入大量资金进行产品研发和科技创新，难以发挥规模效益。

三是农业推广体系及队伍建设亟须进一步优化。农业科技推广体系管理体制不顺畅，隶属关系不统一，基层职能定位不清，严重制约了推广体系职能作用的有效发挥。且黄河流域作为我国农业生产的重要区域，基层农业技术推广队伍人员配备明显不足，近年来专职农业技术推广人员数量逐渐减少。农业技术推广人员知识更新不够，服务涵盖领域少，提供产前生产计划制订、经营决策咨询、产后加工和销售指导等科技服务能力有限，不能满足全产业链科技服务的社会需求。

四是农村人才流失严重，农民整体素质不高。2020年我国农村人均受教育年限为7.940年，黄河流域中仅有陕西、内蒙古、河南、山西高于这一水平。黄河流域中上游地区的农村人口流失严重，大量年轻劳动力进城务工。而留守劳动力大多处于中老年阶段，文化素质偏低，对农业生产的观念固化，采纳与学习新技术的能力较弱。

3.2.2 市场发展水平不足，农产品出口面临较大压力

实现乡村产业高质量发展，需要各级政府探索出一套符合市场经济规律的现代经济体系，使市场在资源配置过程中发挥决定性作用。但从黄河流域农产品出口发展来看，2005—2020年黄河流域农产品出口占第一产业产值

比重波动下降，在疫情冲击下，农产品出口下行压力较大，对以国外订单为主的农业企业发展造成较大影响。虽然在"一带一路"建设背景下，内蒙古、山西、陕西、河南均积极开展战略合作，在打造对外贸易通道等方面取得了重要成果。然而，由于黄河中游沿线地区经济发展普遍落后，对外产生经济联系的基础条件薄弱，外向型经济发展整体不足。黄河流域农产品市场以国内经济循环为主，国际经济循环为辅。因此，要实现农业的高质量发展，黄河流域应进一步理顺政府与市场的关系，实现管理型政府向服务型政府转变，完善农产品交易的市场管理政策，为农业市场主体的发展创造良好的外部环境；强化市场在资源配置中的决定性作用，使要素流动到农业生产效率最高的地方。

3.2.3 农业生产基础资源匮乏，仍以粗放生产方式为主

一是水资源匮乏。从黄河流域及各省份的水资源总量来看，黄河流域水资源非常匮乏。黄河流域八个省份的辖区面积占全国的 38.5%，经济总量占全国的 21.95%，但水资源总量仅有 2 947.8 亿立方米，占全国水资源的 10.73%，其中地表水资源占全国的 9.42%，地下水资源占全国的 17.84%。这表明，整个黄河流域的水资源都较为稀缺。从分省份的情况来看，黄河流域的八个省份中仅有青海的水资源量相对丰富，其余省份都非常短缺。而从黄河流域各省份的用水结构来看，黄河流域 2018 年的农业用水占用水总量的 65.15%。水资源的匮乏对黄河流域农业高质量发展形成了较为明显的生态资源约束。

二是生态环境恶化。黄河流域局部地方草场超载放牧，引起草场退化沙化，水源涵养能力下降；个别地方废弃的农业地膜和农药包装物没有及时统一回收利用，农药零增长要求没能严格执行，造成农业面源污染，农药残留超标和农产品重金属污染危害人体健康；上中游农村劳动力外流，部分土地弃耕撂荒使水土保持能力下降，加剧了水土流失，引起土壤肥力下降，农业生产条件恶化；农产品副料腐料再利用率低，循环农业发展非常不足。

三是生态保护与产业发展缺乏联动。过去已执行的诸如退耕还林还草政策、风沙源治理工程、天然林保护工程等生态恢复保护举措和扶贫、移民、

农业结构调整等富民措施虽都取得了显著成效，但往往都仅注重于生态或发展的某一个方面，缺乏将生态保护与经济发展有机结合的"纲举目张"整体性和联动性战略。

四是绿色农业消费意识淡薄。黄河流域地区消费者的绿色农业溢价支付能力较弱，进一步促使黄河流域在品牌建设方面不足，绿色食品、有机农产品、农产品地理标志以及无公害农产品等政府主推的优质农产品公共品牌，在市场上却并未充分实现优质优价。消费者在农产品购买中追求物美价廉，缺少"责任消费"意识。不考虑资源节约、低碳环保，对市场上绿色生态环保产品支持力度小。

3.2.4 地区发展不平衡不充分，生产体系有待完善

受到资源禀赋、发展基础、国家区域发展政策等因素的影响，黄河流域内部经济发展极不平衡。上游地区生态环境好、水源充足，但居住人口较少，经济社会发展落后。中游地区能源资源非常丰富，但生态环境比较脆弱。下游地区土地肥沃，农业发达，发展水平较高，但经济发展受到水资源缺乏的限制较大。总的来说，黄河流域区域发展不平衡特征显著，呈现"东强西弱"、经济重心偏东以及东部地区的经济发展速度快于西部地区的基本格局。脱贫前，黄河流域有贫困县 198 个，占全国的 29.12%，面临脱贫前贫困面广、贫困程度深、贫困人口多、脱贫后返贫率高的问题。下一步，黄河流域必须注重缩小区域差距，加大脱贫地区脱贫攻坚成果巩固力度，促进区域协调发展。具体来看，在经济方面发展不平衡主要表现为以下三方面：

一是区域发展不平衡，区域改革力度不大限制黄河流域农业开放发展。除山东半岛以外，黄河流域其他地区处于我国中西部地区，经济发展水平不高，农业作为其主导产业发展水平更是参差不齐，加上思想保守，缺乏区域统筹发展理念，导致改革速度缓慢，不能很好地发挥市场在资源配置中的决定性作用，无法激发区域社会创造力和发展活力。

二是对外开放格局未能全面形成。黄河流域中西部地区属于"一带一路"沿线地区，本可以通过统筹协调东部地区，加大区域协同协作，让东西部加强产业转移协作。但由于固有观念、行政分割和利益藩篱，难以打破区

域壁垒，很难形成对外开放的新格局。

三是物流区域发展差距显著，农产品跨区运营水平不高。"互联网＋产业链"兴起，物流业也取得了长足发展。黄河流域物流业发展水平也呈现为三个梯队。其中内蒙古、山西、陕西位于第二梯队，甘肃、宁夏、青海属第三梯队，整体水平与全国平均水平具有较大差距。而第二、三梯队正在形成经济发展滞后-产品市场不发达-基础设施滞后-流通效率低下-经济欠发达的恶性循环，极大不利于黄河流域农业开放发展。

除乡村产业发展不充分不平衡外，黄河流域资源共享程度的不足也进一步加深了各省份之间的差异。其中主要包括两方面，一是基本公共服务，基础设施的共建共享；二是各地区收入差距的缩小。但黄河流域各地区资源禀赋差异，导致各地区农业发展水平各异。沿黄东部城市农业较为发达，区域内基本公共服务与基础设施建设速度较快，农民收入较高，而沿黄中西部地区经济不发达，区域内公共服务和基础设施建设滞后，影响农民的安居乐业。同时，由于隶属和行政区划不同，资源条件较好的区域很难向资源条件差的区域倾斜，导致资源共享不足，使交通、能源、信息、生态环境治理未能形成一个互联互通互治的共享平台。

3.3 经营体系不顺畅

3.3.1 新型经营主体培育步伐慢，发展内生动力不足

一是缺少新型农业经营主体的带动，农业生产存在"靠天吃饭"的现象。缺乏资金和人才的支持，黄河流域地区新型农业经营主体的发展没有得到足够的技术和资源支持，导致农业生产的现代化水平较低，农业经济在产业结构中的比重受生产力、自然条件和成本的制约，发展缓慢。同时黄河流域地区农村的公共服务体系建设较为落后，也影响了新型农业经营主体的发展。

二是农业社会化服务体系有待进一步健全。黄河流域地区农村发展存在着非农就业机会不稳定、农业人口老龄化和农村劳动力外流等问题，而农业

生产外包服务可以有效解决家庭劳动力不足问题。因此，农业生产外包服务将会是未来黄河流域农业生产发展的重要方向。当前，农业生产外包服务仍然处于起步阶段，村集体、合作社、服务企业等多元化服务主体的服务能力还需要进一步提高。并通过进一步发掘农户生产经营需求，将传统小农户分散的、自给自足的服务，转变为在不流转土地的情况下，统一接受生产性服务，壮大小农生产经营规模。

三是小农户与现代农业发展的有机衔接存在诸多矛盾。农业高质量发展最终是为了实现农业增效和农民增收，农民是农业最主要的利益主体，推动农民共享高质量发展成果是农业高质量发展的最终归宿。目前黄河流域地区农业生产经营主体主要是小农户，但是随着工业化、城市化、农业现代化步伐的不断推进，分散经营的小农户与现代农业集约化生产要求的矛盾日益凸显。农业生产进入"全要素购买时代"导致生产成本增加，再加上农民缺乏对高端产业链的控制，使农业效益大多被生产资料供应者和农产品加工流通主体吸收，农业所产生的效益很少回馈到农民本身。因此，要推动黄河流域农业高质量发展，实现小农户与现代农业发展的有机衔接是目前亟待解决的问题，主要问题如下：

（1）传统观念与现代化经营的矛盾

黄河流域地区多数小农户以家庭为单位的生产管理模式的经营观念较为落后，而现代农业是以现代科技和管理技术为基础，与传统农业生产方式和经营模式差异较大，管理方式改革较多，对于习惯传统生产的小农户来说接受比较困难。

（2）分散经营与规模化生产的矛盾

基于我国土地制度，黄河流域地区耕地是以村集体为单位，采用家庭承包经营，每户拥有的耕地数量较少、分布较为零散。因而，小农户的生产管理更为细碎且差异较为明显，与现代农业发展要求的规模化生产有根本性的差距，同时土地的分散也给标准化生产过程造成了严重阻碍，同时农户自身素质的限制也不利于现代化农业的科学化管理。所以，小农户生产达不到现代农业生产管理标准化的要求，农产品质量不够稳定，无法获得规模收益。

（3）技术指导与服务体系不完善

由于生产规模小、科技含量低，所以小农户非常需要现代农业生产、经营、管理等相关技术的指导和培训。而当前主要提供农业技术培训的部门和组织更多侧重于农产品整合及销售，对于现代农业生产管理技术的指导较少。同时，由于缺乏宣传与培训，农户无法明确提出所需的技能培训种类和方向，致使小农户与现代农业无法有机融合。

3.3.2 新型经营主体发展不平衡，带动辐射作用不充分

从区域分布来看，山东、河南及四川的农业新型主体数量较多，相较于下游地区，上游及中游地区农产品还是以初加工为主，精深加工和副产物综合利用比例不高，部分产业产值较低，产业链短，无法有效带动小农。同时各主体间的科技水平发展也存在较大差异，下游地区农业科技发展水平较高，而中游地区及下游地区主要依赖高校和科研院所发展农业创新，部分科研立项内容与企业脱节，导致有成果无市场。

第4章

黄河流域乡村产业
高质量发展路径设计

4.1 产业体系优质化

产业体系可定义为一种现有的所有产业相互关联、相互衔接的系统，产业或者产业中的各类行业按照既定的规则和内部联系，组成一个包括要素投入、产品供给和消费等多方面的综合性体系。现代农业产业体系并非只讨论农业，而是全面结合产业融合、产业聚集、产业优化、产业演进等理论，涉及各类生产要素、市场需求、相关产业、支持产业、产业组织等全过程，是促进产业间形成融合协调、有效衔接、产出高效、竞争力强的综合产业系统。针对以上问题本章节将设计出促进黄河流域乡村产业优质化路径，具体内容如下：

4.1.1 夯实农业基础，优化产业布局

黄河流域在我国农业发展中占有重要地位，其中宁蒙河套灌区、汾渭平原、黄海平原和甘肃河西走廊等地区是重要的水稻小麦玉米粮食生产功能区、棉花和油料等经济作物以及牛羊畜产品的重要产业地区（金凤君等，2020）[①]，是全国主体功能区规划中农业发展战略格局的重要部分，对维护我国粮食安全和保障农产品供应安全等方面具有重要战略价值。因此，黄河流域地区应当持续坚持以农民增收为核心，以农村"三变"改革为动力，以

[①] 金凤君，马丽，许堞. 黄河流域产业发展对生态环境的胁迫诊断与优化路径识别 [J]. 资源科学，2020，42（1）：127-136.

产业结构调整为支撑，抓好特色农业、产业龙头、品质品牌同时兼顾环境整治等重点工作，保持定力，增强信心，集中精力加快农业产业振兴，为全面实现农业强、农村美、农民富的战略目标奠定坚实的基础。立足区域资源禀赋，突出发展特色农业。依托黄河流域资源优势和农业基础，以现有已经形成的各片区农业发展模式为重点，分析各个片区农业发展优势与短板，进一步巩固发展特色产业。

（1）山东丘陵农业区属于黄河流域生态农业产业带，首先要进一步调整农业产业结构，加强农业生产中水资源的节约和保护，因地制宜增加种植需水量小的作物面积，大力推广耕地节水保墒新技术，推广适合本地种植的耐旱农作物品种；控制灌溉用水的使用，加强农业节水宣传，增强农民节水保水的意识。

（2）黄淮海平原农业区发展水平仅次于山东丘陵农业区，具有良好的地理优势，是全国商品粮棉油的重要产区。在巩固发展粮棉油发展的基础上，该农业区应当进一步调整优化黄淮海平原地区旱作农业产业结构，以农业用水的高效节约利用为基础，推广能抗旱、能节水和产量高的新品种种植，推进优质小杂粮、中药材和优质瓜菜苗木等特色农业产业；与山东丘陵农业区等黄河中下游流域联动，积极推进生态农业和绿色循环农业发展水平，加强农业物质资料的高效利用，注重农田生态环境保护。

（3）关中平原-豫西农业区的农业高质量发展水平次于山东丘陵农业区、黄淮海平原农业区和河套平原农业区，是黄河中游流域的重要农产品主产区和传统农区，区内推进农业高质量发展具有地形平坦，劳动力资源丰富，适宜发展优质粮油等高产高效种植业和畜牧业。其中汾渭平原及其关中灌区应以保障生产能力为重点，重点发展夏玉米生产和优质专用小麦产业带的建设，以关中平原的粮食生产大县为重点，加强基本农田建设，稳定提高粮食种植面积。对于渭北旱塬等苹果优生适生地区以及秦岭北麓猕猴桃等优生区应加快苹果、猕猴桃以及时令水果等果业发展，推进果业生产标准化水平，推进果品的精加工和深加工水平。

（4）黄土高原农业区的农业高质量发展水平较低，仅略高于青藏高原农业区，同时由于黄土高原农业区的生态环境较为脆弱，因此该农业区发展应该以生态环境保护为前提，从提高经营体系和产品质量为突破点，因地制宜发展集约节约和优质安全的特色种养业。黄土高原丘陵沟壑区应继续推进水土保持工程措施，如淤地坝和坡面整地等沟道和坡面水土保持工程以及小流域综合治理等，控制水土流失和碳磷钾等元素的流失，改善农作物生产耕作条件。黄土高原地区囿于自然地理条件，应该充分发挥有利农业发展优势，如昼夜温差大和光照条件好等，大力发展马铃薯、高粱和莜麦等小杂粮，同时在延安市等黄土高原苹果优生区应大力发展苹果等果业区域特色农业。

（5）河套平原农业区的河套灌区是我国重要的玉米和小麦等粮食生产基地和温室蔬菜瓜果等绿色农畜产品生产基地，区域应该坚持以市场需求和品牌战略为核心，依托现代农业科技和新型经营方式的农业产业化"大农业"模式，河套灌区应依托其有利的地形和灌溉等优势，重点发展优质中强筋小麦、全株青贮玉米、大粒型食葵和日光温室加工型蔬菜等，依托农业科技提升和农机装备化水平的提升，提高种植业产业效益，建设成为全国性的商品粮生产基地。

（6）地处黄河上游的青藏高原农业区应该将种养业结合和草畜业配套的循环生态农业作为其推进农业高质量发展的突破口，以甘肃定西和青海西宁两个国家级农业科技园区等国家级和省级农业科技园区和农业产业示范区为引领，以农民合作社和家庭农场等为依托，推进特色农产品和畜牧业的集约化和标准化水平，减少资源消耗和环境破坏，提升农业生产的效率和农业产业的效益。

4.1.2 延伸农业产业链，提高农产品附加值

黄河流域农业产业价值链呈现出短、窄、薄的特点，这表明沿黄农业产业仍处于农业、工业、服务业组成的产业链上的低端价值环节。同时，各省份农业增加值存在区域差异，山东及四川农产品加工业发达，而青海及宁夏发展不足（王娟娟，2021）①。因此，要实现沿黄农业产业的价值发展，就

---

① 王娟娟.双循环视角下黄河流域的产业链高质量发展［J］.甘肃社会科学，2021（1）：49-56.

应该进一步纵向延伸、横向拓宽农业产业价值链，并增大、加厚农业产业价值链上的各个链环。而着力点就是要将农业锁定在产业链的中游中后端相对附加值增加空间较大、保值增值效益较高的农产品加工环节，大力推进以农民合作社为主体的农业产业一体化经营，以实现农业产业链整体价值最大化，从而促进农业产业发展。

（1）培育扶持农业产业链中的新型农业经营主体

将农产品加工企业打造为农业产业化龙头企业。农业产业化是一种新型的农业生产管理体系和经营方式，是以龙头企业为依托建立起来的包括研发、教育、生产基地、产品加工和商贸等一二三产业紧密结合、相辅相成和五位一体的综合性产业集团，是一个实施企业化管理的利益共同体。可见，农业产业化实施的关键是龙头企业。基于农产品加工业在扩展农产品市场销售空间、延伸销售时间、扩充市场容量、增加附加价值、提高农业比较利益、增加农民收入、协调城乡关系方面能发挥重大作用，从价值链视角，应重点选择以农产品加工企业作为发展农业产业化的龙头企业。培育扶持农产品加工企业龙头企业。培育扶持农产品加工企业龙头企业的重点应是鼓励支持农民合作社兴办的能使农民充分获得农产品加工增殖利益的农产品加工企业和发展以农村为基地、以农产品为原料、以农民为主体的以农产品加工业为主的乡镇企业。培育和扶持的主要措施有：首先，要将农民合作社兴办的农产品加工企业和以农产品加工业为主的乡镇企业通过建设、改造为现代企业，并加强企业管理，以提高农产品加工企业的经济效益。其次，支持农产品加工企业技术改造，增强农产品的精深加工能力，降低生产成本，提高产品质量。最后，提高农产品加工企业龙头企业的营销、组织管理能力。

（2）引导发展主导产业及其商品生产基地

引导黄河流域地区发展以粮棉油和畜禽业等为重点的主导产业和产品。在考虑市场需求导向、资源禀赋、经济发展水平、现有的主导产业和产品等主要影响因素以及兼顾考虑交通、技术等多方面的因素后，重中之重是要引导发展粮棉油和畜禽业等主导产业和产品，因为粮棉油事关人民生活，事关社会的稳定，而发展畜禽业则可以带动种植业、食品加工业的发展，从而推动农业产业一体化发展。通过发展农民合作社推动主导产业和优势产品形成是一种很好的思路。如发展产加销一体化的农民合作社或者农民销售合作社，这些农民合作社就可以利用自身的专业优势，及时掌握农业生产技术和农产品市场动态，从而能够适时根据市场需求和本地的资源条件组织和指导广大农户生产市场需求、技术含量较高的农产品新品种，形成规模化生产和农产品集聚，促进农业产业结构的调整和优化，使一批优势品牌产品和一些支柱产业迅速崛起，最终形成区域性的主导产业和优势产品。

（3）建立完善农业产业化经营组织模式与运行机制

选择以互助合作为纽带的内生龙头一体化农业产业化经营主导组织模式。农业产业化经营组织要想高效、持续地运转下去，必须找到一个适合的组织模式和良好的机制作为保障。其中内生龙头一体化模式是指以合作社为龙头，以互助合作为纽带，通过合作社创办加工企业、运输公司、销售公司等组织，维系产加销一体化的各种农业产业化组织模式。这种模式的优势在于合作社以互助合作为纽带将规模小、素质低、实力弱的分散小农户组织起来，一方面提升农民的素质，另一方面提高农民的组织化程度，从而提高农民的收益，增强农户的实力。内生龙头一体化模式与我国山地显著多于平地、土地的集中度不高、各地区光热水土自然条件分布不均衡、配合不协调的农业自然条件相适应，与手工劳动和机械化劳动并存、一家一户生产的农业生产方式相适应，与家庭承包经营基础上统分结合的双层经营体制这一农业基本经营制度相适应，所以，这种模式在我国广大农村具有广泛的适应性，应发展成为我国农业产业化的主导组织模式。同时建立完善实施以农民合作社为主体的农业产业化经营主导组织模式发展策略。既然以合作社为龙头、以互助合作为纽带的内生龙头一体化模式是我国农业产业化的主导组织模式，所以，建立完善以农民专业合作社为主体的农业产业化经营主导组织模式是推进我国农业产业化的重要举措，特别是要把建立完善农民专业合作社创办农产品加工企业维系产供销一体化作为发展农业产业化的突破口。

▶4.1.3　完善利益联结机制，推动农村"三产融合"

利益联结是指以农业为基础，以新型经营主体为参与引领者，以利益联结机制为核心，通过产业链延伸、产业功能拓展、技术渗透等模式，使得农村一二三产业紧密联结协同发展，最终实现农民增收、农业现代化以及农业高质量发展。其中，利益联结在"三产融合"中的作用至关重要，建立利益联结机制是指相关经营主体通过推进农村产业融合发展，探索"优势互补、利益共享，全链协作、共同投入，风险共担、持久运营"的互利共赢关系，其最终目的是构建利益共同体，利益联结的核心、中心和重心分别是构建利益联结机制、完善利益分配机制和稳定紧密合作机制。因此要实现黄河流域的农业高质量发展，推动农村一二三产业融合，让农民更多分享产业增值收益，完善利益联结机制至关重要。

（1）逐步完善农村一二三产业融合发展的利益联结机制

相对于发展现代农业或农业产业化，在农村一二三产业融合发展中，参与主体更加复杂多元，因此完善利益联结机制更为关键，应作为推进农村一二三产业融合发展的首要着力点（程莉，2019）[①]。由于黄河流域各个农业区资源禀赋不同，农村一二三产业融合发展的路径和模式更为复杂多样，利益主体更为复杂多元，完善农村一二三产业融合发展的利益联结机制应该因地制宜、因类制宜，不宜千篇一律，更不宜为贪图形式上的"紧密"，导致利益联结机制缺乏可持续性。完善农村一二三产业融合发展的利益联结机制，应该努力引导不同利益主体之间形成风险共担、互惠合作和激励相容的关系，引导不同类型经营主体之间、不同利益主体之间形成分工协作、优势互补甚至分层发展、分类发展、网络联动新格局（姜长云，2016）[②]。要鼓励各类经营主体或服务主体更好地带动农民增强参与农村一二三产业融合发展的能力、获得参与农村一二三产业融合发展的机会，提升一二三产融合层次（姜长云，2015）[③]。要通过支持农民合作和联合，帮助农民增强在农村一二三产业融合发展中的"话语权"，防止垄断资本凭借资本优势和市场强势将农民推向权益分配的边缘地位，形成类似"企业控制产业融合"的现象

[①] 程莉. 中国农村产业融合发展研究新进展：一个文献综述 [J]. 农业经济与管理，2019 (2)：37 - 47.

[②] 姜长云. 推进农村一二三产业融合发展的路径和着力点 [J]. 中州学刊，2016 (5)：43 - 49.

[③] 姜长云. 日本的"六次产业化"与我国推进农村一二三产业融合发展 [J]. 农业经济与管理，2015 (3)：5 - 10.

（姜长云，2016）。完善乡村产业融合发展的风险防范机制（蓝海涛等，2016）①。

（2）积极搭建农村"三产融合"发展增强创新能力的平台

目前黄河流域推进农村"三产融合"发展仍处于较为初级的阶段，并且同一农业区农业市场同质性竞争日益突出，错位竞争和个性化特色农业服务不多。究其根本原因在于创新性不足，黄河流域特别是西部地区由于地理位置的原因，难以吸引投资、人才和优质要素（宋跃刚、郝夏珍，2022）②。因此在推进农村"三产融合"发展过程中，应搭建增强创新能力的平台，吸引优秀人才向农业产业化组织、龙头企业等产业融合主体集中（肖卫东、杜志雄，2019）③。如搭建"三产融合"人才培养平台，推进现代农业产业园建设（刘国斌、董俊杰，2020）④，通过实现基础设施智慧化建设、发展智慧农业提升产销平台信息流通，提升产业融合效率（任保平、杜宇翔，2022；⑤ 郝爱民，2022⑥）。

（3）创新农村服务业发展理念和体制机制

在推进农村一二三产业融合发展的过程中，贯彻"创新、协调、绿色、开放、共享"的新发展理念，不仅有利于增强可持续发展能力，也有利于让农民更好地参与融合发展进程、分享发展成果。在推进农村一二三产业融合发展的过程中，相较于农业工业化、产业信息化，农村服务业的发展更具有举足轻重的作用（姜长云，2016）。创新农村服务业发展理念，不仅有利于丰富农村一二三产业融合发展的内涵，对于发挥服务业的引领支撑作用，提

① 蓝海涛，王为农，涂圣伟，张义博．"十三五"时期我国现代农业发展趋势、思路及任务 [J]．经济研究参考，2016（27）：31-43．

② 宋跃刚，郝夏珍．数字经济对黄河流域经济高质量发展的门槛和空间溢出效应研究 [J]．河南师范大学学报（自然科学版），2022，50（1）：48-58．

③ 肖卫东，杜志雄．农村一二三产业融合：内涵要解、发展现状与未来思路 [J]．西北农林科技大学学报（社会科学版），2019，19（6）：120-129．

④ 刘国斌，董俊杰．产业结构优化与农村三产融合发展研究——以吉林省为例 [J]．东北农业科学，2020，45（2）：67-71．

⑤ 任保平，杜宇翔．黄河流域高质量发展背景下产业生态化转型的路径与政策 [J]．人民黄河，2022，44（3）：5-10．

⑥ 郝爱民．流通数字化对我国农村三产融合的影响 [J]．中国流通经济，2022，36（2）：36-44．

升农村一二三产业融合发展的层次，具有更加重要的意义。创新农村服务业发展理念，归根到底要靠完善体制机制来保障。要按照创新理念，着力引导农村服务业市场化、产业化、社会化、网络化，着力引导农村服务业优化质量提升机制，推进标准化、品牌化建设，为农村服务业增强可持续发展能力和参与、引领农村一二三产业融合发展的能力创造条件。要按照统筹城乡发展的思路，更好地发挥城市服务业对农村服务业发展的带动作用，为提升农村服务业发展水平和质量，为更好地发挥城市消费对农村一二三产业融合发展的带动力创造条件。

4.2 生产体系智慧化

要实现黄河流域乡村产业高质量发展，不仅要考虑经济、社会、生态等多方面因素，还要顺应新的信息技术和科技革命发展浪潮。应通过聚焦数字经济、推进生产体系智慧化，全面推进运用大数据、互联网、人工智能等信息技术手段赋能生产体系各方面，助推黄河流域乡村产业高质量发展。

4.2.1 提高生产技术与管理

目前黄河流域乡村产业发展存在现代农业生产技术研发力度不足，技术标准引导不足，技术服务作业有待推进、技术装备有待升级、技术管理缺乏专业性等问题。黄河流域发展长久以来，主要依靠资源能源的大量投入，属于粗放型经济增长。这种资源发展产业在一定程度上也限制了区域创新驱动。故构建黄河流域现代化数字技术体系，为黄河流域高质量发展培育新动能迫在眉睫。要实现黄河流域农业产业高质量发展，需要加大科研投入力度，提高自主创新能力，掌握行业内核心技术，获取重大突破性科技成果，为促进数字经济发展创造不竭源泉，为黄河流域高质量发展培育新动能。

（1）增强技术创新能力

对于以大数据、云计算、互联网、人工智能等为代表的信息技术产业，加速对技术开发项目的培育。建立以乡村企业为主体、市场为导向、产学研深度融合的技术创新体系（周清香、何爱平，2020）①。通过依托各类创新中心平台推进黄河流域技术平台建设，如以产业园区为载体打造乡村产业创新园区集群，通过产学研结合推动技术成果转化（肖安宝、肖哲，2022）②。深化金融体制改革，通过完善金融市场体系、建立协同管理机制增强农业技术发展的金融保障（赵景峰、张静，2020）③。

（2）加强数字人才培养，提升劳动者数字技能

推动黄河流域乡村产业生产体系的智慧化，必然要发展数字经济，而其发展需要创新型人才保驾护航。数字技术在各领域的广泛应用，一方面，重塑资源配置和生产组织方式，促进生产力发展；另一方面，技术变革提高了对劳动力水平的要求，劳动力需要进行更多的教育和培训才能与新一代信息技术相匹配。因此，黄河流域各省份之间应加强技术合作与人才交流。完善科技人才培养、激励机制，重视培养创新型高素质人才，为创新发展持续注入动能。加快推进数字经济学科建设，积极发展数字领域新兴专业，高校应不断加大对计算机、自动化、机器学习等相关学科的人才培养。深化产教融合、校企合作，支持数字经济企业与科研院所共建人才培养基地，扩大数字经济新知识和新技能的普及和推广教育。大力培养重点行业、前沿领域创新型人才，从而为建设科技强国、数字中国、智慧社会提供有力支撑。另外也要积极探索"互联网＋"在各行业各领域应用的新模式和新业态。充分整合和有效利用相关产业要素资源，大力发展数字生活、健康养老、网络教育、数字医疗等新兴服务业，推动数字科技与实体经济的渗透融合，将这些新型生产要素与各产业进行完美对接，激发经济高质量发展的巨大潜能。加快人工智能、集成电路、5G 等技术研发与转化，推动移动互联网、云计算、大数据等领域取得新突破，聚焦个性化定制、网络化协同、智能化生产、服务化延伸。发展平台经济、共享经济和体验经济等新业态、新模式，打造黄河

① 周清香，何爱平. 数字经济赋能黄河流域高质量发展 [J]. 经济问题，2020（11）：8-17.
② 肖安宝，肖哲. 生态保护前提下黄河流域高质量发展的难点及对策 [J]. 中州学刊，2022（3）：80-87.
③ 赵景峰，张静. 金融发展对中国农业技术创新的影响研究 [J]. 理论学刊，2020（6）：55-63.

流域高质量发展新动能（周清香、何爱平，2020）。

（3）补齐农业标准化管理短板

目前黄河流域大部分农业生产主体对标准化生产的遵从意识仍不强，没有制定生产技术规程，即使制定了也未得到很好落实。鉴于此，通过相关政策，特别是直接的经济激励政策，引导家庭农场主重视标准化、了解标准化，提高标准化生产意识。一是政府相关部门应定期对农业生产主体是否遵守标准化生产作业进行监督和检查。政府可以牵头当地产业化组织、农民合作社等开展标准化生产培训工作，例如生产、技术、经营、互联网使用培训等，增强农业生产主体实施农业标准化生产的能力①。政府可以邀请相关机构和专家编写标准化参考指南，帮助农业生产主体了解和掌握标准化知识，以提高其标准化生产能力（郭熙保、吴方，2022）②。二是进一步完善农产品质量检验标准。例如对获得产品质量认证和绿色产品称号的生产主体给予一定的物质奖励，引导其按操作规范生产，积极实行农产品生产标准化。三是推进农产品质量安全追溯体系建设。创新农产品质量安全监管模式，完善监管平台（刘成等，2017）。如开展网销食品质量安全追溯体系建设试点（蓝海涛、周振，2018）③，通过黄河流域发达地区的试行带动欠发达地区逐步建立农产品质量安全追溯体系，通过为"老字号"、特色产品建立一品一码，在农产品质量安全追溯的同时实现品牌保护，防止假冒侵权（刘敏、李百秀，2021）④；通过发展物联网应用、传输、感知层提升消费者农产品安全追溯体验（李建军等，2020）⑤。

---

① 刘成，郑晓冬，李姣媛，方向明. 农产品质量安全监管信息化的经济分析和经验借鉴——基于信息化监管平台建设的视角［J］. 农林经济管理学报，2017，16（3）：362-368.

② 郭熙保，吴方. 参加合作社对家庭农场标准化生产遵从的影响——基于1 324个家庭农场问卷调查数据的分析［J］. 经济纵横，2022（1）：31-45.

③ 蓝海涛，周振. 我国"互联网＋农村经济"发展现状与政策建议［J］. 宏观经济管理，2018（7）：31-38，65.

④ 刘敏，李百秀. 基于信息链的农产品质量安全追溯体系研究——以山东省为例［J］. 浙江档案，2021（1）：44-46.

⑤ 李建军，汪校铃，杨玉，付佳. 基于物联网农产品质量安全追溯体系构建的研究［J］. 北方园艺，2020（8）：141-146.

4.2.2　提高农业先进技术采用率

目前农业生产先进技术在黄河流域农业生产中的应用程度相对较低，并未有效发挥生产潜力，尤其是节约资源和生态保护型的农业技术采用严重不足。

（1）加大农技推广资金扶持力度

一方面，政府应该重视发挥农村金融融资功能，鼓励资金向农技推广转移，对农村信贷融资模式进行一定的创新，通过信用贷款、土地经营权抵押贷款和联合担保等形式满足农户采用新技术的资金需求。随着种植规模的增加，农户对外部不确定性（干旱、冻灾等气象灾害）的反应更为敏感，其农业生产决策更容易受到影响（冯晓龙等，2018）[①]。所以重点加强种植规模较大农户的人力资本投入，在技术推广过程中，应当加强对大规模种植户的人力资本投入力度，提高其应对外部不确定性的有效性，降低产出不确定性对其技术采用的影响，提高其先进技术采用率。

（2）提高农业先进技术推广效率

创新农技推广模式，让农技研发者和农户面对面交流，加大农业新技术宣传力度，提高农技培训质量，提升农技推广针对性和有效性。在农村农业生产技术推广时，应当高度重视外部不确定性因素，如干旱、冻灾等气象灾害对农户技术采用的不利影响，制定相关扶持政策降低这种影响，以此提高农户参与技术的积极性。如增强保险宣传，加强农户农业技术采纳的风险保障、收益保障（张海霞等，2020）[②]，加强设施农业、大棚基础设施建设，降低农户风险（程淑俊等，2021）[③]，通过实现规模化生产降低技术采纳成

---

①　冯晓龙，仇焕广，刘明月.不同规模视角下产出风险对农户技术采用的影响——以苹果种植户测土配方施肥技术为例［J］.农业技术经济，2018（11）：120-131.

②　张海霞，王明月，庄天慧.贫困地区小农户农业技术采纳意愿及其异质性分析——基于"信息-动机-行为技巧"模型［J］.贵州财经大学学报，2020（3）：81-90.

③　程淑俊，颜俨，姜志德.猕猴桃种植户应对气象灾害的行为及影响因素研究——以2018年陕西省冷冻灾害为例［J］.中国生态农业学报（中英文），2021，29（3）：590-599.

本（罗明忠、雷显凯，2022）①。同时，对于不同农户的风险偏好差异及其对农业生产技术采纳可能带来的影响，有关部门应该进一步完善农业技术采纳风险分担机制，提升农户对农业生产技术的偏好，激发其对生产技术采纳的积极性，进而推进农业生产现代化进程。

（3）鼓励农业新型经营主体发挥技术示范作用

有关部门应充分发挥规模农户在生产技术采纳中的示范引领作用，通过规模农户对生产技术的采纳和运用，带动相关农户尤其是高素质农民采纳切合生产实际和有利于生产发展的技术，推进农业科技的推广和运用，进一步提升农业科技贡献率，加快农业现代化步伐。鼓励种植大户、家庭农场和农民专业合作社等多类型新型经营主体做好引导和带动作用，通过纵向和横向合作等形式诱导农户采用农业新技术。充分发挥合作组织在技术推广中的作用。合作社作为新型农业经营主体，是农村农业生产技术与信息的供给者和农村农民收入增长的新亮点，能够通过提供标准化生产服务、进行生产经营培训促进农户农业技术采纳（万凌霄、蔡海龙，2021）②。在农业技术推广过程中，应当全面提升合作社发展水平，加强合作社技术培训力度，充分发挥合作社组织在带动农户采用先进生产技术方面的引导作用。支持家庭农场加入合作社或牵头领办合作社。农业企业通过提供生产资料购买等产前流通服务和初加工、销售、运输等产后流通服务促进农户采纳先进农业技术（杨兴杰等，2021）③。此外，农业新型经营主体所提供的生产性服务外包也可以促进技术的采纳（万凌霄、蔡海龙，2021；卢华等，2021）④⑤。因此应促进新型农业经营主体的培养与发展，鼓励其发挥技术示范作用。

---

① 罗明忠，雷显凯. 非农就业经历、风险偏好与新型职业农民生产技术采纳［J］. 江苏大学学报（社会科学版），2022，24（2）：44 - 56.

② 万凌霄，蔡海龙. 合作社参与对农户测土配方施肥技术采纳影响研究——基于标准化生产视角［J］. 农业技术经济，2021（3）：63 - 77.

③ 杨兴杰，齐振宏，杨彩艳，刘哲. 新型农业经营主体能促进生态农业技术推广吗——以稻虾共养技术为例［J］. 长江流域资源与环境，2021，30（10）：2545 - 2556.

④ 万凌霄，蔡海龙. 生产性服务外包是否促进了测土配方施肥技术采纳——以小麦为例［J］. 中国农业大学学报，2022，27（6）：236 - 247.

⑤ 卢华，陈仪静，胡浩，耿献辉. 农业社会化服务能促进农户采用亲环境农业技术吗［J］. 农业技术经济，2021（3）：36 - 49.

4.2.3 提高技术集成化程度

现代农业发展的核心之一即提高农业竞争力，农业科技要走在农业产业发展的前端。近年关于农业技术集成模式的研究与示范，在一定程度上打破了常规科研相对封闭的现状，形成了较强的集群攻关突破能力，将农业技术集成提升到一个新的高度，提高农业技术集成化程度有利于农业生产成本、生产效益和生态环境的同步改善，助力黄河流域乡村产业的高质量发展。

（1）坚持综合生产技术的集成创新

现在的农业技术创新已经不再是单一作物的技术创新，而是综合考虑了轮作、水资源、机械设备、耕地等因素，已实现了资源的高效利用。甚至还可以进行病虫害的综合防治，通过不同作物病虫害的发生规律来进行相互抑制，这样可以有效减少化肥农药的施用。如在山东开展的玉米小麦"吨粮田"试验。技术与产业的对接，不再是简单的单项技术的对接，而是综合技术的集成。现代农业产业体系是一个开放、综合的系统，单项技术的突破与应用已经不足以高效解决一些问题，必须围绕农业产业链布置创新链，并以乡村产业发展上的关键环节为核心进行技术集成以促进问题的快速攻克和产业的协调发展。

（2）坚持以机械化、标准化和规模化为核心的链式创新

随着农业技术的不断发展，现代农业发展的趋势之一就是农业的机械化、标准化和规模化。现代农业从栽培、田间管理到收获一系列生产环节均实行机械化、标准化和规模化，有利于提升技术的实用性和便利性，提高农业生产率、土地产出率和资源利用率。同时，以机械化、标准化和规模化为核心的技术集成创新有利于技术的推广。

（3）加快示范推广创新

首先，对乡村先进生产力的代表专业大户、家庭农场、农业合作组织等新型农业经营主体来说，他们有一定经济实力、技术支撑，产业发展基础较好，经营管理能力较强。较其他农户而言，更易于接受新知识、新技术，所以要充分发挥这种优势，让他们起到较好的带动和帮扶作用。其次，地方政

府可以就重大农产品技术集成启动推广行动，依托其行政力量和组织优势，利用好地方发展农业的人力资本，由相关农业主管部门牵头，组织农业科技部门、区域性优势农业科研单位、农业高校和新型农业经营主体等共同参与，建立流域内农业主体广泛参与、产业链前后衔接、创新链协作攻关的技术集成研究与示范推广体系，形成覆盖全流域的研究、集成、示范、推广网络。另外还可以设立财政性农业技术集成推广引导基金，采取政府购买服务、定向委托、实施项目等多种方式，引导和支持种粮大户、家庭农场、农民合作社、社会化服务组织等新型农业经营主体使用新技术，提高农民应用先进技术的组织化程度。

4.3 生产体系循环化

我国的基本国情是，小农长期存在并且数量十分庞大，实现乡村产业高质量发展的一个关键在于，解决农民与现代农业发展的有效衔接。然而现阶段黄河流域乡村产业经营体系仍然存在产供销衔接不畅、农产品电商发展程度低以及市场一体化程度低的问题。要解决这些问题，可以通过农业组织化、电商化、品牌化、平台化的发展，来带动农户的发展（周振兴等，2019）[①]。

4.3.1 提升产供销有效衔接

（1）科学进行产业布局

黄河流域发展农业的环境优越，农产品品质高，为构建现代农业产业链奠定了重要基础。在黄河流域现代农业产业链的构建中，黄河流域上游地区，应该主要以水土涵养为先，全面确保农产品原料的绿色品质，推动青海、甘肃、宁夏和山西等省份从传统农业向节水农业、绿色农业、现代农业转型，高效利用黄河水资源，保护黄河生态环境，提高农民收入。在

---

① 周振兴，王睿郁，江安平. 构建"线下＋线上"联展联销体系　推进农旅结合的农业电商异业联盟［J］. 江苏农村经济，2019（11）：51－54.

黄河流域中游，应该扩大农产品轻加工规模使农产品进入增值环节。从发展基础看，四川、河南和山东等省份是具备这一能力的，能够应对国内外市场的需求进行农产品的生产和加工。为提升产品市场价值，地方政府在顶层设计层面需要建立交流机制，就新产品研发、加工技术升级等方面建立合作关系，优化龙头企业跨域合作的营商环境。从推进产业链升级和品种改良的角度看，黄河流域中游的省份有较多的农业科研机构和合作研发企业，可以与其他省份强化人才交流，因地制宜改良农作物和畜禽品种。在黄河流域下游，则是需要完成产品市场价值的实现，承担下游任务的地区明晰黄河流域省份农产品的特点，有针对性提供营销服务以保障产品价值的高效率实现。果蔬、水产品、畜禽等农产品是黄河流域占有市场份额较大的产品品类，针对这类产品的生鲜特性，冷链物流是优先选择，在兰州、西安、成都等重要的节点城市，优化交通布局，建设完善冷链物流园区，尤其强化空陆、公铁等多式联运建设，共享冷链物流智能化管控平台。黄河流域下游主要为农产品进入市场打造平台、开拓渠道，助力刚察牦牛、门源青稞、中宁枸杞、盐池滩羊肉、平凉红牛、兰州百合、会宁苦荞茶等特色产品进入国内外市场，形成区域特色农产品品牌。

（2）延伸黄河流域乡村产业链

以农产品终端消费需求为导向，加快推动黄河流域乡村产业"接二连三"，大力发展农产品"产加销、贸工农"一体化，构建农产品从田间到餐桌、从初级产品到终端消费无缝对接的农业产业链延伸融合模式和现代化农业产业新体系，促进流域内乡村产业全产业链的复合式、融合型和立体化发展。一是前向延伸融合，即以农产品加工、流通和销售为基础，向农产品种植环节延伸，强化农产品原料数量和质量供给及时性、稳定性，培育农产品自有品牌。一般就是指农产品加工企业、流通企业、超市和大型零售商向前延伸建设规模化、标准化农产品原料基地。二是后向延伸融合，以农业生产为基础，向产后加工、流通、餐饮等环节延伸，带动农业后向产业链、价值链升级和农产品梯度增值。例如专业大户等新型农业经营主体大力发展农产品的本地化初级与精深加工、流通和餐饮等。

（3）因地制宜发展高质量乡村产业数字化经济

乡村产业数字化是指利用现代信息技术对农业、乡村制造业、乡村服务业等产业进行数字化改造，主要包括数字农业、乡村数字工厂、农村电商、智慧旅游、数字普惠金融、远程医疗、远程教育、智慧养老、数字文创等方面（曾亿武等，2021）①。数据作为一种新的生产力要素，能够对农业生产、管理、销售全过程进行赋能重塑，由此开发乡村经济的新产业、新业态、新模式（沈费伟、叶温馨，2021）②。通过推进农旅电商融合提升产业链数字化程度，从而降低交易成本、促进小农户与大市场对接、拓宽乡村产业信息化渠道（王瑞峰、李爽，2022）③；通过发展智慧农业、创建乡村产业数字化示范基地逐步实现农业数字化转型；通过数字产业聚集区、数字和工业园带动辐射乡村产业发展（完世伟、汤凯，2022）④。

4.3.2 提高农产品电商发展程度

目前黄河流域地区乡村产业发展过程中，农产品电商发展程度较低，不利于乡村产业的高质量发展。大力支持农产品电商平台建设，推动电商的发展，可以为农业生产者、经营者、管理者提供及时、准确、完整的农业信息，而建立相应的供应链系统及物流配送系统，可以有效促进农业实现高效现代化，提高农业经济效益，助力乡村产业的高质量发展。

（1）培训乡村主题新业态

发展乡村产业，可以围绕乡村主题，创新产业发展新模式。乡村新业态是将信息技术与实体经济相融合而形成的个性化、便捷化、智能化的乡村产业经营形态和类型（沈费伟、叶温馨，2021）⑤。如拓展以涉农电商、社交

① 曾亿武，宋逸香，林夏珍，傅昌銮. 中国数字乡村建设若干问题刍议 [J]. 中国农村经济，2021（4）：21-35.
②⑤ 沈费伟，叶温馨. 数字乡村建设：实现高质量乡村振兴的策略选择 [J]. 南京农业大学学报（社会科学版），2021，21（5）：41-53.
③ 王瑞峰，李爽. 涉农电商平台助力乡村产业数字化转型的实践逻辑 [J]. 现代经济探讨，2022（5）：123-132.
④ 完世伟，汤凯. 数字经济促进乡村产业振兴的机制与路径研究 [J]. 中州学刊，2022（3）：29-36.

平台为核心的多元数字流通渠道，形成政府、企业、农民等多元主体参与的乡村电商发展模式，基于当地乡村特色优势以差异化战略打造乡村产业电商品牌（王廷勇等，2021）[①]；持续推进乡村一二三产业融合，构建多元产业协同发展模式，因地制宜开发乡村特色文化产业、服务业、旅游业等精品路线，发展创意农业、休闲农业、观光农业，兼顾生产事业活动性与生态环境相容性（冯朝睿、徐宏宇，2021）[②]。

（2）提高涉农主体数字素养

发展农产品电商，推动数字农业发展，提高基层干部和农业经营主体数字素养和技能，加强数字技术人才培养尤为重要。首先，强化数字技术业务培训，提高基层干部、新型经营主体的数字技术接受能力、应用能力和管理水平（梁斌等，2020）[③]。向农民提供农业数字化生产相关的数字培训服务，通过数字化相关培训转变农民的传统生产观念；着力培育家庭农场、农民合作社等新型经营主体，可以提高农民组织化程度。其次，可以加强专业职业院校对数字技术机能人才的培养，发展订单制、联合培养、实习基地等多元化数字技术人才培养模式，增加乡村数字人才供给。此外，要健全数字人才评价及激励政策，促进人才向农业农村灵活合理流动。目前我国乡镇干部缺少相应数字素质，而数字经济专业人才大部分向城市聚集，乡村产业发展数字经济的人力资本匮乏（温涛、陈一明，2020）[④]。因此要鼓励有想法、有能力的返乡青年积极投身农业新业态、新产业建设，聚焦内部主体动员，激活乡村内生人力资源效能，健全农业政策帮扶机制，配合科学的人才引进策略，形成以外促内、内外一体的农业生产人才体系，为农村产业振兴提供智力支撑。

---

① 王廷勇，杨丽，郭江云.数字乡村建设的相关问题及对策建议［J］.西南金融，2021（12）：43-55.

② 冯朝睿，徐宏宇.当前数字乡村建设的实践困境与突破路径［J］.云南师范大学学报（哲学社会科学版），2021，53（5）：93-102.

③ 梁斌，吕新，王冬海，王林，侯彤瑜.数字农业农村建设的创新实践和问题探讨——以新疆生产建设兵团为例［J］.中国农业大学学报，2020，25（11）：232-240.

④ 温涛，陈一明.数字经济与农业农村经济融合发展：实践模式、现实障碍与突破路径［J］.农业经济问题，2020（7）：118-129.

（3）加快对传统基础设施的数字化转型和改造

提升数字服务能力和服务质量，强化数字信息系统和专业软件的集成服务，完善农业数字服务的软硬件端口、数据共享等标准规范，满足农户对电子商务、便民服务、体验服务等数字信息需求。大力提升远程数字技术服务，促进专家对农户经营困境的在线诊断、集成方案的在线指导和数字服务的售后反馈，降低农户接受数字服务的时间成本、知识门槛和咨询成本。通过数字技术赋能促使传统物理基础设施向数字化、信息化基础设施的转型，使其成为新时代黄河流域高质量发展的核心动力。积极推进人工智能、物联网、工业数字化等应用，加快发展以互联网、物联网和新型终端技术为代表的新技术体系，促进交通、物流、通讯等基础设施的改造升级，将硬件设施与软件服务优势交融，不断提升农产品电商的发展质量和效率。

4.3.3 促进农产品跨区流动，提高市场一体化程度

农产品购销全面市场化，农产品市场体系在流通中的保障作用得到充分发挥，不仅能促进国内农产品市场一体化，还能提高农产品市场运行效率。但是目前黄河流域农业区农产品市场诸多问题也逐渐显现。比如，黄河流域农业区生产的农产品同质化较为严重，同时黄河流域地区间的壁垒并没有随着市场化改革而逐渐消失，地方保护现象较为严重，进而造成地区差距不断扩大，也影响到了农产品市场一体化。市场一体化与农产品贸易和价格信息传导直接相关，因此是反映市场化程度和市场运行效率的重要指标，国际间市场一体化程度在一定意义上还标志着该市场的对外开放度。

（1）打造地区品牌特色，推进品牌强农战略

按照乡村振兴战略的部署要求，全面推进品牌强农战略。立足于黄河流域各个地区资源禀赋，强化种业创新水平，着力塑造品牌特色，提升农产品品质，加快构建现代农业品牌体系，充分释放农产品品牌的空间溢出竞争力；同时要加强农产品品牌保护、品牌营销与区域协作，严格控制地理标志农产品质量，强化农产品地理标志使用监管，完善地理标志农产品认定体系。如在黄土高原苹果优生区大力发展苹果种植等区域特色农业，不断提高品牌杂粮干果的品牌化水平，做大做强洛川苹果等"三品一标"产品。将青

藏高原区特有的牦牛、青稞、枸杞以及特色杂粮水果农产品打造成具有高附加值和产业链长的农业品牌，利用农产品质量和效益的提升带动区域农业高质量发展。

（2）科学规划农产品流通布局，促进区域市场一体化建设

要提高农产品市场一体化程度，就必须要科学规划农产品流通布局，加大农产品运输基础设施投入，大规模发展农产品物流通道与批发市场；要打破农产品区域市场分割，加快农产品区域市场一体化体系建设，不断扩大农产品市场销售范围；建立科学系统的农产品物流成本核算体系，降低农产品物流、人力和技术成本，完善农产品价格形成机制。加快黄流域农业区市场一体化建设的同时，要破除区间市场分割的体制机制障碍，强化地区间市场竞争，降低区域之间的贸易壁垒和交易成本，提高要素流动效率。不断加强地区间的经济交流和产出协作，结合各地区比较优势实现合理分工，鼓励和促进沿黄流域各个地区间的经济交流和产出分工，使各地区在区域互动中不断提升自身的优势和核心竞争力，优化农产品产出效率的空间布局，实现黄河流域农业高质量发展。

（3）加快农产品信息服务体系建设，提升农业信息化水平

信息不能及时传递或者传递的信息质量有问题，都将影响套利行为的发生，导致盲目套利或套利不充分或不发生套利。市场主体或政府部门有必要加强农产品市场信息体系建设，增加市场透明度，为各市场主体提供真实、准确、有价值的信息，减少市场运行中的不确定性和盲目性。因此，要加快提升农业信息化水平，推进农业电子商务和农业物联网建设，提高农产品物流信息化程度，强化对相关技术的开发和人才的培养，构筑全国农产品信息化平台；要发展数字农业、智慧农业，促进数字经济与农业深度融合，以数字信息技术推动农业全产业转型升级，提升全产业链效率。

第5章

黄河流域乡村产业
高质量发展保障政策

5.1 人才政策

5.1.1 加强乡村治理人才队伍建设

加强乡镇党政人才队伍建设，选优配强乡镇领导班子；实施黄河流域地区农村干部联合培养计划，鼓励发达与落后省份干部双向交流任职，交流先进经验；成立黄河流域农业农村工作领导机构，建立统一领导、统筹协调、分工负责的联席会议制度；优化提升村党组织带头人队伍，大力选拔优秀人才进入村"两委"班子；组织实施农村基层干部培训计划，提升集体经济发展和乡村治理等能力。

5.1.2 培育壮大高素质农民队伍

实施黄河流域高素质农民培育计划，选拔种养能手与返乡下乡创业人员，针对不同农户特点，分层分类分模块开展培训；建立农民职业技能评价体系，对符合条件的农民颁发等级证书；引导黄河流域高素质农民组建各类专业协会，定期开展交流学习活动。

5.1.3 培育新型农业经营主体

实施新型农业经营主体素质提升计划，对纳入培养名录的新型农业经营主体开展轮训，提升农业生产能力和经营管理水平；鼓励组建黄河流域农业经营主体联盟，搭建服务平台，提供农事服务、营销服务、金融服务、培训服务、信息服务等；鼓励新型农业经营主体开展跨地区深度合作，提升抱团发展能力；引导黄河流域内知名农业品牌对接流域范围内小农户，完善利益联结机制，发挥示范带动作用；选拔一批企业家、专业人才等担任新型农业经营主体人才培养导师，开展定向帮扶，提供指导服务。

5.1.4 加快培养农业农村科技人才

组建黄河流域农业科技研究平台，设立专项研究计划，强化人才培养与项目、平台结合机制，培养一批农业科技领军人才；围绕黄河流域农业发展的重大问题，选拔一批科学素养深厚、长期奋战在科研一线、跨学科理解能力与组织领导能力强的农业战略科学家，以其为核心打造农业科技领军人才团队，开展联合攻关；鼓励各地区组建专家工作站和技术示范站，柔性引进农业农村领域高科技领军人才；提高基层农技推广队伍薪资待遇，完善农技推广人员激励机制，实施基层农技人员素质提升工程；鼓励科研人员进行科技成果转换，享受科研成果收益。

5.1.5 加快发展面向农村的高等教育

支持黄河流域涉农高校围绕现实需求，优化涉农学科专业设置，改造提升专业培养体系，扩大涉农专业招生名额，培养农业高等教育人才；打造精品课程教育体系，促进黄河流域内农林高校共享教育资源；组建黄河流域农林高校联盟，共同完善人才培养体系，推进学术交流合作；引导涉农职业院校根据地区产业特点，设置特色学科群，加强理论学习与实践操作相结合；鼓励农业农村人才报考高职院校，适当降低录取门槛；构建新型农业经营主体培训体系，开设农业农村干部培训班，积极承担成人教育培训职能。

5.1.6 加快建设农业人才服务平台

鼓励各地建设一批资源要素集聚、基础设施齐全、服务功能完善，集"生产＋加工＋科技＋营销＋品牌＋体验"于一体的农村创业园区，覆盖全国农牧渔业大县（市）。鼓励黄河流域中心城市打造集"预孵化＋孵化器＋加速器＋稳定器"于一体的全方位的农业产业孵化基地等，为农业高科技初创企业提供办公场所、匹配服务团队、落实扶持政策；举办黄河流域农村创业项目创意大赛，遴选优秀项目，政府资助实施，吸引国内外人才投身黄河流域农业发展；宣传推介典型人才，发掘一批农村创新创业带头人，营造干事创业良好氛围。

5.2 科技政策

5.2.1 加大经费投入

明确政府在农业科技投入领域的主导作用，持续加大农业科技经费投入，确保增量与比例均有增长；加强中央财政对黄河流域落后地区农业科技投入强度，形成长效支持机制；成立黄河流域农业科技研发基金，设立农业科技创新项目；加强对涉农企业科技创新活动的引导支持，培育一批企业成为科技创新主体；提高基层农业技术推广与公益性农业科研院所的资金保障水平。

5.2.2 明确科研需求

针对黄河流域农业用水问题，开展节水抗旱、节水增效以及水肥一体化技术研究，实现地区农业用水控量增效；在黄河流域粮食主产区，针对粮食生产过程中的薄弱环节，突破技术瓶颈，研发技术装备；针对黄河流域地区养殖设施设备落后的问题，解决畜禽场舍、环境控制、精准饲喂、信息化、粪便处理等高效养殖设施设备研发的重大技术瓶颈问题；针对黄河流域生态环境问题，布局化肥农药减施、耕地保育与质量提升、农业废弃物资源化利用、农田土壤重金属污染防治、农业面源污染综合治理等重大科研任务；在黄河流域畜牧地区，围绕天然草地改良和人工草地建植，研究攻关草地高效利用技术。

5.2.3 建设科技创新基地

立足黄河流域产业特点与区域特色，建设一批黄河流域农业重点学科实验室，包括综合性实验室与专业性实验室，发挥流域内农业科技创新带头作用；根据黄河流域区域规划与科研需求，围绕土壤质量、农业环境等重要领域，在流域沿线整合布局一批科学实验站，建设区域农业科学数据中心，为科研提供数据支持；围绕黄河流域农业生产关键问题，布局建设一批农业科学实验基地，形成覆盖流域、特色突出的实验基地体系。

5.2.4 促进科技合作

加强黄河流域地区在农业科技领域合作，形成分工明确的"一盘棋"农业科技工作新格局；创建黄河流域农业科技创新联盟，围绕区域内重大农业科技难题，开展联合攻关，共享科研资源，发挥协同作用；推动农业发达地区跨省建设一批科学实验、技术转移、示范服务平台，支持不同省份农业科技人员交流任职；全面落实"一带一路"部署，充分利用上合组织农业基地，开展与沿线国家的国际农业创新交流合作，加强应对全球性农业问题。

5.2.5 完善农业技术推广体系

适应农业高质量发展要求，完善农业技术推广体制机制，健全以国家农技推广机构为主导，经营性服务机构、农业科教单位等多元主体参与的农技推广体系；根据地区产业特点，科学设置农技推广机构，合理确定农技推广任务；鼓励公益性服务机构与经营性服务机构合作，支持农技推广人员开展农业创业；将农技推广服务绩效纳入教科研人员考核项目，鼓励科研人员参与一线技术推广；支持科研单位与新型农业经营主体合作，共同试验、推广先进技术。

5.2.6 明确农业技术推广重点

在农业机械化水平较低地区，大力推广生产环节机械化技术，提供农机化装备购买补贴，突破农作物生产机械化瓶颈；在农业灾害多发区域，建立对主要品种、主要灾害、关键环节稳产增产和防灾增产技术推广模式，提高农业生产防灾抗灾水平，推动稳产高产；在农产品优质产区，建立产地初加工和综合利用关键技术基地，完善加工装备和设施建设；在农业生产装备完善地区，推广精准农业与智慧农业技术，扶持一批智慧农业示范企业。

5.2.7 加强宣传引导

营造敢于创新、宽容失败的科研氛围，倡导黄河流域农业科技人员交流合作；宣传黄河流域农业科技工作新成效，推广好经验好做法；充分利用电视、互联网等现代信息媒介，加大农业科普宣传力度；开展黄河流域农业科技示范县建设工作，探索符合地区特色的农业科技模式，树立典型引领黄河流域农业科技发展。

5.3 财税政策

5.3.1 加大财政支持力度，推进乡村产业融合水平

党的十八大以来，农村创新创业环境不断改善，乡村产业快速发展，促进了农民就业增收和乡村繁荣发展。目前，黄河流域实现农产品加工业持续发展、乡村特色产业蓬勃发展、乡村休闲旅游业快速发展、乡村新型服务业加快发展、农业产业化深入推进、农村创新创业规模扩大。黄河流域各省份应当针对已有产业融合项目，加大项目财政支持力度，支持现代农业产业园、农业产业强镇、优势特色产业集群及农产品仓储保鲜冷链设施建设。通过示范项目先发优势带动周边地区经济发展。

5.3.2 加快引导社会力量助力，促进多元主体协同参与

黄河流域各省份应当根据《西部地区鼓励类产业目录》《鼓励外商投资产业目录》等，结合本身特色优势积极发展相关乡村产业，通过特许经营、委托经营、投资补助、政府购买服务、股权合作等多种方式，鼓励和引导社会力量投资农业重点基础性、公益性领域，与社会力量建立利益共享、风险共担的长期合作伙伴关系，建立健全制度化、规范化、程序化的监控机制，为农业现代化和工业化、信息化、城镇化同步发展打下坚实基础。

黄河流域社会力量助力乡村产业相关财税政策梳理见表 5-1。

表 5 - 1　黄河流域社会力量助力乡村产业相关财税政策梳理

发文部门	发布日期	文号	名称
国家发展和改革委员会	2020 年 1 月 18 日	中华人民共和国国家发展和改革委员会令第 40 号	《西部地区鼓励类产业目录（2020 年本）》
国家发展和改革委员会、商务部	2020 年 12 月 27 日	中华人民共和国国家发展和改革委员会、中华人民共和国商务部令第 38 号	《鼓励外商投资产业目录（2020 年版）》
内蒙古自治区人民政府	2015 年 12 月 31 日	内政办发〔2015〕151 号	《关于鼓励和引导社会资本投资农村牧区社会事业和基础设施建设的若干意见》
财政部	2021 年 4 月 6 日	财建〔2021〕63 号	《财政部关于下达 2021 年农业绿色发展专项（山东省现代化海洋牧场建设综合试点项目）中央基建投资预算（拨款）的通知》
四川省发展和改革委员会、四川省财政厅、四川省水利厅、四川省农业厅、四川省林业厅	2017 年 6 月 5 日	川发改农经〔2017〕305 号	《关于印发〈四川省农林水利领域政府和社会资本合作的实施细则〉的通知》

5.3.3　加强农业创新创业扶持力度，促进创新项目落地推广

根据《中国农业知识产权创造指数报告》，2019 年黄河流域农业知识产权创造指数中，仅有山东、四川、河南超过了全国平均水平，黄河流域农业科技发展在各省份间发展差距较大。为促进黄河流域农业创新创业水平，在财税政策方面，一是加大涉农创新创业项目财政支持，对符合条件的涉农创业创新项目纳入政策扶持范围。二是鼓励返乡下乡人员创新创业，对返乡下乡人员创办的新型农牧业经营主体，给予适当补贴扶持，同时将返乡下乡人员创业创新培训经费纳入财政预算，积极对接各类资源参与培训。三是对涉农小微企业进行税收优惠，对创业园区的涉农初创企业给予资金补贴等。四是构建优化平台，山东、四川、河南等农业创新发展优势省份应对涉农基础研究和应用基础研究工作定期评估，并对重大优秀项目提供长期稳定的财政支持，在国家重点实验室和农业农村部学科群实验室等平台建设方面给予

倾斜。

黄河流域农业创新相关财税政策梳理见表 5－2。

表 5－2　黄河流域农业创新相关财税政策梳理

发文部门	发布日期	文号	名称
农业农村部办公厅	2020 年 12 月 28 日	农办科〔2021〕36 号	《〈关于深化农业科研机构创新与服务绩效评价改革的指导意见〉的通知》
内蒙古自治区人民政府	2017 年 7 月 16 日	内政办发〔2017〕124 号	《关于支持返乡下乡人员创业创新促进农村牧区一二三产业融合发展的实施意见》
四川省财政厅	2021 年 11 月 6 日	川财农〔2021〕139 号	《关于印发〈四川省省级财政农业改革创新科技示范奖补专项资金管理办法〉的通知（2021 修订）》
陕西省农业农村厅、陕西省财政厅	2021 年 11 月 12 日	陕农计财〔2021〕87 号	《关于印发 2022 年部分省级农业专项资金项目申报指南的通知》
宁夏回族自治区财政厅、宁夏回族自治区科学技术厅	2021 年 6 月 21 日	宁财（教）发〔2021〕243 号	《关于修订〈自治区现代农业科技创新示范区建设专项资金管理办法〉的通知（2021）》
宁夏回族自治区科学技术厅、宁夏回族自治区农业农村厅	2021 年 5 月 17 日	宁科发〔2021〕34 号	《关于印发〈自治区种业科技创新行动方案〉的通知》

5.3.4 深化农村金融改革，提升金融服务乡村产业能力

根据《中国农村政策与改革统计年报》，2020 年我国经营耕地面积在 30 亩以上的农户共 1 152.5 万户，其中黄河流域共 397.8 万户，占到全国的 33.648%。2020 年我国农村集体经济组织资产负债总额为 295 154 074.4 万元，黄河流域农村集体经济组织资产负债总额为 48 218 934.5 万元，占全国的 16.336%。可以看出黄河流域规模经营农户众多，面临贷款压力相对较大。因此要促进黄河流域乡村产业发展，一是深化农村金融体制改革。有序

推进农村信用社改革发展，鼓励金融机构设立相关部门对接乡村产业振兴，加大支农贷款力度。二是创新涉农金融产品。对符合条件的新型农业经营主体设立相关贷款，发展特色农产品保险。三是提升金融服务效率。开设绿色通道，创新多种贷款渠道，加快涉农贷款审批效率。四是发挥多层次资本市场作用，拓宽涉农企业融资渠道，支持龙头企业、农产品加工企业等经营主体通过发行非金融企业债务进行融资。

黄河流域农村金融体制改革相关政策梳理见表 5 - 3。

表 5 - 3　黄河流域农村金融体制改革相关政策梳理

发文部门	发布日期	文号	名称
山西省农业农村厅、中国建设银行股份有限公司山西省分行	2021 年 3 月 22 日	农垦便函〔2022〕103 号	《关于开展农业生产托管金融创新服务试点工作的通知》
山东省农业厅	2018 年 9 月 13 日	鲁农财字〔2018〕72 号	《关于开展特色农产品保险创新试点工作的通知》
内蒙古自治区人民政府	2015 年 12 月 31 日	内政办发〔2015〕151 号	《关于鼓励和引导社会资本投资农村牧区社会事业和基础设施建设的若干意见》
财政部	2021 年 4 月 6 日	财建〔2021〕63 号	《财政部关于下达 2021 年农业绿色发展专项（山东省现代化海洋牧场建设综合试点项目）中央基建投资预算（拨款）的通知》
四川省发展和改革委员会、四川省财政厅、四川省水利厅、四川省农业厅、四川省林业厅	2017 年 6 月 5 日	川发改农经〔2017〕305 号	《关于印发〈四川省农林水利领域政府和社会资本合作的实施细则〉的通知》
河南省财政厅、河南省农业农村厅、中国银行保险监督管理委员会河南监管局	2021 年 10 月 14 日	豫财金〔2021〕43 号	《关于印发〈关于创新发展农业保险 促进农民有效增收的若干措施〉的通知》
陕西省农业农村厅	2021 年 10 月 28 日	陕农计财〔2021〕87 号	《关于申报 2022 年新增专项债券项目资金需求的通知》

5.4 公共服务

5.4.1 优化基础设施，打通农村物流最后一公里

长期以来，黄河流域乡村产业物流存在基础设施不完善、配送时间长、运营成本高等问题，制约农村电商发展。2020 年陕西省、甘肃省、青海省、宁夏回族自治区淘宝村数量均小于 2 个。在快递体系方面，农村地区路程远、业务量偏小、成本居高不下，导致快递企业"不愿下""下不去"，下去了"稳不住"，物流服务只延伸到大型乡镇，无法为农村居民提供良好的物流配送服务，农村居民的卖货服务要求难以被满足。黄河流域农村物流发展薄弱地区应以完善基础设施为基础，持续加强各类资源整合，构建分级城乡物流服务网络，提升农村牧区物流网络末端配送能力。统筹利用邮政、快递、供销、电商、物流企业等资源，发挥邮政基础性主渠道作用，建设综合性公共服务体系，降低物流成本，以乡村产业发展较好的建制村为主实现快递服务全覆盖，对全省其他建制村逐步实现快递服务全覆盖。

黄河流域农村物流发展相关政策梳理见表 5-4。

表 5-4 黄河流域农村物流发展相关政策梳理

发文部门	发布日期	文号	名称
交通运输部	2020 年 5 月 20 日	交规划函〔2020〕339 号	《交通运输部关于河南省开展"四好农村路"高质量发展等交通强国建设试点工作的意见》
陕西省发展和改革委员会	2021 年 11 月 3 日	陕发改贸服〔2021〕1720 号	《关于印发〈陕西省"十四五"物流业高质量发展规划〉的通知》
陕西省人民政府	2018 年 4 月 20 日	陕政办发〔2018〕21 号	《关于推进电子商务与快递物流协同发展的实施意见》
甘肃省人民政府	2020 年 3 月 5 日	甘政办发〔2022〕28 号	《甘肃省人民政府办公厅关于印发甘肃省加快农村寄递物流体系建设行动方案的通知》

（续）

发文部门	发布日期	文号	名称
甘肃省人民政府	2018年6月7日	甘政办发〔2018〕101号	《甘肃省人民政府办公厅关于推进电子商务与快递物流协同发展的实施意见》
宁夏回族自治区人民政府	2018年9月3日	宁政办规发〔2018〕12号	《宁夏回族自治区人民政府办公厅关于进一步推进物流降本增效促进实体经济发展的实施意见》
青海省财政厅、青海省发展和改革委员会、青海省交通运输厅、青海省农业农村厅、青海省商务厅、青海省地方金融监督管理局、青海省供销合作社、国家税务总局、青海省税务局、青海省邮政管理局	2022年5月5日	青财工字〔2022〕284号	《关于印发〈现代物流体系建设财税支持政策〉的通知》
青海省人民政府	2021年3月16日	青政办〔2021〕109号	《关于印发青海省加快农村寄递物流体系建设若干措施的通知》
内蒙古自治区人民政府	2021年12月31日	内政办发〔2021〕94号	《关于印发自治区加快农村牧区寄递物流体系建设工作方案的通知》
内蒙古自治区发展和改革委员会、内蒙古自治区交通运输厅	2021年3月9日	内发改经贸字〔2021〕227号	《内蒙古自治区物流枢纽布局和建设规划》
内蒙古自治区发展和改革委员会	2020年2月11日	内发改经贸字〔2020〕69号	《关于印发〈内蒙古自治区关于推动物流高质量发展促进形成强大国内市场的实施意见〉的通知》
内蒙古自治区人民政府	2018年6月7日	内政办发〔2018〕38号	《内蒙古自治区人民政府办公厅关于推进电子商务与快递物流协同发展的实施意见》

5.4.2 加强教育培训，补齐农村教育短板

2020 年我国农村人均受教育年限为 7.940 年，黄河流域中仅有陕西、内蒙古、河南、山西高于这一水平。在农村教育方面，黄河流域各省份应大力实施创新驱动农村教育发展战略，在义务教育方面，通过构筑"城乡教育共同体"，发挥优质学校辐射带动作用，实现优质教育资源共建共享，促进城乡教育均衡发展。针对农村薄弱学校进行改造及标准化建设，提升乡村教育体系人员工资水平，吸引广大优秀人才。在职业教育方面，一是扶持涉农专业，加大涉农人才培养力度；二是加强职业教育和继续教育，组织开展农业技能培训、返乡创业就业培训和职业技能培训。在农村科普培训方面，一是加大基础设施投入，建设各类公共文化供给设施，为科普培训的开展提供了充足的场所；二是强化组织保障，加强科普培训工作者队伍建设，通过与当地高校、企业及社会资源积极对接，为农村科普培训注入活力，在选聘新型农业经营主体辅导员时，根据各省份辖区内新型农业经营主体的数量、产业结构、地域分布等因素，科学设置辅导员与新型农业经营主体的比例，促进农业科技成果推广。

黄河流域农村教育与培训相关政策梳理见表 5-5。

表 5-5　黄河流域农村教育与培训相关政策梳理

发文部门	发布日期	文号	名称
农业农村部	2022 年 5 月 9 日	农办经〔2022〕4 号	《关于印发〈新型农业经营主体辅导员工作规程〉的通知》
山西省农业农村厅	2020 年 4 月 30 日	晋农办建发〔2022〕95 号	《关于印发〈山西省 2022 年度农田建设培训工作实施方案〉的通知》
河南省农业农村厅	2021 年 12 月 15 日	豫农文〔2021〕403 号	《关于印发〈河南省农业农村系统法治宣传教育第八个五年规划（2021—2025 年）〉的通知》
教育部、河南省人民政府	2021 年 1 月 7 日	豫政〔2021〕2 号	《关于深化职业教育改革推进技能社会建设的意见》

（续）

发文部门	发布日期	文号	名称
教育部、山东省人民政府	2020 年 1 月 10 日	鲁政发〔2020〕3 号	《关于整省推进提质培优建设职业教育创新发展高地的意见》
教育部、甘肃省人民政府	2020 年 2 月 7 日	教育部、甘肃省人民政府	《关于整省推进职业教育发展打造"技能甘肃"的意见》

5.4.3 提升数字化水平，助力产业发展新业态

近年来，黄河流域农业数字化转型快速推进，《国务院关于印发"十四五"数字经济发展规划的通知》指出我国要"大力提升农业数字化水平，推进'三农'综合信息服务，创新发展智慧农业，提升农业生产、加工、销售、物流等各环节数字化水平"，同时强调要推进云网协同和算网融合发展，"在……成渝地区双城经济圈、贵州、内蒙古、甘肃、宁夏等地区布局全国一体化算力网络国家枢纽节点，建设数据中心集群，结合应用、产业等发展需求优化数据中心建设布局。"四川、内蒙古、甘肃、宁夏等地应当抓住这一机遇快速发展数字经济，助力农业数字化发展，提升农业现代化水平。一是加快信息基础设施建设，实现农村宽带网络和 4G 网络全覆盖，推广 5G 网络在农村地区应用。二是加强数字化技术与产业发展、生产管理、经营服务深度融合，发展智慧农业，实行"互联网＋农户"促进农业发展现代化。三是提升数据共享水平，运用大数据、人工智能、区块链等技术助力乡村产业发展。

黄河流域乡村产业数字化相关政策梳理见表 5-6。

表 5-6 黄河流域乡村产业数字化相关政策梳理

发文部门	发布日期	文号	名称
国务院	2020 年 12 月 12 日	国发〔2021〕29 号	《国务院关于印发"十四五"数字经济发展规划的通知》
甘肃省人民政府	2018 年 6 月 7 日	甘政办发〔2018〕101 号	《甘肃省人民政府办公厅关于推进电子商务与快递物流协同发展的实施意见》

（续）

发文部门	发布日期	文号	名称
郑州市人民政府	2021年6月18日	郑政办〔2020〕31号	《关于加快推进农业信息化和数字乡村建设的实施意见》
河南省农业农村厅	2021年5月8日	豫农文〔2021〕146号	《关于印发〈"一村九园"数字化建设规范（试行）〉的通知》
陕西省农业农村厅	2020年4月25日	甘改发〔2020〕38号	《关于印发〈陕西省"十四五"数字农业农村发展规划〉的通知》

5.4.4 强化农业资源综合利用，实现农业绿色转型发展

2022年5月，农业农村部、财政部发布《关于做好2022年农业生产发展等项目实施工作的通知》，指出要强化农业废弃物资源化利用。目前来看，山东、河南及四川要减少单位面积农药、化肥、农膜投入，实现农业绿色发展，农业提质增效。黄河流域各省份要结合农业绿色发展专项资金，积极开展高标准农田建设（含大豆等油料基地，以及糖料蔗、优质棉生产基地等）、现代种业提升工程、动植物保护能力提升工程、畜禽粪污资源化利用整县推进、长江经济带和黄河流域农业面源污染治理等项目建设。同时山东、河南、四川等省份应当支持引导农户、种植大户、农民专业合作社及生产回收企业等实施主体，科学推广新型农业绿色技术，逐步降低传统农药化肥使用强度，提升地膜使用回收水平等。在产业绿色发展方面，黄河流域中上游应深挖农业文化内涵，发展休闲观光农业、特色农产品加工业等绿色行业，下游应摒弃"先污染、后治理"的粗放式发展模式，加强生态保护和环境治理[①]。

黄河流域农业绿色发展相关政策梳理见表5-7。

---

① 闫明涛，乔家君，瞿萌，朱乾坤.黄河流域乡村高质量绿色发展水平时空分异与影响因素分析[J].人民黄河，2022，44（1）：15-20.

表 5-7　黄河流域农业绿色发展相关政策梳理

发文部门	发布日期	文号	名称
山东省农业农村厅	2020 年 8 月 13 日	鲁农土肥字〔2020〕4 号	《关于扎实推进有机肥替代化肥行动的通知》
山东省农业农村厅	2022 年 4 月 13 日	鲁农种植字〔2022〕16 号	《关于持续推进化肥农药减量增效工作的意见》
河南省农业农村厅	2022 年 1 月 12 日	豫农文〔2022〕5 号	《关于印发〈河南省农药包装废弃物回收处理实施意见〉的通知》
四川省农业农村厅	2021 年 2 月 9 日	川农发〔2021〕33 号	《关于印发〈四川省 2021 年推进化肥减量化工作要点〉〈四川省 2021 年推进农药减量化工作要点〉的通知》

参考文献

程莉, 2019. 中国农村产业融合发展研究进展: 一个文献综述 [J]. 农业经济与管理 (2): 37-47.

程淑俊, 颜俨, 姜志德, 2021. 猕猴桃种植户应对气象灾害的行为及影响因素研究——以 2018 年陕西省冷冻灾害为例 [J]. 中国生态农业学报 (中英文), 29 (3): 590-599.

杜森, 2020. 黄河流域节水农业现状、问题及建议 [J]. 中国农业综合开发 (1): 24-25.

冯朝睿, 徐宏宇, 2021. 当前数字乡村建设的实践困境与突破路径 [J]. 云南师范大学学报 (哲学社会科学版), 53 (5): 93-102.

冯晓龙, 仇焕广, 刘明月, 2018. 不同规模视角下产出风险对农户技术采用的影响——以苹果种植户测土配方施肥技术为例 [J]. 农业技术经济 (11): 120-131.

郭熙保, 吴方, 2022. 参加合作社对家庭农场标准化生产遵从的影响——基于 1 324 个家庭农场问卷调查数据的分析 [J]. 经济纵横 (1): 31-45.

郝爱民, 2022. 流通数字化对我国农村三产融合的影响 [J]. 中国流通经济, 36 (2): 36-44.

姜长云, 2015. 日本的"六次产业化"与我国推进农村一二三产业融合发展 [J]. 农业经济与管理 (3): 5-10.

姜长云，2016. 推进农村一二三产业融合发展的路径和着力点 [J]. 中州学刊 (5)：43－49.

姜长云，盛朝迅，张义博，2019. 黄河流域产业转型升级与绿色发展研究 [J]. 学术界 (11)：68－82.

金凤君，马丽，许堞，2020. 黄河流域产业发展对生态环境的胁迫诊断与优化路径识别 [J]. 资源科学，42 (1)：127－136.

金凤君，马丽，许堞，2020. 黄河流域产业发展对生态环境的胁迫诊断与优化路径识别 [J]. 资源科学，42 (1)：127－136.

金凤君，马丽，许堞，林美含，2021. 黄河流域产业绿色转型发展的科学问题与研究展望 [J]. 中国科学基金，35 (4)：537－543.

蓝海涛，王为农，涂圣伟，张义博，2016. "十三五"时期我国现代农业发展趋势、思路及任务 [J]. 经济研究参考 (27)：31－43.

蓝海涛，周振，2018. 我国"互联网＋农村经济"发展现状与政策建议 [J]. 宏观经济管理 (7)：31－38，65.

黎新伍，徐书彬，2020. 中国农业供给结构失衡的测度及其空间特征研究 [J]. 广东财经大学学报，35 (4)：87－102.

黎新伍，徐书彬，2021. 农村产业融合：水平测度与空间分布格局 [J]. 中国农业资源与区划，42 (12)：60－74.

李建军，汪校铃，杨玉，付佳，2020. 基于物联网农产品质量安全追溯体系构建的研究 [J]. 北方园艺 (8)：141－146.

李凯风，李子豪，2022. 黄河流域绿色全要素生产率测度 [J]. 统计与决策，38 (4)：98－101.

梁斌，吕新，王冬海，王林，侯彤瑜，2020. 数字农业农村建设的创新实践和问题探讨——以新疆生产建设兵团为例 [J]. 中国农业大学学报，25 (11)：232－240.

刘成，郑晓冬，李姣媛，方向明，2017. 农产品质量安全监管信息化的经济分析和经验借鉴——基于信息化监管平台建设的视角 [J]. 农林经济管理学报，16 (3)：362－368.

刘国斌，董俊杰，2020. 产业结构优化与农村三产融合发展研究——以吉林省为例 [J]. 东北农业科学，45 (2)：67－71.

刘敏，李百秀，2021. 基于信息链的农产品质量安全追溯体系研究——以山东省为例 [J]. 浙江档案 (1)：44－46.

刘云菲，李红梅，马宏阳，2021. 中国农垦农业现代化水平评价研究——基于熵值法与TOPSIS方法［J］. 农业经济问题 (2)：107 - 116.

卢华，陈仪静，胡浩，耿献辉，2021. 农业社会化服务能促进农户采用亲环境农业技术吗［J］. 农业技术经济 (3)：36 - 49.

罗明忠，雷显凯，2022. 非农就业经历、风险偏好与新型职业农民生产技术采纳［J］. 江苏大学学报（社会科学版），24 (2)：44 - 56.

任保平，杜宇翔，2022. 黄河流域高质量发展背景下产业生态化转型的路径与政策［J］. 人民黄河，44 (3)：5 - 10.

沈费伟，叶温馨，2021. 数字乡村建设：实现高质量乡村振兴的策略选择［J］. 南京农业大学学报（社会科学版），21 (5)：41 - 53.

宋跃刚，郝夏珍，2022. 数字经济对黄河流域经济高质量发展的门槛和空间溢出效应研究［J］. 河南师范大学学报（自然科学版），50 (1)：48 - 58.

完世伟，汤凯，2022. 数字经济促进乡村产业振兴的机制与路径研究［J］. 中州学刊 (3)：29 - 36.

万凌霄，蔡海龙，2021. 合作社参与对农户测土配方施肥技术采纳影响研究——基于标准化生产视角［J］. 农业技术经济 (3)：63 - 77.

万凌霄，蔡海龙，2022. 生产性服务外包是否促进了测土配方施肥技术采纳——以小麦为例［J］. 中国农业大学学报，27 (6)：236 - 247.

王娟娟，2021. 双循环视角下黄河流域的产业链高质量发展［J］. 甘肃社会科学 (1)：49 - 56.

王瑞峰，李爽，2022. 涉农电商平台助力乡村产业数字化转型的实践逻辑［J］. 现代经济探讨 (5)：123 - 132.

王廷勇，杨丽，郭江云，2021. 数字乡村建设的相关问题及对策建议［J］. 西南金融 (12)：43 - 55.

温涛，陈一明，2020. 数字经济与农业农村经济融合发展：实践模式、现实障碍与突破路径［J］. 农业经济问题 (7)：118 - 129.

文玉钊，李小建，刘帅宾，2021. 黄河流域高质量发展：比较优势发挥与路径重塑［J］. 区域经济评论 (2)：70 - 82.

肖安宝，肖哲，2022. 生态保护前提下黄河流域高质量发展的难点及对策［J］. 中州学刊 (3)：80 - 87.

肖卫东，杜志雄，2019. 农村一二三产业融合：内涵要解、发展现状与未来思路［J］.

西北农林科技大学学报（社会科学版），19（6）：120-129.

闫明涛，乔家君，瞿萌，朱乾坤，2022. 黄河流域乡村高质量绿色发展水平时空分异与影响因素分析［J］. 人民黄河，44（1）：15-20.

杨兴杰，齐振宏，杨彩艳，刘哲，2021. 新型农业经营主体能促进生态农业技术推广吗——以稻虾共养技术为例［J］. 长江流域资源与环境，30（10）：2545-2556.

于婷，于法稳，2021. 基于熵权 TOPSIS 法的农业高质量发展评价及障碍因子诊断［J］. 云南社会科学（5）：76-83.

曾亿武，宋逸香，林夏珍，傅昌銮，2021. 中国数字乡村建设若干问题刍议［J］. 中国农村经济（4）：21-35.

张贡生，2020. 黄河流域生态保护和高质量发展：内涵与路径［J］. 哈尔滨工业大学学报（社会科学版），22（5）：119-128.

张海霞，王明月，庄天慧，2020. 贫困地区小农户农业技术采纳意愿及其异质性分析——基于"信息-动机-行为技巧"模型［J］. 贵州财经大学学报（3）：81-90.

张双悦，2022. 黄河流域产业集聚与经济增长：格局、特征与路径［J］. 经济问题（3）：20-28，37.

赵景峰，张静，2020. 金融发展对中国农业技术创新的影响研究［J］. 理论学刊（6）：55-63.

周清香，何爱平，2020. 数字经济赋能黄河流域高质量发展［J］. 经济问题（11）：8-17.

周振兴，王睿郁，江安平，2019. 构建"线下＋线上"联展联销体系推进农旅结合的农业电商异业联盟［J］. 江苏农村经济（11）：51-54.

第二篇
专题篇

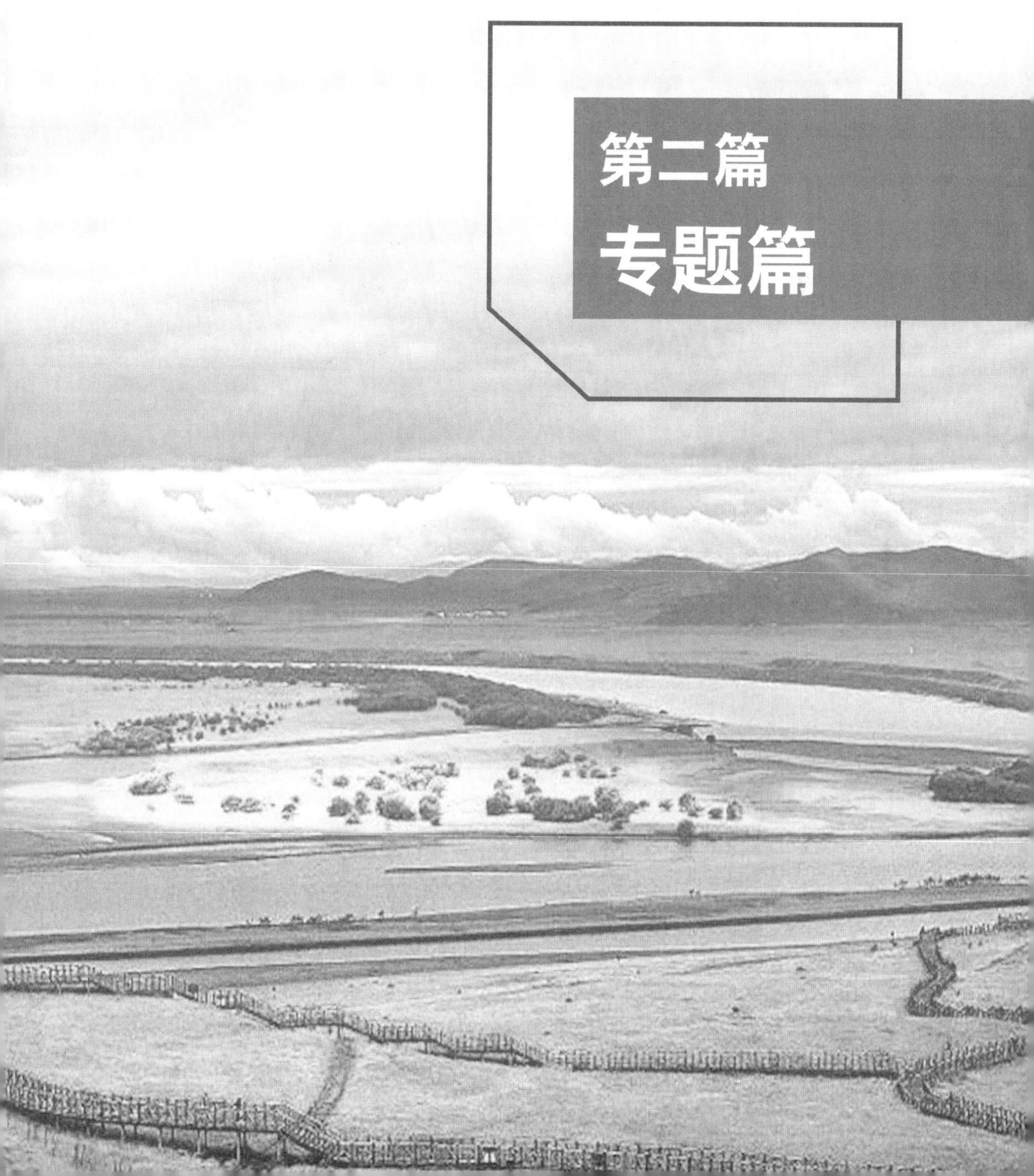

主要粮食作物种植业

　　黄河发源于青藏高原，流经 9 个省份，全长 5 464 千米，是我国仅次于长江的第二大河。黄河流域是中国大地最早进入农耕文明的区域，农耕业最初主要发源于中下游地区，这里地势平坦，气候温和，雨量适中，加之疏松易耕的黄土冲积层，自然条件适宜经营农业，故从仰韶文化、龙山文化等史前社会开始就出现了原始农业。但这时人口稀少，生产工具原始落后，农业仅作为渔猎、采集的附属部分而存在，被开垦出来的土地只是聚落周围狭小的一块。从黄河流域的景观面貌来看，这时的农田只是散布在莽原中的小片点状区域。夏、商、周时代的农业虽然摆脱了原始阶段，但由于人口稀少、工具原始，土地开发能力仍很弱；秦汉隋唐时期，随着人口的增多、农业工具金属化和耕种技术的提高，种植业迅速发展成为主要产业，逐渐形成关东和关西两大农业区；宋元明清时期进一步发展，上游的宁蒙河套平原、中游汾渭盆地以及下游引黄灌区都是主要的农业生产基地之一。

　　近现代以来，黄河流域不断发展，1997 年流域内现有耕地 1.79 亿亩，林地 1.53 亿亩，草地 4.19 亿亩，宜于开垦的荒地约 3 000 万亩；黄河流域人口 1.07 亿人，占全国的 8.6％，拥有丰富的劳动力资源，为旱区农业技术的发展提供了有利条件；黄河流域地区生产总值 4 842 亿元，农业总产值 1 509 亿元，占全国的 6.1％；黄河流域人均耕地 1.77 亩，高于全国的人均水平（1.15 亩），人均粮食产量 0.35 吨，低于全国的人均水平（0.4 吨）。黄河流域大部分属于干旱半干旱地区，水资源缺乏，第一产业占比高于全国平均水平。宁蒙河套平原、汾渭盆地和下游沿黄地区是黄河流域三大农业生产基地，也是重要的商品粮基地。黄土高原和宁蒙河套地区大部分为 1 年 1 熟，汾渭盆地和下游沿黄地区为 2 年 3 熟或 1 年 2 熟农作区，主要作物是玉

米、小麦、马铃薯、蔬菜、水果等。2019 年，黄河流域粮食作物播种面积
6.27 亿亩，总产 2 343.5 亿千克，均占全国的 36%。其中，小麦播种面积 2
亿亩，占全国的 56%，玉米播种面积 2.62 亿亩，占全国的 42%。黄河流域
上中游是我国主要的旱作农业区，宁蒙河套、汾渭平原和黄淮海是主要的黄
河灌区，占全河灌溉面积的 70%，占全河农业灌溉用水量的 80%。

如图 1 所示，黄河流域由于区位因素不同，各地产业结构也有所差别，
东部地区的山东、河南经济发展水平高，第三产业服务业的占比较高，第一
产业种植业的占比较低，而内陆地区的甘肃、宁夏、青海等地区经济发展水
平相对较低，第一产业的占比较高，第三产业服务业的占比较低。

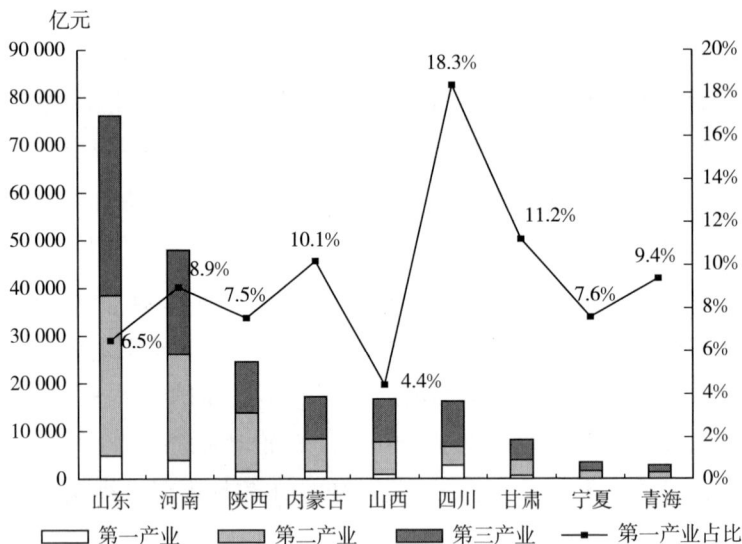

图 1 黄河流域各省份产业发展（2020 年）

资料来源：《中国农村统计年鉴》2020 年。

21 世纪以来，国家出台一系列政策推动区域内经济发展，黄河流域各
省经济社会快速发展，人民生活水平显著提高。但近年来，在经济结构调整
的大背景下，国内经济下行压力不断增大，国民经济发展由高速转向中高
速，对人民的生活冲击较大，面对复杂多变的外部形势，黄河流域积极转变
发展方式、调整经济结构，使得流域内人均可支配收入增长水平未出现大幅
波动。在社会发展方面，城镇化率不断提升，乡村人口数量不断下降，人口

不断向城镇汇集，相比城镇化率仍有差距。农业生产方面，黄河流域是我国重要的商品棉、粮生产基地，粮食产量在我国占有重要的比例。2019 年，习近平总书记在黄河流域生态保护和高质量发展座谈会上强调，保护黄河是事关中华民族伟大复兴的千秋大计。针对黄河流域资源禀赋和突出问题，强化技术集成创新，建立"九省联动"协同机制，推广全产业、全过程种植业绿色生产技术模式，加快构建黄河流域农业绿色高质量发展新格局。

1 黄河流域主要粮食作物种植业发展概况

1.1 小麦产业发展概况

在黄河流域两岸的三门峡、洛阳、卢氏以及西安、宝鸡等地大量存在植物学特征与普通小麦栽培种亲缘最接近的小麦草，这种小麦草很可能早已被我国先民采集和栽培，辅之以《诗经》中提及的"麦"所代表的地区，说明公元前 6 世纪，黄河中下游已普遍栽培小麦。小麦是一种一年生植物，通常在秋季播种，在春季收获。它属于禾本科植物，具有高度的经济和营养价值，茎秆较为粗壮，高度一般在 50～150 厘米，有时可达 2 米以上，叶子呈线形或剑形，革质而有光泽。小麦的花序由许多小穗组成，每个小穗内含有许多花粒，花期一般在春季，花粒成熟后可以作为食用谷物，此外，小麦对环境的适应性很强，能够在较为寒冷的气候条件下生长，并且对水分和养分的需求较高，喜欢在土壤肥沃、排水良好的地方生长，在生长过程中需要充足的阳光和温度，特别是在结穗期需要高温和光照，适宜的生长温度一般在 15～25℃。总体来说小麦适宜生长在土层深厚、结构良好、耕层较深的土壤中，有利于蓄水保肥，促进根系发育。小麦喜光照，冬型品种适期的日平均温度为 16～18℃，半冬型为 14～16℃，春型为 12～14℃，日照对小麦的生长发育很重要，如果日照条件不足就不能抽穗结实。

黄河流域西界巴颜喀拉山，北抵阴山，南至秦岭，东注渤海，流域内地势西高东低，高低悬殊，形成自西而东、由高及低三级阶梯，最高一级阶梯是黄河河源区所在的青海高原，位于著名的"世界屋脊"——青藏高原东北部，平均海拔 4 000 米以上，耸立着一系列北西-南东向山脉；第二级阶梯地势较平缓，黄土高原构成其主体，地形破碎，这一阶梯大致以太行山为东界，海拔 1 000～2 000 米；第三级阶梯地势低平，绝大部分为海拔低于 100 米的华北大平原，包括下游冲积平原、鲁中丘陵和河口三角洲。因地理气候差异，各省小麦种植面积与产量存在差异，河南、山东地势平坦，温度适宜，小麦种植面积与产量稳居前位，且近些年保持稳定；而宁夏、青海由于自然环境的限制，小麦的种植面积与产量相对较小，发展潜力较大。流域内小麦总种植面积 1 962.05 万亩，全国小麦总种植面积 3 406.65 万亩，占比 57.59%；流域内小麦总产量 9 743.49 万吨，全国总产量 13 425 万吨，占比 72.58%，黄河流域 2016—2020 年小麦主产区种植面积与产量如图 2 和图 3 所示。

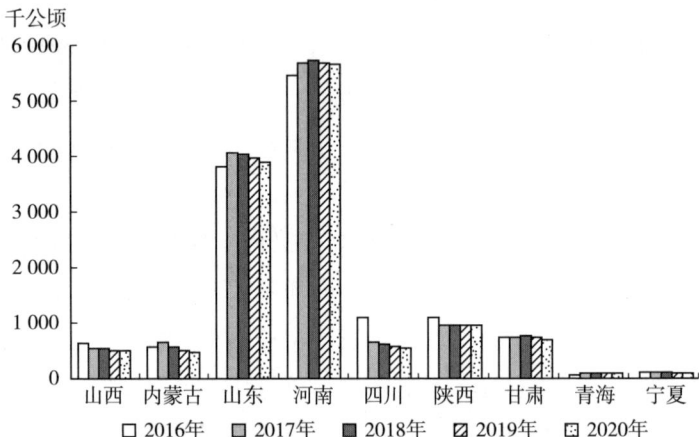

图 2　黄河流域各省份小麦种植面积（2016—2020 年）

资料来源：《中国农村统计年鉴》2016—2020 年。

下面对黄河流域小麦生产投入要素的变化趋势进行分析，图 4、图 5、图 6、图 7、图 8 分别为 2016—2020 年黄河流域小麦主产区每亩土地成本、用工天数、种子用量、化肥用量、机械费用的变化情况：

如图所示，黄河流域的小麦种植成本整体呈增长趋势，宁夏、内蒙古、甘肃等地区小麦生产的土地成本较高，山西、陕西、山东等省份小麦土地生产成本尽管不高但呈逐年上涨趋势。从用工天数来看，黄河流域内不同地区种植小麦所需的时间差异较大，四川、甘肃、陕西三地种植每亩小麦的用工

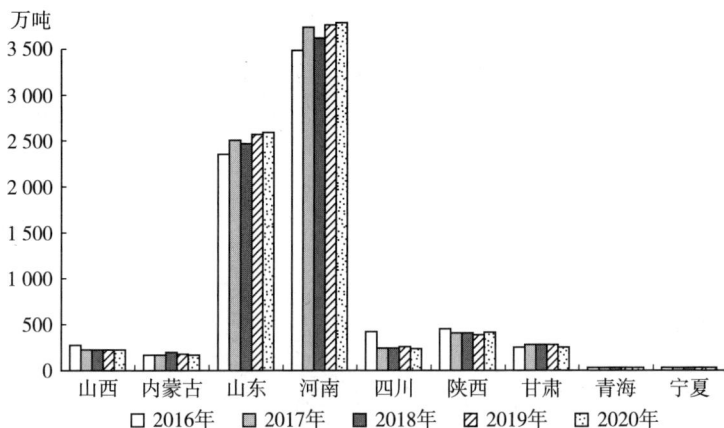

图 3 黄河流域各省份小麦产量（2016—2020 年）

资料来源：《中国农村统计年鉴》2016—2020 年。

天数较长，山西、河南、山东等地小麦种植所需的用工天数变化幅度较为平稳。从种子数量来看，宁夏、内蒙古地区每亩小麦种植所需的种子数量较大，同时发现各地区在 2016—2020 年种植每亩小麦所需的种子数量较为稳定，说明黄河流域小麦的种植结构较为合理。从化肥施用量来看，内蒙古地区每亩小麦的化肥施用量较大，四川的化肥施用量较小，其余地区皆处于较

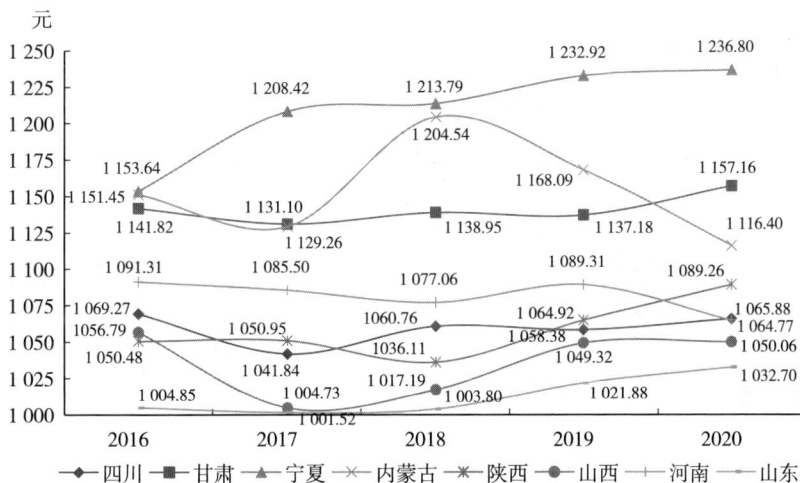

图 4 黄河流域各省份小麦土地成本（2016—2020 年）

资料来源：《中国农村统计年鉴》2016—2020 年。

为平均的水平,且在 2016—2020 年每亩小麦的化肥施用量的变化幅度也较小。从机械费用的消耗来看,四川、内蒙古地区每亩小麦所耗费的机械费用相对较小,其余各地区均处于较高的水平,说明黄河流域在小麦种植过程中所损耗的农业机械费用较高。

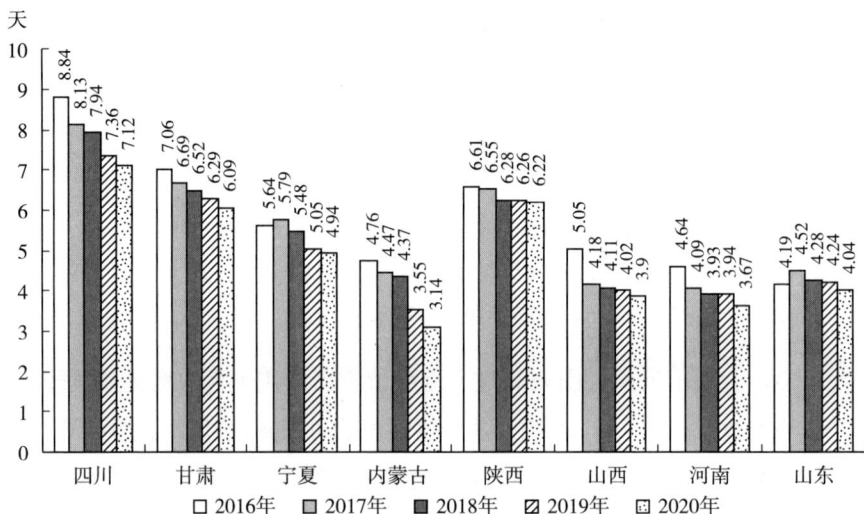

图 5　黄河流域各省份小麦亩均用工天数(2016—2020 年)

资料来源:《中国农村统计年鉴》2016—2020 年。

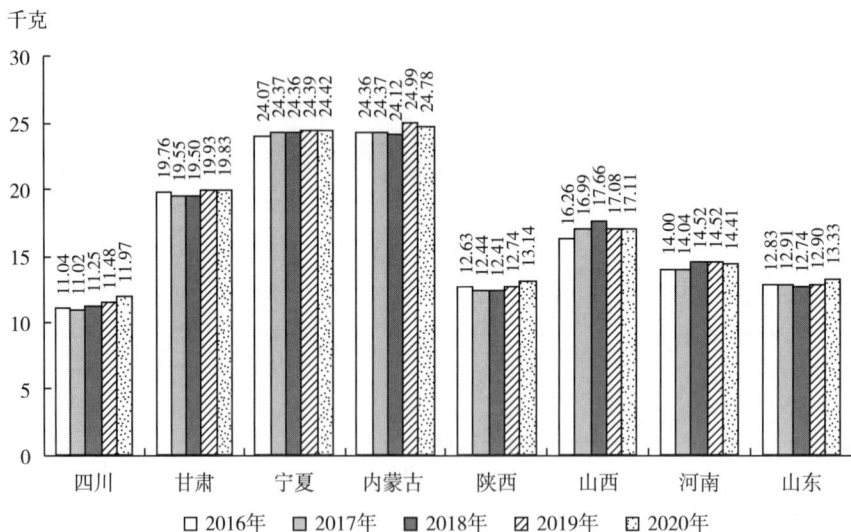

图 6　黄河流域各省份小麦亩均种子用量(2016—2020 年)

资料来源:《中国农村统计年鉴》2016—2020 年。

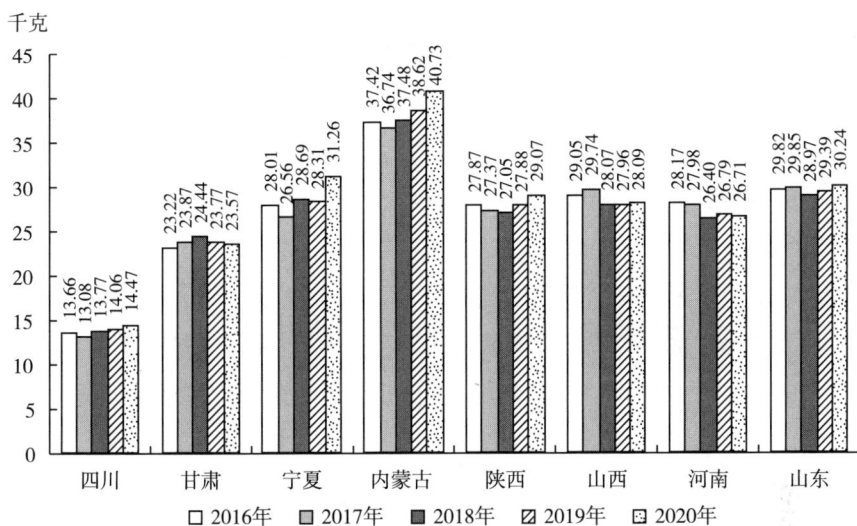

图 7 黄河流域各省份小麦亩均化肥用量（2016—2020 年）

资料来源：《中国农村统计年鉴》2016—2020 年。

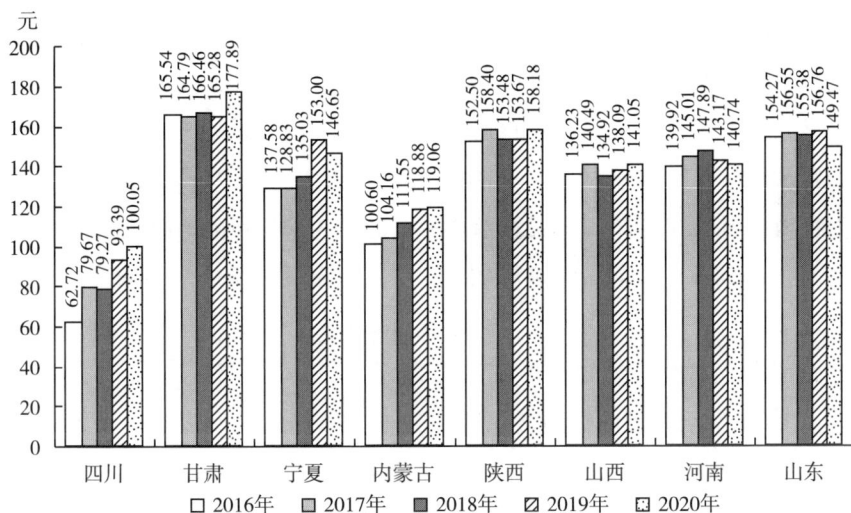

图 8 黄河流域各省份小麦亩均机械费用变化（2016—2020 年）

资料来源：《中国农村统计年鉴》2016—2020 年。

1.2 玉米产业发展概况

玉米原产拉丁美洲，大约在 16 世纪中叶前引入我国种植，传入中国后，在黄河流域迅速得到普及并发展。玉米是一种重要的经济作物，在世界各地都广泛种植，它是一种具有高产、适应性强、耐旱性好、生长迅速、易于种植等优良特性的作物。首先，玉米是一种多年生植物，但在大多数情况下是一年生的，它是一种单子叶植物，高度可达 2～3 米，根系发达，能够深入土壤；玉米的叶子呈长条形，叶面光滑，花是雌雄异株，受风授粉；玉米的果实是一种穗，长约 20～30 厘米，由多行果粒组成；果粒呈黄色或白色，含有大量的淀粉和营养物质。其次，玉米生长习性具有耐旱性、光照需求高、生长快等特点，玉米的生长需要充足的阳光和温暖的气候条件，最适宜的生长温度为 20～30℃；在生长初期，玉米需要充足的水分和营养物质，但在成熟期则需要干旱的气候；玉米的根系发达，能够在干旱条件下深入土壤，吸收土壤中的水分和养分。最后，玉米还具有适应性强和易于种植等特点，玉米适应性强，能够在不同的土壤和气候条件下生长，但在肥沃的土壤和充足的阳光下生长最好。玉米喜温暖环境，不同的生长阶段对环境要求不同，种子发芽的温度在 28～35℃，拔节期在 15～27℃，花期在 25～26℃；玉米喜光照，每天 8～10 小时的光照时间才可开花结果；玉米对水分也有一定的要求，生长期需水量 410～640 毫米。因地理气候差异，各省份玉米种植面积与产量存在差异，全国玉米总种植面积 6 189 万亩，而流域内玉米总种植面积 2 642.8 万亩，占全国的 42.70%；流域内玉米总产量 11 226.27 万吨，全国总产量 26 067 万吨，占比 43.07%。黄河流域各省份 2016—2020 年种植面积与产量如图 9 和图 10 所示。

如图 11 所示，目前我国黄河流域玉米耕作仍以小型拖拉机为主，根据我国农业机械化发展规划等政策，未来将会持续加大对大中型拖拉机的扶持，同时提高拖拉机的配套比，释放农机协同作业效率。2019 年，中大型拖拉机数、配套数和配套比最高的省是河南（65.4 万台中大型配套），而中大型拖拉机数、配套数和配套比最少的省是青海（0.6 万台中大型配套比）。通过黄河流域各省份间对比，进一步可以看到中大型农用拖拉机及其配套机械数量相对较多的省份有内蒙古、山东、河南等；但从配套结构来看，青海、黑龙江具有相对更高的配套比。

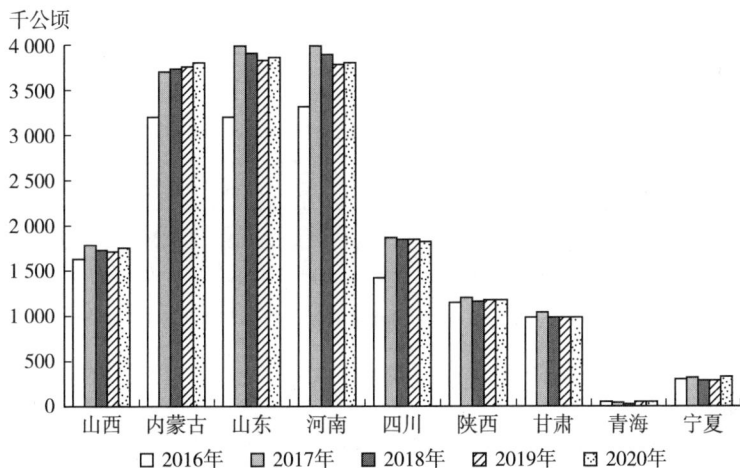

图 9　黄河流域各省份玉米种植面积（2016—2020 年）

资料来源：《中国农村统计年鉴》2016—2020 年。

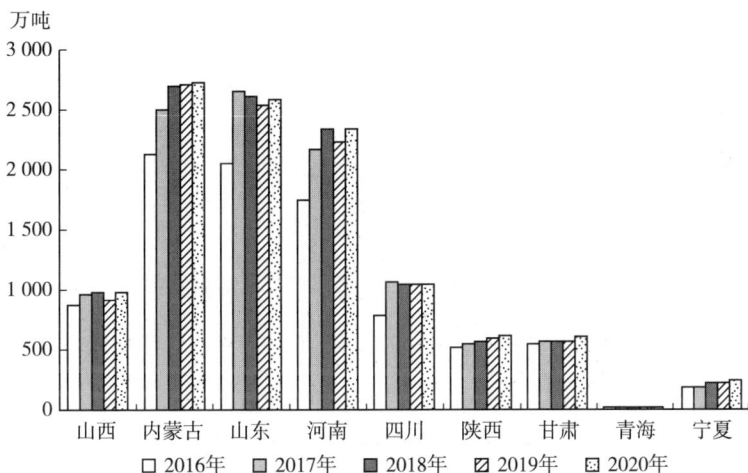

图 10　黄河流域各省份玉米种植产量（2016—2020 年）

资料来源：《中国农村统计年鉴》2016—2020 年。

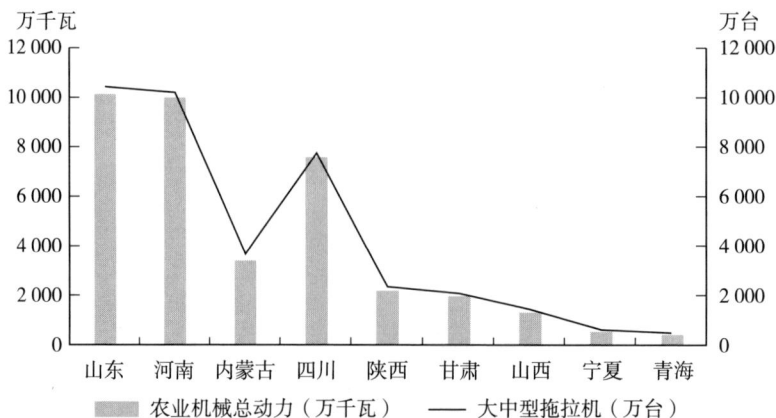

图 11　黄河流域各省份大型农用拖拉机及配套对比（2016—2020 年）

资料来源：《中国农村统计年鉴》2016—2020 年。

　　下面对黄河流域玉米生产的投入要素的变化趋势进行分析，图 12、图 13、图 14、图 15、图 16 分别为 2016—2020 年黄河流域玉米主产区每亩土地成本、用工天数、种子用量、化肥用量、机械费用的变化情况。

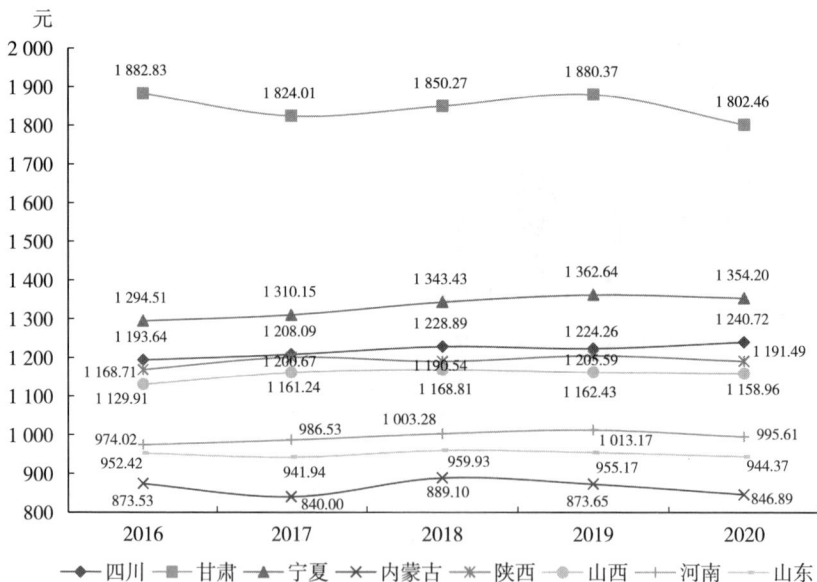

图 12　黄河流域各省份玉米亩产土地成本（2016—2020 年）

资料来源：《中国农村统计年鉴》2016—2020 年。

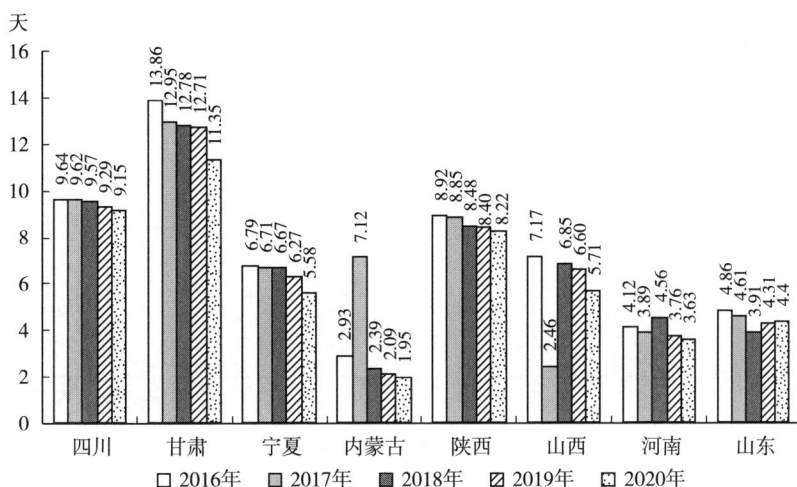

图 13 黄河流域各省份玉米亩产用工天数（2016—2020 年）

资料来源：《中国农村统计年鉴》2016—2020 年。

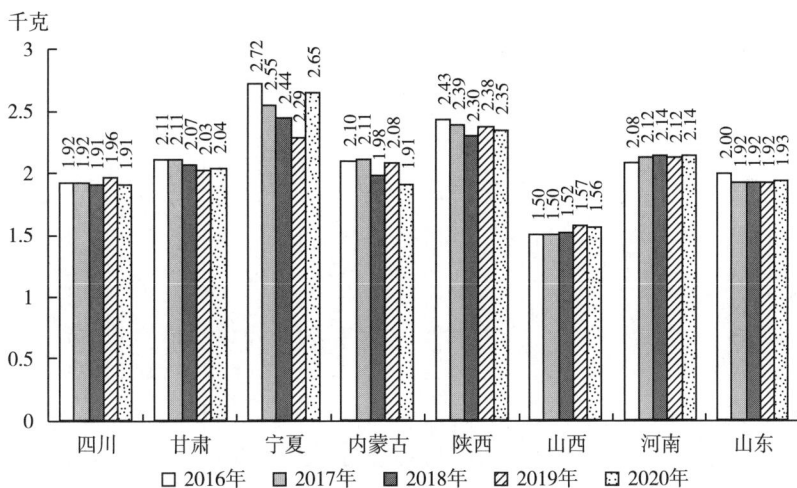

图 14 黄河流域各省份玉米亩均种子用量（2016—2020 年）

资料来源：《中国农村统计年鉴》2016—2020 年。

如图所示，黄河流域部分地区种植玉米的土地生产成本高于小麦的土地成本，甘肃、宁夏地区每亩玉米的土地种植成本较高，陕西、山西、河南等地区波动幅度相对较小且种植每亩玉米所需花费的生产成本差别较小。甘肃每播种一亩玉米所需的天数最多，在 2016 年高达近 14 天，四川、陕西、宁夏

千克

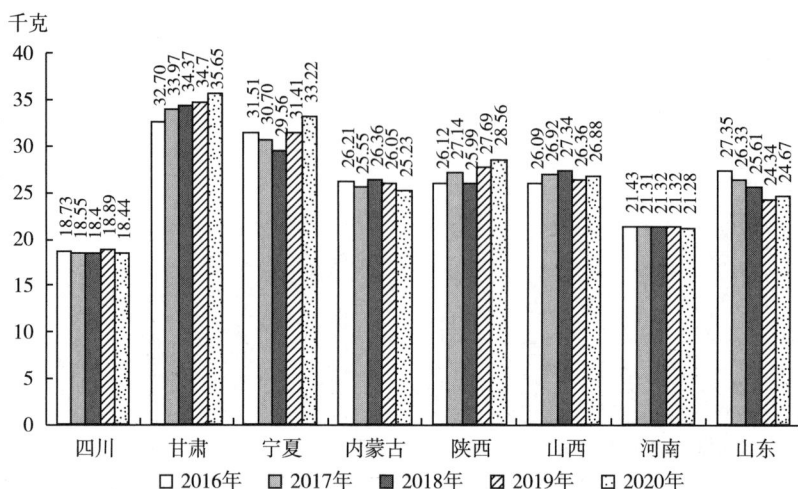

图 15 黄河流域各省份玉米亩均化肥用量（2016—2020 年）

资料来源：《中国农村统计年鉴》2016—2020 年。

元

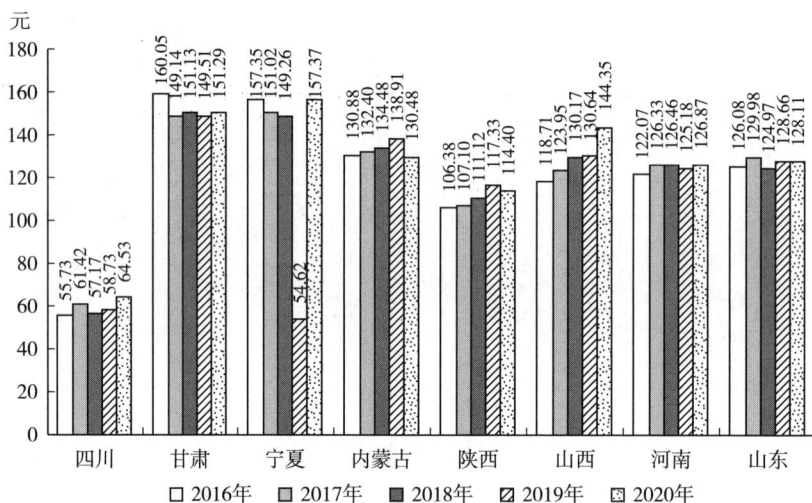

图 16 黄河流域各省份玉米亩均机械费用（2016—2020 年）

资料来源：《中国农村统计年鉴》2016—2020 年。

所需时间为 6～10 天，其余地区播种每亩玉米所需的天数较为相近。从整体来看黄河流域各省份每亩玉米所需的种子数量相差不大，大致分布在 1～3 千克之间，说明黄河流域的玉米种植结构整体处于比较均衡的水平。从化肥施用量来看，甘肃、宁夏等地区化肥施用量较大，达到了每亩 30 千克以上，其余地区的施用量则分布在 18～26 千克之间。从种植每亩所需消耗的机械费用来看，四川费用消耗最低为 55～65 元/亩，甘肃、宁夏所需费用则相对较高。

1.3 水稻产业发展概况

我国栽种水稻已有 4 700 多年的历史，是世界上栽稻最古老的国家。早在 3 000 多年前的殷商时代，水稻在农业生产中就占有一定的地位，在河南安阳出土的"殷墟"甲骨文中，已经有了稻字，并且还有占卜稻谷生产丰歉的记录，甚至当时人们还知道为稻田开凿沟渠，引水灌溉，可见当时水稻生产已经达到了一定的水平。考古学者在黄河流域的新石器时代遗址中，都曾发现有稻谷壳和炭化了的稻谷凝块，它们可能是最早栽种的水稻遗物。水稻是世界上最重要的粮食作物之一，也是人类主要的食物来源之一。它具有很多优点，包括生长快、耐水性强、生产量高、适应性强等。首先，水稻是一种多年生植物，但在大多数情况下是一年生的，它是一种单子叶植物，高度可达 1.5～2 米，根系发达，能够深入土壤；水稻的叶子呈长条形，花是雌雄同株，自交或异交授粉；水稻的果实是一种颖果，长约 10～20 厘米，由多个颖果组成。颖果呈长椭圆形或长圆柱形，外壳较硬，内部含有稻米。其次，水稻生长习性具有耐水性强、光照需求高、生长快等特点，水稻的生长需要充足的阳光和温暖的气候条件，最适宜的生长温度为 25～35℃；在生长初期，水稻需要充足的水分和营养物质，但在成熟期则需要减少浇水；水稻的根系发达，能够在水中深入土壤，吸收土壤中的水分和养分。最后，水稻还具有适应性强和易于种植等特点，水稻适应性强，能够在不同的土壤和气候条件下生长，但在肥沃的土壤和充足的阳光下生长最好。水稻的种植技术相对简单，需要的劳动力较少，因此在许多地区都有广泛的种植。水稻是喜阳作物，适合在短日照的环境下生长，对光照条件的要求较高；水稻喜湿，它在全生长季的需水量为 700～1 200 毫米，当土壤湿度低于田间持水量的 57% 时，水稻的光合作用效率开始下降。因黄河流域内降水不足，流域内水稻总种植面积 4 392.7 万公顷，占全国小麦总种植面积的比重为 9.74%；流域内水稻总产量 2 344.26 万吨，占全国总产量的比重为 5.53%，各省 2016—2020 年种植面积与产量分别如图 17 和图 18 所示。

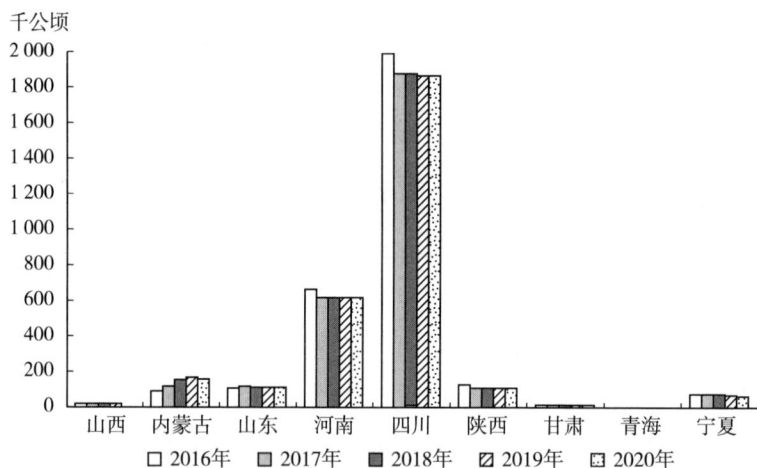

图 17　黄河流域各省份水稻种植面积（2016—2020 年）

资料来源：《中国农村统计年鉴》2016—2020 年。

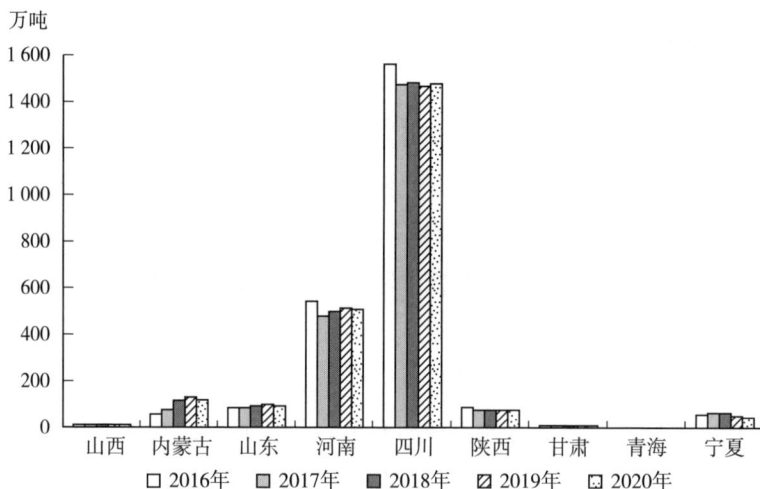

图 18　黄河流域各省份水稻种植产量（2016—2020 年）

资料来源：《中国农村统计年鉴》2016—2020 年。

如表 1 所示，从农业生产的生产资料和技术利用来看，黄河流域种植业正在向集约型转变。2019 年黄河流域整体的机器耕种、播种和收割面积分别为 33 035.2 千公顷、36 345.1 千公顷和 32 919.8 千公顷，占全国比重分别为 26.6%、38.2% 和 32.3%。相比之下，黄河流域的耕地面积约占全国的 60.0%，因而黄河流域农业的机械化水平相较于非黄河流域略高。具体来看，河南和山东的农业机械化水平远高于黄河流域其他省份，而面积广袤的青海、西藏，农业机械化水平较为落后。这说明农业机械化水平差异明显，黄河流域内目前机械化水平低的各省份的农业生产发展的潜力巨大。

表 1　2019 年黄河流域各省份机器耕种、播种和收割面积

单位：千公顷

省份	机器耕种	机器播种	机器收割
河南	9 445.4	11 518.0	11 313.1
内蒙古	7 089.6	7 872.4	6 466.1
山东	6 333.7	9 373.7	8 950.6
甘肃	3 158.2	1 840.9	1 496.8
陕西	3 053.7	2 122.1	1 899.2
山西	2 629.7	2 583.3	1 911.1
宁夏	912.0	713.4	619.4
青海	412.9	321.3	263.5

资料来源：《中国农村统计年鉴》2020 年。

下面对黄河流域水稻生产投入要素的变化趋势进行分析，图 19、图 20、图 21、图 22、图 23 分别为 2016—2020 年黄河流域水稻主产区每亩土地成本、用工天数、种子用量、化肥用量、机械费用的变化情况。

如图所示，从水稻的土地生产成本来看，黄河流域各省份之间的差异较大，陕西、宁夏两个地区每亩水稻的土地成本处于较高水平，山东水稻土地成本的变化波动幅度较大，陕西在 2020 年达到了黄河流域水稻主产区土地生产成本的最高值 1 598 元/亩，相反宁夏在同年土地成本有所下降，此外可以明显地看出作为粮食主产区之一的河南的水稻土地生产成本最小。陕西、河南两个地区的水稻亩均用工天数较大。从水稻的种子用量来看，宁夏地区每亩水稻的种子用量最多，2020 年间达到了每亩 25.43 千克，山东、内蒙古、河南三个地区的用量处于中等水平，四川、陕西等地区则用量较少。从对水稻的化肥施用量来看，黄河流域各省份年际间变化幅度较为稳定，河南每亩水稻的化肥施用量较高，其余省份的化肥施用量较为相近。从

机械费用的消耗来看，内蒙古、河南两个地区的每亩水稻所耗费的机械费用较高，宁夏地区呈现逐年增长的趋势，在 2020 年达到了每亩 154.9 元，山东省处在不断波动中。

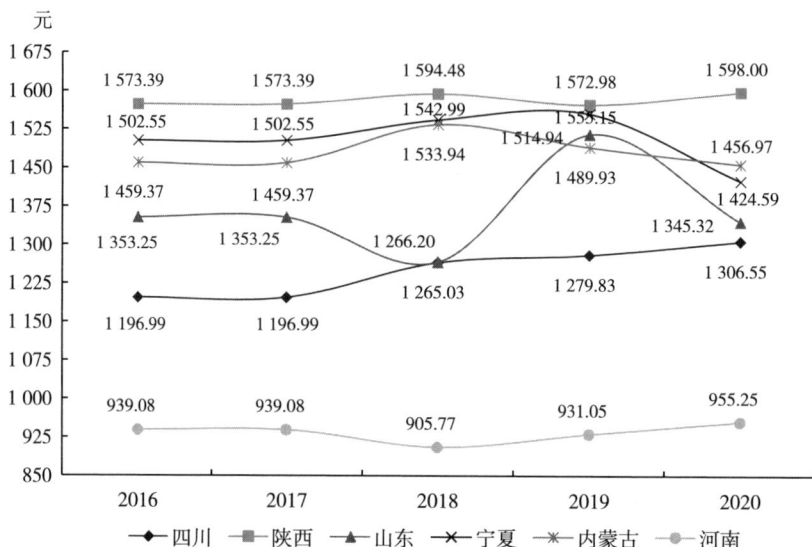

图 19　黄河流域各省份水稻土地成本变化（2016—2020 年）

资料来源：《中国农村统计年鉴》2016—2020 年。

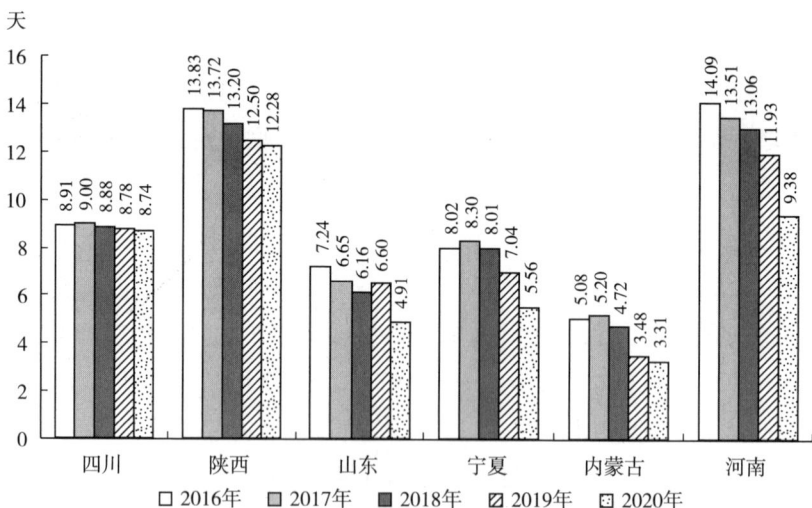

图 20　黄河流域各省份水稻亩均用工天数变化（2016—2020 年）

资料来源：《中国农村统计年鉴》2016—2020 年。

千克

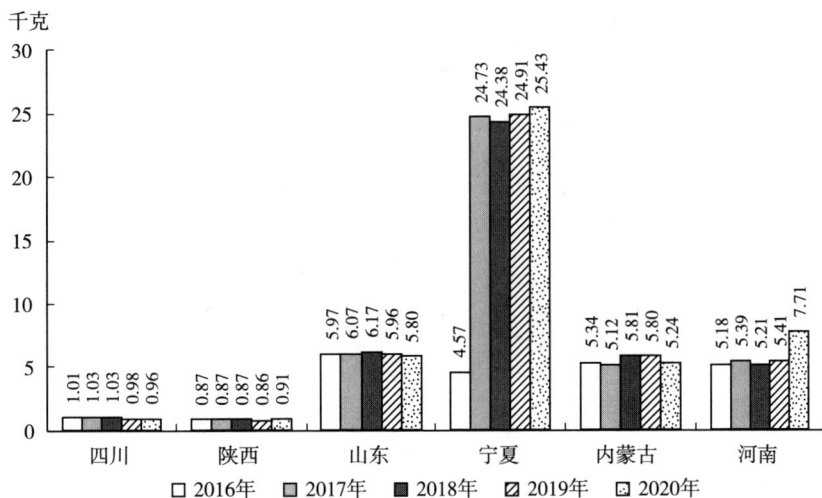

图 21　黄河流域各省份水稻亩均种子用量变化（2016—2020 年）

资料来源：《中国农村统计年鉴》2016—2020 年。

千克

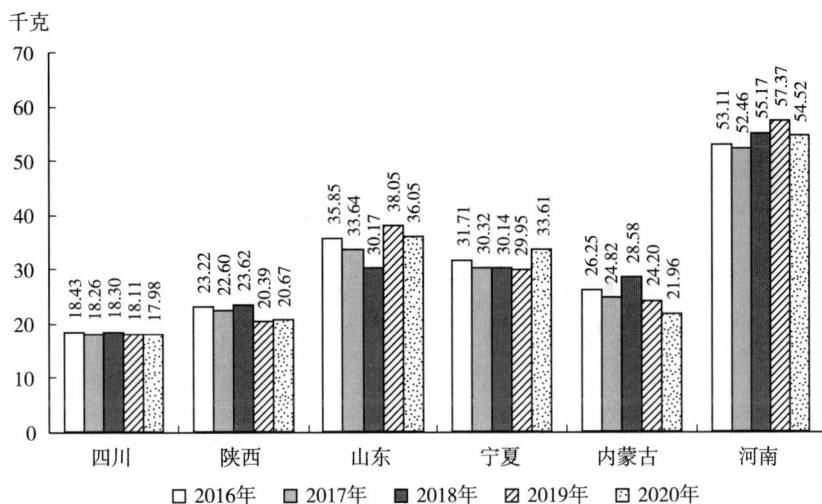

图 22　黄河流域各省份水稻亩均化肥用量变化（2016—2020 年）

资料来源：《中国农村统计年鉴》2016—2020 年。

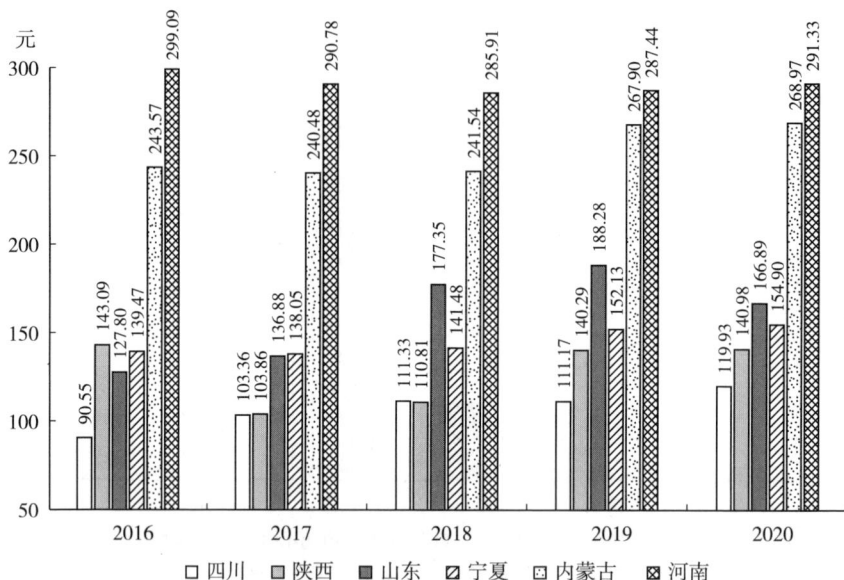

图 23 黄河流域各省份水稻亩均机械费用变化（2016—2020 年）

资料来源：《中国农村统计年鉴》2016—2020 年。

2 黄河流域种植业发展相关政策

中国种植业发展相关政策的首要目标是稳定粮食生产发展，保障国家粮食安全，而黄河流域作为中国重要的粮食产区，更是种植业相关政策关注的重点区域。

种植业政策的一个重要组成部分就是财政补贴政策。其中，农业补贴政策主要包括自 2004 年起实施的良种补贴、粮食直接补贴和农机具购置补贴政策、自 2006 年起实施的农业生产资料的综合补贴等生产性补贴政策。价格支持政策主要包括自 2004 年起实施的最低收购价格政策和拍卖政策等。除上述政策之外，还有一些是针对自然灾害等进行补贴的种植业相关政策和根据种植业发展现状提出的产业发展政策等。

除上述国家层面的政策外，黄河流域各区域的地方政府也实施了各类有针对性的政策补贴，以优化种植业布局，提升种植业发展质量。

2.1　小麦产业发展相关政策

　　黄河流域是中国最重要的小麦主产区，因此，国家及黄河流域各省份对小麦产业的发展十分重视。从国家层面来看，针对小麦产业的政策主要包括最低收购价格和良种补贴政策。从区域层面来看，各地区也根据其自身小麦产业的发展现状制定了各类具体的发展政策。

　　首先，在小麦产业发展相关政策当中，一个重要的政策即为小麦最低收购价格政策。具体地，最低收购价格是由国家发展和改革委员会每年根据粮食产量、国际小麦市场价格等指标综合确定得到的。图 24 显示了 2006—2021 年间，小麦的最低收购价格，可以看到，自 2006—2014 年，小麦的最低收购价格持续上涨，在 2014 年达到最高水平，每 50 千克 118 元。而 2014—2017 年间，小麦的最低收购价格维持不变，稳定在最高水平。2022 年，中央财政继续稳定实施小麦最低收购价政策，确定小麦最低收购价为每斤 1.15 元，在 2021 年小幅提高的基础上每斤再提高 2 分钱，进一步稳定农民预期；启动实施新的小麦"一喷三防"补助政策，安排资金 16 亿元对山东、陕西等 22 个省份实施小麦"一喷三防"措施给予补助，实现冬小麦"一喷三防"全覆盖，促进小麦稳产增产。同时，中央财政进一步加大对内

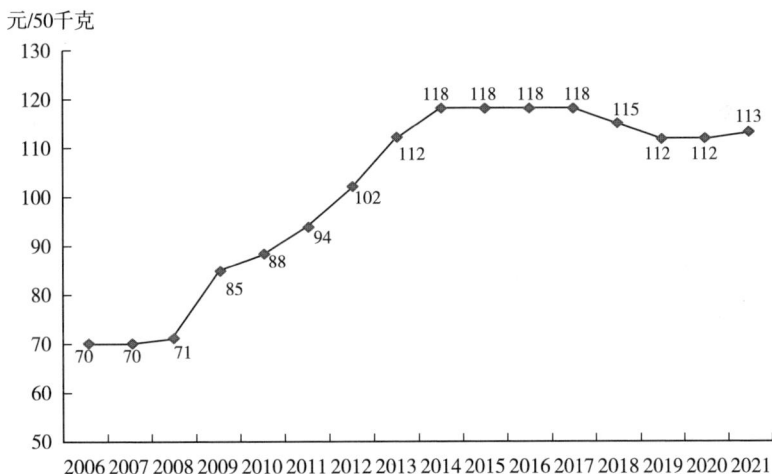

图 24　2006—2021 年小麦最低收购价格

资料来源：中华人民共和国国家发展和改革委员会网站。

蒙古的产粮（油）大县奖励力度；安排实际种粮农民一次性补贴 300 亿元（其中安排内蒙古 16.63 亿元），发放给包括小麦种植户在内的实际种粮农民，内蒙古可统筹用好有关政策资金支持小麦生产。之后，最低收购价格开始在波动中逐渐下降。总体来看，小麦的最低收购价格经历了先上升再稳定最后下降的趋势。

除最低收购价格政策外，小麦产业发展中另一个重要政策即为小麦良种补贴政策。小麦良种补贴具体是指通过利用财政资金支持农户积极种植优良小麦品种、提高地区的良种覆盖率，从而推动地区小麦产业质量的发展。小麦的良种补贴标准是由财政部和农业部制定的，具体为每亩补贴 10 元，主要补贴的小麦类型为优质强筋和弱筋小麦品种。2015 年以前，小麦良种补贴是经省级统一采购后，再逐级下发给农户的方式进行的。自 2015 年起，财政部决定对小麦良种补贴方式和标准进行改革，将补贴资金直接发放给农户，补贴标准也逐步下放给地方政府自行制定，并进一步将小麦的种粮直接补贴、综合农资补贴和良种补贴合并为支持保护综合补贴。总体来看，小麦生产线补贴效率不断提高，标准制定也从国家统一规定转变为地方政府根据当地情况制定。

除上述覆盖全国层面制定的政策外，黄河流域的小麦相关产业政策还有各地区根据产业现状制定的产业发展政策。主要可以分为稳定种植规模、强化品种选育、扶持新型农业经营主体等多方面政策，如表 2 所示。

落实种植面积，规划小麦区域结构。黄河流域各省份的小麦产业发展首要强调的就是落实种植面积。在黄河流域各省份出台的《防止耕地"非粮化"稳定粮食生产工作方案的通知》中，都强调了落实种植面积的重要性。同时，各省份也开始逐步对小麦产业的种植区域进行调整，优化小麦产业区域结构。例如，青海出台的《防止耕地"非粮化"稳定粮食生产工作方案的通知》就强调了规划海东、西宁、黄南等为小麦产业重点发展地区，其他省份也出台了类似的规划文件。

强化品种选育。黄河流域各省份的小麦发展政策中均提及了加强小麦优质高产新品种选育的工作。其中，青海的《青海省充实"米袋子"丰富"菜篮子"若干政策措施的通知》和甘肃的《甘肃省"十四五"推进农业农村现代化规划》中都强调选育小麦品种要增强抗寒能力。而四川的《四川省人民政府关于建立粮食生产功能区和重要农产品生产保护区的实施意见》和河南的《河南省推进优质小麦发展工作方案》等则强调，大力发展中筋或中强筋小麦等经济价值较高的小麦品种。可以看到，黄河流域不同地区的品种选育要求受当地气候和小麦产业发展现状的影响较大。

扶持新型农业经营主体和加强小麦产业机械化水平。得益于黄河流域下游小麦产业发展水平较高，扶持新型农业经营主体是下游各省份的一个重点政策。河南出台的《河南省推进优质小麦发展工作方案》、山西出台的《加快推进农业机械化和农机装备产业转型升级的实施意见》和山东出台的《"十四五"推进农业农村现代化规划》尤其强调了财政对于规模化农户的支持。相应地，这些地区的政策也十分强调要提高小麦产业机械化水平、强化订单农业发展等问题。

加强保险对小麦产业的支持力度。整体来看，黄河流域各省份均强调了加强保险产业对小麦产业的支持。例如，甘肃在《甘肃省"十四五"推进农业农村现代化规划》中强调了完全成本保险和收入保险对小麦产业的覆盖。具体地，完全成本保险是指保险金额完全覆盖小麦直接物化成本、土地成本和人工成本的保险，收入保险则是指保险金额体现农产品价格和产量、覆盖农业种植收入的农业保险。

表2 黄河流域各省份小麦产业发展政策

省份	政策	内容
青海	《青海省充实"米袋子"丰富"菜篮子"若干政策措施的通知》；《青海省防止耕地"非粮化"稳定粮食生产工作方案的通知》；《化肥农药减量增效行动总体思路及2019年试点实施方案》	不断加强小麦优质高产新品种选育；规划青海省海东、西宁、黄南等为小麦产业重点发展地区；提供小麦有机肥补贴和减产补贴
四川	《关于2008年小春增产增收的意见》；《四川省人民政府办公厅关于加强农林业种质资源保护利用工作的意见》；《四川省人民政府关于建立粮食生产功能区和重要农产品生产保护区的实施意见》	推广优良小麦品种，大力发展中筋或中强筋小麦；加强小麦病虫湿害防治；发展小麦订单产业；建立小麦基因库

(续)

省份	政　策	内　容
甘肃	《甘肃省"十四五"推进农业农村现代化规划》；《甘肃省冬小麦"一喷三防"工作实施方案》	发展优质专用小麦，加强小麦新品种选育和示范推广工作开展小麦完全成本保险试点
宁夏	《自治区人民政府办公厅关于做好自治区原粮储备生产基地建设工作的通知》；《宁夏回族自治区防止耕地"非粮化"稳定粮食生产工作方案的通知》；《自治区人民政府办公厅关于印发宁夏回族自治区农业农村现代化发展"十四五"规划的通知》	建设储备小麦生产基地；开展小麦完全成本保险和收入保险等农业保险试点；小麦实现全程机械化
内蒙古	《关于印发内蒙古小麦、杂粮杂豆、水稻、油料、蔬菜、甜菜产业发展指导意见》	稳定小麦种植面积；加大对小麦科技创新的投入；扩大订单生产等种植模式
陕西	《陕西省人民政府办公厅关于进一步抓好春季农业生产的通知》；《关于印发"十四五"农业节水行动方案的通知》；《防止耕地"非粮化"稳定粮食生产实施方案的通知》	建设小麦高效节水核心示范区100万亩；建设小麦四大种子生产基地
山西	《加快推进农业机械化和农机装备产业转型升级的实施意见》；《加快有机旱作农业发展的实施意见》	选育出小麦节水新品种；稳定小麦种植面积；财政支持新型农业经营主体
河南	《河南省推进优质小麦发展工作方案》；《河南省农业机械化提升工作方案》；《印发河南省推进种养业供给侧结构性改革专项行动方案（2016—2018年)》	财政支持新型农业经营主体；优质小麦的统一供种；优质小麦区域布局；引导小麦加工企业与规模经营主体发展订单生产
山东	《"十四五"推进农业农村现代化规划》	财政支持新型农业经营主体创建小麦技术创新中心

资料来源：各省份农村农业厅网站。

2.2 玉米产业发展相关政策

　　玉米是黄河流域主要粮食作物之一，还是重要的工业生产原料和畜牧业饲料之一，因此国家和黄河流域各省份对玉米产业的发展十分重视。

　　与小麦产业的相关政策类似，在2007—2016年，中国也实施了玉米临时收储机制，制定了玉米最低收购价格。但是相比于小麦和水稻，玉米并不是中国最主要的口粮，属于基本自给范畴。同时，玉米的国内外市场关联度较高，需求弹性较大，产业链长。而长期的最低收购价格必然会扭曲市场，因此 2016 年中国进行了玉米收储制度改革，按照市场定价、价补分离的原则抛弃了最低收购价格，实行市场定价加补贴的政策，使得国内玉米价格逐步向国际市场靠拢。此外，2023 年全国农业农村厅局长会议指出：2023 年我国将以大豆、玉米为重点，启动主要粮油作物单产品提升计划。各地方将在产品、技术、机收减损等方面多措并举，推动主要粮油作物单产提升。

相应地，黄河流域的玉米产业发展也存在良种补贴政策。玉米良种补贴政策于 2004 年设立，早期补贴标准为每亩 10 元，后期则由各地政府按当地发展情况制定。各省份政府还根据当地的玉米产业发展情况制定了良种玉米的品种标准，当前主要的补贴品种为青贮玉米、高淀粉、高油专用玉米等。玉米良种补贴政策的目的是支持农民积极使用优良玉米种子，提高良种覆盖率，调整地区玉米区域结构，推进玉米规模化种植、标准化管理和产业化经营。

上述玉米产业的价格支持政策主要由国家制定，黄河流域的地方政府根据实际情况进行了相应的调整。同时这些地方政府也实施了各类玉米产业发展政策，主要包括良种推广、产业区域调整、保险支持、机械化种植、扶持新型农业经济主体等方面的内容，如表 3 所示。

良种推广是当前黄河流域玉米产业发展政策的一个工作重点。一方面，由于临时收储制度的取消；另一方面，玉米对畜牧业和制造业也较为重要。因此，单纯作为口粮的玉米品种在各个省份均被逐渐抛弃，而推广品种则集中于经济价值较高的玉米品种。例如，青海在《青海省高原特色畜牧业高质量发展的实施意见》中要求推广应用早熟玉米品种饲草青贮技术，四川在《四川省人民政府办公厅关于加强农林业种质资源保护利用工作的意见》中要求适度调减普通籽粒玉米，其他省份也要求增加对全株青贮玉米的推广。相应的，部分省份开始要求玉米产业发展区域结构要和下游产业协同。例如，内蒙古在《内蒙古自治区人民政府关于印发自治区"十四五"推进农牧业农村牧区现代化发展规划的通知》中要求推动肉羊养殖增量布局向玉米主产区转移，青海在《关于加快推进饲草料产业发展的指导意见》中要求建设集中连片全膜玉米青贮氨化生产基地。

玉米产业发展中的保险支持政策也和小麦产业类似。大体上所有的黄河流域省份均对玉米完全成本保险和收入保险进行了推广。而机械化则集中于黄河下游地区，例如山西在《加快推进农业机械化和农机装备产业转型升级的实施意见》要求玉米实现全程机械化，河南在《河南省农业机械化提升工作方案》要求继续推进玉米机收。同时，山西和河南也在着力推动支持玉米产业的新型农业经营主体。

表3　黄河流域各省份玉米产业发展政策

省份	政　　策	内　　容
青海	《青海省高原特色畜牧业高质量发展的实施意见》；《青海省防止耕地"非粮化"稳定粮食生产工作方案的通知》；《关于加快推进饲草料产业发展的指导意见》	推广应用早熟玉米品种饲草青贮技术；做好玉米作物政策性农业保险工作；建设集中连片全膜玉米青贮氨化生产基地
四川	《四川省人民政府办公厅关于加强农林业种质资源保护利用工作的意见》；《四川省人民政府关于建立粮食生产功能区和重要农产品生产保护区的实施意见》《四川省人民政府关于以绿色发展理念引领农业供给侧结构性改革切实增强农业农村发展新动力的意见》	调整品种结构，适度调减普通籽粒玉米，调整品种结构，适度调减普通籽粒玉米；2020年青贮饲用玉米种植面积达350万亩；建立玉米基因库
甘肃	《甘肃省"十四五"推进农业农村现代化规划》；《加大"张掖玉米种子"地理商标的推广和应用》	扩大粮饲兼用玉米种植面积；推广抗旱、抗病、抗倒、适宜密植、适宜机收的玉米品种；扩建敦煌玉米种质资源库
宁夏	《宁夏回族自治区防止耕地"非粮化"稳定粮食生产工作方案的通知》；《宁夏回族自治区关于加快推进农业机械化和农机装备产业转型升级实施意见的通知》；《自治区人民政府办公厅关于印发宁夏回族自治区农业农村现代化发展"十四五"规划的通知》	建设储备小麦生产基地；开展玉米完全成本保险和收入保险等农业保险试点；玉米实现全程机械化；南部山区重点种植中早熟型品种，重点围绕奶牛、肉牛养殖布局青贮玉米
内蒙古	《内蒙古自治区人民政府关于印发自治区"十四五"推进农牧业农村牧区现代化发展规划的通知》	发展全株青贮玉米；推动肉羊养殖增量布局向玉米主产区转移

（续）

省份	政　　策	内　　容
陕西	《陕西省人民政府办公厅关于进一步抓好春季农业生产的通知》；《防止耕地"非粮化"稳定粮食生产实施方案的通知》；《关于加快推进农业供给侧结构性改革大力发展粮食产业经济的实施意见》	建设玉米高效节水示范区；开展玉米等三大主要粮食作物完全成本保险试点
山西	《加快推进农业机械化和农机装备产业转型升级的实施意见》；《山西省"十四五"农业现代化三大省级战略、十大产业集群培育及巩固拓展脱贫成果规划》	财政支持新型农业经营主体；开展玉米等三大主要粮食作物完全成本保险试点；玉米实现全程机械化
河南	《河南省农业机械化提升工作方案》；《印发河南省推进种养业供给侧结构性改革专项行动方案（2016—2018 年)》	财政支持新型农业经营主体；继续推进玉米机收；花生、玉米轮作倒茬
山东	《"十四五"推进农业农村现代化规划》	财政支持新型农业经营主体；创建小麦技术创新中心

资料来源：各省份农村农业厅网站。

2.3 水稻产业发展相关政策

水稻虽然主要种植于中国的南方地区，但是在黄河流域的大部分省份均有种植，因此国家和地方政府也十分重视水稻产业的发展。

作为中国的主要口粮之一，水稻是保证粮食安全的一个关键因素。因此，国家也制定了水稻的最低收购价格，分别对早籼稻、中晚籼稻和粳稻实施了收储政策。图 25 显示了 2004—2021 年的水稻最低收购价格。可以看到，水稻收购价格在 2004—2007 年间保持稳定，自 2008 年开始上升，并在 2014 年达到峰值，收购价格分别为早籼稻 135 元/50 千克，中晚籼稻 138 元/50 千克和粳稻 155 元/50 千克，之后最低收购价格不断下降。2023 年，国家将继续在广大水稻主产区全面实行稻谷最低收购价制度，来规范市场收购行为，综合考虑到水稻生产成本、市场供需关系、国际国内市场价和粮食生产发展的基本情况，2023 年稻谷最低收购价是，三等早籼稻的最低收购价是 124 元/50 千克，即每斤三等品质的早籼稻最低收购价是 1.24 元，三等中晚籼稻的最低收购价是 129 元/50 千克，即每斤中晚籼稻最低收购价是 1.29

元，三等粳稻的最低收购价是 131 元/50 千克，即每斤粳稻谷最低收购价是
1.31 元。整体来看，只涨不跌的收购价格是不符合市场规律的，因此，收
购价格的下降对于减少扭曲市场，降低食品成本，维持水稻产业健康发展具
有十分重要的意义。

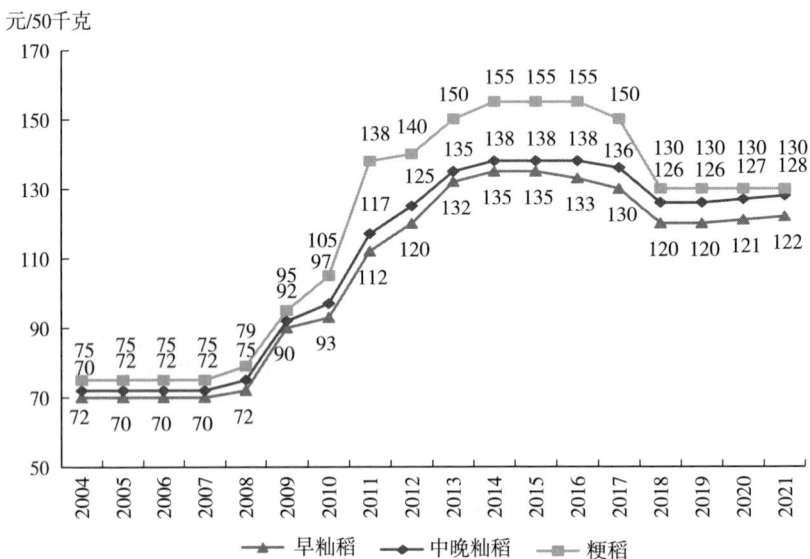

图 25　2004—2021 年水稻最低收购价格

资料来源：中华人民共和国国家发展和改革委员会网站。

　　自 2004 年起，水稻产业也实行了良种补贴政策。早期补贴区域仅限于
湖南、湖北、江西等南方省份和辽宁、吉林、黑龙江等东北地区，之后的补
贴区域不断扩大。目前，所有的水稻种植地区均被纳入到补贴范围当中。早
期补贴价格为早稻每亩 10 元，中稻、粳稻每亩 15 元，晚稻每亩 7 元，后期
主要由地方政府制定补贴标准。

　　除上述全国范围内的补贴外，黄河流域部分省份也出台了水稻产业的
发展政策。但是整体来看，相比于黄河流域的小麦和玉米产业政策，部分
地区水稻产业占比较少，例如青海、甘肃等地并没有出台相应的指导政
策，还有一些地区如宁夏提出了适度限制水稻产业发展的政策。水稻产业
的支持政策主要集中于四川、内蒙古和陕西等地。这些地区的水稻产业政
策基本和小麦产业政策类似，主要集中于稳定种植面积、推广优质品种、

推广机械化和新型经营主体以及强化保险对产业支持等方面，如表 4 所示。

表 4 黄河流域各省份水稻产业发展政策

省份	政 策	内 容
四川	《四川省人民政府办公厅关于加强农林业种质资源保护利用工作的意见》；《四川省人民政府关于建立粮食生产功能区和重要农产品生产保护区的实施意见》；《四川省人民政府关于以绿色发展理念引领农业供给侧结构性改革切实增强农业农村发展新动力的意见》	在水稻生产功能区加大国标Ⅱ级以上优质稻推广；推进水稻产业生产全程机械化试点示范；建立水稻基因库
宁夏	《宁夏回族自治区防止耕地"非粮化"稳定粮食生产工作方案的通知》；《自治区人民政府办公厅关于印发宁夏回族自治区农业农村现代化发展"十四五"规划的通知》；《自治区人民政府办公厅关于加快推进高效节水农业发展的实施意见》	开展水稻完全成本保险和收入保险等农业保险试点；水稻向低洼地、灌溉便利区域集中；逐步压减水稻面积
内蒙古	《内蒙古自治区人民政府关于印发自治区"十四五"推进农牧业农村牧区现代化发展规划的通知》；《内蒙古自治区人民政府关于印发内蒙古小麦、杂粮杂豆、水稻、油料、蔬菜、甜菜产业发展指导意见》	优化区域布局；加大适宜机插、机械直播、加工专用型品种的引进示范；重点推广绿色、高效、轻简栽培技术；加强绿色食品水稻基地建设
陕西	《陕西省人民政府办公厅关于进一步抓好春季农业生产的通知》；《防止耕地"非粮化"稳定粮食生产实施方案的通知》；《关于加快推进农业供给侧结构性改革大力发展粮食产业经济的实施意见》；《关于印发"十四五"农业节水行动方案的通知》	开展水稻完全成本保险试点；推广稻渔综合种养循环节水技术模式；大力支持粮食规模化经营；补贴水稻育秧机械、山地作业机械，提高装备水平
山西	《加快推进农业机械化和农机装备产业转型升级的实施意见》；《山西省"十四五"农业现代化三大省级战略、十大产业集群培育及巩固拓展脱贫成果规划》	财政支持新型农业经营主体发展；开展水稻等三大主要粮食作物完全成本保险试点；推动水稻产业机械化水平
河南	《河南省农业机械化提升工作方案》	财政支持新型农业经营主体发展
山东	《"十四五"推进农业农村现代化规划》	财政支持新型农业经营主体发展

注：青海、甘肃资料缺失。
资料来源：各省份农村农业厅网站。

水稻是我国粮食口粮之一，因此，四川、内蒙古和陕西等地在《关于防止耕地"非粮化"稳定粮食生产工作方案的通知》中均强调了确保水稻种植面积的要求。在这个基础上，推广优质良种是一个重要政策方向。四川在《四川省人民政府关于建立粮食生产功能区和重要农产品生产保护区的实施意见》中要求在水稻生产功能区加大国标Ⅱ级以上优质稻推广；内蒙古在《内蒙古自治区人民政府关于印发内蒙古小麦、杂粮杂豆、水稻、油料、蔬菜、甜菜产业发展指导意见》中要求加大适宜机插、机械直播、加工专用型品种引进示范，重点推广绿色、高效、轻简栽培技术；陕西则在《关于印发"十四五"农业节水行动方案的通知》中要求推广稻渔综合种养循环节水技术模式。

由于机械化和规模化种植的适应性，这些省份也十分强调对新型社会化经营主体和机械化水平的支持。四川在《四川省人民政府关于以绿色发展理念引领农业供给侧结构性改革切实增强农业农村发展新动力的意见》中要求推进水稻产业生产全程机械化试点示范；陕西在《关于加快推进农业供给侧结构性改革大力发展粮食产业经济的实施意见》中要求大力支持粮食规模化经营；山西也在《加快推进农业机械化和农机装备产业转型升级的实施意见》中要求推动水稻产业机械化水平，支持新型农业经营主体发展。

水稻产业的保险支持政策也和小麦、玉米产业类似。总体来看，虽然水稻产业仅在黄河流域部分省份得到关注，但是支持力度和方向均与小麦产业无较大差异。

3 黄河流域种植业高质量发展水平评价

党的十九大报告指出，我国经济已由高速增长阶段转向高质量发展阶段。农业作为国民经济的基础产业，其发展质量对于食品质量、工业发展质量影响十分深远。农业高质量发展有利于实现农业保产、高效、减量和增收的目标，达到农业生产数量与质量的双赢，推进农业高质量发展是形势所迫、发展所需。农业高质量发展的动力在于提高农业效率，而全要素生产率可以用于衡量农业生产效率，是反映农业高质量发展的重要指标。全要素生产率（TFP，Total Factor Productivity）又叫索洛残差，是去除要素投入贡献后得到的残差，其衡量的是不包括劳动和资本等其他投入的一个经济体本身实力的进步。从根本上说，它反映了各国或地区摆脱贫困落后的经济成果，在一定程度上能够反映出一定时间内技术进步对经济社会发展的作用大小。在农业领域，其是衡量农业生产投入产出和资源利用效率的一项综合指标。种植业作为农业的重要产业，其高质量发展水平与农业的高质量发展紧密相关。

受到新冠肺炎疫情防控、俄乌战争等一系列因素影响，当前国内外局势错综复杂，世界面临百年未有之大变局。在此背景下，我国的粮食安全面临着巨大的风险。"食为政首，粮安天下"，如何在危机四伏的国际环境下保障我国的粮食安全成了一个重要议题。2022 年的中央 1 号文件明确提出，要牢牢守住保障国家粮食安全这条底线，全力抓好粮食生产和重要农产品供给。而要在有限的土地下生产出能够满足国内需求的粮食作物，对于我国农业的生产要素配置优化以及农业生产技术投入水平是一个巨大的挑战。在此背景下，农业高质量发展水平的评价体系建设的重要性得到了进一步的突显。

黄河流域承担着全国 13% 的粮食生产任务，黄河流域的种植业发展情况对于我国的粮食安全有着直接的影响。然而，黄河流经的省份中 3/4 的面积处于干旱半干旱地区，水资源相对短缺，且降水分布不均，年际变化大，是我国农业生产与灌溉用水矛盾最为突出的流域，这一矛盾给流域内各省份的农业生产者带来了巨大挑战，同时也强调了构建黄河流域种植业高质量发展水平评价体系的重要性。

在此章节，我们以三大粮食作物为例（小麦、玉米、水稻），以全要素生产率为评价指标，探讨黄河流域种植业的高质量发展水平评价。

3.1 小麦产业高质量发展水平评价

小麦是我国最重要的粮食作物和口粮品种之一，保障小麦生产的健康安全对于维护我国农业快速稳定发展来说，具有不可替代的作用。据考证，在黄河流域两岸的三门峡、洛阳、卢氏以及西安、宝鸡等地大量存在植物学特征与普通小麦栽培种亲缘最接近的小麦草，表明这种小麦草很可能早已被我国先民采集和栽培，这一现实也说明了黄河流域地区在我国小麦生产中存在着举足轻重的地位。因此，本节将以小麦为例，通过对 2016—2020 年期间黄河流域八个小麦主产区省份小麦全要素生产率进行测算，探讨黄河流域的小麦高质量生产现状。

表 5　2016—2020 年黄河流域省份小麦全要素生产率变化率及其分解

年份	技术效率	技术进步	纯技术效率	规模效率	TFP 指数
2016	0.996 1	1.007 6	0.996 6	0.999 5	1.003 7
2017	0.977 4	1.000 8	0.995 5	0.981 6	0.977 7
2018	1.004 1	0.935 4	0.999 6	1.004 3	0.939 2
2019	0.922 4	1.294 5	1.008 8	0.915 9	1.188 0
2020	1.104 0	1.022 9	0.984 3	1.123 5	1.115 1

注：青海数据缺失。

资料来源：《全国农产品成本收益资料汇编》。

表 5 显示了 2016 年至 2020 年黄河流域八个省份的小麦全要素生产率变化率及其分解。小麦全要素生产率在 2016 年小幅度上升之后于 2017—2018 年呈现出较大幅度下降的趋势，而 2019 年起开始出现大幅度上升，其中，2019 年上升幅度达到了五年中的峰值 18.80%。

具体而言，2018 年以前，我国在农业生产过程中对于生产要素产出效率的关注度不高，粗放型的农业生产造成了巨大的生产要素浪费，虽然在产量方面，我国是小麦生产第一大国，但亩均产量方面与世界先进水平还有巨大差异，大量的小麦供给依靠进口。然而自 2018 年起，国际环境发生了变化，我国的粮食安全受到了影响，年底中美贸易摩擦暴发，进一步加强了全国上下对粮食安全的关注。在此背景下，为了利用有限的耕地生产出满足国内需求的小麦，我国加大了对农业技术发展与应用的投入，从而导致了全要素生产率的显著提升。2020 年由于新冠疫情防控，黄河流域小麦的生产也受到了一定的影响，全要素生产率的增长率由前一年的 18.80% 下降为 11.51%，不过这仍然是一个较高的水平，侧面反映出我国在疫情防控方面获得了巨大的成功，稳住了国家粮食安全的基本盘。

表 6　各省份小麦全要素生产率变化率及其分解

地区	技术效率	技术进步	纯技术效率	规模效率	TFP 指数
四川	1.024 8	1.075 2	1.000 0	1.024 8	1.101 9
甘肃	0.984 4	1.023 8	0.994 4	0.999 8	1.000 2
宁夏	0.982 4	1.024 4	0.981 2	1.000 2	1.001 0
内蒙古	1.000 6	1.031 2	1.000 0	1.000 6	1.029 3
陕西	1.003 4	0.993 8	1.000 0	1.003 4	0.991 3
山西	1.010 8	1.006 4	1.000 0	1.010 8	1.019 0
河南	1.000 0	1.061 2	1.000 0	1.000 0	1.062 8
山东	1.000 0	1.001 8	1.000 0	1.000 0	1.001 8

注：青海数据缺失。

资料来源：《全国农产品成本收益资料汇编》。

表 6 的结果显示，在省际差异方面，陕西以外的 7 个省份 5 年来的全要素生产率整体均呈现出增长趋势，其中四川以 10.19% 的增长率位居榜首，河南凭借 6.28% 的增长率紧随其后，甘肃和宁夏的全要素生产率水平基本保持稳定，整体而言有轻微的上升，陕西的全要素生产率发生了一定幅度（0.87%）的下降。四川与河南均是我国的人口大省，劳动力要素充足，其中河南还是小麦生产大省和加工大省，小麦产量、加工能力均居全国第一；甘肃和宁夏处于干旱与半干旱地区，降水相对不足，农业发展确实存在着一定的困境；陕西的小麦全要素生产率增长方向为负，这可能是由于陕西的农业更偏向于水果的种植，在粮食作物方面的投入程度不高。而从分解指标来看，甘肃与宁夏的技术进步方向为正，但技术效率发生了倒退，反映出这两个省份虽然在技术方面做出了一定的投入，但各种要素之间却没有得到很好的配置；而陕西省虽然在小麦生产技术上投入不足，但要素的配置相对合理。

3.2 玉米产业高质量发展水平评价

作为公认的"黄金作物"，玉米是全球重要的粮食、饲料和工业原料。USDA 数据显示，2020/2021 年度，全球玉米产量超过 11 亿吨。其中，美国以 35 844.7 万吨玉米产量居全球第一，占比接近 32%；其次为中国，以

26 067 万吨玉米产量排名第二，占比超 23％。虽然我国玉米产量位居第二，但由于国内需求巨大，我国仍然需要大量进口国外的玉米。2020/2021 年度，全球玉米进口量超过 1.8 亿吨，其中，中国以 2 951.2 万吨排名第一，占总进口量的 16.40％。作为我国粮食的一大主产区，黄河流域各省份在玉米的生产方面占据了半壁江山。因此，本节将以玉米为例，通过对 2016—2020 年期间黄河流域 8 个玉米主产区省份玉米全要素生产率进行测算，探讨黄河流域的玉米高质量生产现状。

表 7　2016—2020 年黄河流域省份玉米全要素生产率变化率及其分解

年份	技术效率	技术进步	纯技术效率	规模效率	TFP 指数
2016	1.011 8	1.052 4	1.010 1	1.001 5	1.067 8
2017	0.965 4	1.092 5	0.979 9	0.984 9	1.052 3
2018	1.077 6	0.943 8	1.067 0	1.011 4	1.018 5
2019	0.984 5	1.283 9	1.000 6	0.983 9	1.280 5
2020	1.036 0	1.001 6	1.000 0	1.036 0	1.029 3

注：青海数据缺失。

资料来源：《全国农产品成本收益资料汇编》。

表 7 显示了 2016 年至 2020 年黄河流域 8 个省份的玉米全要素生产率变化率及其分解。从中可以看出，8 个省份的平均全要素生产率在五年间呈现出了平稳增长的态势，但在增长率方面大体上存在着一个下降的趋势，虽然在 2019 年出现了一次 28.05％的大幅度上涨，但在之后的 2020 年又回落到了 2.93％。2019 年的大幅度上涨有可能依旧与中美贸易摩擦密切相关，但是随之而来的新冠疫情防控对玉米的生产又造成了一定的影响。相比于小麦，可以看到新冠疫情防控对于玉米的全要素生产率冲击较大，这可能是由于相比于小麦，玉米在作为粮食作物方面的重要性较小。值得关注的是，农业农村部此前发布了《猪鸡饲料玉米豆粕减量替代技术方案》，其中，小麦凭借营养价值和价格优势，对玉米形成了显著的替代效应；此外在中美贸易摩擦中，由于大豆的供需矛盾受到了更多的重视，玉米的种植面积也受到了进一步的压缩。

表8 各省份玉米全要素生产率变化率及其分解

省份	技术效率	技术进步	纯技术效率	规模效率	TFP 指数
四川	1.000 0	0.964 4	1.000 0	1.000 0	0.964 4
甘肃	1.094 2	1.448 0	1.081 0	1.013 4	1.574 0
宁夏	1.028 8	1.032 0	1.007 0	1.021 8	1.062 0
内蒙古	1.003 4	1.058 2	1.003 4	1.000 0	1.057 4
陕西	1.012 0	0.975 2	1.000 0	1.012 0	0.961 2
山西	1.000 6	1.034 0	1.000 0	1.000 6	1.037 4
河南	0.979 2	1.047 0	1.000 0	0.979 2	1.024 0
山东	1.002 2	1.039 8	1.000 8	1.001 2	1.036 4

注：青海数据缺失。

资料来源：《全国农产品成本收益资料汇编》。

由表8可知，在省际差异方面，陕西的全要素生产率依旧出现了负增长，而小麦全要素生产率名列前茅的四川同样出现了负增长；可能是由于与小麦相比，玉米具有很强的耐旱性、耐寒性、耐贫瘠性以及较好的环境适应性，在小麦生产方面表现不佳的甘肃则凭借57.40%的增长率，以绝对的优势大幅度领先于黄河流域各省份。上述结果从侧面体现出单一作物全要素生产率的表现情况与当地主要种植作物的种类有着密不可分的关系，也进一步为前文对于陕西小麦生产表现不佳原因的猜测提供了一定的现实依据。

3.3 水稻产业高质量发展水平评价

水稻是人类重要的粮食作物之一，也是我国南方地区的主食。水稻的总产量仅次于玉米和小麦，居世界粮食作物产量第三位。中国是世界上水稻栽培历史最悠久的国家，水稻的生产也是我国农业生产的重要组成部分之一。虽然我国水稻的主产区主要分布在南方的高温湿润地区，但由于国内巨大的小麦需求量以及杂交水稻技术的广泛应用，主要为干旱与半干旱地区的黄河流域也有着大面积的水稻种植产业。因此，本部分将以水稻为例，通过对2016—2020年期间黄河流域六个水稻主产区省份水稻全要素生产率进行测算，探讨黄河流域的水稻高质量生产现状。

表 9　2016—2020 年黄河流域省份水稻全要素生产率变化率及其分解

年份	技术效率	技术进步	纯技术效率	规模效率	TFP 指数
2016	1.001 3	0.996 5	1.001 3	1.000 0	0.997 8
2017	0.989 2	0.931 2	0.989 3	0.999 7	0.919 7
2018	1.017 5	0.989 8	1.016 8	1.000 7	1.005 7
2019	0.997 5	1.104 5	0.998 0	0.999 5	1.102 0
2020	1.002 5	1.072 8	1.002 0	1.000 5	1.075 3

注：青海、山西、甘肃数据缺失。

资料来源：《全国农产品成本收益资料汇编》。

表 9 显示了 2016 年至 2020 年黄河流域 6 个省份的全要素生产率变化率及其分解。从全要素生产率随时间的变动趋势看，全要素生产率整体呈现出先下降后上升后下降的波动趋势，而在增长幅度上存在着波浪式前进趋势。在 2016 年至 2017 年期间黄河流域 6 省份的全要素生产率变化率为负，在 2018 年之后为正，其中 2017 年下降 8.03％，为五年来下降最严重的一年，2019 年上升 10.20％，达到五年中的最高值。与小麦和玉米类似，受到中美贸易摩擦影响，2018—2020 年期间，水稻的全要素生产率都有一个正向增长，其中增长率最高的 2019 年达到了 10.20％，而在此之后的 2020 年，水稻生产也受到了轻微的影响，不过还是保持了一个较高的增长率（7.53％）。此外，值得注意的是，从全要素生产率分解后的指标看，2018 年之后，水稻的全要素生产率大幅度增长主要来源于技术的进步，而在技术效率方面，相比 2018 年之前并没有显著的改善。这显示出在推进水稻生产新技术引入的同时，还要更多地关注到各方面要素的合理配置问题。

表 10　各省份水稻全要素生产率变化率及其分解

省份	技术效率	技术进步	纯技术效率	规模效率	TFP 指数
四川	1.000 0	1.069 4	1.000 0	1.000 0	1.069 4
陕西	1.000 0	0.904 4	1.000 0	1.000 0	0.904 4
山东	1.000 0	1.018 0	1.000 0	1.000 0	1.018 0
宁夏	1.009 6	1.020 6	1.009 6	1.000 4	1.027 4
内蒙古	1.000 0	1.066 6	1.000 0	1.000 0	1.066 6
河南	1.000 0	1.034 8	1.000 0	1.000 0	1.034 8

注：青海、山西、甘肃数据缺失。

资料来源：《全国农产品成本收益资料汇编》。

表 10 显示了各省份的五年平均全要素生产率变化率及其分解情况。可以看出，6 个省份中，仅有陕西整体呈现出负增长，而其他省份的全要素生产率变化率均为正。其中，四川与内蒙古分别以 6.94％与 6.66％的增长率领跑黄河流域 6 省份。在分解指标方面可以看出，6 个省份中除宁夏在技术效率方面有 0.96％的增长外，整体上没有发生显著的变化，因此全要素生产率的变动主要来源于技术进步。这进一步强调了提高农业生产要素配置效率的重要性，也体现出了黄河流域水稻生产效率还有进一步的提升空间。

4 黄河流域种植业高质量发展面临的困境和问题

黄河流域九省份在保障国家粮食安全方面发挥着重要作用，这也决定了黄河流域九省份在国家农业发展层面有着极其重要的战略地位。其中像河南和山东两省 2020 年总计生产粮食 12 272.6 万吨，占黄河流域九省份粮食产量的 51.45％，同时占全国粮食产量的 19.90％。因此黄河流域的农业高质量发展水平一定程度上代表了我国整体的农业高质量发展水平。与此同时，黄河流域种植业在向高质量发展的转变过程中存在着许多问题并且面临着一定的困境，本部分将结合前文分析小麦、玉米和稻谷高质量发展面临的困境和问题。

4.1 小麦产业发展面临的困境和问题

我国小麦产量自 2005 年以来一直保持增长趋势，同时我国也是全球最大的小麦生产国。但近几年黄河流域小麦播种面积逐年下降，得益于单位面积产量的提升，小麦总产量保持增长的趋势。黄河流域小麦高质量发展面临着以下困境和问题：

（1）小麦高质量发展水平区域不均衡

受 2020 年新冠疫情防控的影响，黄河流域粮食生产的全要素生产率受到了很大的影响，小麦全要素生产率的增速下降，由 2019 年的 18.8％下降至 11.51％。并且黄河流域内各省份的增速不一，除了陕西的小麦全要素生产率呈现负增长趋势外，其余七省份都呈现正增长趋势（青海数据缺失）。其中黄河上游省份例如甘肃、宁夏的小麦全要素生产率都处于较低水平，宁夏主要受技术效率的影响，其纯技术效率处于 8 个省份中的最低水平。除技术效率低外，甘肃的规模效率明显低于其他省份，说明在小麦生产过程中规模经营没有发挥其应有的作用。黄河上游地区在生产技术利用和规模生产方面存在较大问题。在黄河中游省份中陕西的技术进步效率明显低于其余七省区，这也使得其小麦全要素生产率呈现负增长的趋势，说明陕西小麦生产的技术投入不足，像机械化生产水平等低于其余省份。黄河中下游省份像山西、河南、山东的全要素生产率都呈现增长趋势，其中河南增长率最高，技术进步效率较高，黄河流域总体呈现出东部高西部低的地域分布趋势。

（2）小麦产业可持续发展能力不足

自 2006 年起，我国开始实施小麦最低收购价格制度。2006—2014 年，国家连续 6 年上调小麦的最低收购价格，小麦的种植面积增加。2015 年起，国家开始进行农业供给侧结构性改革，2015—2017 年期间，小麦最低收购价格维持在 2014 年的同等水平，小麦种植面积开始下降。在玉米与水稻最低收购价格下降的背景下，2018 年和 2019 年小麦的最低收购价格也经历了两度下调，并且叠加部分地区退耕还林还草，我国小麦播种面积出现进一步下降。2020 年，黄河流域九省份小麦播种面积 1 308.04 万公顷，与 2019 年底相比，全国耕地面积净减少 24 万公顷，且耕地质量总体不高，耕地资源约束进一步趋紧，小麦产业可持续生产面临较大挑战。除种植面积不断下降外，小麦产业高投入、高成本、低效率特征的弊端逐渐显露。此外大量农村人口向城镇和非农产业转移，农业劳动力短缺且老龄化严重，劳动力成本逐年增长。与此同时土地租金的显性化使得土地流转费用已逼近上限，土地成本也逐年增长。与高成本对应的是较低的农业效益，农产品本身附加值低且缺乏价格优势，特别是小麦等粮食作物，亩均净利润极低，甚至可能出现赔本的现象，使得小麦产业始终处于盈利洼地。并且近年来，农民收入来源呈现多元化趋势，目前农民工资性收入已超过经营性收入成为农民第一位的收入来源，农民从事粮食生产的积极性不高，甚至出现大量土地种树、撂荒或从事非粮化生产。

随着农业人工成本和土地成本连年上涨，我国粮食生产的各项成本远高于美国等发达国家，甚至出现价格倒挂。并且随着环境成本、质量安全成本的显性化，我国农产品价格优势逐步丧失，国际竞争力下降。在农业生产成本不断抬高以及农产品国内外价差增大的共同作用下，国内主要农产品难以实现随行就市、顺价销售，我国小麦出口量极少。同时自 2011 年以来，我国小麦进口量波动上升，叠加疫情对小麦价格的影响，小麦贸易逆差持续扩大。受众多因素影响，小麦产量、进口量、库存量三量齐增，导致了当前"高产量、高库存、高进口"的现实困境。在满足增量要求后，黄河流域小麦产业迫切需要向增效转变，实现高质量发展。

（3）环境问题严峻

农业供需中的绿色供给问题日益凸显，生态系统保护功能未能充分发挥。我国农业一味注重高投入高产出而忽视了资源的综合利用效率，给生态环境造成了巨大的压力，特别是以小麦产业为代表的粮食产业，农业生产效率提高主要借助大量农药化肥的使用。因而我国化肥和农药的使用量远高于全球平均水平，是世界上最大的化肥生产与使用大国。2020 年我国化肥总使用量 5 250.7 万吨，其中黄河流域化肥总使用量为 1 880.6 万吨，占全国的 35.82％。其中河南省化肥总使用量达到 648.0 万吨，占黄河流域化肥总使用量的 34.46％。虽然化肥总使用量自 2015 年来逐年下降，但总使用量仍处于高位运行，但化肥利用率很低，2019 年我国水稻、玉米、小麦三大粮食作物化肥利用率为 39.2％，比 2017 年提高 1.4 个百分点，比 2015 年提高 4 个百分点；农药利用率为 39.8％，比 2017 年提高 1.0 个百分点，比 2015 年提高 3.2 个百分点，化肥与农药利用率比发达国家低 15％～20％。长期过量使用化肥和农药会诱发土壤板结并造成严重的土壤污染问题，致使我国农产品的品质和产量下降，影响到农业的绿色生产，并给生态环境和食品质量等带来极大的安全隐患。同时，我国农业绿色生产技术体系不够完善，生态农业技术推广示范的覆盖范围较小，土壤环境监督执法力度有限等，均制约农业高质量发展，进而抑制农业生态功能的有效发挥。虽然近些年政府不断加大环境治理力度，先后出台"中低产田改造工程""污染土壤修复技术"等举措，但之前"高能耗、高污染、高排放"所累积下来的环境污染治理起来还相当困难。高质量的农业必须具备较好的生态特征,准确把握效率与生态之间的关系,小麦产业实现由数量到质量的转变刻不容缓。

4.2 玉米产业发展面临的困境和问题

我国玉米产量近五年趋于平稳,是全球第二大玉米生产国。受玉米结构调整政策的影响,我国玉米近几年播种面积有所下降。黄河流域是重要的玉米生产基地,2020 年玉米产量为 11 226.3 吨,占全国产量的 43.07%。2020 年黄河流域玉米全要素生产率为 2.93%,相较于 2019 年,2020 年全要素生产率增速明显下降,受疫情防控影响十分明显。就各省份来说,四川和陕西玉米全要素生产率呈现负增长的趋势,其余省份都保持正增长且甘肃以 57.40% 的增速位居黄河流域首位,四川和陕西技术进步对全要素生产率的贡献较低。黄河流域玉米高质量发展还面临着以下困境和问题:

(1) 玉米产业缺乏高素质人才

人才问题虽然在农业整个产业中都有所体现,但在玉米产业中反映尤为突出。改革开放以来,受城市工业、服务业部门高收入的吸引,大量农村青壮年劳动力为获得更好的生存和发展环境而向城市转移。而回流到农村的农民工,大多是在城市中已失去竞争力的群体,与留守农民群体一同形成了以老人、妇女为主的农业生产主体格局,农业经营者的整体素质不高。首先农村的教育水平偏低,农村人口的文化知识低于城市人口,在玉米种植方面就反映为决策仅凭借代代相传的经验,从而忽视了决策的科学性和准确性。其次生产者的体力较差,青壮年农村人口向城镇和非农产业转移,剩余的劳动力在体力上存在差距,难以管理大规模的生产。随着政府出台相关文件,新型农业经营主体的类型逐步增加,规模迅速扩大,2019 年农民专业合作社达到 193.5 万家。但现实中农民专业合作社的功能仍十分薄弱,虚化和异化现象严重,许多生产者仍处于孤立的境地。

(2) 农业公司科技创新能力不足

我国农林牧渔业科技经费的投入总额呈扩大趋势,但科研经费投入占GDP 的比重却很低。虽然在农业技术装备等领域取得了长足进步,农业装备现代化水平不断提升,农业生产率更得到稳步提升。种子是农业生产的

"芯片"，对于作物产量、质量和抗性等方面都具有重要的决定意义。种子产业却没有快速发展，特别是玉米种子科技创新能力不足，玉米种子进口量远高于小麦种子和水稻种子。根据海关贸易统计数据，2020年玉米种子进口量为240.97吨，出口量为84.36吨。虽然我国种子的贸易逆差呈现缩小的趋势，玉米种子进口量较2019年下降51.47%，玉米种子出口量较2019年上升8.62%，但我国仍为玉米种子净进口国，种业大而不强，自主创新能力和国际竞争力较弱。

我国是全球第一粮食生产大国，但我国粮食产量与国内种企的育种研发水平严重不匹配，种子企业研发支出普遍较低，育种研发支出是育种的支撑，能一定程度上反映育种研发的水平。国外的种子公司都非常重视科研育种，像世界种业龙头企业坚持将每年销售收入的10%～12%用于科研投入，巴斯夫、先正达、科迪华等企业2020年的平均研发支出超过110亿元，其研发水平和能力都处于行业的顶尖。由于投入大，育种技术高，所以其新品种更新速度快，市场占有率必然就高，从而在竞争中立于不败之地。可以说，育种科研水平的高低直接决定了一个种子企业在市场竞争中的成败。从研发支出来看，我国种子企业的研发水平普遍远低于国外研发支出。由于行业分散，单个种子企业规模小、资金有限，大都不具备科技创新能力，虽然有少数企业自身也从事科研育种，但其农业科研条件、科研人员数量和科研成果推广都因资金不足而落后于其他产业。2016年出台《中华人民共和国种子法》后，研发支出进入一轮新的快速增长期，但如今A股上市公司的研发支出合计最高不超过7亿元，远低于国外龙头企业的平均研发支出。从研发支出占比来看，国内隆平高科的研发投入占营收的比重达到10%，为国内最高，其他上市种业公司研发投入占营收比重普遍在6%以下。

（3）科技成果转化体系缺失

科技成果转化体系缺失主要表现在两方面：一方面新品种向市场的转化过程长，以种子产业为例，种子处于产业链的最前端，和化肥、农药等同为种植业的上游，从种业内部产业链来看，包括育种-制种-销售三大环节。其中育种是种子产业链的核心，育种研发过程漫长且不确定性高，所以一般由科研院所完成。制种为中游环节，是种子从研发到产成品的过程，一般由种子企业完成。销售处于下游环节，主要由经销商和零售商完成。长期以来，我国种子的科研、生产、推广和销售是相互分离的，科研经费完全依靠国家投入，成果转化速度慢，很难形成一个良性循环。另一方面新技术的推广十分困难。我国农业科技推广涉及的推广主体包括政府部门主导的农业科技推广体系、供销系统，具有政府背景的大学与科研机构，纯商业或个人性质的农业龙头企业、农业合作社、新型经营主体等。虽然主体众多，但各推广主体分工不明确，职责定位不清晰。按照西方经济学基本原理，政府主导的农技推广部门应当主要负责公益性农业生产技术的推广工作，重点解决该领域市场失灵问题，而营利性农业生产技术推广工作则应当重点交给市场，政府部门的职责是制定、完善和监督实施市场交易制度。产研分离的现象源自我国以院校为核心的科技创新体系，特别是种子产业，我国的种业研发以国家出资为主。我国作为农业大国，农业科研实力不容小觑，黄河流域九省份拥有众多农业院校，像西北农林科技大学、四川农业大学、山东农业大学、河南农业大学等高校，院校多从事公益性科研，与市场需求的对接往往较少，研发的品种、论文、专利看似"井喷"和"供大于求"，但同时很多企业还直呼技术太少。高校研发成果与企业生产需求不符合，或研发成果不适合大面积推广，所以研究产生的技术成果未能得到广泛推广。

（4）玉米可持续发展能力不足

根据内蒙古自治区发展和改革委员会网站数据，其调研的玉米种植成本一直处于高位运行，具体成本如图26所示。其中土地成本占生产成本的比重最大，土地成本为248.52元，占生产成本的比例为42.21%。种子属于整个生产过程的上游，玉米种植的平均种子费用为50.58元，并且较上一年减少了1.29元，占生产成本的8.59%。用于提供营养的肥料和用于防治的农药也是上游的其他组成部分，其中化肥和农家肥的成本分别为124.23元、7元，共占种植成本的22.29%，农药成本14.69元，占生产成本的2.50%。农膜成本为12.1元，占玉米生产成本的2.06%。在玉米生产中，先进的农业机械和技术的使用极大降低了种植管理收获过程的劳动强度，其中租赁机械作业和排灌的成本分别为130.53元和38.13元，分别占据玉米生产成本的22.17％和6.48％。其余例如工具的支出为4.5元，占生产成本的0.76％，主要用于购买滴灌耗材。农业保险费用支出为21.94元，占生产成本的3.73％，是为了规避生产风险而产生的支出。整个生产过程中的人工费用为184.5元，占生产成本的31.34％，是除土地成本外占比最大的支出。2020年，内蒙古玉米亩均生产成本为837.28元，较2019年下降36.37元，降低了0.73％。同时每亩玉米收入为1 194.06元，受疫情防控影响，玉米价格上涨，每亩玉米的收入较2019年增加103.17元，增加17.34％。但就利润率来看，2020年受玉米市场价格上涨的影响，每亩玉米的利润率为29.88％，2019年每亩玉米的利润仅有217.24元，利润率仅为19.91％。种植玉米的利润率较低，并且农户拥有的土地规模小，难以形成规模效应，种植玉米的收入也相应较少。

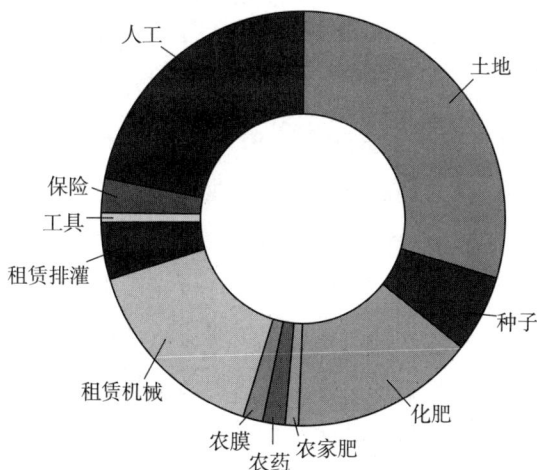

图26　2020年玉米生产成本构成图

资料来源：内蒙古自治区发展和改革委员会网站。

4.3　水稻产业发展面临的困境和问题

黄河流域各省份水稻种植面积有限，除四川省和河南省以外，其余省份水稻产量均小于200万吨，2020年黄河流域水稻全要素生产率呈现增长趋势，但与2019年相比，全要素生产率增长率由10.20％降至7.53％，但技术效率、规模效率和技术进步效率均处于较高水平。并且技术进步对全要素生产率的推动十分明显，2018年后，全要素生产率增加主要来源于技术进步，但技术效率方面并没有很大的提升。就各省份来看，陕西整体呈现负增长趋势，其余省份均呈现增长趋势，特别是四川全要素生产率的增长率最高，为6.94%，技术进步的贡献十分明显。但同时黄河流域水稻全要素生产率增速下降说明黄河流域水稻生产仍然存在问题，主要问题如下：

（1）农户经营规模较小

自1987年中央第一次明确提出要采取不同形式实行适度规模经营以来，中央连续出台1号文件和若干政策推动适度规模经营发展，但从事农业生产的劳动力数量仍然庞大，我国农村土地流转规模基本保持稳定。从我国农业生产经营主体结构来看，尽管家庭农场、种植大户等新型农业经营主体不断涌现，但我国人多地少的矛盾决定了在相当长一段时间内，以家庭承包经营为基础的小农户仍然占据农业经营的主体地位。据第三次农业普查数据显示，中国现有农户2.3亿户，土地经营规模在10亩以下的农户仍然超过2.29亿户，占现有农户的比重达到了91%左右，加之农业兼业化和休闲化现象的存在，农户小规模分散经营仍是农业生产的主要形式，而且可能在相当长时期内还难以根本改变。较小的生产规模降低了农户采纳新技术的进程，小规模农户可以通过增加劳动投入代替机械作业，使得劳动生产率一直处于较低水平，农户收益不高。就整个黄河流域来看，除四川外其余省份水稻种植面积较小，但水稻种植规模也受耕地面积影响，存在着严重的地区分布不均等，其中内蒙古耕地面积最多，为927.08万公顷，青海省耕地面积最低，仅为59.01万公顷。耕地资源分配不均匀决定了农地政策不可能一刀切，也决定了农地适度规模经营标准在各地应该存在明显的差异。中国土地流转比例虽然较之前已大幅度提高，但土地流转比例在全国存在明显的差异，农地适度规模经营离不开土地流转政策的相应配套，研究土地流转政策在农地适度规模经营中占据重要的作用。

（2）水稻种植机械化水平不高

近些年来，在一系列利好政策下，农业获得快速发展，带动了基础设施的改善。但在我国，机械化栽植和机械化收获是水稻机械化生产过程中最薄弱的环节和最大的难点。目前，我国水稻栽植机械化总体水平较低，特别是在南方低山丘陵区域，地块分散，机械难以开展作业。在我国水稻机械化的发展中，水稻栽植机械化提出早、行动迟、进展慢。这主要是由于农机与农艺的配合不协调，受到地域辽阔、农情复杂、农村人多地少、经济基础薄弱、水稻生产环节多、作业工时长以及现有机具价格昂贵等多种因素的制约。黄河流域除青海省外都种植水稻，地域分布十分广阔，四川水田占总耕地的41.0%，远高于其他省份。不同区域间气候和水土条件差异很大，形成了非常复杂的耕作制度和品种体系，有一熟制、两熟制、三熟制和两年三熟制，有单季稻、双季稻、麦茬稻，有早稻、中稻、晚稻和粳稻、籼稻、杂交稻等。生态类型、耕作制度和品种熟制的多样化，相应要求水稻栽培技术和机器系统的多样化，这必然增加了机械化的难度，但也为各种水稻机械化栽培技术和与之配套的机具提供了发展空间。农业产业化发展以农业生产分工协作为前提、以农业规模化经营为依托、以农业机械化为技术支撑，中国土地细碎化问题不利于机械化耕作、规模化经营和统一科学种植，严重制约了农业生产效率提升与农业现代化发展。

5　黄河流域种植业高质量发展路径

高质量发展，第一要体现经济效益突出、经济结构优化、发展健康持续的特征，着力解决经济发展的不平衡不充分问题，实现人民共同富裕。第二要贯彻"创新、协调、绿色、开放、共享"的新发展理念，不断满足人民的美好生活需要，达到人与自然和谐相处、人与社会全面进步。高质量发展是能够更好满足人民不断增长的真实需要的经济发展方式、结构和动力状态。与高质量发展相关的概念是高速增长，二者都体现了使用价值量的增加，也就是满足人民需要的有用品的增加。不同的是：高速增长主要强调量的增加，结果主要体现在利润、收入、产值等可以计量的指标上，驱动方式往往是密集的要素投入；高质量发展则是在满足数量要求基础上，更强调结构、效率与生态，其结果主要体现在幸福、环保、健康等评估性指标上，经济高质量发展可以看作经济高速增长的升级版。

推动黄河流域种植业高质量发展，具有重要的历史意义和战略意义。农业高质量发展是适应当前经济形势的必然要求，也是农业发展阶段的历史演进。在不同经济阶段，农业面临的约束条件不同，所需完成的目标和任务也不同，农业发展质量呈现明显的阶段性特征。农业高质量发展具有动态演进特征，在经济发展向前推进的过程中，农业发展质量内涵不断丰富。

5.1 小麦产业高质量发展路径

（1）加强农业区域交流与合作

整体来看，黄河下游地区应进一步发挥"创新"和"开放"优势，着力补齐绿色短板，推动农业高质量发展向更高水平迈进；中下游地区则应着力提升小麦技术进步水平，在小麦生产中积极推动先进农业技术推广，并且把握"一带一路"机遇，深化农业对外开放。具体来看，各地的驱动因素和薄弱环节各不相同，应根据地区特点制定相应的提升策略，有效甄别并发挥比较优势，充分发挥农业高质量发展的空间扩散效应。例如甘肃应重点推进小麦规模经营，深化土地流转，借鉴四川的土地流转政策，因地制宜发展土地流转模式。宁夏应该着力提升农业技术效率，推动农业技术装备的有效利用，建立专业社会化服务组织，以市场化方式克服先进技术装备利用率低和利用效果差的问题。陕西应该着力推动农业科技创新与转化，重点支持省内西北农林科技大学等农业高校的小麦育种基础研发和小麦机械创新升级，积极推动科技成果转化落地。黄河上游省份可以通过建立农业区域合作联盟，分享并推广成功经验，促进涉农政策互通互促，探索建立人才共享机制、招商引资同频项目库、区域一体化农产品流通体系等，推动区域内农业高质量发展向更高层次迈进。而中下游省份应立足于地区资源禀赋，充分挖掘地区特色优势，积极转变农业发展方式，与相邻地区深度合作实现地区间优势互补。

（2）实现农业绿色发展

新发展理念中着重强调了绿色发展，化肥农药等化学产品能有效促进农业增产增收，但是过度使用化学产品会对生态环境造成伤害。小农户为了增产增收，往往过度使用化学产品，造成农业生态环境污染。所以农业要实现绿色发展，需要围绕农业消耗和农业节能等领域，降低水资源、电能和化肥农药等材料的使用量，实现绿色产出、科学管理，加强农业环境治理和保护，在不减少产量的情况下合理利用各类化肥农药，增强我国农业发展的可持续水平。

由于经济发达地区的工业和城市化发展对于自然资源的掠夺性较强，使得生态系统较为脆弱。因此经济发达地区应充分利用经济实力、消费能力、科技水平等农业绿色发展的有利条件，重点提升农业绿色发展水平，促进农业高质量可持续发展。鼓励高等院校、科研院所和农业企业围绕"十四五"农业重大科技需求，注重农业投入品减量高效利用、有害生物绿色防控、废弃物资源化利用、产地环境修复和农产品绿色生产加工贮藏等关键技术研发，开展联合攻关，推动重大原创性成果转化并推广应用。而对于经济水平不发达地区，则应该完善高效低毒低残留农药、商品有机肥、有机无机复混肥及高效植保、施肥机械的推广补贴机制，促使农民在种植过程中减少农药化肥的使用，降低对生态环境的影响。同时还可以综合运用税收、政策性担保等激励政策，加大对农业绿色发展的信贷支持力度。

（3）深化土地制度改革

传统的小农经营难以满足现代化农业生产要求，农业规模化经营是提高土地生产效率的重要方式。适度规模方便推广先进的技术和现代化的农业生产经营方式，进而提高农业生产要素的利用效率。在加强土地综合利用的基础上，要尽快完成农村土地承包经营权确权颁证工作，允许土地经营权抵押、担保、入股。深入开展"三权""三变"改革，在明确集体土地所有权、落实农户土地承包权、放开土地经营权基础上，认真总结农村"三块地"改革经验，完善相应法律法规，制定相关细则，在坚持土地公有制性质不变、耕地红线不变、农民增收不变的前提下，实现资源变资产、资金变股金、农民变股东，提高农民财产性收入比重，农村集体用地在条件成熟时可参照城市土地进行入市交易。可以由政府牵头建设并完善农村产权交易市场，细化运行机制，在法律咨询、资产评估、融资担保等方面提供便捷化服务，强化问责与监督机制，严控农用土地非农化倾向。同时在土地资源丰富的粮食主产区，应以提升经营规模、促进供给提质增效为方向实现农业高质量发展。

积极探索土地流转的多种实现形式，包括转包、出租、入股、转让、互换等方式。与此同时发挥家庭经营、集体经营、合作经营和企业经营的优势，支持农业经营主体创新，推动多元化新型农业经营主体发展，促进其发挥引领带动作用。另外，粮食主产区应加快产业结构调整，注重特色优质粮食作物的生产，形成质量与效益并重的农业发展方式。如内蒙古拥有独特的农村牧区，未来应按照稳粮、优经、扩饲草的发展思路，加快构建粮经饲协调发展的种植结构，探索适合农村牧区农业高质量发展的路径。

5.2 玉米产业高质量发展路径

（1）培育现代农业人才，转变农业发展的传统理念

与传统农业相比，农业高质量发展对参与者提出了更高要求，特别是对农业生产者提出了更高的要求。科技创新推动农业高质量发展的实现归根结底需要参与者转变传统的农业发展理念，将创新成果应用到生产与经营管理体系中，以新技术、新模式、新业态提升农业生产效率，优化农业资源配置，降低农业生产成本，优化农产品产销匹配。因此，农业发展的参与者要以新知识、新技术、新理念武装自己，做好科技创新推动农业高质量发展的引领者与践行者。一方面，各级农业部门的行政人员应及时开展相关政策和农业技术培训，掌握农业发展战略、高效的农业发展模式、先进的农业发展经验，进而在开展农业工作时遵循现代化的农业发展理念，应加大人力资本投入力度，加快推进高素质农民培育，提升农民科学文化、生产经营素质，积极培育爱农业、懂技术、善经营的高素质农民，探索建立和完善对高素质农民参加社保的制度设计和补贴办法。另一方面，专业大户、家庭农场、农民合作社、农业龙头企业等新型农业经营主体作为农业发展的中坚力量，是农业规模经营、标准化生产、专业化管理的关键主体，因此，应对其开展广泛的科技培训，并吸引更多高水平的农业人才加入到经营主体之中，以人力资源促进科技创新对农业高质量发展的推动，并支持家庭农场领办合作社，具备条件的向公司制企业发展。与此同时，高素质农民在提高自身素质的同时，还应承担起示范与引领作用，让新技术、新知识在田间地头传播开来，使更多的农民转变农业发展理念，接受科学、高效的农业发展方式。

（2）重视农业科技创新与成果转化

农业科技的研发、转化时间长、收益慢，具有公共物品属性，因此农业科技投入主要由政府牵头，政策上给予支持，适度引导风险投资、金融资本进入相关领域，推动农业科研投入持续扩大。提升农业技术创新水平，加强创新对农业发展质量的贡献度。针对农业科研单位分散的现状，应由政府牵头建立一批农业科技创新中心和重点实验室，整合科技资源并开展跨领域跨地区合作，重点攻关关键复杂技术，提供综合解决方案。并且要充分发挥企业在创新决策、研发投入、科研组织、成果转化等方面的主体作用，推动农业科技创新的产学研一体化，加快实现农业科技创新成果的转化。还要深化农业科技体制改革，完善农业科研评价机制，为加快农业科技创新营造良好的创新环境。与此同时应创新科研管理与推广体制，建立"科技下乡""科技到户""科技兴农"的长效机制，鼓励科技人员参与到农业项目的管理和运营中去，并且可以以技术入股鼓励更多的研究人员从基础研究转向应用研究。此外应加快实用技术的应用，以节本增效、环境友好为出发点，在机耕机种基础上，推动节能技术、清洁技术、生态技术的普及并取代大水漫灌、化肥超量使用的粗放生产方式。农业科技创新既要重视规模化条件下农业技术、农业设备的研发应用，也要关注小农户经营条件下技术对生产的渗透，尤其要关注生产组织方式、管理方式、共享平台的研究，将"互联网＋农业"作为农业振兴的重要路径，全力打造一批高质量农业示范典型并加以推广。

5.3 水稻产业高质量发展路径

（1）推动农业社会化服务的发展

在我国小农户经营为主的现实情况下，实现规模化经营有两种路径：一是通过土地流转，将分散的土地向少数、专业的经营者集中，实现土地经营规模化。二是通过完善社会服务体系，为分散的农户提供规模化的社会服务。我国地少人多、地块分散，部分地区的土地经营规模远远达不到规模用地的要求，因此必须探索基于小规模农户经营特征的规模创新形式。农业社会化服务通过提供专业服务，将农户分散的土地有机地连接在一起，在播种、施肥、收割甚至销售等方面同时为上百家小农户提供一体化服务，克服土地生产细碎化的瓶颈,较好地解决了小农户经营与规模生产的矛盾。由推动土地流转、强化土地规模化生产,转向土地规模化与服务规模化并重,不仅在理论上发展了规模经营的内涵,而且在实践中具有较强的适应性。一方面,通过农业社会化服务促进土地规模经营。由于农业社会化服务商具有生产要素采购成本优势、要素质量甄别优势和种养技术保障优势,能够吸引小农户购买其服务。但细碎化的农地经营现状并不符合服务的连片作业要求,因而服务供应商通常会设置卷入服务的农地规模门槛,从而实现规模化服务倒逼规模化经营。例如江西绿能农业发展有限公司以 50 亩为服务外包的门槛值。为达到该阈值要求,农户会通过土地要素市场交易转入土地,或者同周围农户保持品种一致性,由此形成连片种植。另一方面,通过农业社会化服务促进农业技术进步。农业社会化服务组织通过新技术提高农民的劳动生产率、土地生产率与价值增值率。并且农业技术的受体由农户转为专业服务组织,不仅使技术采纳的门槛降低,而且使服务市场竞争格局生成,这将不断激励各类专业服务主体强化技术创新,从而形成农业绿色、高质量发展的市场自发扩展机制。与此同时,通过农业社会化服务强化农民职业队伍建设。农业分工、外包服务与经理人市场,能够加快农业企业家群体的生成,形成代耕、代管与代营的职业化能人经营体系。多样化与专业化的服务市场将提供新的农业就业机会,使部分退出农地经营的农户转型。农业的多功能开发与技术服务也将培育出专业化与职业化的农业技术人才队伍,吸引"有知识、懂技术、善经营、会管理"的专业化人才,形成"懂农业、爱农村、爱农民"的高素质农民队伍。

(2)推动适应水稻种植的专用农机研发

黄河流域主要种植水稻的地区大多数为山地和丘陵,水稻种植面积虽然非常广,但单块稻田的面积有限,土地分布比较零散。而机械化的水稻种植需要平整宽阔的土地,种植机械才能更好地发挥作用,因此在南方地区尤其是地处山地丘陵的水稻种植区域,往往会因为地形地貌以及土地面积的限制而造成水稻生产机械无法得到推广。并且水稻种植不同于旱地作物,种植环境潮湿,大型机械作业难度高。部分发达国家已经将自动移栽机器人应用于水稻种植,无人操纵高精度水稻种植机是水稻种植机械化技术的发展方向之一。针对移栽机高效、可靠和智能化发展趋势，应充分利用机器视觉等信息化控制技术，精准采集机具的作业信息（移栽间距、秧苗移植深度等）与移栽质量指标（栽直率、漏栽率等），实时反馈给移栽机进行调整，以提高作业的总体质量。同时在提高水稻移栽机可靠性的基础上，需发展配套育秧播种技术，从而实现精准育秧。育秧技术与移栽技术如毯状苗的播种量、适栽期、苗盘深度、一钵几株等综合试验分析尚欠缺，要加快育秧技术研究，为水稻种植农艺与农机配合提供参考。水稻移栽对象的力学物理特性研究可为移栽机研究提供理论依据，例如分析不同夹取秧苗方式的拔取力、最佳拔取角度和移栽轨迹等，还应对不同育秧工艺下的秧苗力学特性做对比分析试验。

（3）利用数字技术助推农业生产智能管控

数字技术在农业生产中的广泛应用，不仅能有效促进生产主体间信息互通，还能实现智能管控、精准运行和科学管理，促进农业生产能力的稳步提升。数字技术带来的信息完整性、决策科学性与资本积聚性，不仅能改变传统经营要素的集约程度与配置关系，还能实现农业经营方式由粗放式向精细化、智能化转变，降低农业经营中的不确定风险。通过研发掌上农业管理、土壤探测技术、农田遥感监测等智慧农业管理系统，建立农业生产"互联网"，协助农户完成智能喷水、精准撒药、合理施肥等精细化操作，实现农业精准管控，合理调整农业生产布局，降低农业生产成本。各级政府可以协调成立农业信息收集部门，建立涵盖农业生产领域的数字信息库，系统化整合农业情报和经营信息，将高新技术研发、市场咨询、农业社会服务供给等信息服务纳入其中。便于农业经营主体获取相关信息，实现农产品标准化和专业化生产，拓宽农产品种植空间，优化农业种植结构，提升农产品供给质量。

专题二

黄河流域畜牧业
高质量发展报告

1 畜牧业高质量发展的背景

作为中国农业和农村经济的重要组成部分，畜牧业不仅是实现乡村产业振兴的重要内容，也是实现农业农村现代化的重要基础性产业。随着我国经济发展进入新的阶段，城乡居民生活水平提高、膳食结构不断改善、消费需求多样化发展，畜牧业迎来了前所未有的发展机遇，从数量型向质量效益型转变，从侧重数量向量质并重转变，且我国畜牧业的发展格局从传统零散的养殖模式逐渐向规模化、标准化、集约化模式转变。

国务院办公厅和农业农村部在 2020—2021 年陆续印发了《关于促进畜牧业高质量发展的意见》《"十四五"全国畜牧兽医行业发展规划》等文件，为促进畜牧业高质量发展进行了顶层部署，对接下来的畜牧业发展起到重要指导作用，这将不断增强畜牧业质量效益和竞争力，形成产出高效、产品安全、资源节约、环境友好、调控有效的高质量发展新格局。于法稳等（2021）[①] 将畜牧业高质量发展的概念界定为：以生态优先、绿色发展为导向，以提供良好的生存环境及安全的饲料为保障，聚焦高效养殖与绿色转型发展，以质量标准化体系为指导，筑牢畜牧产品质量安全防线，以满足人民对安全、优质牲畜产品日益增长的需要为根本目标，是提升畜牧产业竞争力，提高产业经济效益的一种发展。

---

① 于法稳，黄鑫，王广梁. 畜牧业高质量发展：理论阐释与实现路径 [J]. 中国农村经济，2021（4）：85-99.

黄河流经青海、四川、甘肃、宁夏、内蒙古、陕西、山西、河南、山东九省份，横贯我国东中西三大地带，既有生态脆弱区和重要的生态功能区，又有重要的粮食主产区和资源能源富集区，在全国经济社会发展格局中具有重要地位（安树伟、李瑞鹏，2020）[①]。2021 年 10 月国务院印发了《黄河流域生态保护和高质量发展规划纲要》，对推动黄河流域生态保护和高质量发展作出了全面部署，要求各地区各部门结合实际认真贯彻落实。因此，黄河流域畜牧业发展必须统筹兼顾畜禽养殖与生态文明，除了要进一步提升畜禽养殖比重、保障畜产品有效供给外，还要坚持绿色导向，解决畜产品的质量安全问题和畜牧业生产带来的环境污染问题，促进畜牧业"提质、增产、增效"转型升级，推动形成创新性现代生态畜牧业的高质量发展模式。

畜牧业高质量发展的提出，既有国家宏观政策的客观要求，也有产业发展、改善生态环境、满足人民日益增长的美好生活需要的现实需要（于法稳等，2021）[②]。推进黄河流域畜牧业高质量发展，是推进农业供给侧结构性改革的重大举措，是实现乡村振兴的重要内容，更是实现农业农村现代化的重要基础，对于促进农业产业兴旺，带动农牧民增收致富，建设生态宜居美丽乡村具有重大意义。

本报告通过分析黄河流域畜牧业高质量发展的现状与问题，谋划畜牧业高质量发展路径，为畜牧业转型升级和高质量发展提供参考依据。

② 畜牧业高质量发展的现状

改革开放以来，随着政策推动和市场引导，黄河流域畜牧业不断发展壮大、由弱变强，取得了一系列显著成效：畜牧业物质基础显著增强，综合生产能力持续提升，畜产品结构不断优化，质量安全保障体系进一步完善，绿色发展稳步推进。畜牧业已成为黄河流域地区农业农村经济的重要支柱产业之一，在满足肉蛋奶消费需求、促进农牧民增收致富、建设生态文明等方面

[①] 安树伟，李瑞鹏. 黄河流域高质量发展的内涵与推进方略［J］. 改革，2020（1）：76 - 86.

[②] 于法稳，黄鑫，王广梁. 畜牧业高质量发展：理论阐释与实现路径［J］. 中国农村经济，2021（4）：85 - 99.

发挥了重要作用。客观分析黄河流域畜牧业发展的现状，有助于科学、精准研判畜牧业发展过程中需要解决的关键问题，为推动畜牧业高质量发展指明方向。

2.1 畜牧业综合生产能力情况

黄河流域畜牧业生产水平不断提升，2021 年黄河流域九省份年末生猪存栏 14 836.89 万头，河南以 4 392.29 万头位居全国第一，四川 4 255.1 万头紧随其后。全年生猪出栏 20 722.11 万头，约占全国生猪出栏总数的 31%，其中四川以 6 314.80 万头位居全国榜首，河南 5 802.77 万头位居全国第三。

在肉蛋奶产量方面，2021 年黄河流域九省份肉类、禽蛋和奶类总产量分别为 2 881.43 万吨、1 344.96 万吨和 1 864.27 万吨。从产业结构看，肉类中猪肉产量比重下降，牛羊肉比重明显上升，侧面说明黄河流域畜牧养殖业在稳定生猪等传统产业的同时，推动肉牛、肉羊等草食性牲畜快速发展。

在畜牧业产值方面，2021 年黄河流域各省份畜牧业产值较 2012 年均有所增长，其中四川 2021 年牧业总产值为 3 305.28 亿元，是黄河流域九省份中唯一超过 3 000 亿元的省份。各省份畜牧业产值占农林牧渔业总产值的比重较 2012 年则表现出不同趋势的变化，陕西、山东、河南和四川有所下降，其余五省份均有所增加。畜牧业产值占比在各省份间也存在较大差异，2021 年青海畜牧业产值超过了总产值的一半，高达 56.49%，内蒙古 46.01% 紧随其后，而陕西以 21.28% 排在最后，较全国平均水平低 5.87 个百分点。

2.2 畜牧业饲草料供应情况

近年来，我国加大了对饲料业和草业的支持力度，黄河流域各地区认真落实各项政策，有序推进"粮改饲"试点项目，扩大了青贮玉米和苜蓿等优质饲草料种植规模，推进了粮食、经济作物二元种植结构向粮食、经济、饲料作物三元结构调整，在降低养殖成本的同时保障了玉米种植户的收益，促进了种养结合，提升了优质饲草的供给能力和畜牧业的生态效益。

此外，在畜牧业发展中，饲料工业发挥着重要作用。近些年饲料行业由单纯追求短期经济效益朝着优质、环保、安全的方向发展，饲料总产量和饲料工业产值呈现出不断上升的趋势。同时，饲料产品结构不断优化调整，生猪饲料在饲料总产量中虽然仍占据着主导地位，但其所占比重呈现出逐年下降的趋势；为蛋禽、肉禽动物等饲养生产的饲料产量呈现出不断上升的趋势。2021年全国工业饲料总产量达2.93亿吨，同比增长16.1%。黄河流域九省份饲料总产量为9 158.38万吨，占全国饲料总产量的31%。其中山东省以4 476.31万吨位居全国首位，饲料产品总产值保持在千亿元以上，为1 597亿元。

2.3 畜牧业经营模式情况

当前，我国正处于畜牧业发展的重要时期，为了推动畜牧业快速健康发展，黄河流域各地大力推广畜禽标准化适度规模养殖，促进畜牧业生产由粗放分散养殖向适度规模化、标准化发展。同时，探索创新利益联结机制和经营模式，推动多元主体协同发展。

一是培育壮大龙头企业。按照"牧工贸一体化、产加销一条龙"指导思想，鼓励支持畜牧产业化企业做大做强，充分发挥龙头企业的带动作用，涌现出牧原集团、正大、华西希望、巨星农牧等一批发展势头强劲的本土企业（成都市畜牧业发展研究课题组等，2016）[①]。二是发展畜牧专业合作经济组织。抓好畜禽行业协会和以生产、加工技术指导、营销为主的各类合作社，通过统一采购畜种、统一生产技术、统一疫病防控、统一质量标准、统一对外销售等充分发挥专业合作组织的纽带作用。三是培育家庭牧场和养殖大户等适度规模养殖户。黄河流域各地方政府大力支持畜禽标准化规模养殖发展，以标准化规模养殖场建设为重点，通过生猪标准化规模养殖场设施设备提档升级改造等措施提高养殖业适度规模经营水平，畜牧业由传统分散养殖向规模化养殖快速转变。同时，对标准化规模养殖场（小区）的

---

① 成都市畜牧业发展研究课题组，郭晓鸣，李晓东.中国畜牧业转型升级的挑战、成都经验与启示建议［J］.农村经济，2016（11）：38-45.

粪污处理和沼气池等基础设施建设给予支持，积极引导养殖户选择环境友好型畜禽粪污处理方式。四是积极探索创新利益联结机制。推广"企业＋合作社（协会）＋农户"等产业发展模式，有效整合了主体力量和优势资源，不断建立健全养殖风险防范机制，为实现多元主体协调发展提供了支撑。

2.4 畜牧业粪污处理情况

畜牧业的快速发展所带来的环境承载压力增大、环境污染增多等问题日益受到政府的重视。2001 年以来，国家颁布了一系列相关政策、标准及法规，如《畜禽养殖污染防治管理办法》《畜禽养殖业污染防治技术规范》《畜禽养殖业污染物排放标准》《畜禽规模养殖污染防治条例》《国务院办公厅关于加快推进畜禽养殖废弃物资源化利用的意见》等。随着环境规制的逐步完善，以及生态环境督察监管力度的不断加大，畜禽养殖废弃物资源化利用工作快速推进，畜牧业绿色转型步伐加快。

在宏观政策的支持引导下，黄河流域各省份积极开展畜禽粪污资源化利用整县推进项目，实施规模养殖场粪污收集、贮存、处理、利用等环节基础设施建设和装备提升改造。通过配套建设干湿分离机、沼气池、沉淀池、氧化塘、厌氧发酵池、堆粪场等设施，有效改善畜禽粪污治理硬软件条件，大力推广粪污全量还田、粪便好氧堆肥、粪污厌氧处理、粪水肥料利用（水肥一体化）、粪便垫料利用等资源化利用模式，在有机肥替代化肥、提高土地肥力、降低养殖污染等方面取得了显著成效。目前黄河流域各省份畜禽粪污综合利用率均达到了 70％以上，规模养殖场粪污处理设施装备配套率显著提高。

同时，黄河流域各地积极推广"种养结合"的生态循环模式，广大养殖场（户）积极响应，对传统意义上的废弃物和污染物进行多层次的分级利用，畜禽粪污得到了较大程度的控制，同时，粪污资源得以再利用，变废为宝，降低了养殖成本，显著提升了畜牧业经营效益、畜禽粪污综合利用率和绿色健康养殖水平。

3　畜牧业高质量发展的问题

　　黄河流域畜牧业转型升级步伐加快，畜牧业发展取得了显著成效，保供给、保生态、保安全能力持续加强。但总体上看，黄河流域畜牧业生产方式还比较粗放，生产成本居高不下，养殖污染问题日益严峻，资源环境的硬约束日益加剧，产业体系尚不完善，畜牧产品依然存在质量安全隐患，畜牧业发展仍面临诸多问题与挑战。

3.1　畜牧业生产竞争力仍然不强

　　尽管黄河流域一些高水平的大规模养殖场设施装备条件、综合生产水平已经大幅提升，但从整体上看，由于资源禀赋差异，特别是饲料转化率、劳动生产率、畜禽生产力等方面与国外发达国家相比仍存在较大差距，导致主要畜产品生产成本较高，资源利用不充分，综合竞争力比较弱。

　　据农业农村部畜牧业行业监测，目前我国每个养猪户每年出栏生猪40头左右，而美国场均出栏约1 700头。我国每头母猪每年提供的上市肥猪比国际先进水平少6～8头，畜禽饲料转化率比发达国家低10%以上。其原因可能有：一是育种创新能力弱，优质品种对外依赖度高。良种是畜牧业发展的命脉，而占据我国市场份额较大的畜禽品种基本来源于国外，如生猪"洋三元"，肉牛"西门塔尔""利木赞牛"，肉羊"波尔""杜泊"，奶牛"黑白花"等。此外，一些地方特色畜禽品种资源由于缺乏长期的政策支持和有效保护，数量持续下降，甚至濒临灭绝。二是现代智能化设备与技术水平低下。如自动化环控、智能化饲喂、生产性能测定等现代畜牧科技在畜牧业发达国家早已普及，而我国正处于推广阶段，黄河流域部分偏远地区甚至处于了解阶段。三是畜禽标准化生产程度较低。黄河流域养殖业仍然以中小养殖场、散户为主，自身能力有限、生产设施装备陈旧、养殖技术传统、饲养水平和管理理念落后，导致标准化、专业化水平较低。部分原有养殖户由于生产方式落后，无力参与现代畜牧业竞争被迫退出生产领域。

3.2 资源条件约束趋紧

黄河流域地区自古以来就面临水土资源短缺的困境，制约畜牧业的发展。随着我国居民肉蛋奶等主要畜产品需求刚性增长，资源越绷越紧，确保畜产品有效供给与资源约束的矛盾日益尖锐（陈伟生等，2019）[①]。

一是土地资源的短缺。尽管黄河流域有少数省份地广人稀，土地资源丰裕，但大部分地区面临土地资源紧张等问题。此外，近年来养殖场用地审批困难、手续繁杂，这不但影响所需饲草料的充足供应，而且直接影响畜禽养殖场用地的科学选择，从而影响标准化规模养殖的优化布局和顺利推进。

二是水资源短缺。黄河流域水资源总量有限，人均占有量本身偏低，还存在水资源利用粗放、农业用水效率不高等问题。随着黄河流域内山东半岛、呼包鄂榆地区、中原经济区、关中-天水地区、宁夏沿黄地区等区域的城镇化和工业化发展加速，用水需要还会增长（金凤君，2019）[②]，畜牧业发展所面临的水资源短缺的压力将持续加剧。

此外，劳动力资源的短缺也影响着畜牧业的持续发展（王明利，2018）[③]。近年来我国城市经济的快速发展，吸收大量农村劳动力进入二三产业，从事养殖业的劳动力越来越少、素质越来越低，而畜牧业本来是劳动力密集型产业，并且劳动强度很高，许多方面机械难以代替，最终导致畜牧业生产的劳动力成本居高不下。

3.3 养殖污染问题日益严峻

黄河流域畜牧业规模化快速发展，带来了严重的污染问题，畜禽养殖污染呈总量增加、程度加剧和范围扩大的趋势，生态环境面临极大挑战，畜禽

[①] 陈伟生，关龙，黄瑞林，张森洁，刘红南，胡永灵，印遇龙. 论我国畜牧业可持续发展[J]. 中国科学院院刊，2019，34（2）：135-144.

[②] 金凤君. 黄河流域生态保护与高质量发展的协调推进策略[J]. 改革，2019（11）：33-39.

[③] 王明利. 改革开放四十年我国畜牧业发展：成就、经验及未来趋势[J]. 农业经济问题，2018（8）：60-70. DOI:10.13246/j.cnki.iae.2018.08.007.

养殖污染已经成为制约现代畜牧业发展的瓶颈（石有龙，2018）①。

一方面，当前农牧结构上种养分离、脱节现象比较严重。受土地资源制约，大部分畜禽规模养殖场没有足够的配套粪污消纳用地，导致畜禽粪便出路受阻。另一方面，黄河流域养殖业仍以中小型养殖场、散户为主，总体规模小、条件差、自有资金匮乏，配套设施不完善。部分畜禽养殖者粪污处理意识薄弱，设施设备和技术力量缺乏，资源化利用水平不高，造成粪肥资源白白浪费。此外，一些畜禽粪便资源化利用的激励措施（如沼气发电上网、有机肥生产和使用补贴等）难以落实，尚未形成一套经济高效的废弃物处理利用技术模式。

面对严重的污染问题，国家出台实施了一系列相关法律法规。然而部分地区片面强调畜禽养殖造成的污染问题，出现了禁养区和限养区划定失误，"一刀切""一禁了之""一关了之"等现象屡见不鲜，导致大量养殖场被拆除，部分散养户被动出局，畜禽养殖规模大幅度调减（李军、潘丽莎，2022）②，不仅造成养殖户利益受损，而且对区域内畜产品有效供给造成比较大的隐患。2018年1月正式实施的《环境保护税法》在一定程度上有助于环保工作的改善，但短期内可能会给养殖场和企业带来较大的成本压力。因此，畜牧业发展所带来的环境污染使其可持续发展面临着较大的威胁和前所未有的环保压力。

3.4 疫病防控形势仍较严峻

我国畜牧养殖密度大、牲畜疫病复杂多样而且频发，给养殖业带来了严重的损失。据2022年农业农村部统计，目前动物疫病共174种，其中一类、二类、三类分别为11种、37种、126种。

近年来，各类重大疫病在我国时有发生，如2005发生的四川猪链球菌病和2006年蔓延到全国的高致病性猪蓝耳病，引起了生猪生产下降和价格的剧烈波动；2012年秋冬季发生的H7N9流感给家禽业养殖户造成了严重

---

① 石有龙. 中国畜牧业发展现状与趋势［J］. 兽医导刊，2018（11）：7-10.
② 李军，潘丽莎. 乡村振兴背景下畜牧业高质量发展面临的主要矛盾与破解路径［J］. 经济纵横，2022（8）：58-64.

的经济损失；2014年发生的家畜小反刍兽疫，成为其后几年国内肉羊价格大跌和养殖户亏损的直接原因；2018年的非洲猪瘟极大影响了我国生猪市场，部分养殖企业、养殖场（户）损失惨重，严重影响着生猪业的健康发展；目前全国范围内发生的仔猪流行性腹泻，一直困扰着生猪生产效率的提升。

随着疫病防控体系进一步健全和防控力度的不断加大，尽管疫情总体稳定，但局部地区出现的一些人畜共患病仍不可小觑，畜禽养殖风险不断加大。此外，黄河流域地区畜牧兽医专业人员较为缺乏，一些饲养散户习惯于凭借自身的经验和直觉应对动物疫病，缺乏科学知识指导，生物安全措施缺失或不到位，给重大动物疫病防控造成了很大压力。

3.5 产业体系尚不完善

黄河流域地区畜牧业总体上处于产加销脱节、联结不紧密、发展不均衡的阶段，组织化、标准化、产业化程度依然偏低，难以形成资源共享、互惠互利、协同发展。

一方面，集育繁推、产加销一体化的龙头企业数量匮乏，畜产品加工流通发育滞后，肉类和蛋品深加工比重仍处于较低水平，增值空间受到很大制约。一些地区虽有肉禽、生猪屠宰加工企业，但都处于畜禽产品初级加工阶段（部分农村牛羊屠宰还停留在手工、作坊式生产），加工规模、水平和档次不高，未进行精深加工，产品单一，附加效益不高。另一方面，我国畜牧业是在一家一户分散养殖基础上发展起来的，中小养殖场（户）仍是黄河流域地区畜牧业生产的主体。但当前面向中小养殖场户的畜牧业社会化服务体系尚未建立起来，大量的中小养殖户既没有跟龙头企业有效联结，也没有通过合作社组织起来，标准化生产程度较低，抵御市场风险的能力较弱。

3.6 畜产品质量安全事件频发

随着人民群众食品安全意识逐步提高，食品安全问题越来越为人们所关注。近年来，畜产品安全事件频发，消费需求升级与畜产品安全之间的矛盾加剧，这主要是由以下几方面的原因引起的。

一是由于食品供应链的环节众多，食品法规建设与食品标准体系等方面不够完善，食品品牌建设意识不强，食品市场监管体系与质量追溯体系尚不健全，食品安全违法成本低，惩罚力度不足等（黄季焜，2018）[①]。二是少数畜牧养殖场以缩短饲养周期、增加出栏商品量为主要目的，存在滥用或非法使用饲料添加剂、兽药、抗生素及违禁药品等现象，导致畜产品中药物残留超标、食品安全性降低。三是由于部分饲料生产企业、食品企业承担着纳税等压力，片面追求经济效益，在饲料食品生产、加工、储存、运输等环节存在不规范现象。四是黄河流域养殖业仍然以散户为主，生产设施差，管理方式落后，专业化、标准化程度低，病死畜禽随意丢放，动物疫病防控难度大。

除此之外，黄河流域畜牧业发展还面临着技术更新滞后、智慧化支撑力度不够、先进养殖模式推广不足等问题。

4 畜牧业高质量发展的建议

为应对黄河流域畜牧业发展所面临的挑战，需要完善保障畜牧业高质量发展的政策；创新畜牧业发展模式；强化技术创新和科技推广；构建种养循环、农牧结合可持续发展机制；深化畜禽养殖废弃物资源化利用；优化产业体系，加粗延伸产业链条；健全畜禽产品质量安全追溯体系。

4.1 完善保障畜牧业高质量发展的政策

推动黄河流域畜牧业高质量发展，需要加强顶层设计，发挥政策的引导作用，为畜牧业高质量发展提供强有力的政策保障。

一是要进一步落实好畜牧业的各项优惠政策，如标准化规模场补贴、动物防疫补助、能繁母猪补贴、草原生态保护补助奖励等惠民政策。二是要创

[①] 黄季焜. 农业供给侧结构性改革的关键问题：政府职能和市场作用 [J]. 中国农村经济，2018（2）：2-14.

新畜牧业投入机制，改善投资环境，积极搭建招商引资平台，加大招商引资力度，吸引民间资本和外来资本，夯实畜牧业发展基础。三是引导金融机构支持畜牧业发展，积极探索养殖圈舍、活畜、畜牧机械抵押贷款等方式，简化贷款程序，拓宽畜牧业融资渠道，提高金融部门对畜牧业的服务质量。四是完善和健全畜牧业保险体系，鼓励保险公司开发和创新保险险种，推进养殖收益险、价格指数险、全产业链组合险等新产品试点，扩大畜禽养殖保险补贴和风险责任覆盖范围，提高养殖群体参保积极性和抗风险能力。

4.2 畜牧业发展模式

针对黄河流域各地自然类型多样的特点，综合考虑不同区域的资源承载力、环境容量、生态类型、产业基础和区位优势等因素，明确资源优势和区域功能定位，实施适度规模养殖，因地制宜，科学规划，探索适合各地的畜牧业发展模式，建设具有地方特色优势的畜牧养殖基地。

一是立足草畜平衡，发展草原畜牧业。对草场进行科学规划，遵循草场生长规律，既保护草原生态，又充分利用草场资源；完善基本草原保护制度、禁牧休牧制度，划定草原生态保护红线，缓解草原超载现象，实现草畜平衡。二是注重产业融合，发展农牧区畜牧业。在农牧交错带发展优质饲草产业，做强做大草食畜牧业，以农载牧，以牧促农，通过农牧产业融合，实现提质增效。三是实施种养结合，发展农区畜牧业。农区应立足实现畜禽废弃物资源化利用，推进种养结合，既缓解畜牧业发展中的污染问题，又为粮食安全提供保障。四是立足地方畜禽品种资源优势，发展本地特色畜牧业，打造一批具有区域优势和文化特色的畜产品品牌，把畜禽地方资源优势转化为经济优势、效益优势，积极探索畜牧业与文化、休闲、旅游等产业紧密联结的发展模式。

4.3 强化技术创新和科技推广

畜牧业要突破发展瓶颈，根本出路在于提高科技创新能力。不仅需要畜牧养殖技术的创新来提供技术支撑，而且需要大数据、云计算、物联网及人工智能等现代信息技术提供手段及保障。

一是加强科技创新。加强以种业和机械为核心的技术研发，加快优质畜禽品种培育、高效繁殖、饲料配制、精细化饲养、疫病防控、环境控制等领域的创新突破，建立品种培育激励机制，提升自主育种创新能力，形成一整套高效养殖的技术体系，推动畜牧业转型升级。加大地方品种保护开发力度，充分利用其优越的遗传性状，培育地方特色畜禽品种。此外，利用大数据、物联网等现代化信息技术，构建电商平台、农牧业科技信息共享、畜产品交易服务等平台，推动互联网与畜牧业生产、经营、管理、销售、服务等环节加速融合，提升智能化水平，依靠互联网带动畜牧产业市场化、生产标准化、产品品牌化。

二是加强技术推广。建立以政府推广部门为主导，龙头企业、合作组织、科研院校等共同参与的多元科技推广体系，通过信息共享网络平台和畜牧科技特派员活动，以环境精准控制、健康养殖工艺、信息化管理等为重点，推广一批标准化智能化的养殖设施设备和先进实用技术，如标准化畜禽圈舍；TMR、电子饲喂站、自动定量料线等精准饲喂系统；自动化清粪、干湿分离、有机肥加工等智能环控系统；机械化挤奶、集蛋等畜产品收集系统。

同时，要加快建立和完善畜牧科技人才激励机制，培养一支有文化、懂技术、善经营、会管理的畜牧技术骨干队伍，提高畜牧业科技创新、推广、服务的能力。

4.4　构建种养循环、农牧结合可持续发展机制

按照构建粮草兼顾、农牧结合、循环发展的新型种养结构的思路，加快推进种养科学配套、粪肥资源循环利用，形成农牧有机结合、资源充分利用的畜牧业可持续发展新格局。

黄河流域各地区需持续推进"粮改饲"试点工作，将草牧业的发展区域从牧区和半农半牧区延伸到农耕区，扩大收贮补助主体，在主推青贮玉米的基础上，将苜蓿、燕麦、甜高粱等优质饲草料品种纳入政策支持范围，增加优质饲草供给，为牲畜提供优质、安全、健康、营养的饲料，有效支撑草食

畜牧业的转型升级，保障畜产品质量安全。

推进种养结合，土地配套是关键，黄河流域各地区要创新符合种养结合方向的农业用地政策，实现畜禽规模养殖用地与农作物种植用地相配套，积极探索种养循环、农牧结合的新模式，发挥绿色畜牧业在农牧结合、循环发展模式方面的示范作用，引导种植业与养殖业结合起来，发挥种植业与养殖业的互补优势，既有效消纳养殖业粪污，又为种植业提供有机肥来源，改善耕地土壤质量，提升土壤肥力，实现养殖业与种植业协调发展，确保畜牧业全产业链的健康发展。

4.5 深化畜禽养殖废弃物资源化利用

黄河流域各地区要建立畜禽粪污长效治理机制，强化污染源头管控，全面推进畜禽养殖废弃物资源化利用。

一是强化畜禽规模养殖场的主体责任制度落实，通过畜禽规模养殖环评制度和养殖污染监管制度这两个有力抓手，构建涵盖粪污产生、处理和利用全过程的管理体系，督促规模养殖场切实履行主体责任。二是依托畜禽粪污资源化利用整县推进项目，增加资金投入，扩大覆盖范围，支持畜牧大县配套建设畜禽粪污收集、贮存、处理、利用等基础设施，整县开展畜禽粪污资源化利用。三是鼓励养殖场、散养户与种植大户签订粪肥供应协议，利用自然好氧堆肥发酵处理技术，促进畜禽粪污就地就近还田利用，降低畜禽粪便处理成本；支持养殖场与第三方处理企业、社会化服务组织在粪污处理技术开发和设施建设上的合作，对有机肥生产与使用给予政策扶持，提高种植户使用有机肥的积极性。

4.6 优化产业体系，加粗延伸产业链条

在产业链的发展上，要打造全产业链，提升价值链，完善利益链，增加附加值。加快优化产业体系，走种养加一条龙、产供销一体化之路，打造联系紧密、利益分配均衡的现代产业链条，提升利益相关者的生产、经营和管理水平，增强市场波动风险防控能力，共同提高畜牧业的综合效益和市场竞争力。

一是支持畜牧加工龙头企业建设，培育一批链条长、带动力强的畜牧产品加工企业，构建集良种繁育、饲料生产、畜禽饲养、标准化屠宰、精深加工、储存运输、销售、冷链物流、检疫检验、畜禽粪污综合利用于一体的全产业链发展体系，提高畜禽肉品加工转化率，促进畜牧业提质增效。

二是积极探索产业化经营模式，鼓励畜牧产业链上主体间融合发展，发挥多元主体优势，形成多元主体协同发展的良好格局，增强产业发展的内在活力。推广"龙头企业＋合作社＋农户（基地）"等生产经营模式，强化龙头企业与养殖户间的利益联结机制，用标准化的生产组织形式把广大养殖户吸收/引入到产业化链条中去。

三是各地方政府和畜牧生产经营主体要树立长远的战略意识，强化竞争意识，瞄准国内外市场的高端需求，借助绿色产品认证和有机产品认证的优势，以质量兴牧、品牌强牧为重点，研究谋划畜产品品牌推介活动，加强品牌培育，搞好品牌营销，打造区域有影响力的品牌，增强产品的市场竞争力。同时，要建立健全畜牧产品等级标准体系，提高产品区分度，实现优质优价。

4.7 健全畜禽产品质量安全追溯体系

新发展阶段，为消费者提供充足、安全、优质、健康、营养的畜牧产品是畜牧业高质量发展的基本出发点，也是最根本的目标。黄河流域各地区要建立畜禽标准化生产体系，健全质量安全可追溯体系，确保畜产品质量安全。

一是落实生产者与经营者的畜产品质量安全主体责任制度。构建涵盖种植、养殖、屠宰、加工、运输到消费等环节全过程的质量安全监管体系，严格执行畜禽规模养殖建场许可制，有效杜绝养殖档案不规范，严厉查处各种违法行为，加大执法力度，督促各主体切实履行主体责任。

二是严格饲料、兽药等投入品质量安全监管。推行《饲料质量安全管理规范》，严厉打击添加目录以外物质生产饲料的违法行为，有效杜绝滥用抗生素、私屠滥宰和违禁添加瘦肉精、三聚氰胺等问题，实现饲料端"禁抗"和养殖端"减抗""限抗"目标。

三是强化重大动物疫病防控。要认真贯彻落实《动物防疫法》《国家中长期动物疫病防治规划》，采取"养、防、检、治"综合措施，坚持免疫与扑杀相结合，定期开展动物疫病监测、流行病学调查、强制性免疫等基础工作，加强动物疫情预警预案，完善应急处置工作机制。加大病死畜禽无害化处理力度，支持养殖大县建设无害化处理厂。

新时代，"六畜兴旺"是"产业兴旺"应有之义。黄河流域各省份要紧盯农业农村现代化的大目标，把握提质增效的大方向，遵循绿色发展的大原则，深化供给侧结构性改革，稳生猪、促牛羊、兴奶业，依靠科技进步，推动生产方式变革，不断提高劳动生产率、资源转化率、畜禽生产率，提升畜牧业生产效益与竞争力，加快畜牧业转型升级，推进畜牧业向高质量发展，为乡村振兴提供坚实支撑。

参考文献

安树伟，李瑞鹏，2020. 黄河流域高质量发展的内涵与推进方略［J］. 改革（1）：76-86.

陈伟生，关龙，黄瑞林，张淼洁，刘红南，胡永灵，印遇龙，2019. 论我国畜牧业可持续发展［J］. 中国科学院院刊，34（2）：135-144.

成都市畜牧业发展研究课题组，郭晓鸣，李晓东，2016. 中国畜牧业转型升级的挑战、成都经验与启示建议［J］. 农村经济（11）：38-45.

黄季焜，2018. 农业供给侧结构性改革的关键问题：政府职能和市场作用［J］. 中国农村经济（2）：2-14.

金凤君，2019. 黄河流域生态保护与高质量发展的协调推进策略［J］. 改革（11）：33-39.

李军，潘丽莎，2022. 乡村振兴背景下畜牧业高质量发展面临的主要矛盾与破解路径［J］. 经济纵横（8）：58-64.

石有龙，2018. 中国畜牧业发展现状与趋势［J］. 兽医导刊（11）：7-10.

王明利，2018. 改革开放四十年我国畜牧业发展：成就、经验及未来趋势［J］. 农业经济问题（8）：60-70. DOI：10.13246/j. cnki. iae. 2018.08.007.

于法稳，黄鑫，王广梁，2021. 畜牧业高质量发展：理论阐释与实现路径［J］. 中国农村经济（4）：85-99.

果业高质量发展

1 果业高质量发展内涵

1.1 中国果业发展现状及趋势

《中国农业百科全书（果树卷）》对果业概念进行了界定："果业就是开发利用可提供干鲜果品（果实或种仁）的多年生木本或多年生草本果树，进行大规模商品生产的种植业，是农业生产的重要组成部分之一。"现有的《中国统计年鉴》和各省统计年鉴一般将水果界定为水果（鲜果）和干果两大类。果品根据生产条件可以分为温带水果、亚热带水果和热带水果；根据可食部分可以分为仁果、核果、浆果、坚果、柑果；根据价格与需求弹性可以分为高档水果和低档水果；根据市场流向可以分为当地水果和外地水果；根据供应时间可以分为全年供应水果和季节性水果。

我国是世界果业大国，果树种植面积和产量均居世界首位，果业市场规模近 2.5 万亿元，从业人口 1 亿人左右，果品贸易在世界果品市场上占有重要地位。据《中国农村统计年鉴（2020）》统计，2019 年水果种植面积1 439.39 万公顷，年产量 2.74 亿吨，人均园林水果占有量 136.2 千克/人，总量供应充足有余。果业已成为我国农业的重要组成部分，在种植业中种植面积、产量和产值仅次于粮食和蔬菜，排在第三位。果业在保障食物安全、生态安全、人民健康、农民增收和农业可持续发展中的作用日益凸显，是全面打赢脱贫攻坚战和促进乡村振兴的重要支柱产业之一。"十三五"期间，全国 832 个国家级贫困县当中，160 多个以果业为主导产业的贫困县脱贫摘帽。

"十三五"时期，我国果品产量持续稳定在 2.4 亿吨以上，发展势头良好，较上一个五年规划进一步扩大，栽种面积和产量继续保持适度增长，果品供给总量充足。国家统计局数据显示，2019 年园林水果面积 1 227.67 万公顷，年产量为 1.9 亿吨，分别比 2015 年增长 9.5%、17.5%。我国主要果树产业布局调整进一步优化。2002 年及 2008 年国家实施苹果、柑橘和梨等优势区域发展规划以来，主要果树优势生产区域基本形成，生产集中度进一步提高。如苹果产业布局主要为环渤海湾和西北黄土高原两大优势区，两大产区 2018 年苹果种植面积分别占我国苹果总面积的 26.9%、57.2%，产量分别占我国苹果总产量的 36.0%、53.0%，生产集中度在85% 以上。

我国果业品种结构调整进一步优化，果品质量显著提高。绿色、优质、安全、品牌果品供应增加，现代果品产业种植面积进一步扩大，果品产业加快升级。在国家现代农业产业技术体系等专项的长期稳定支持下，我国主要果树新品种的引进与选育推广工作成效显著，果树品种结构调整进一步优化，采用新苗木、新技术的果业种植基地数量显著增加。通过果树优质高效绿色生产关键技术大面积推广和"三品"提升行动，苹果、柑橘和葡萄等果树的优质果率在 60% 以上，果品品牌效益明显增强，果园平均单产水平和质量安全水平同步提高。

我国果业新型农业经营体系进一步构建，果业在助力脱贫攻坚与乡村振兴战略中发挥了重要作用。果业流通体系逐步完善。初步形成了以农产品批发市场为主导，大型商超、连锁超市、便利店、生鲜电商、短视频营销、直播带货等多渠道互相补充，线上线下深度融合的流通格局。以互联网、大数据融入果品产销为特征的现代流通方式日益深入发展，使得果业在品牌化经营和果品质量安全方面有显著提高，流通体系趋于完善，冷链物流快速发展。

我国果业生产能力不断提高，果业新品种、新技术、新产品和新装备创新加快。随着我国经济的发展，消费者健康观念不断转变，人们对生活品质的追求逐步提升。90 后、00 后等年轻群体加速成为消费主体，需求日益多元，市场加速分层分级，优质品牌及其加工品的消费需求旺盛，这对果业供给带来了新的挑战，为果业转型发展和价值提升带来机遇。

1.2 果业高质量发展

近年来，我国各地抓住农业产业结构调整的机遇，立足当地特色和资源优势，大力发展果树产业，取得了巨大成效，但同国外发达国家果业总体发展水平比较，我国的果业发展水平仍较低，标准化程度低，产品质量不高，优质高档果率低，果品总体价格低迷，中低档果品结构性过剩，出口份额低，市场竞争力不强。

我国虽然是果业大国，但尚不是果业强国，果品质量和果业效益与发达国家相比还有很大差距。我国果业尚存在市场竞争力不强，单位面积效益逐年下降，品种结构单一，病虫危害较重，劳动力成本上升，种业发展滞后，科学研究、推广体系与生产组织方式不相适应等问题。为了实现我国果业的高质量发展，提高果业的国际竞争力，实现产业升级，我们必须按照"面向世界农业科技前沿、面向国家重大需求、面向现代农业建设主战场、面向人民生命健康"要求，围绕"推进农业高水平科技自立自强、支撑乡村全面振兴"核心使命，以"保障食物安全与果品有效供给、推动果业绿色高质量发展、推进果品优质安全与营养健康、推动乡村振兴和区域果业发展"等为我国果业的重大使命，充分发挥国家果树战略科技力量作用，发挥新型举国体制的优势，组织实施重点科研任务，加快科技攻关突破，更好地推动果业高质量发展，加快农业农村现代化，更好地满足人民日益增长的美好生活需要。

我国果品供给总体上已经呈现供过于求的局面。2019年我国居民人均鲜瓜果消费量为51.4千克，折合年消费总量为7 196万吨，而2019年全国瓜果总产量为2.74亿吨，仅水果就达到1.9亿吨，去除约占1/3的加工、出口和损耗，人均依然达到90千克，远远超出实际消费量。这就要求我国果业必须摆脱以往片面追求数量而忽视质量的发展路径。

1.2.1 果业高质量发展的内涵

果业高质量发展是一个系统工程和综合概念，涉及资源、环境、经济、社会及文化等多个方面。其内涵是指果业由量的增长转向质的提升的动态发展过程：①能够很好满足人民日益增长的美好生活需要的发展；②是体现新发展理念的思想；③是创新成为第一动力、协调成为内生特点、绿色成为普遍形态、开放成为必由之路、共享成为根本目的的发展。该定义包含了发展的基本含义，也涵盖了高质量发展的内涵，同时界定了果业发展的特征和要求。

党的十九届六中全会强调，必须实现创新成为第一动力、协调成为内生特点、绿色成为普遍形态、开放成为必由之路、共享成为根本目的的高质量发展，推动经济发展质量变革、效率变革、动力变革。高质量发展是体现新发展理念的发展，必须坚持创新、协调、绿色、开放、共享发展相统一。果业高质量发展内涵的主要特征也体现在这五个方面。

（1）创新成为第一动力

一是科技创新为引领，果业的科技贡献率得到提升，果业发展增长点转移到依靠科技进步的轨道。加快良种选育和品种更新换代，依靠良种良法占领产业制高点。二是发展动能转换，主要由量的扩张转变为内涵式增长，向管理、集约经营要效益。三是发挥地区比较优势，充分利用地区自然地理、气候资源、土地资源优势，提高果品及其加工产品的附加值。因此，创新成为动力在结果上看，主要以促进集约规模、经济效益不断提升，全要素生产率处于较高水平为标志。

（2）协调成为内生特点

一是一二三产业融合发展，第一产业得到提升，第二产业得到加强，第三产业得到强化，特别是种植业效率得到提高，保鲜贮运以及加工转化能力、物流运输、电子商务等得到增强，使果业资源要素重新整合，为果业结构升级、实现协调发展提供基础及保障。二是注重整体性与综合性的多元发展，涵盖果业结构、区域种植布局、城乡经济与社会等各方面，形成特色林果业"三区"发展格局。三是推进果基地标准化、农产品加工区等建设，促进区域林果业融合水平持续提升，林果业与其他相关产业及支持性产业之间的互补性得到协调。协调性表现的结果是产业结构合理，各业就业充分，产业发展持续健康稳定。

（3）绿色成为引领

一是推进绿色发展，加强生态环境保护和资源节约，促进可持续、循环模式，以缓解果业发展的生态环境压力，提升资源使用效率，缓解资源短缺的困境。二是大力发展无公害、绿色、有机果品，加强绿色公共品牌建设，促进地理标志产品与绿色产品融合发展。三是加强绿色果品和加工产品消费的引导，促进消费结构升级。因此，果业绿色发展的特征表现是：生态环境指标持续向好，资源减量水平和资源利用效率高。

（4）开放成为新动力

国内外市场需求是推动林果业高质量发展的重要驱动力。要推动区域果业高质量发展，必须统筹利用国内和国际市场、资金、技术等，提升对外开放的质量和发展的内外联动性。因此，果业开放发展的主要特征是：果业国际竞争力持续发展，投资吸引力增强，果产品外贸出口和相关产业领域进口增多，经营主体盈利水平提升，投资利润率较高且稳定增长。

（5）共享成为根本目的

本质上看，果业的高质量发展目的在于产生更大的社会福利，是人民生活质量不断提高的发展。新时代，果业经济的增长更加强调所有利益参与者共享发展成果，实现共同富裕。果业共享发展要求就业、物价平稳，果农实际人均可支配收入达到高水平并持续稳定增长，且实际收入分配差距处于合理范围。

1.2.2　果业高质量发展的目标

（1）优化果品供给

果业高质量发展的根本目标是满足人民群众对于果品及其加工产品的需要。目前我国果业产量虽然总体处于供过于求，但产品质量、产品层次仍有待提高，果品供给与需求的结构性矛盾仍然十分突出。我国果业要以市场为导向，主动调整品种布局，加强标准化生产，发展果品精深加工，满足消费升级需求；同时要主动研发新品种、新产品以新供给催生新需求。围绕果业由"增产导向"向"提质导向"转变的要求，针对果品贮藏保鲜与加工水平低、采后损耗率高、质量安全控制和营养品质评价滞后等问题，开展果品采后保鲜减损与贮运、果品精深加工与营养健康食品制造、果品质量安全快速检测、果品质量安全风险评估与控制、果品营养品质评价与精准调控等科技创新，提升果品及其加工品品质、风味品质、营养品质和功能组分，推进果品的优质化、高值化和品牌化。

（2）保障食物安全

针对我国果树生产中部分树种存在的主栽品种以国外育成品种为主、自主知识产权品种占比低等问题，需要建立果树高效育种技术体系，培育高产优质、节本增效、高抗广适的突破性或重大果树新品种，满足消费者对果品多样化和优质化的不断需求，满足生产者对绿色、低成本的管理需求，满足加工企业对品种专用化的需求，满足对新品种一致性、周年均衡供应的多样化需求，保障食物安全与果品有效供给。

（3）推动乡村振兴

没有产业的振兴，乡村振兴就是无源之水、无本之木。推进果业高质量发展的重要任务之一，就是要把挖掘果业特色、放大果业优势、提升果业档次作为重要内容，加快果业转型升级，促进农民增收。

2　黄河流域水果生产概况

黄河流域是中国最重要的地理单元之一，具有面积广大、自然地理环境复杂和社会经济环境差异巨大等特点。黄河流经我国地势第一级阶梯的青海、四川和甘肃，第二级阶梯的宁夏、内蒙古、陕西和山西以及第三级阶梯的河南和山东等共计9个省份。

青海受限于自然条件，水果产量和种植面积与黄河流域其他省份差距悬殊。青海水果品种以苹果和梨为主，2020年产量均为4 000余吨，种植面积仅有数百公顷（表1）。2011—2020年青海省苹果和梨的产量整体呈波动下降趋势（图1）。

表1　2020年青海主要水果产量及果园面积

水果品种	水果产量合计（吨）	年末实有果园面积（公顷）
苹果	4 259	826
梨	4 735	425
葡萄	287	43

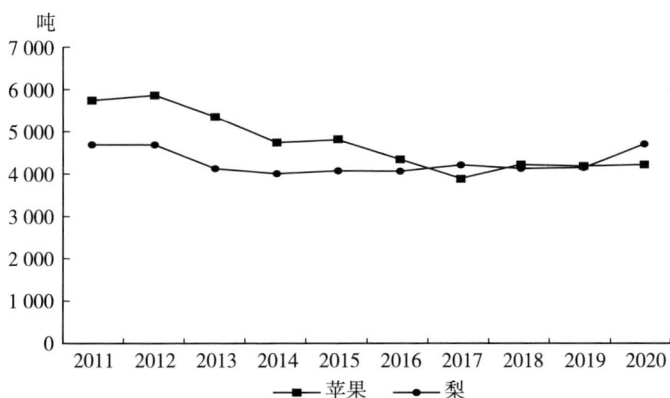

图 1 青海主要水果产量走势

内蒙古水果产量相对于黄河流域其他省份较少。2020 年内蒙古园林水果产量为 46.8 万吨（表 2）。

表 2 2020 年内蒙古水果产量及果园面积

水果品种	水果产量合计（吨）	年末实有果园面积（公顷）
园林水果	468 000	/

甘肃水果种植以苹果为主，甘肃苹果产量和面积均占全省水果总产量和总面积的 80% 以上，2020 年甘肃苹果产量约 386 万吨，种植面积为 24.86 万公顷（表 3）。此外，甘肃 2020 年梨、葡萄、桃的年产量均在 10 万吨以上，红枣和杏子的产量均在 5 万吨以上。甘肃 2011—2020 年主要水果产量呈现苹果产量大幅上升，其他水果产量先升后降的局面，水果生产进一步向苹果集中（图 2、图 3）。

表 3 2020 年甘肃主要水果产量及果园面积

水果品种	水果产量合计（吨）	年末实有果园面积（公顷）
苹果	3 859 773	248 560
梨	238 848	19 850
葡萄	270 811	16 330
红枣	93 796	/
柿子	25 240	/
桃	140 660	6 940
杏子	77 702	14 470

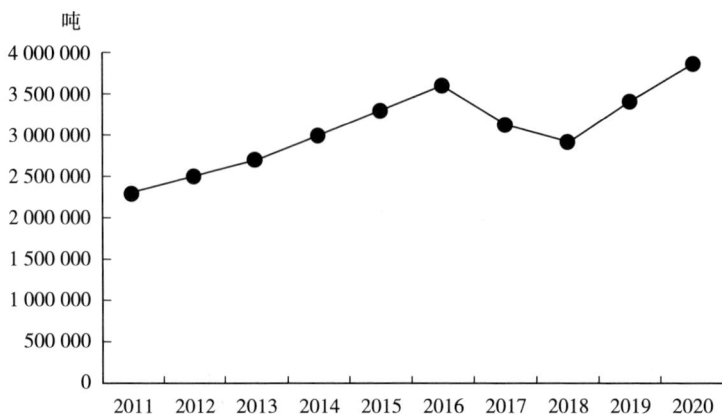

图 2 甘肃苹果产量走势

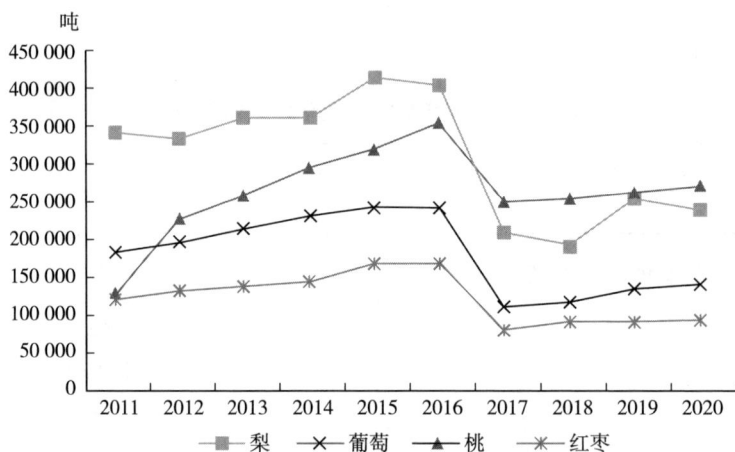

图 3 甘肃其他主要水果产量走势

　　四川水果品种以柑橘为主，2020 年柑橘产量高达 48.9 万吨。此外四川 2020 年苹果和梨的产量均在 5 万吨以上（表 4）。2011—2020 年，四川柑橘产量大幅提升，苹果和梨的产量占比较小，整体呈缓慢上升趋势（图 4）。

表 4　2020 年四川主要水果产量及果园面积

水果品种	水果产量合计（吨）	年末实有果园面积（公顷）
苹果	80 750	/
柑橘	488 960	/
梨	95 560	/

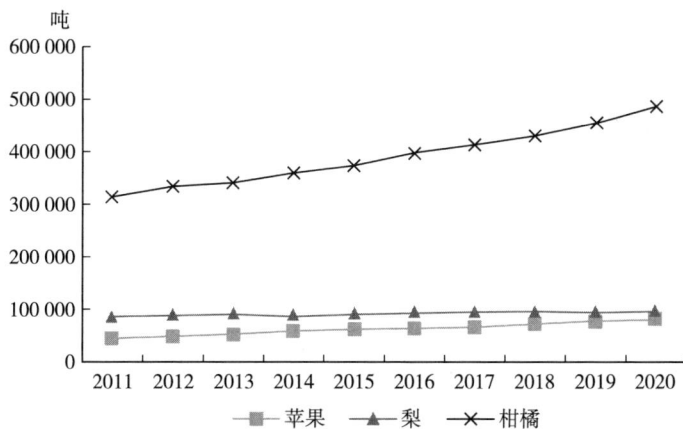

图 4　四川主要水果产量走势

宁夏水果品种以苹果为主，2020 苹果产量为 21.1 万吨，占当年园林水果产量的 45.1%（表 5）。2011—2020 年，宁夏苹果产量波动明显，其中 2018 年和 2020 年出现了大幅下降（图 5）。

表 5　2020 年宁夏主要水果产量及果园面积

水果品种	水果产量合计（吨）	年末实有果园面积
园林水果	467 877	/
苹果	211 023	/

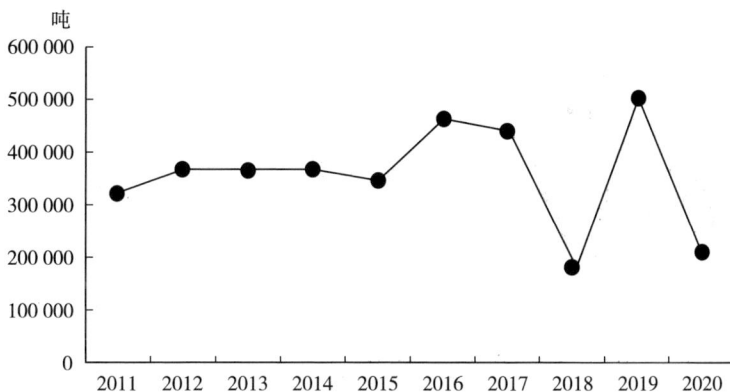

图 5　宁夏苹果产量走势

陕西为水果种植大省，水果品种繁多，产量和种植面积非常可观。2020 年陕西苹果产量高达 1 185.2 万吨，种植面积超过 62 万公顷。此外，陕西梨、红枣、猕猴桃 2020 年的产量均超过了 100 万吨，柑橘、葡萄、桃 2020 年的产量均超过了 50 万吨（表 6）。2011—2020 年，陕西苹果产量整体呈上升趋势，其他主要水果产量呈波动上升趋势（图 6、图 7）。

表 6　2020 年陕西主要水果产量及果园面积

水果品种	水果产量合计（吨）	年末实有果园面积（公顷）
苹果	11 852 143	620 182
柑橘	518 775	23 570
梨	1 043 042	44 495
葡萄	806 990	48 766
桃	755 531	36 037
红枣	1 099 137	212 651
杏	133 143	34 736
柿子	312 845	23 400
猕猴桃	1 158 336	61 213
石榴	70 634	4 487
其他水果	329 716	44 944

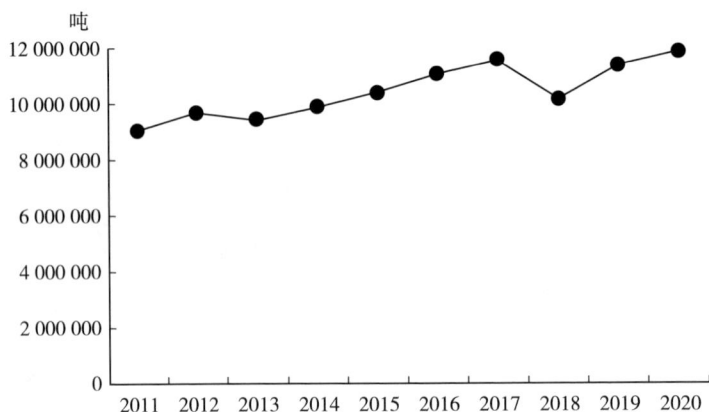

图 6　陕西苹果产量走势

山西 2020 年苹果产量为 436.6 万吨，种植面积为 14.4 万公顷，桃产量为 157.6 万吨，红枣和梨的产量均在 50 万吨以上（表 7）。2011—2020 年，山西苹果产量整体稳定，呈波动上升趋势，桃产量大幅上升，梨产量上升趋势明显，葡萄和红枣产量整体呈上升趋势（图 8、图 9）。

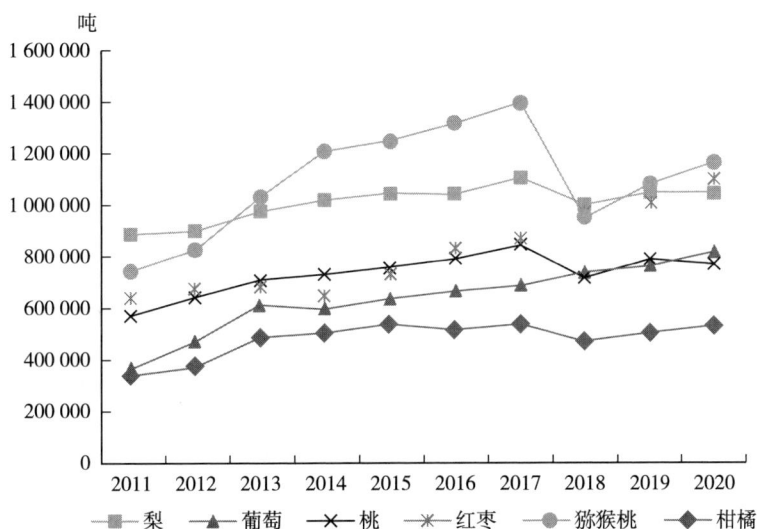

图 7　陕西其他水果产量走势

表 7　2020 年山西主要水果产量及果园面积

水果品种	水果产量合计（吨）	年末实有果园面积（公顷）
苹果	4 366 313	144 300
梨	977 267	46 700
桃	1 575 551	50 100
葡萄	345 078	15 400
红枣	721 048	/
柿子	249 513	/

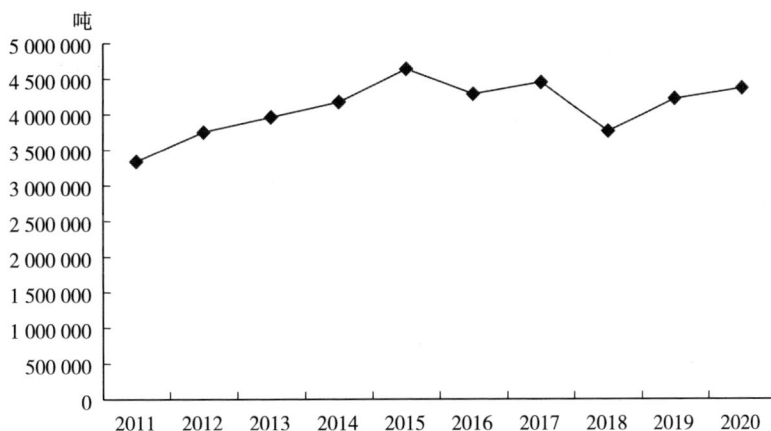

图 8　山西苹果产量走势

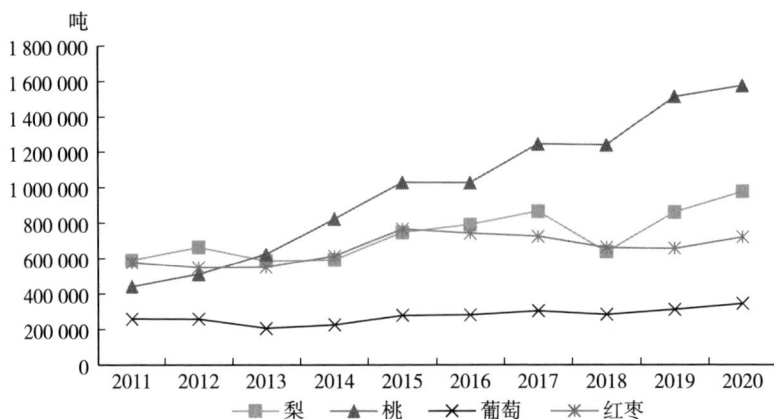

图 9 山西其他主要水果产量走势

河南 2020 年苹果产量为 407.6 万吨，种植面积为 11.8 万公顷，桃产量为 193 万吨，梨产量为 138.2 万吨；此外，葡萄、红枣、柿子的产量也较高（表 8）。2011—2020 年，河南苹果产量整体呈先升后降趋势，桃产量大幅上升，梨和葡萄产量呈上升趋势，红枣产量大幅下滑（图 10、图 11）。

表 8 2020 年河南主要水果产量及果园面积

水果品种	水果产量合计（吨）	年末实有果园面积（公顷）
苹果	4 075 700	117 650
梨	1 381 600	66 600
葡萄	881 000	41 380
红枣	162 800	/
柿	437 300	/
桃	1 930 100	112 660
柑橘	47 100	4 360

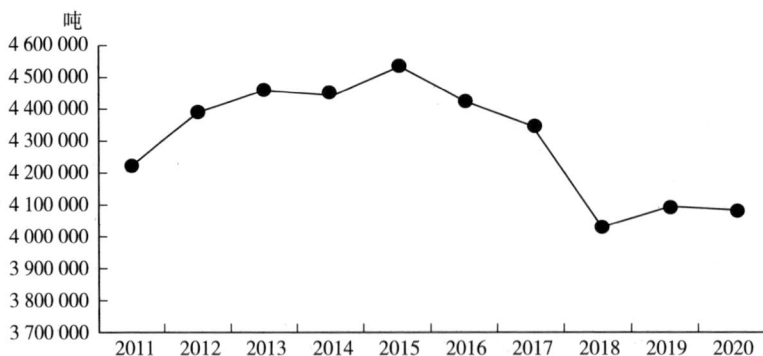

图 10 河南苹果产量走势

吨

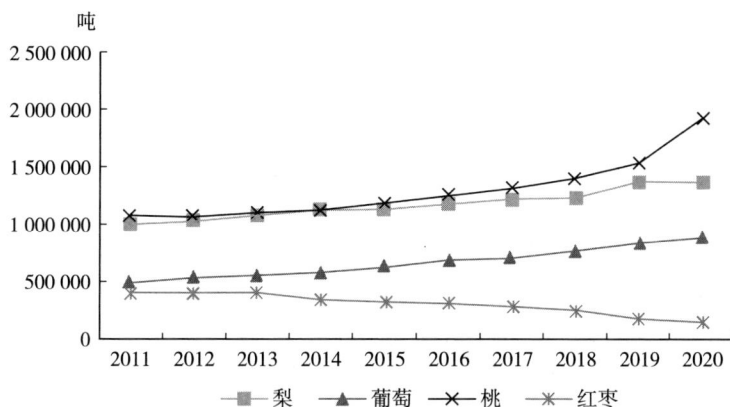

图 11 河南其他主要水果产量走势

　　山东同样为水果种植大省，水果品种繁多，产量和种植面积非常可观。2020 年山东省苹果产量高达 953.6 万吨，种植面积超过 24 万公顷。山东省 2020 年西瓜产量为 761.4 万吨，桃产量为 422.2 万吨，甜瓜、梨、葡萄的产量均在 100 万吨以上（表 9）。2011—2020 年，山东苹果和桃产量整体呈上升趋势，桃产量大幅上升，梨和葡萄产量波动明显，整体产量保持稳定，山楂产量呈上升趋势，红枣产量大幅下滑（图 12、图 13）。

表 9　2020 年山东主要水果产量及果园面积

水果品种	水果产量合计（吨）	年末实有果园面积（公顷）
西瓜	7 613 614	141 495
甜瓜	2 237 743	44 186
苹果	9 536 322	246 529
梨	1 110 915	36 475
葡萄	1 160 652	35 798
桃	4 222 401	136 111
杏	164 682	/
红枣	592 968	/
柿子	108 448	/
山楂	311 790	/
其他	1 090 089	/

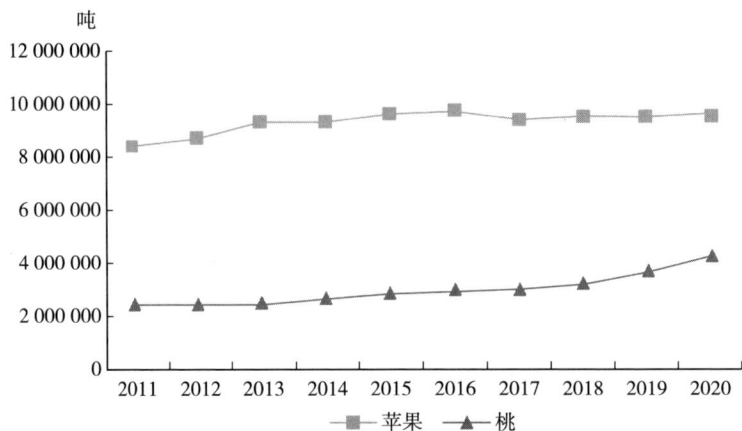

图 12　山东苹果和桃产量走势

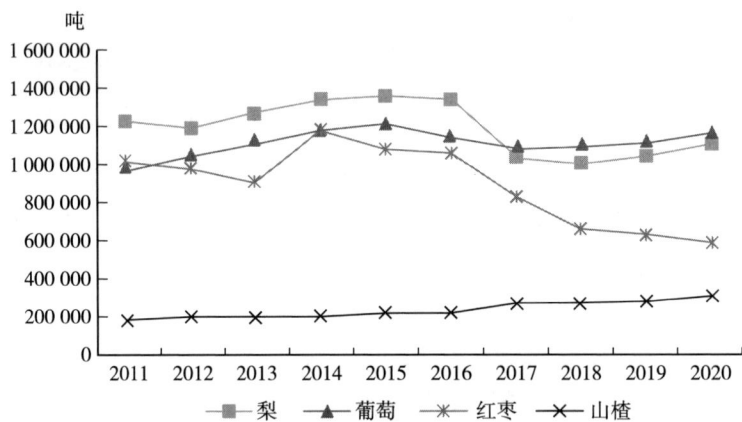

图 13　山东其他主要水果产量走势

3 果业相关政策

3.1 果业补贴政策

3.1.1 特色水果种植补贴

目前我国水果种植补贴政策还没有完全普及。一些地方为了发展特色水果产业，对相关特色水果品种的种植进行补贴，比如种植杂交香蕉每亩可以补贴 800 元，种植杂交荔枝每亩补贴 1 000 元，种植杂交苹果每亩补贴 850 元。各地具体补贴不一，申领部门为当地农委部门或扶贫办、农业综合开发办公室等。相关特色水果品种具有产量高、利润高等特点。此外，各地还有针对特色水果种植的保险补贴。该项补贴政策同样只针对部分水果品种。比如生产杂交香蕉、荔枝、苹果的农户，就可以获得该项种植补贴。杂交香蕉、荔枝种植保险每亩补贴 1 200 元，保费每亩 86 元，杂交苹果种植保险每亩补贴 800 元，保费每亩 66 元。针对特色水果种植进行补贴有利于避免果业同质化发展，提升当地果业差异化竞争力以及果农利润空间。

3.1.2　水果标准园建设项目补贴

作物标准园建设项目面积达到 1 000 亩以上，设施达到 200 亩以上，可申请补贴 50 万～100 万元不等。申领部门为农业农村部。水果标准园的建设项目有利于促进果业规模化发展，有利于提高水果生产品质以及果业利润率。但是这种补贴对于规模要求较高，受众范围较窄。我国果业目前仍然以中小果农为主，应进一步完善针对中等果农以及小型果业合作社的补贴政策，循序渐进地推进果业规模化发展。随着农村土地流转速度的加快，农村专业合作社也如雨后春笋般兴起。由于单凭个人的力量很难达到补贴标准中规定的经营面积，果农可选择通过土地流转实现水果规模化种植，或者通过和零散种植户合作，通过组建果业合作社等方式实现共赢。

3.1.3　农业产地初加工项目补贴

补贴范围包括每年新建的马铃薯贮藏窖、果蔬保鲜库和烘干设施等三大类 19 种规格的农产品产地初加工设施。农产品产地初加工补助政策采取"先建后补"方式，补贴比例为总投资额的 30%。自 2016 年起，国家在全国范围内对项目对象实行定额补贴，标准为 1 万～34 万元。此类补贴有利于延长当地果业生产链，拓宽果农增收渠道，提升果农抗风险能力和市场议价能力，同时有利于降低产后损失，提升果业经济效益。

3.2　黄河流域地方政府发展果业的具体措施

3.2.1　提供果业专业技术服务

甘肃庄浪县成立县级果树技术服务专家组和乡级果树技术服务队，健全县乡两级技术服务指导体系，全面普及树形改良、辅助授粉、花果精细管理等增产提质关键技术。四川阿坝强化果树春季管理，在春耕生产关键时节，州县农业生产部门统一合力，送技术下基层，采取"田间大课堂、技术进田间、服务进万家"的方式，对全自治州果业园区集中开展了修剪、肥水管理、春防等技术指导。宁夏通过在抖音、快手、乡味宁夏、学习强国等平台上线一批通俗易懂"接地气"的培训短视频等举措，实现了培训方式的"线上线下"相结合，并开展专业化、全程化、实用化技术服务。

3.2.2　打造区域果业公用品牌

甘肃泾川县聚力打造"泾川苹果"区域公用品牌，推行"互联网＋果业"营销模式，建成果品电商销售平台70多家，设立直销窗口5个，建立农超专柜10多家，出口东南亚、俄罗斯等苹果外销市场，先后荣获"中国红富士苹果之乡""全国优质苹果标准化生产示范区"等称号。四川乐山柑橘产业围绕打造"中国晚熟柑橘之乡"这一目标，以井研县为核心，以犍为县、五通桥区和市中区为重点发展晚熟柑橘产业，实施"区域品牌＋企业品牌＋产品品牌"战略，成功打造"井研柑橘""金石井柑橘"两大区域品牌，并注册国家地理标志集体商标。

3.2.3　开发引进优质品种

山西运城与山西省农业科学院果树研究所共建"山西省果树品种改良和工程技术研发中心"，为运城果业绿色发展提供技术支撑，同时对涉及现代果业发展方向的新产品、新技术和优质果树丰产栽培技术集成示范、增值加工以及引进和开发果园急用机具等给予支持力度。四川乐山建设现代种业共享研发中心，建成"三园三圃"（母本园、新品种展示园、高标准示范园、砧木育苗圃、采穗圃、繁育圃），配套完成肥水药一体化池、管理与检测服务中心、物联网智能控制系统等建设，年培育无病毒苗木能力达50万株，从源头上保障了柑橘种苗安全。实施双晚战略，引进春见、沃柑、明日见、甘平等优质晚熟柑橘品种20余种，做好新品种试验、观察、筛选与推广，目前全市晚熟柑橘栽培面积占比达56.5％。

3.2.4　改造升级传统果园

山东对应用主推新品种或新研发品种新改建500亩（含）以上、1 000

亩（含）以上的"大果园"，每亩分别给予 3 000 元、4 000 元的一次性补贴；对新改建 5 000 亩以上的"大果园"，采取"一事一议"的方式给予补贴。大樱桃产业对新改建温室栽培示范基地 20 亩以上的，每亩给予 1 万元补贴；核心产区新改建露天大樱桃示范基地 20 亩以上，每亩给予 3 000 元补贴；对新改建的 50 亩以上大樱桃"三防"棚（防霜、防雨、防裂果），每亩给予 5 000 元补贴。梨产业对新改建成方连片、单园规模 200 亩以上的标准化梨园，每亩补贴 3 000 元；对单园规模 200 亩以上且新改建防雹、防鸟、防虫等多功能防护网架的，每亩补贴 2 000 元。

四川乐山对果园实施改造。一是改品种，淘汰立地条件不适宜、效益低的果园，对品种不对路的果园进行高接换种。二是改设施，完善果园沟、池、路、渠、电等基础设施，做到能排能灌。三是改土壤，推广果园生草栽培模式，在柑橘园种植光叶紫花苕、三叶草、箭筈豌豆等绿肥植物，推广面积 3.5 万亩，提高了土壤有机质含量。推广果粮、果蔬等套种模式，每亩可增收 500 元以上。推行"以种定养、以养促种、种养结合"绿色生态循环模式，畜禽粪污综合利用率达到 90% 以上。四是改装备，推广适宜不同地形地貌的机械化、省力化机械，建成水肥一体化系统 1.8 万亩、果园山地轨道运输系统 7.3 千米，提高水肥利用和物资运输效率。五是改栽培，集成推广起垄栽培、轻简化修剪、病虫害综合防控等生态高效栽培管理关键技术。

3.2.5　发展果品初加工

四川乐山以分选、包装、冷藏保鲜、冷链物流为重点，加快井研、犍为等柑橘重点产区初加工能力建设，延长供应链，提升价值链。引进智能化分选线 2 条，培育繁盛、绿源、沃馋等初加工冷链物流龙头企业 20 余家，配套建设冷藏库 55 座，库容量达到 7 000 余吨，建成柑橘商品化处理中心 5 个，产地初加工率达到 75% 以上。

河南建立豫西黄土高原和豫东黄河故道优质苹果、豫东南优质梨生产区、中东部平原特色果品和城市近郊鲜果生产基地，重点支持灵宝、陕县苹果、宁陵酥梨、封丘树莓、偃师葡萄、鲁山桃等一批大型水果基地。以好想你枣业、金秋果业、二仙坡绿色果业、生命果、中沃、丰之源、优洋等龙头企业为果蔬产业集群，发展鲜果、果浆、果酱、果干、果饮料，拉长产业链条，提高产品品质。

3.2.6 建设农产品产地冷藏保鲜设施和冷链物流

宁夏农业农村厅针对全区产地缺乏冷藏保鲜设施造成的农产品损失高、农民种植收益差等问题，围绕瓜果、蔬菜和地方优势特色农产品，按照农民自愿自建，政府以奖代补的方式，全面推进农产品产地冷藏保鲜设施建设，助力降损增效，推动产地冷藏保鲜能力、商品化处理能力和服务带动能力明显提升。全县农产品仓储保鲜先进技术逐步推广，产后损失率显著下降，产品附加值大幅增长。此外，宁夏沙坡头区通过设施建设积极推广"冷库＋电商"模式，让产地直通销地，消费直面生产，实现苹果销售增长 6.2%。在全区择优确定了 4 个农产品产地冷藏保鲜整县推进试点，打造了一批产销贯通、工农贸一体、一二三产融合发展的区域性优势特色农业产业集群，形成了小任果业、亮发、聚丰、景台村经济合作社等一批具有集中采购和跨区域配送的农产品冷链物流集散、加工配送的产地集配中心和交易中心。

河南积极发展冷链多式联运，推动交通与冷链物流融合发展，降低物流成本、提高运输效率；发展农产品产地初加工，支持果蔬优势产区在产地推行产品预冷；引导农产品批发市场、大型连锁企业等各类市场主体与产地进行对接，建设中转冷藏保鲜设施和果蔬配送中心，推广果蔬运输全程温控技术。

3.2.7 促进果业绿色生产

河南在优质林果产区，依托化肥减量增效试点县创建，大力开展测土配方施肥，推广化肥减量增效技术模式，示范带动化肥减量增效；以水果等园艺作物为重点，开展有机肥替代化肥试点示范，加速有机肥推广使用，到 2020 年，创建 10 个有机肥替代化肥示范县。培育发展专业化统防统治服务组织，推广高效低风险农药和无人机等高效施药机械；开展果菜茶全程绿色防控试点，集成推广物理防治、生物防治等绿色防控技术。

4 黄河流域果业高质量发展水平测度

4.1 果业高质量发展指标体系

4.1.1 评价指标体系构建的原则

本研究根据创新、协调、绿色、开放、共享的新发展理念，依据黄河流域果业高质量发展的内涵，构建黄河流域果业高质量发展评价指标体系，以客观评价该地区果业高质量发展的水平。黄河流域果业高质量发展的评价指标体系设计和制定，须遵循以下原则：

（1）科学性

紧扣"高质量"这一主题，以新发展理念的科学内涵作为指导，结合果业高质量发展的内涵、黄河流域果业发展现实对指标进行科学选择。由于黄河流域不同时期的各地区具体情况有很大差异，其基础设施建设、创新效率、资源利用水平等方面发展水平不均衡，果业高质量发展评价值在不同发展水平的区域或同一地区的不同阶段，有不同的涵义，因而黄河流域果业高质量发展评价指标体系应从"美好生活"和"不平衡不充分发展"的社会主要矛盾的两个方面进行设计，以体现果业高质量发展的成果。

（2）系统性

果业高质量发展是一个涉及资源、环境、经济、社会及文化等多个方面的系统工程和综合概念。因此，为防止指标设计片面化导致评价结果不合实际的情况发生，黄河流域果业高质量发展的评价指标体系设计，应该使所选的指标体现上述内涵及主要特征，形成一个相互配合、各有侧重且具有层次性和内在联系的有机整体，从这个体系中全面刻画果业高质量发展指数所包含的各个构成要素，进而从时空维度揭示相互关系。

（3）代表性

果业高质量发展要求指标体系"少而精"，能够抓住反映黄河流域果业高质量发展水平的核心指标，而不能因增添不重要指标导致重要指标意义的稀释。由于果业高质量发展及其涵盖内容的复杂性，加之受限于黄河流域范围内指标数据收集方面的困难，在确定具体指标时难以面面俱到，只能使用具有代表性且为主要组成部分的关键要素作为评价依据和基础；同时，在很多情况下，由于一些指标之间存在很高的相关性，两三个指标有时也与十多个指标所能说明的意义差异不大；而且过多的指标，不仅会增加数据收集的工作量、降低处理及综合计算的效率，也会弱化真正重要指标的作用，因此在不影响结论的前提下，可舍弃一些影响程度不大的指标。

4.1.2　评价指标选取及说明

根据区域果业高质量发展的内涵及主要特征，并参考相关学者对高质量发展评价的研究，遵循科学性、系统性、代表性原则，并考虑到数据可得性和数据可度量性等因素，从新发展理念的各个视角构建包括创新、协调、绿色、开放、共享 5 个维度共计 16 个指标的黄河流域果业高质量发展评价指标体系，如表 10 所示。

表 10　黄河流域果业高质量发展水平评价指标体系

维度	指标	指标内涵	单位	指标方向
创新	地均果业产值	果业总产值/瓜果播种面积	亿元/千公顷	＋
	人均机械化水平	农业机械总动力/乡村人口	千瓦/人	＋
	人均乡村文化站数量	乡村文化站数量/乡村人口	个/万人	＋
协调	果业产值比重	果业产值/农业产值	％	＋
	农业固定投资比重	农业固定资产投资额/农村固定资产投资额	％	＋
	水果生产者价格指数	水果生产者价格指数	％	－
绿色	单位农业产值化肥用量	化肥用量/农业产值	万吨/亿元	－
	单位农业产值农药用量	农药用量/农业产值	吨/亿元	－
	单位农业产值塑料薄膜用量	塑料薄膜用量/农业产值	吨/亿元	－
	单位农业产值柴油用量	柴油用量/农业产值	万吨/亿元	－
	全国果业"三品一标"基地数量	全国果业"三品一标"基地数量	个	＋
开放	人均农业固定投资	农业固定资产投资额/乡村人口	亿元/万人	＋
	农林牧渔行业上市公司数量	农林牧渔行业上市公司数量	个	＋
共享	水果人均占有量	水果人均占有量	千克/人	＋
	农村居民纯收入	农村居民纯收入	元	＋
	城乡收入差距	城乡居民收入水平对比（农村居民＝1）	—	－

维度一：创新维度。较高的果业生产效率是果业高质量发展的根本保证，也是果业高质量发展的重要成果。果业创新维度主要反映果业经济发展过程中的创新投入产出关系。与果业创新密切相关的投入要素有机械动力、资本、劳动以及全要素生产率。此外人力资本方面的投入也与果业创新发展密切相关。本研究试图从地均果业产值、人均机械化水平和人均乡村文化站数量来测度果业创新发展水平。地均果业产值刻画果业经济发展过程中的创新投入产出关系，人均机械化水平用于测度地区果业技术投入水平，人均乡村文化站数量用来表示地区果业人力资本投入水平。

维度二：协调维度。经济结构与经济发展质量有密切的关系。经济效益的好坏一方面取决于全要素生产率的高低，另一方面取决于生产要素是否实现最优配置效率。经济结构的优化本身意味着经济增长由量变向质变的演化和生产效率的增进。本研究用果业产值比重、农业固定投资比重以及水果生产者价格指数来测度果业协调维度层面的高质量发展水平。果业产值比重体现了果业在当地农业发展中的相对地位，农业固定投资比重体现了直接用于农业生产的农村投资比重，水果生产者价格指数体现了果业发展的稳定程度并且会对果业的利润率产生影响。

维度三：绿色维度。经济发展与生态环境的活动过程中包括对资源的索取和对环境的影响两个方面。自然资源一般包括土地资源、水资源、大气资源、矿产资源和森林资源等。环境影响一般包括大气污染、水污染、土壤退化以及生物多样性的减少等。本研究选取单位农业产值化肥用量，单位农业产值农药用量，单位农业产值塑料薄膜用量以及单位农业产值柴油用量来测度地区农业发展对相关资源的消耗程度。此外，化肥、农药、塑料薄膜以及柴油的使用都会对环境带来负面影响，这些指标也可以衡量地区农业发展对环境的影响。本研究通过测度地区农业发展对资源环境的影响来间接测度地区果业发展对资源环境的影响。此外，由于"三品一标"农产品对于绿色生产的高要求，本研究通过各省份全国果业"三品一标"基地数量来直接测度地区果业绿色维度方面的高质量发展水平。

维度四：开放维度。一些研究利用农产品外贸依存度来测度地区农业发展的对外开放水平。但是受到交通运输等区位条件的影响，不同省份出口果业产品的难度差异较大，且存在统计口径方面的困难。开放不仅仅是对外开放，更深层的含义为利用区域外资源的能力，本研究利用人均农业固定投资和农林牧渔行业上市公司数量来衡量地区农业投资水平以及地区农业利用区域外资源的能力。

维度五：共享维度。只有当经济发展的福利和成果分配被社会绝大多数共享时，才能进一步促进经济的健康和可持续发展。本研究利用农村居民纯收入和城乡收入差距来测度地区农业经济发展的共享水平，并用水果人均占有量来直接测度地区果业共享层面的高质量发展水平。

4.2 黄河流域果业高质量发展水平测度

果业高质量发展评价指标体系作为多指标、多维度的综合评价指标体系，需要选取多指标综合评价方法将多项指标合成单一指数进行考察。将多项指标综合成果业高质量发展综合指数，核心在于对各项指标进行赋权，进而获得果业高质量发展各子系统指数和综合指数。赋权方法可以分为主观赋权法（层次分析法、相对指数法等）和客观赋权法（如因子分析法、主成分分析法、熵值法等）。经过比较分析，本研究采用熵权 TOPSIS 法进行赋权，熵权 TOPSIS 法在指标评价体系中，根据信息"熵"值的计算确定权重，即根据各项指标初始值的差异程度确定各指标权重，从而更合理地反映黄河流域不同省份果业高质量发展水平的实际情况。熵权 TOPSIS 法的主要步骤如下：

第一步，原始数据矩阵归一化。构建果业高质量发展评价指标体系，设 m 个研究对象 n 个评价指标的原始数据矩阵为 $F=(x_{ij})_{m \times n}$，对其进行归一化后得到 $A=(x'_{ij})_{m \times n}$。评价指标体系中包含正向、负向不同性质的指标，具体的代理指标变量之间尚存在量纲差异缺乏可比性，因此采用极差标准化方法对原始数据进行标准无量纲化处理，消除量纲数据对评价结果的影响，使得指标之间具有可比性。正向指标和负向指标标准化公式如下：

正向指标：$x'_{ij}=(x_{ij}-\min x_j)/(\max x_j-\min x_j)$ （1）

负向指标：$x'_{ij}=(\max x_j-x_j)/(\max x_j-\min x_j)$ （2）

其中，x_{ij} 为第 $i(i=1,2,3,\cdots,m)$ 个评价单元第 j 项指标的实际观测值，x'_{ij} 为相应评价单元正向和负向标准化值，$\max x_j$ 和 $\min x_j$ 分别为第 j 项指标的最大值和最小值。

第二步，定义熵值。在 m 个研究对象 n 个评价指标的果业高质量评价体系中，第 j 个指标的熵为 $h_j=-k\sum_{i=1}^{m}f_{ij}\ln f_{ij}$，其中 $f_{ij}=x'_{ij}/\sum_{i=1}^{m}x'_{ij}$，$k=1/\ln m$（当 $f_{ij}=0$ 时，$f_{ij}\ln f_{ij}=0$）。

第三步，定义熵权。定义第 j 个指标的熵值之后，可以得到第 j 个指标的熵权：

$$w_j=\frac{1-h_j}{n-\sum_{j=1}^{n}h_j}(0\leqslant w_j\leqslant1,\sum_{j=1}^{n}w_j=1)\qquad（3）$$

第四步，分别计算果业高质量发展各维度指数和综合指数。公式为：

$n_i=\sum_{j=1}^{n}x_{ij}w_{ij}$，$n_i$ 为第 i 个地区果业高质量发展各维度指数

$m_i=\sum_{j=1}^{n}x_{ij}w_{ij}$，$m_i$ 为第 i 个地区果业高质量发展的综合指数。

第五步，计算最终的高质量发展水平。

为了使最终结果更为直观，设置 $N_i=500n_i$，$M_i=800m_i$，其中，N_i 表示第 i 个地区果业高质量发展某维度的具体水平；M_i 表示第 i 个地区果业高质量发展某维度的综合水平。

4.3 黄河流域果业高质量发展水平分析

通过熵权 TOPSIS 得到黄河流域果业高质量发展水平综合评价值与排序（表 11），表中括号内数字为黄河流域各省份果业高质量发展水平评价值的排序，括号外数字为果业高质量发展水平评价值。基于果业高质量发展水平类型分类标准，根据 2011—2020 年的数据分析黄河流域果业高质量发展水平的时空演化特征。

考虑黄河流域各省份果业高质量发展水平综合评价值，确定高质量发展水平分类标准，按照高质量发展水平综合评价值平均值的 0.8 倍、1.0 倍、1.2 倍，将黄河流域各省份果业高质量发展水平划分为高质量发展低水平、中低水平、中高水平、高水平等 4 种类型区（表 12），进而得到黄河流域各

省份果业高质量发展水平类型分布，如表 13 所示。

表 11　黄河流域各省份果业高质量发展水平综合评价值与排序

省份	2011	2012	2013	2014	2015	2016	2017	2018	2019	2020
山西	90.16(6)	89.92(5)	82.56(5)	78.08(7)	92.48(4)	92.4(3)	88.4(7)	87.6(5)	79.12(7)	90.88(5)
内蒙古	92.8(4)	95.68(2)	90.24(4)	91.36(3)	77.92(7)	91.28(4)	97.36(2)	86.72(6)	84(6)	77.92(8)
山东	111.2(1)	115.92(1)	124.16(1)	125.76(1)	122.72(1)	118.96(1)	109.92(1)	123.92(1)	108.16(1)	106.08(1)
河南	80.16(7)	80(7)	82.08(6)	75.2(8)	86.88(6)	80.08(8)	77.68(8)	94.72(4)	78.4(8)	93.36(3)
四川	96.64(3)	95.52(3)	91.68(3)	90.72(4)	93.68(3)	84.56(6)	91.36(3)	98.8(2)	91.52(5)	93.12(4)
陕西	91.28(5)	88.64(6)	81.84(7)	87.84(6)	92.24(5)	86.72(5)	90.96(4)	98.32(3)	103.76(2)	99.28(2)
甘肃	98.4(2)	92.4(4)	94(2)	93.36(2)	93.68(2)	99.36(2)	88.88(5)	83.36(7)	92.88(4)	89.92(6)
青海	66.4(9)	68.88(9)	76.4(9)	69.04(9)	62.56(9)	65.04(9)	66.8(9)	61.84(9)	69.28(9)	68.56(9)
宁夏	73.04(8)	72.96(8)	77.04(8)	88.64(5)	77.84(8)	81.6(7)	88.56(6)	64.8(8)	92.88(3)	80.96(7)

表 12　果业高质量发展水平分类

类型	划分标准	表示
高质量发展低水平	小于平均值的 0.8 倍	L
高质量发展中低水平	大于或等于平均值的 0.8 倍但小于平均值	M—L
高质量发展中高水平	大于或等于平均值但小于平均值的 1.2 倍	M—H
高质量发展高水平	大于或等于平均值的 1.2 倍	H

表 13　黄河流域各省份果业高质量发展水平类型分布

省份	2011	2012	2013	2014	2015	2016	2017	2018	2019	2020
山西	M—H	M—H	M—L	M—L	M—H	M—H	M—L	M—L	M—L	M—H
内蒙古	M—H	M—H	M—H	M—H	M—L	M—H	M—H	M—L	M—L	M—L
山东	H	H	H	H	H	H	H	H	H	H
河南	M—L	M—L	M—L	M—L	M—L	M—L	M—L	M—H	M—L	M—H
四川	M—H	M—H	M—H	M—H	M—H	M—H	M—H	M—H	M—H	M—H
陕西	M—H	M—H	M—L	M—H	M—H	M—L	M—H	M—H	M—H	M—H
甘肃	M—H	M—H	M—H	M—H	M—H	M—H	M—H	M—H	M—H	M—H
青海	L	L	L	L	L	L	L	L	L	L
宁夏	M—L	M—L	M—L	M—L	M—L	M—L	M—L	L	M—H	M—L

　　由表 11 和表 13 可以看出，黄河流域各省份之间果业高质量发展水平差异较大，省份之间差距呈先扩大后缩小的趋势。山东果业高质量发展水平最高，2010—2020 年一直为高质量发展高水平。青海果业高质量发展水平最低，2010—2020 年一直为高质量发展低水平。山西果业高质量发展水平在中低水平和中高水平之间波动。内蒙古果业高质量发展水平整体呈下降趋势，由中高水平下降为中低水平。河南果业高质量发展水平较低，但是呈上升趋势，逐渐由中低水平上升为中高水平。四川果业高质量发展水平相对较高，多数时期处于中高水平。陕西果业高质量发展水平整体呈上升趋势，逐渐由中低水平上升为中高水平。甘肃果业高质量发展水平相对较高，处于中高水平。宁夏果业高质量发展水平较低，多数时期处于中低水平。

　　本研究又按照三大地区比较了黄河流域果业高质量发展水平，见表 14。如表 14 所示，2010—2020 年黄河流域三大区域果业高质量发展水平差距明显，呈现"东高西低"的分布特征，整体上东部最高，中部次之，西部最低。黄河流域三大区域果业高质量发展水平差距呈现逐步缩小的趋势，说明地区间果业发展朝着均衡方向发展。本研究又分维度地比较了黄河流域高质量发展水平，见表 15 至表 19。

表 14　2010—2020 年黄河流域三大区域果业高质量发展水平及比较

地区	2011	2012	2013	2014	2015	2016	2017	2018	2019	2020
东部地区	111.20	115.92	124.16	125.76	122.72	118.96	109.92	123.92	108.16	106.08
中部地区	85.16	84.96	82.32	76.64	89.68	86.24	83.04	91.16	78.76	92.12
西部地区	84.51	83.86	84.03	87.09	82.25	84.31	87.50	79.81	89.60	84.39

　　注：东部地区包括山东 1 个省份；中部地区包括山西、河南 2 个省份；西部地区包括内蒙古、陕西、四川、甘肃、宁夏、青海 6 个省份。

　　由表 15 可以看出，黄河流域各省份之间果业高质量发展创新维度水平差异较大。其中，山西、四川两省果业高质量发展创新维度水平位居前列。宁夏、河南果业高质量发展创新维度水平较低。内蒙古果业高质量发展创新维度水平整体呈上升趋势。山东、甘肃果业高质量发展创新维度水平整体呈下降趋势，其中山东为小幅下降，甘肃下降趋势十分明显。陕西果业高质量发展创新维度水平较高且较为稳定。

表 15   黄河流域各省份果业高质量发展水平创新维度评价值与排序

省份	2011	2012	2013	2014	2015	2016	2017	2018	2019	2020
山西	100.3(1)	106.55(1)	91.4(1)	92.4(2)	96.05(2)	94.35(2)	107.9(1)	102.3(2)	93.05(2)	94.7(1)
内蒙古	36.4(7)	34.85(7)	38.35(7)	36.95(7)	37.6(7)	42.5(6)	41.05(4)	42.2(5)	44.9(5)	49.9(5)
山东	45.35(5)	43.05(5)	45.3(6)	40.3(6)	40.65(6)	41.95(7)	40.25(5)	42.25(4)	47.35(4)	42.25(6)
河南	23.6(9)	21.65(9)	22.9(9)	21.7(9)	21.5(9)	19.8(9)	23.45(8)	24.35(8)	26.5(8)	23.1(9)
四川	91.25(2)	91.55(2)	86.4(3)	98(1)	99.8(1)	95.9(1)	104.9(2)	103.6(1)	97.55(1)	90.75(2)
陕西	85.3(3)	89.5(3)	86.7(2)	89.1(3)	80.35(3)	90(3)	85(3)	89.9(3)	89.7(3)	88.35(3)
甘肃	49(4)	46.7(4)	50.15(5)	45.8(5)	53.65(4)	45.3(5)	37.4(7)	37.45(6)	35.8(7)	35.5(7)
青海	40.7(6)	40.55(6)	51.6(4)	50.65(4)	44.85(5)	47.95(4)	37.75(6)	35.35(7)	41.9(6)	52.1(4)
宁夏	28.1(8)	25.6(8)	27.2(8)	25.1(8)	25.5(8)	22.25(8)	22.35(9)	22.6(9)	23.25(9)	23.4(8)

由表 16 可以看出，黄河流域各省份之间果业高质量发展协调维度水平差异较大，且各省份不同年份之间波动较大。其中，陕西、山西两省果业高质量发展协调维度水平位居前列，其中陕西整体呈下降趋势，山西呈上升趋势。青海、河南果业高质量发展协调维度水平较低，其中河南上升趋势明显。内蒙古、甘肃果业高质量发展协调维度水平下降趋势明显，其中内蒙古整体水平较高，甘肃整体水平较低。四川、山东、宁夏果业高质量发展协调维度水平波动较大，整体水平较低。

表 16   黄河流域各省份果业高质量发展水平协调维度评价值与排序

省份	2011	2012	2013	2014	2015	2016	2017	2018	2019	2020
山西	71.8(2)	67.85(3)	72.45(1)	42(7)	81.3(1)	86.25(1)	51.85(5)	73.8(2)	55.25(5)	86.8(1)
内蒙古	69.1(4)	79.3(1)	55.55(6)	77.05(3)	41.9(7)	77.45(3)	97.85(1)	72.7(3)	60.8(4)	33.9(9)
山东	43.15(6)	61.15(5)	58.25(4)	84.55(1)	68.3(3)	62.3(4)	53.7(4)	71.6(7)	47.15(6)	48.15(6)
河南	26(9)	39.45(8)	48.25(7)	22.4(9)	51(5)	19.3(9)	24.75(9)	42.3(5)	25.5(9)	71.45(2)
四川	68.55(5)	61.85(4)	47.9(8)	51.25(5)	59(4)	24.5(8)	31.9(8)	56.85(1)	40.4(7)	54.15(5)
陕西	75.6(1)	72.1(2)	67.05(2)	57.85(4)	77.75(2)	56.85(5)	59.15(3)	78.25(1)	84.15(2)	67.85(3)
甘肃	70.1(3)	41.1(7)	56.6(5)	48.2(6)	47.8(6)	78.7(2)	50.25(6)	46.75(6)	68.4(3)	54.35(4)
青海	34.45(8)	29.6(9)	29.55(9)	36(8)	36.25(9)	38.1(7)	39.85(7)	30.35(9)	34.05(8)	35.35(8)
宁夏	41.25(7)	47.6(6)	64.4(3)	80.7(2)	36.7(8)	56.55(6)	90.7(2)	27.4(8)	84.35(1)	48.05(7)

由表 17 可以看出，黄河流域各省份之间果业高质量发展绿色维度水平差异较小，整体水平较低。其中，山东、陕西果业高质量发展绿色维度水平

位居前列，其中陕西上升趋势明显。宁夏、河南果业高质量发展绿色维度水平较低，但整体呈上升趋势。内蒙古果业高质量发展绿色维度水平较低，且呈下降趋势。甘肃果业高质量发展绿色维度水平较高，但下降趋势明显。四川、青海果业高质量发展绿色维度水平较高，且较为稳定。

表17　黄河流域各省份果业高质量发展水平绿色维度评价值与排序

省份	2011	2012	2013	2014	2015	2016	2017	2018	2019	2020
山 西	55.8(4)	55.5(5)	48.15(6)	56.5(6)	57.45(3)	56.1(4)	51.35(7)	49(8)	45.25(8)	48.35(8)
内蒙古	49.4(7)	45.8(8)	54.65(4)	41.6(9)	41.2(9)	41.35(9)	41.9(9)	41.35(9)	41.5(9)	41.05(9)
山 东	76.3(1)	75.3(1)	86.1(1)	80.05(1)	80.5(1)	75.8(1)	73.65(1)	70.75(1)	70.5(1)	69.3(1)
河 南	48.75(8)	47.15(7)	44.35(7)	46.9(7)	52.2(6)	51.95(7)	51.45(6)	54(5)	51.8(6)	56.5(5)
四 川	55.8(5)	60(3)	62.75(3)	57.25(5)	56.15(4)	57.2(5)	60.3(3)	60.7(3)	60.8(3)	59.7(3)
陕 西	56.25(3)	51.65(6)	43.5(8)	57.6(3)	57.65(2)	60.35(2)	62.75(2)	64.35(2)	67.45(2)	66.4(2)
甘 肃	57.95(2)	61.95(2)	54.5(5)	59(2)	55.6(5)	54.7(5)	51.95(5)	51(7)	52.4(5)	50.9(7)
青 海	55.25(6)	59.75(4)	66.65(2)	57.4(4)	51.3(7)	53.7(6)	56.75(4)	56(4)	60.2(4)	56.7(4)
宁 夏	44.5(9)	42.9(9)	39.45(9)	43.7(8)	47.95(8)	48.9(8)	49.85(8)	52.85(6)	50.15(7)	51.1(6)

由表18可以看出，黄河流域各省份之间果业高质量发展开放维度水平差异悬殊。其中，山东、内蒙古、甘肃果业高质量发展开放维度水平位居前列，且整体水平较为稳定。宁夏、四川果业高质量发展开放维度水平较低，宁夏呈上升趋势，四川呈下降趋势。山西、陕西、青海果业高质量发展开放维度水平很低，陕西呈上升趋势，山西呈下降趋势。河南果业高质量发展开放维度水平较高，但略有下降。

表18　黄河流域各省份果业高质量发展水平开放维度评价值与排序

省份	2011	2012	2013	2014	2015	2016	2017	2018	2019	2020
山 西	17.05(7)	17.8(7)	17.35(7)	18.6(8)	22.05(7)	24.05(7)	21.95(7)	20.4(8)	9.6(8)	5.05(9)
内蒙古	95.05(2)	105.15(2)	94.4(2)	96.75(2)	93.35(2)	95.6(2)	90.85(2)	104.2(2)	91.7(2)	96.45(2)
山 东	108.75(1)	108.45(1)	118.15(1)	116.35(1)	127.05(1)	127.95(1)	126.25(1)	110.7(1)	100.3(1)	97.25(1)
河 南	70.95(4)	69.2(4)	73(4)	68.2(4)	68.2(4)	70.1(4)	70.95(4)	68.15(4)	64.15(5)	66.2(5)
四 川	46.55(5)	44.35(6)	39.9(6)	37.25(6)	39.2(6)	39.3(6)	41.9(6)	41.65(6)	37.7(7)	39(6)
陕 西	15.25(8)	14.25(8)	9.7(8)	18.85(7)	5.3(8)	0.7(9)	13.85(9)	22.85(7)	39.9(6)	34.35(7)
甘 肃	87.1(3)	86.5(3)	90.65(3)	85.95(3)	86.9(3)	87.85(3)	88.3(3)	83.3(3)	82.5(3)	84.75(3)
青 海	13.85(9)	7.3(9)	7.65(9)	6.35(9)	1.25(9)	1.6(8)	1.6(8)	3.35(9)	6.8(9)	9.5(8)
宁 夏	45.45(6)	47(5)	49.25(5)	51.7(5)	57.95(5)	52.85(5)	46(5)	45.4(5)	67.35(4)	67.4(4)

由表 19 可以看出，黄河流域各省份之间果业高质量发展共享维度水平差异较大。陕西、山东果业高质量发展共享维度水平位居前列，其中陕西呈明显上升趋势，山东略有下降。宁夏、河南果业高质量发展共享维度水平较高，但呈下降趋势。四川、内蒙古、山西果业高质量发展共享维度水平较低，其中，四川、内蒙古呈下降趋势，山西呈上升趋势。青海、甘肃果业高质量发展共享维度水平很低，其中甘肃呈上升趋势，青海呈下降趋势。

表 19　黄河流域各省份果业高质量发展水平共享维度评价值与排序

省份	2011	2012	2013	2014	2015	2016	2017	2018	2019	2020
山西	48.5(7)	49(6)	48.65(6)	54.55(5)	55.85(5)	54.95(5)	58.3(5)	45.35(5)	57.65(5)	61.25(5)
内蒙古	50.05(6)	47.3(7)	47.1(7)	41.1(7)	39.4(7)	39.4(7)	41.25(7)	30.3(7)	40.95(7)	43.05(8)
山东	83.45(1)	80.05(1)	79.95(1)	76.85(2)	77.35(2)	75.45(2)	73.65(3)	114.05(1)	70(4)	70.6(2)
河南	76.7(2)	75.1(2)	75(2)	71.2(3)	72.55(3)	73.8(3)	74.35(2)	109.15(2)	70.3(3)	69.65(3)
四川	52.75(5)	50.75(5)	50.6(5)	47.9(6)	49.65(6)	50.05(6)	52.15(6)	58.45(4)	50.4(6)	50.85(6)
陕西	59.5(4)	61.75(4)	61.15(4)	70.1(4)	69.95(4)	70.65(4)	75.55(1)	71.55(3)	75.25(1)	76.25(1)
甘肃	31.5(8)	33.5(8)	34.6(8)	35.9(8)	36.2(8)	37.6(8)	36.6(8)	22.55(8)	39.35(8)	44.9(7)
青海	25.9(9)	29.4(9)	31.05(9)	22.05(9)	19.7(9)	20(9)	20.2(9)	17.3(9)	22.25(9)	20.9(9)
宁夏	71.65(3)	73.2(3)	72(3)	80.35(1)	79.35(1)	78.15(1)	68.05(4)	31.3(6)	73.75(2)	62.55(4)

综合上述结果可以发现，山西果业高质量发展的主要限制因素在于绿色和开放维度。山西应进一步促进果业绿色生产，推广化肥农药减量；扩大开放，加强对果业的投资，提高果业利润率，进而吸引社会力量进入。内蒙古果业高质量发展水平下降的主要原因是果业高质量发展水平绿色维度和共享维度水平的下降。内蒙古应努力提升果业绿色生产水平，并推动果业发展惠及当地果农和消费者。山东在果业高质量发展绿色、开放、共享维度方面的高水平是其果业高质量发展综合评价值长期保持高水平的主要原因，其相对不足之处在于果业发展创新、协调不足。山东应努力提升果业机械化水平，加强果业人力资本投入，降低果业生产各项成本。河南果业高质量发展的主要限制因素在于创新维度，应该努力提升人力资本投入和机械化水平，进而提升果业附加值和利润率。四川果业高质量发展的主要限制因素在于协调和开放维度。四川应努力降低果业生产成本，促进果业规模化经营；扩大开放，吸引社会力量对果业进行投资。陕西果业高质量发展的主要限制因素在

于开放维度,应进一步扩大开放,提升果业利润率。甘肃果业高质量发展的主要限制因素在于创新和绿色维度,应努力提升果业附加值和利润率,发展绿色生产,尤其是提高农药和塑料薄膜的利用效率。青海果业高质量发展水平较低,与其自然条件恶劣是分不开的,应结合自身实际,探索发展具有地方优势的特色品种。宁夏果业高质量发展水平较低的主要原因在于创新维度水平较低,应该努力提升人力资本投入,提升果业附加值和利润率。

5 黄河流域果业发展存在的问题

5.1 生态环境脆弱,自然灾害较多

黄河流域区域地形地貌复杂,气候类型多样,区域内多干旱、沙尘、霜冻、冰雹等自然灾害,果业开发难度大。黄河流域中西部地区降水较少,蒸发量大。水资源短缺,风沙和低温共同构成了果业发展的重要限制因素。比如,陕西渭北旱原及山西大部分地区年降水量在550~710毫米,年间降水不均,最易发生春旱。甘肃、宁夏大部分地区降水量最低仅几十毫米。且蒸发量大,沙尘暴危害严重,植被稀少,土地荒漠化、盐碱化过程强烈。干旱、冰雹、低温等灾害会严重影响果品产量、质量。

5.2 果农经营规模小,果业龙头企业偏少

我国果业生产主体是农户。比如,2020年,我国从事苹果生产的各类主体共614.27万户,其中苹果面积超过20亩的种植大户仅有15.01万户。果业生产基本以家庭为单位,导致经营规模小,投入不足,抵御市场风险的能力差,相互之间缺少联合;此外还会造成生产、贮藏、加工、销售各个环节的割裂,增加交易成本。我国果农组织化程度低,相关合作社数量较少,没有建立起有实质性影响的行业协会。这一方面限制了果业产业集群化发展,另一方面也不利于实现规模效益。现有果业龙头企业存在规模小,数量少,对产业的带动能力不足等问题。果业龙头企业从根本上没有与果农形成合作的经济利益共同体,直接影响着果业生产的持续、健康发展。一些公司

存在损害果农利益的行为，压级压价，逐渐丧失果农信任，企业也难以进一步发展。

农村基层现行机制下原有的技术推广服务体系大多涣散失效，农村专业技术人员和农民专业骨干大多青黄不接，科学技术的推广不足导致生产的整体技术水平偏低。农民人力资本投入较低，这进一步阻碍了新技术、新品种的推广。我国农村老龄化现象日益突出，这也会对果业发展带来负面影响。随着劳动力价格的上涨，我国劳动力密集型果品的低成本竞争优势将会丧失，其国际竞争力也将显著下降。果园管理及生产投入大幅度增加，也对产业增效和果农增收的影响很大。

5.3 果业相关产业链薄弱，果品加工能力有限

果品采后处理环节薄弱，精深加工水平低。加工和鲜食果比例严重失调。鲜食果不耐储存，价格低，附加值不高，极大地影响了果业的盈利能力和竞争力。现有农产品加工以速冻、保鲜类为主，产品的附加值低，缺少知名品牌。果品采后商品化处理、贮藏、加工和市场营销等产后环节，成为产业链中十分薄弱的环节；采后增值率低，产业整体效益无法充分发挥，严重制约了果业的可持续发展。果业产业链发展的不平衡，制约了果业整体效益的提升。现代冷链物流建设滞后，也成为制约果业发展的瓶颈。新鲜水果常温耐贮时间较短，易腐烂变质，对流通设施及设备的要求较高。我国果品流通环节中，仓储、运输环节的冷链建设相对滞后，加上贮藏保鲜技术手段不发达，造成我国果蔬流通过程中损耗较大。产业化的根本是生产、加工、运输、销售的一体化，目前果业从生产到销售各环节关联性差，"小生产与大市场"的矛盾突出，很难实现产、运、贮、销一体化，弱化了终端产品的竞争力，也难以实现生产环节效益的最大化。

5.4 果业品种及其结构有待进一步完善

目前，现代化果树良种优质苗木繁育体系建设滞后，苗木质量不适应现代果树发展的需求。种苗生产的标准化程度低，无病毒种苗生产尚未落实。现阶段果树苗木繁育和经营仍以个体繁育户为主，现代化、专业化和规范化

苗木生产企业少，由于缺少行业性果树良种苗木生产和管理法规，致使出圃苗木质量标准化低，苗木检疫制度执行及监管缺失，不适应现代果业高质量发展的需求。

黄河流域各省份主产水果同质化现象严重，品种多样化程度差，产品选择余地小，优质化、多样化程度低。同时自主知识产权品种占比较低，苹果、葡萄等主栽品种仍以国外育成品种为主。国内育成葡萄新品种 100 余个，但作为主栽品种大面积推广的不多。果树的更新换代，缺乏自主知识产权的品种将成为今后产业发展的重大隐患。此外，黄河流域主要果树品种熟期搭配不尽合理。鲜食品种成熟期过于集中，早、中、晚熟品种比例不协调。果品成熟期的集中导致了果品上市的高度集中，使得果品季节性供大于求非常严重，果品销售不畅，严重影响了果农收益。

5.5 化肥农药过量使用，果业绿色发展面临难题

在果树生产中，农药和化肥的不合理使用现象仍非常突出。据报道，我国果园化肥用量是世界平均水平的 2 倍，是欧美发达国家的 4 倍，日本的 3 倍多，化肥利用率与发达国家相比至少还有 20％～30％的差距。许多产区由于化肥长期过量施用，果园土壤酸化和面源污染问题凸显，致使果品质量安全风险加大，果业绿色发展难度加大。果园病虫害防控中过量使用化学农药问题明显，表现为不能依据园地主要病虫害发生预报和监测进行适时适量用药，只是定期喷药以避免病虫害发生，存在严重的过度用药问题。大量的化学农药被浪费而进入环境，危害生态安全和人类健康。保护生产生活及生态环境、实现产业高质量发展任重道远。果品在生产、加工、贮运和包装过程中遭受的污染比较严重，农药、化肥残留量较大，农产品的安全性较低，造成农产品的大量积压、低价销售。黄河流域绿色生产水平整体偏低，果业发展依赖农药化肥的大量投入。这不仅会增加环境负担，还会降低水果品质和市场竞争力，引发食品安全问题。

5.6 果品市场供过于求，果品整体质量水平较低

由于我国果园面积不断增长，产量持续增加，市场供应充足又以鲜食为

主，上市时期集中，加上鲜果质量普遍不高，贮藏、加工能力不足，果品价格总体水平保持稳中走低的趋势。随着产品过剩和市场的日益开放，在由数量效益型向质量效益型转变的过渡时期，观念的滞后、技术水平的落后以及投入不足等，导致产品的整体质量水平仍然较低。当某一果品市场热销时，往往一哄而上盲目发展，非优生区的播种面积过大，导致品质难以提高，商品化程度低。果形指数低，果面缺陷多，着色不匀，商品外观一致性差，优果率不高，符合出口标准的高档果比例不高，与世界先进国家的优果率、合格出口标准率的水平有较大差距。产品生产过程中标准化程度低，导致产品一致性差，果品的优质果率低，大部分果品价格低廉，甚至出现积压滞销。果品质量偏低限制了果业区域品牌的打造。小规模的生产者没有能力考虑品牌问题，导致果品品牌化率低。

6 黄河流域果业发展路径

6.1 实施果业绿色生产，增强持续发展能力

近年来，果业生产中农药、化肥和各种农业添加剂及激素的使用日益泛滥。与此同时，经济条件的改善使人们更加重视身体健康和食品的绿色化。绿色生产既降低了果品品质和商品价值，也对消费者健康造成危害。果业生产应大力提倡使用有机肥、生物菌肥，选用抗病品种，采用生物、物理措施防治病虫害。同时加强监督，严格执法，制止滥用药剂，例如对猕猴桃使用膨大剂、保鲜剂等。在普遍实行无公害、绿色认证的基础上，逐步发展有机认证。实行优质优价，用经济手段解决农药残留，保证果品安全。这也有利于区域公共品牌的建设。此外，还要加强果品检测和质量安全追踪。在果品集中产区和大型批发市场，都要设立检测机构，上市交易的果品必须附有检测报告，对不合格的果品，商家应拒绝收购，使农残超标的果品无人问津。对已售出的果品，发现问题应追溯到源头。

随着世界经贸的发展，国际组织和相关国家制定了各种关于果品生产的详细标准。果业的可持续发展要求按照无公害食品的标准，从源头到生产过

程的整个环节，加强企业准入制度，提高对企业的要求，实施项目环评和审批等，为果品生长提供良好环境保障。建议由政府引导相关的大中型企业采取订单、定金等模式，实施"农户＋工厂"等运作模式签订收购合同，从而推动农户和企业达到双赢的效果。

6.2　推进果业标准化和品牌化

随着经济全球化和科技高新化的发展，产品质量的竞争、品牌的竞争逐渐成为市场竞争的焦点。虽然农产品不可能像工业品那样完全标准化，但基于现代技术的果品外观标准化、内在品质一致化和生产环节规范化，是果业品牌化的基础。为推进果业高质量发展，应尽快建立果品标准体系，努力实现果品产业的每个树种各个环节都有标准可依。同时尝试将取得明显效益的新技术、新成果进行标准化集成，形成地方或行业标准，以促进这些技术在实际生产中的标准化应用。对果业相关标准的立项进行充分论证，承担标准制定的单位要广泛查阅相关资料和深入产区调查，确保标准各项指标的准确性和与生产实际紧密结合，切实提高标准的可操作性。

水果生产具有典型的区域性，以致形成了千差万别的区域差异，这也客观上为区域公共品牌的形成奠定了基础。品牌建设是一项系统工程，农民作为分散的市场主体难以有效地实施品牌建设，而中小型农业产业组织受到资金、技术和人才等限制也较难成功或有效实施。政府部门应引导和协调产业组织间的沟通和联合并应提供科技、技术、人才、政策和资金方面的支持，同时应积极沟通产业组织做好品牌建设和使用的监督监管，建立产品的质量控制体系政策，按照相关标准化生产技术规程，制定产品的生产、收获、加工、包装、储运等环节的质量控制体系，形成规模化和专业化的名牌产品生产，提升品牌效应。地区主管部门可以制定明确的区域公共品牌发展战略，或者对现有品牌进行整合，以统一的质量标准，扶持相关果类品牌，积极申请国家工商总局的知名商标，注重品牌宣传，提升品牌价值和知名度。

6.3　扶持果业专业合作社和龙头企业

由于果农作为分散的生产个体，其生产带有盲目性、经济实力过小、科技意识较差、应对市场经济的能力很弱等。合作经济组织和行业协会在农业生产中对果农的自助协调、科技推广、行业发展等有着不可低估的推动作用。应注重利用规范的中介组织为果业生产的产、供、销及科研等提供辅助。鼓励果业社会化服务组织发展，探索开展果园托管、半托管的服务方式，推动现有公益性服务体系与社会化服务组织的有机衔接，构建形成以公共服务机构为依托、以合作组织为基础、以龙头企业和专业服务公司为骨干、其他社会组织为补充的果业社会化服务体系。

各级果业管理部门，应当把发展果业专业合作组织列为本地果业发展的重要内容。发展果业合作经济组织，有利于提高果业规模化程度。一方面可以通过专业合作组织把果农、企业和市场有机联系起来，另一方面通过专业合作组织为果农提供种苗、技术、信息、资金、收储、运输、销售等环节的系列化服务，促进各种生产要素的有效结合。通过专业合作组织的集体行动，有利于果农维护自身的合法权益，可以在很大程度上节约内部成员的交易费用，提高果业资源的配置效率，进而提升果业市场竞争力。

龙头企业凭借其技术、资金、市场和反应能力对产业的促进作用及对经济发展有着不可替代的作用，可以将产供销、贸工农紧密结合起来。龙头企业的发展壮大离不开市场与效益的支持，政府也要在政策和资金等方面给予优惠措施，为企业积极搭建银企平台、贸易平台、信息平台等，拓宽企业融资渠道，增强企业出口创汇和抗御市场风险、金融风险的能力，增强企业的辐射力和带动力。

果农果园面积小，机械使用效率不高，经济效益低，对生产投入不足，不利于果业进一步发展。果农的贷款需求具有季节性、临时性等特点。由于信息不对称，使得资金供给不足。资金问题成为制约苹果生产的瓶颈之一。解决的有效途径是探索土地使用权抵押贷款，根据各地实际情况寻求可行的构建方案。借贷主体要根据当地农业生产经营特点及组织化程度采取联户借贷、单户借贷、合作经济组织借贷后分配及龙头企业借贷等多种借贷形式。

6.4 丰富产业链条，提升果业附加值

黄河流域多数省份在果业产业链的前半段已有了一定的规模和基础，但

要想进一步提高果业在经济中的比例，实现综合效益的提高，就必须加强产中、产后环节，延长产业链，重视贮藏、深加工业的发展。一方面要做好果业产品的深加工和多次开发。例如苹果除了加工浓缩果汁以外，还应开发果汁饮料、果干、果粉、果酱、果醋等系列产品；葡萄除鲜食外，还应开发葡萄汁、葡萄酒、冰酒等产品，另一方面要注重相关产业的发展。围绕果业生产所需的化肥、农药、果袋等生产资料，产后的包装箱、网袋、果托等的生产，以及贮藏设施、运销乃至物流业都可得到相应的发展。此外可以结合市场开发旅游、观光果业。充分利用果园绿色、天然氧吧的自然功效，积极使果品种植和开发与农家乐、旅游产业、休闲劳作等产业结合，从而提高果业发展的附加值。

6.5 促进果业集群发展，充分发挥规模效应

果业集群发展是水果企业间合作的一种有效形式，集群可以降低交易费用，发挥行业性规模优势，提高整体的竞争力。果业集群包括农户、生产、加工和销售企业和相关行业，如包装业、化肥农资等。产业集群向下延伸到销售渠道和顾客，横向延伸到包括提供互补产品的生产商和通过技能、技术或共同的投入品而相互联系的企业。同时产业集群也包括政府和其他机构，如大学、监督机构、果业管理局、质量技术监督局、进出口检验检疫局和贸易机构等提供专门的培训、教育、服务、信息、研究和技术支持等多种服务的机构。

政府要创造条件，引导相关产业在一定区域内集聚。扩大批发市场建设，逐步完善功能，开展电子商务。建立核心示范区，形成以果树苗木繁育、果树嫁接改形、果汁深加工，果品综合开发利用为特点的高新技术产业群。同时建立加工企业集群，发挥规模经济效应。用优惠的政策吸引对果业集群发展有重要影响的公共物品或准公共物品的投资，加强基础设施建设，特别是与果业发展配套的软硬件建设，为企业提供诸如风险融资、中介服务、产学研合作、信息支持、产业空间布局等公共服务。加强物流和信息及其他服务公司的配套建设，建立健全中介服务体系。完善集群中间产品市场体系，强化相关融资网络系统和拓展外销网络。合理制定产业集群发展的政

策，在构建产业集群总体思路下，有目标地吸引那些具备产业带动优势和有产业关联效应或配套协作功能的项目进入产业集群。

6.6 探索多种销售方式，打通果业流通环节

果品销售是果品生产者最为关心的问题，市场规模的大小决定了果业的发展上限。中小果业合作社或果农所面临的市场风险较大，很难适应现代果业的发展。各省份果业主管部门要加强供求信息的预测和发布，对省份内主要果品做好市场预测，指导果农把握市场行情，提供相关公共服务。积极借鉴工业品和服务业成熟的品牌营销理念，以新形象展示果业，以新渠道推广果业，以新主体营销果业，以新市场开拓果业，让果业品牌逐渐跻身知名品牌之列，有效提高市场影响力。

地方主管部门应加强出口经营企业的经济联合，建立专业化集团公司，提高果品出口经营的专业化、规模化水平，增强开拓国际市场的能力。积极推广"公司＋基地＋农户"的模式，实行果品生产、采后商品化处理和销售的一体化经营。积极开展绿色营销，以优质、名牌产品赢得市场信誉和经济效益。从生产角度考虑，应狠抓果品质量，提高优果率；从流通角度考虑，要做好高、中、低端市场的定位。此外，要逐步引入如电子商务等新的营销模式。

6.7 加大果业科研以及技术推广力度，提升果业生产效益

科学技术是推动果业产业化发展的重要动力。当前应以提高果品质量和降低果品生产成本为重点，积极推广果树良种、营养诊断、配方施肥、矫形修剪、果实套袋等技术，推广病虫害生物防治技术，逐步实现果品生产良种化、无毒化、密矮化。积极推广以宽行密株、高光效树形应用为主要特点的现代集约高效栽培模式，示范推广大苗建园、果园生草、病虫害绿色防控等关键技术。改造提升传统栽培模式，开展缩减密度、修复改良土壤、更新品种、防灾减灾设施配套等工作，逐步提高传统果园的现代化水平。提升机械化水平，加快果品采摘、田间管理、产后加工等机具装备的研发生产，大力推广经济实用型果园机械，着力构建覆盖产前、产中、产后全过程的果业机

械化管理体系。从果树种植、整形、施肥、耕作、喷药、采收到包装等研发推广相应的各类作业机械及配套标准化技术，示范推广果园智能化管理技术，实现果树生产的标准化、机械化和智能化。加强果品储藏保鲜技术和果品加工技术的研究和推广。各级果业部门及各级政府财政应拿出专项技术推广资金，加大科技推广力度，重视项目建设与管理。

专题四

黄河流域特色农业产业高质量发展

党的十八大以来，习近平总书记多次实地考察黄河流域生态保护和经济社会发展，走遍了黄河流经的所有省份。黄河流域作为"一带一路"陆路的关键区域，其横跨我国北方东、中、西三大地理阶梯，聚集了我国重要的生态屏障。由于生态系统脆弱、水资源匮乏、土地及生物等自然资源存在明显的地域差异，为特色农业高质量发展提供了条件。特色农业尤其是杂粮产业在保障粮食安全、营养健康及农业可持续发展中发挥着重要作用，黄河流域尤其是西北作为杂粮优势产区，如何依据资源禀赋、产业基础、区位特色等差异，发挥特色农业尤其是杂粮作物节水、抗旱、适应性强等优势，推动黄河流域农民增收和生态保护协同发展，成为需要研究的重点课题。

1 特色农业产业高质量发展内涵

1.1 特色农业产业发展

特色农业是以效益最大化即追求最优的经济、社会、生态效益和加强产品市场竞争力为目的，通过分析区域内整体资源禀赋及特点，发挥地域特色、适应市场发展需求，坚持科技主导地位、发展农村产业链，高效利用各种生产要素，以某一农业生产对象或生产目的为目标，构建规模适中、特色突出、效益优良和产品竞争力较强的非均衡农业生产体系（Andreo，2013）。特色农业的发展是满足当前社会消费需求、世界经济一体化和全球农业市场细分需要的必然趋势。特色农业具备生产基础和生产区域的不可替代性和产品品质及其面对消费市场的特殊性，由于黄河流域独特的生态自然资源与气候特征，决定了该地区可发展特色优质农产品，也正是因为产品差异化才有获得更大经济效益的可能。与传统农业相比，特色农业更加具有竞争优势、效益优势、节约用水耐旱等环境优势，有助于实现农业收入的快速增长与生态保护质量提升的协同。

我国虽起步较晚，但各小杂粮主产区省份在遗传育种和配套栽培技术研究方面已取得了明显的成绩，先后培育、选育出来一批小杂粮良种，并且完善了相关小杂粮的配套栽培技术，使得我国的小杂粮产业有了长足的发展。近年来，我国也逐步对小杂粮的食用及药用功能开展了系列研究，但研究力度不强、不够深入，同时由于缺乏先进的适用性技术，以及相比于大宗作物政府对特色农业的发展重视有待加强，使得小杂粮产业化研究不足。

因此，黄河流域小杂粮传统优势区应结合资源禀赋、产业基础、区位优势等因素，以发挥杂粮作物节水、抗旱、适应性强等优势，这对流域粮食安全、农民收入增长、生态环境改善都具有重要意义。

1.2 黄河流域特色农业产业高质量发展

基于黄河流域的特殊地理环境，相较东北等地区的规模化作业，该区域的农业缺乏统一、整体的治理规划。该区域横跨我国北方东、中、西三大地理阶梯，不同阶梯的生态环境截然不同，这就要求该区域政府在进行农业规划时要因地制宜合理利用环境，种植适宜生长的作物。大规模的农业种植难以实行且经济效益不易达到预期，那么根据当地环境选择特色农作物就成了最优选择。小杂粮作为黄河流域典型的特色农作物，由于其种植适宜性、经济增值性，在该区域发展具备较强的可行性。小杂粮体现为生育期短、种植面积少、种植地区和种植方法特殊，有特种用途，特点是小、少、特、杂。常见的小杂粮可分为三类，分别是谷物类、杂豆类、小薯类。代表性作物包括大麦、高粱、苦荞、豌豆、红小豆、豇豆、甘薯等。在生产中表现为抗旱、耐瘠、稳产、适应性广、抗逆性强、种植方式灵活多样。小杂粮既是优质的粮食作物，又可作为养生保健的珍品，具有良好的医疗和食用价值，能够满足现代人绿色、有机、无公害、营养价值高的食品需求。黄河流域中西北干旱半干旱区、青藏高寒区是小杂粮的主要种植区域，在相对恶劣的生存环境下能够栽培的农产品物种不多，是良好的救灾作物和先锋作物，在作物布局和种植时间安排上具有不可替代性，所以边疆地区、革命老区等经济较落后的地区首选小杂粮作为粮食作物栽培，如今也因此成为当地的特色农业产业。

以小杂粮为代表的特色农业产业具有地域性、优势性等特征。一是地域性。特色农业产业在特定的空间分布，具有较为明显的地理位置特点，可以体现出当地的特色文化资源以及传统习俗。二是优势性。特色产业所要求的特色资源在气候、生产等方面具有稀缺性和独特性，可以形成竞争优势并占领一定的市场份额。三是层次性。空间区域大小不同，特色农业产业发展层次也不同。四是规模性。特色农业产业需要具有适度规模，在相对集中区域生产种植，生产规律较为稳定。

结合特色农业发展内涵以及特征，特色农业高质量发展需要囊括数量、质量两方面，同时需要体现出特色这一特征。一方面，数量式发展是特色产业高质量发展的基础，特色产业高质量发展要求特色农业具备适度的数量规模；另一方面，特色农业高质量发展要求体现出绿色、营养等高质量特征，如农产品地理标志拥有量等体现特色产业的发展情况，要求农产品在限定的生产区域，具有独特的生产方式或者独特的品质特性，并且这种品质主要取决于独特的人文历史和自然生态环境，符合国家强制性技术的规范要求。

2　黄河流域特色农业发展现状

黄河流域是我国重要的农业发源地之一，是全国小杂粮主产区之一，但是经济较为落后，受自然、经济、社会等方面条件的限制，农村经济发展相对薄弱，农民收入较少，农业开发规模较小，生态环境的承载力不高。但是该地受光条件好，昼夜温差大，土地资源十分丰富，包括梯耕地、果林地等类型，适宜发展特色农业。近几年，黄河流域因地制宜，大力推进小杂粮基地建设，多地搭建谷子试验示范基地，注重良种培育和技术研发，对小米、荞麦等特色农副产品进行深度精加工，努力打造品牌，加快小杂粮产业化发展。以陕西省为例，截至 2022 年，已累计创建 7 个国家现代农业产业园、43 个省级现代农业产业园和 24 个全国农业产业强镇，农业产业化园区推动了特色农业的高质量发展。

2.1　优势分析

（1）农耕文明集成地

黄河流域的农业发展最早可以追溯到父系社会早期，农业生产基础扎实且广泛。我国北方原始农耕以旱地农业为特色，黄河流域的土壤持水保肥能力强，播种小杂粮作物有一定的经验积淀和区位优势。党的十八大以来，习近平总书记曾多次亲临黄河流域进行实地考察调研，了解乡村产业规划发展情况，每次都对当地"三农"工作做出重要指示，高度重视黄河流域农业发展状况和前景，点明要将生态治理和发展特色产业有机结合。政府鼓励种植特色粮食作物，支持发展现代特色农业，强调利用特有的资源特点，将产业由资源依赖性转变为质量效益型。近年来，以陕西省为例，围绕小米、荞麦、苦荞、绿豆、红小豆、黑豆、黄豆 7 个小杂粮品种制定发布了一套"陕北小杂粮"品牌团体标准，加强对产前、产中、产后诸环节的管理和指导，以农户经营为基础，以龙头骨干企业为依托，发展特色产业联盟。

（2）特色农业资源丰富

从地理位置上来看，黄河流域属温带大陆性半干旱气候，土地类型多样，土壤含大量有机物质，年度降水量大约 400～550 毫米，水库总体容量不足 100 亿立方米。受西北气流控制，气候较干，而特色农业粮种本身具备抗旱特性，特殊的自然地理环境与特色农作物种植较为匹配。从地形地势上看，黄河流域多高原山地，该区域植被品种多样，畜牧业富饶，生态系统能够形成正性循环，是天然的农业养料产业基地。小杂粮作为旱区重要的优势作物资源，常裸露、耐贫瘠，生长周期短，易光合作用，能够充分吸收光热能量，非常适宜在该地区种植。

（3）政策鼓励发展特色农业

黄河流域经济发展水平相较于东南地区总体较弱，城市化程度低。为响应我国乡村振兴的伟大战略，缩小城乡发展之间鸿沟，各级政府积极落实部署相关战略与制度，激励农民多样化种植粮食作物。以小杂粮为代表的特色农业，适应黄河流域干旱半干旱的特征，政府出台了系列的政策文件。中央文件勾画蓝图，地方政府具体落实，相关政策主动给予获得突出成效的特色农业产业资金扶持与政策项目优待，支持特色农业生产基地建设、促进新型主体经营、加大特色农产品营销，完善特色农业联农带户利益机制，把小杂粮种养加、产、供、销作为稳定的切入点，作为政府的重要工程项目，提高了小杂粮市场占有率和消费者认可度。以陕西省为例，截至2021年6月，在国家政策的鼓励下，以陕西省榆林市为例，2019年榆林市小杂粮常年种植面积稳定在300万亩以上，占全市粮食总播种面积的25%～30%，年产量高达40.9万吨，当前栽培的小杂粮已有100余种，在小杂粮作物中，谷子种植面积79.1万亩，高粱种植面积19.7万亩，绿豆种植面积10.1万亩，红小豆种植面积18.4万亩。当地农户依托天然种植优势和人工悉心栽培，积极迎合电子商务潮流，通过开设各平台网店和产品宣传直播间，丰富销售渠道，进一步完善农业产业链，推动了当地特色农业的高质量发展。

2.2 劣势分析

（1）水土流失严重自然灾害多发

黄河流经黄土高原水土流失区、五大沙漠沙地，沿岸有湖泊湿地分布，大部分是降雨少、气温高、蒸发量大的干旱半干旱区，处于农牧、林牧、农林等复合交错带，生态脆弱区分布面积广大、类型众多，生态系统抗干扰能力弱，环境修复能力差。黄河流域尤其是中上游，荒漠化、土地沙化现象突出，约有80%以上的泥沙滞留于引黄灌区内，严重威胁当地农业生产和发展。其中黄土高原和内蒙古高原存在土质松散、水土流失严重、风沙危害大、暴雨强度大等问题，水土流失面积达23万平方千米，土壤养分不足，下流河道淤积，容易发生干旱、高温、洪涝、沙尘暴等自然灾害。此外，该区域土质疏松，虽然自然肥力高，耕作适应性强，但是降水集中遇水易溶，导致特色农业产值难以达到预期。黄河流域是年度发山洪、泥石流的中风险区，其地质灾害多属于连续几日降水诱发型，小杂粮作物种植抵抗风险能力弱，投入产出比低。

黄河流域水资源严重短缺，年降水量最低达 200 毫米，不足全国平均水平的 1/3，年径流量的多年平均值为 534.8 亿立方米，占全国河川径流量的 2%，却承担全国 12% 的人口、15% 的耕地和 50 多座大中城市的供水任务，水资源承载力不足，供给能力与用水需求不平衡。人均水资源量为 530 立方米，属于国际公认标准中的重度缺水地区。而水资源开发利用率达到了 80%，地下水超采问题严重，用水方式粗放低效，农业灌溉用水效率低，阻碍了农业产业体系的形成。2020 年黄河供水区总取水量为 536.15 亿立方米，相较于 2005 年上升 15.3%，农业用水占用水总量的 64.19%，超全国平均水平。山西、青海、内蒙古和宁夏的灌溉水有效利用系数分别为 0.543、0.499、0.543 和 0.535，低于全国平均 0.554 的水平，更低于发达国家 0.700 的水平。黄河流域上游地区用水量高于平均水平，有很大的节水空间，存在灌溉用水经营管理粗放、用水效率低下等问题。《2019 年全国耕地质量等级情况公报》指出，黄河流域内耕地质量主要等级为 4～6 等，中等质量耕地比例较大，部分区域耕地地力退化，土层浅薄、肥力低、产量低，相对效益差，耕地综合生产力有待提升。

（2）农业基础设施薄弱

黄河流域生态环境条件较差，丘陵和坡岗地保水能力较弱，种植零星分散，难以实现机械化耕作。农田部分机械设备存在老化失修严重、更新换代缓慢、生产效率低下的问题，渠道内泥沙淤积，灌溉水流不畅，水利建设资金投入较少，遇到极端天气应急能力差。传统农业以化肥增强地力、以农药防治病虫害，农业化学品单位面积使用量较多，造成土壤轻度污染，也对黄河水和地下水形成潜在污染风险。此外，农药废弃包装物、农用废旧地膜不能合理妥善处理，塑料垃圾难以分解会破坏土壤结构，影响农作物的正常生长。农民作为农业产业链的原材料提供者，只提供初级农产品，未参与到产品加工、销售阶段，未享受到现代农业高质量发展的成果。近年来，化肥、柴油等生产资料价格持续上涨，使农业生产成本增加，打击农业生产的积极性。农业科技信息共享建设发展缓慢，农民常因对天气与病虫害的变化了解不及时，不能及时采取对应措施解决问题，从而造成损失。

（3）劳动从业人员素质低

当前经济发展迅速，出现城乡二元结构，随着工业化、城镇化不断发展，多数年轻人离乡外出务工，致使农村剩余劳动力素质降低。有调查表明，黄河流域绝大多数农村剩余劳动力受教育程度低，高中及以上文化水平的仅占总数的 15.91%，而不学习新知识和新经济导致农业技术得不到推广应用，"旧式"农民深受传统思想的束缚，保守型心理占高、创新意愿低。同时，由于农村教育资源不均，农业劳动力所受培训力度甚微，很多人没有参加正规职业技能培训。知识普及不到位，意识形态未能及时更新，无成熟的农业技术保障，导致农业社会经济资源得不到合理开发和利用。

基层推广配置设施、配套体系不健全，影响农技推广的项目经济效益，缺乏高技术水平的人员，阻碍了农技推广的进程。农技研究机构是农技推广的关键环节，但是政府不够重视与科研机构的合作，且对科研项目投入资金不够，而研究机构对农村技术难题也不够敏感，缺乏对农村地区的实地调研。农业标准化生产水平较低，农产品附加值低，黄河流域常住人口城市化率低于全国平均水平，经济发展水平相对滞后且存在区域差距，农业生产方式表现为小规模分散经营，抗灾害风险能力较弱，农业标准化体系不健全，生产集约化程度低，农产品整体加工程度低，产品加工产业链有待优化。农产品加工存在粗加工、产品附加值低、等级划分模糊的问题，缺乏优质深加工产品。特色农产品的知名度不够高，市场开拓的深度、广度不够，交易方式相对传统，以线下交易为主，交易成本居高不下。

2.3 机遇分析

（1）杂粮健康理念满足消费升级

2022 年我国人均 GDP 达到了 85 698 元，已经迈入中高收入国家行列。我国社会主要矛盾已经转化为人民日益增长的美好生活需要和不平衡不充分的发展之间的矛盾。根据马斯洛需求层次理论，人的基础需求得到满足之后，就会产生对更高层次的需求的渴望。随着人民生活质量的提升，恩格尔系数逐年下降是客观发展趋势。人们的消费需求结构正在发生深刻变化，趋于合理化，消费观念由期盼"吃饱"转为追求"吃好"，开始注重养生健康。而大力发展特色农业，推广种植小杂粮作物正好迎合了大众需求的转变。小杂粮作物营养成分足，具有调节生理健康、预防疾病等多方面作用，因此，小杂粮能满足人们对健康饮食的需求。

（2）优势农产品出口的机遇

新冠疫情防控以及逆全球化浪潮使得每个国家都开始重视粮食安全，在注重国内农业创新增收的同时，我们也应进一步开发小杂粮国际农产品消费市场，发展对外贸易，为农业高质量发展拓展更大空间。黄河流域靠近丝绸之路经济带，便于实现国内国际市场流通。根据黄河流域地区资源特点，加快形成特色农产品产业链，争取营销国际化、多样化。自"一带一路"倡议提出以来，中国与沿线国家的农产品贸易规模不断扩大、延伸，产品不断丰富。在粮食安全理念上，应该形成大粮食观，不能仅围绕三大主粮，而是多方面发展形成对主粮的有益补充，提高中国的粮食安全水平。中国在农产品贸易方面长期处于逆差状态，应多元化发展相关粮食作物，确保国家粮食安全。黄河流域大多处在丝绸之路，结合该区域多山地丘陵的地理优势，大力发展特色农业，形成农产品出口新优势，为该区域农民增收以及粮食安全奠定基础。

（3）新兴技术助力特色农业发展

当前，我国数字农业、新型基础设施等快速发展，不断推进形成现代农业，促进农业的高质量发展。随着新型科学技术的发展，相关数字技术、绿色技术成为农业发展倚重的重要工具。黄河流域可以结合自身传统杂粮产区优势，构建有规模、有实力、有品牌的"小杂粮"产业联盟，通过网络将线上线下企业联结起来，并通过计算机设备可以实现远程操作，此外可以通过相关平台对农民进行特定技术和营销的相关培训，提升农民的技术掌握程度，利用先进设施对农作物进行规模播种、长势监测等，能够极大地提高农业发展水平和农作物生产率，保证农业生产综合效益。例如，陕西延安通过构建"三农"信息服务平台，进行网站推广、专家指导、基础咨询等系列服务，实现网络面覆盖农村各点。另外，山西忻州市建立杂粮出口平台，构建大数据中心、区块链溯源管理平台、跨境电商平台三大IT系统，借助杂粮大数据平台，种植户可以得到种植计划指导以及产业政策指引，企业可以及时了解市场动向以及价格行情；政府部门可以了解准确的涉农数据，有效进行宏观调控；出口平台可以更为有效地把控杂粮全产业链各环节。同时，借助于物联网设备，杂粮产业大数据中心可以整合产业数据，展示杂粮行业发展情况，包括种植面积、仓储信息、加工信息、销售价格等，并将数据对接海关、粮食等部门，指导生产与出口。

2.4 威胁分析

（1）杂粮品种老化产量低

在小杂粮的栽培育种方面，品种选育较为杂乱，新品种研制和普及速度慢，单位面积产量较低。虽然中国小杂粮品种多样市场需求大，但育种研发跟不上现代农业发展，地方传统品种仍然是多数农民的种植首选，尽管有部分新品种通过审定，但因经费长期不足，使得推广范围受到限制。一些地方优质品种出现严重的混杂退化现象，不能及时进行提纯复壮，导致产量减少。现在小杂粮研发新品种项目进程不快，品质不能达到加工技术标准。近些年我国不断培育、引进优良的小杂粮品种，对于小杂粮的栽培生产具有重要的价值，但没有足够重视种子的防杂保纯，导致很多生产地区出现良种纯度下降、抗逆性不高的现象，导致小杂粮的产量下滑、品质下降，造成一定的农业生产经济损失。小杂粮的一些老品种的籽粒形状、粒色、大小差别较大，不利于粮食产量的增加和产品质量的提高，也不利于小杂粮产业的现代化发展。例如，传统荞麦品种颗粒较小，其颗粒大小和质量往往无法满足加工技术要求。

在小杂粮的种植方法方面，存在培育方式单一、技术水平不高、管理流程不够精细等问题。小杂粮主要种植在包括干旱半干旱区、高寒区的贫瘠土地上，环境生态条件差，而农民的文化素质不高，掌握的农业生产技术落后，对农作物的生产投入也少，通常采用传统农业种植方式，对机械、地膜、良种的投资不够重视，因此小杂粮的标准化栽培管理技术很难推广，对标准化培育、病虫害管理、绿色食品质量要求方面的科学技术知识掌握不够，跟不上现代农业高质量发展的脚步，未能大规模构建有机农业生产体系，导致小杂粮品质较差，产生的经济效益不高。虽然山西广灵县、山东章丘区、河北蔚县、陕西省米脂县等地构建了小米种植集中化体系，但是基地缺乏专业化培育团队和规范管理标准，良种推广程度不够，栽培方式传统单一，导致种植面积虽大，但单产低、品质较差。目前小米种植大多是小农经营模式，达不到集中连片种植的生产体系要求。

在分布范围方面，小杂粮适合在气候干旱、土地瘠薄的环境生长，在半干旱区和丘陵沟壑区种植面积较多，以小农经营模式为主，栽培规模小而分散，形不成区域化产业格局。在农业机械、病虫害防治方面投入不够，抗风险能力差，小杂粮单产总体水平较低，经济效益较差。例如，宁夏南部山区同一生态类型区、同一品种杂粮单产差异悬殊，近3年统计显示，豌豆平均单产1 200千克/公顷，高产区3 000千克/公顷，低产区750千克/公顷；荞麦平均单产1 500千克/公顷，高产区3 375千克/公顷，低产区仅600千克/公顷。小杂粮在半干旱区稳定生产能力较弱，产量的年际变化幅度大，在拔节期、孕穗期对于降雨量有一定需求，气候条件适宜的年份单产增长幅度较大。单产地区之间、年际间变化幅度大的现象阻碍了均衡发展格局的形成，也对农民收入有一定影响。

（2）杂粮产业体系不健全

第一，小杂粮产业链发展存在不平衡、不充分、不完整的问题。育苗移栽、病虫防治、收获贮藏、产品加工、宣传出售等环节连接不紧密，小杂粮的科研育种、栽培管理、深加工、推广销售等环节落实也不到位，没有形成研发、育苗和集中化生产、加工、出售衔接紧密的农业体系，没有科学的生产标准规范，达不到加工技术要求的粮食粒形、大小，无法满足市场需求，也打击了农民的生产积极性。小杂粮产业组织结构不合理，市场供求信息滞后。近年来小杂粮养生保健的营养价值已被消费者认可，市场需求逐年上升，但生产组织和管理措施的更新落后于市场发展速度，各个环节相对独立，难以实现信息共享，这就导致了不同环节的经营者对市场现状的了解不够及时、准确、完整，多数农产品销售公司按顾客订单组织货源，没有提前预测当年市场供需状况，会出现有货无市、有市无货、售价不稳等情况。

第二，小杂粮产业的诸多环节组织化水平低，存在分散种植、管理粗放的问题。小杂粮加工业务的稳定产出需要源源不断的原材料，小杂粮栽培面积在 210 万亩以下的生产加工基地才能稳定运营，小米种植面积达 420 万亩，才能达到大规模加工企业的要求。作为农业产业链的初始运营者，农民的参与度占比较低，只是把收获的粮食出售给收购站，未享受到后续的加工过程、销售环节所获利润。农民种植出售环节占比获利低。有统计数据表明，农产品产业链全程总利润种植生产环节仅占 5%，而发达国家则近 50%。新型农业社会化服务组织发展规模不大。农村专业经济协会和农民专业合作经济组织发展范围较小，部分已成立的农业合作社的运行机制不够规范标准，综合性服务运营工作难以正常运转。

第三，市场体系发育缓慢。特色农业粮食批发市场服务功能还比较弱，交易方式还缺乏创新，内部管理运行机制滞后，批发、运输、储存等建设需要提高整体服务功能，也需要政府资金支持。陕西省榆林市杂粮经营企业达 310 家，具有一定产业优势，但是加工能力、市场营销方面还存在不足，不具有特色品牌效应，市场竞争力有限。

第四，特色品牌打造不充分，优势产品宣传力度不够。黄河流域特色农产品市场营销工作中，缺乏把握有效市场信息的能力，销售队伍不稳定，营销策划活动较少；企业未提前编制市场营销计划或者计划落实不到位，市场占有率低。由于营销广度和深度不够，小杂粮具有养生益寿、助消化、营养健康的重要价值未被人们高度认可，未被当成营养配餐走进饮食文化中，降低了消费者购买小杂粮的热情，也不利于小杂粮产业体系的建立。产品深加工程度不够，附加值低，大多数是经过品质分级筛选后包装的初级农产品，难以满足产品多样化的市场需求，产业链利益分配失衡，存在分散种植、集中加工的情况，而利润多在加工、销售过程中出现，打击了农户的生产积极性。

（3）杂粮科研和技术推广水平低

小杂粮耐旱、耐瘠薄的生长特性，使得其能够在山坡丘陵等生态条件差的环境生存，在这些地区一般沿用传统农耕方法，存在品种劣质、机械化程度低等问题，阻碍了产业一体化发展。地方政府未能充分预测对小杂粮未来前景产生的巨大经济效益，不重视小杂粮产业的集中化发展、产品的宣传。很长时间以来小杂粮在种子培育、良种研发等领域的科研队伍较少，课题项目投入经费有限，部分项目因资金后期供应不足终止研究，导致小杂粮的科研技术水平远不及大宗粮食作物。

目前小杂粮的科学高产种植生产技术研究较少，绿色有机小杂粮标准化生产技术缺乏适用性、实用性和创新性。足墒播种、平衡施肥、病害草害防治、理化诱控等重要技术研究和推广程度不够，种植管护过程粗糙，产品经济效益欠佳。新型农业措施应用发展不平衡，农业技术指导人员存在合同工多、工资低、专业水平低等问题，都会影响农技推广的质量、效力、效益，这些现象与我国小杂粮特色农作物产业化发展目标矛盾。覆盖保墒技术、新型节水制剂技术、简化绿色高效栽培技术、秸秆炭基肥利用增效技术、水肥一体化技术等农技推广效率不高、效力不好。近年来，国内国外市场对天然无污染有机食品的需求量日益扩大，无公害农产品认证的生产环境质量要求逐渐规范化，认证产品种类、产地数量逐年增加，其中种植业面积规模占比提高，但是制度化的种植体系还不够完善，栽培过程中的农药、化肥、土壤、育种等都需要标准的无公害栽培管理技术，由于存在零星种植、管理粗放的常见问题，难以实现真正的规范化、集中化生产管理，产品达不到无公害技术要求的品质、栽种规模，阻碍了我国小杂粮在国际市场上的推广发展，产品出口量减少，经济效益不高。

③　黄河流域特色产业发展评价

农业现代化要求小农必须现代化，随着城市化和工业化进入后期，受制于社会保障制度和户籍制度，小农无法长期停留在大城市出现"大城小农"，回到乡村后的小农则需要考虑生计的多元化。此外，黄河流域资源环境约束限制了该区域大宗农产品的生产能力，仅农田灌溉用水就达耗水量的 2/3 左右①，该区域 9 省份耕地面积 1.89 亿亩，占全国的 13.3%，人均耕地 1.77 亩高于全国 1.15 亩的人均水平，但是粮食产量却远低于全国平均水平。在乡村振兴战略下，陕西、山西、甘肃等黄河流域省份杂粮作物可以有效发挥节水、抗旱、适应性强等特性，可以适度替代高耗水型大宗粮食作物，可以有效促进黄河流域粮食生产和生态环境的协调性发展。特色农业尤其是杂粮产业在改善居民膳食结构、保障粮食安全、促进农业可持续发展方面具有重要潜力。早在 2000 年农业部《关于加快发展西部地区农业和农村经济的意见》就提出"大力发展特色农业"；2003 年农业部《关于加快西部地区特色农业发展的意见》明确西部地区特色农业发展重点；2012 年国务院《西部大开发"十二五"规划》提出"加快发展现代特色农业"，2021 年《国务院关于做好二〇二二年全面推进乡村振兴重点工作的意见》指出，推进黄河流域农业深度节水控水，通过提升用水效率、发展旱作农业，稳定粮食播种面积。

全面梳理黄河流域特色农业发展现状，尤其是结合典型区域中的典型特色杂粮，从数量和质量角度进行全面评价，并寻找出影响特色产业高质量发展的影响因素，有效促进特色农业节水、抗旱、适应性强等特性的发挥，适度替代高耗水型大宗粮食作物，加快黄河流域粮食生产和生态环境的协调性发展。

3.1 黄河流域特色农业高质量发展情况

在黄河流域中，其中谷子产量 2020 年为 146 万吨，观察期内平均 98 万吨左右，而高粱 2020 年为 116 万吨。豆类 2020 年为 1 335 万吨，而薯类为 149 万吨，小杂粮中豆类和薯类产量较高。在观察期内，2003 年至 2019 年最低值是 2015 年的 2 422.42 万吨，最高值为 2019 年的 2 658.9 万吨，2020 年豆类黄河流域产量为 1 335.605 万吨。在 2003 年至 2019 年基本保持在 2 500 万吨左右。根据趋势线的变化，可以看出豆类产出总体呈现出下降的趋势（图 1）。

---

① 方兰代表：加快构建黄河流域"水—能源—粮食"纽带协同安全体系，https：//baijiahao. baidu. com/s ?id=1726803805374926975&-wfr=spider&-for=pc。

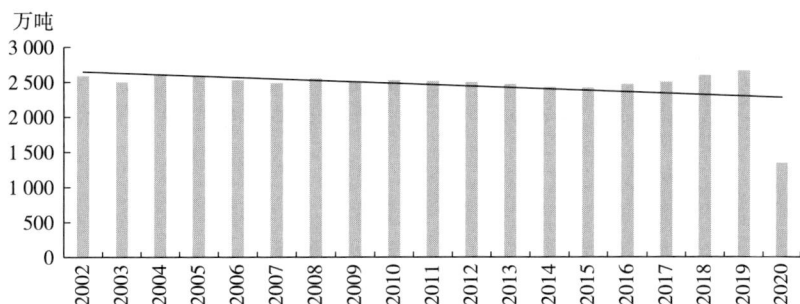

图 1　黄河流域各省份 2002—2020 年豆类产量

其中，内蒙古豆类产出量最大，2020 年达到 256.44 万吨，2019 年为 251.65 万吨，一直呈现增长的趋势。其次产出量较大的是四川，2020 年达到 138 万吨，2019 年为 129.9 万吨，一直呈现出递增的趋势。其他省份变化不大，基本集中在 30 万吨至 50 万吨（图 2）。整体上产出较少，这也反映出我国豆类产出较少、缺口较大，如 2021 年我国进口 9 652 万吨，2022 年我国的大豆对外依存度为 83.7%[①]。由于资源环境限制，需要进一步开展农业多样化进口或者农业投资走出去战略。

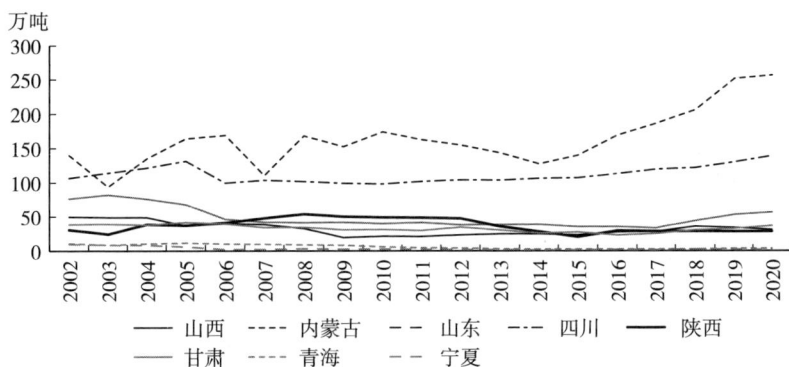

图 2　黄河各省份豆类 2002—2020 年产出变化

整体上，认证数量呈现逐渐递增的趋势，从 2003 年的 2 529 个增长到 2020 年的 7 746 个，尤其是 2018 年和 2020 年绿色产品认证均呈现了较大的增长，分别是 6 699 个和 7 746 个，增幅达到了 21.8% 和 14.7%，反映了认

---

① 段炳德：我国大豆对外依存度为 83.7%，https：//baijiahao. baidu. com/s ?id＝1724149721784106770&. wfr＝spider&. for＝pc。

证体系的不断完善以及绿色农产品的快速发展（图3）。一方面，体现了农业绿色产品的快速发展，另一方面，同时也体现了绿色产品认证为市场提供信用背书，提高了农产品市场的信用程度，促进了绿色认证产品的快速发展，契合了当前居民不断增长的美好生活需要，绿色认证产品可以有效满足需求侧不断升级的要求，也为农民增收提供了重要支撑。

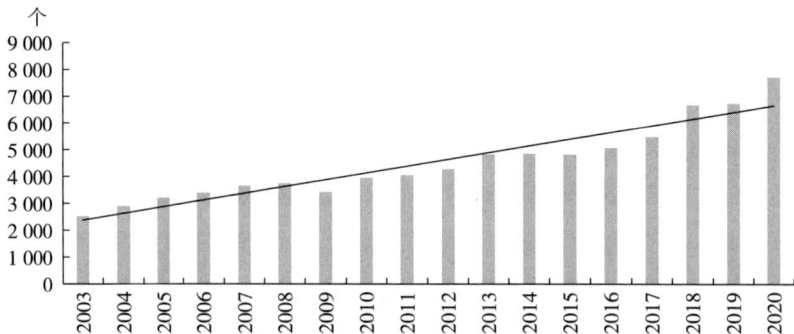

图3　黄河流域总体绿色产品认证数量变化

在黄河流域各省份中，绿色认证发展较快的是山东省，从2003年的92个发展到2020年的1 594个。发展较慢的是青海，从2003年的8个发展到2020年的167个。另外，发展较慢的为宁夏，从2003年的11个到2020年的113个，并且发展基数较小（图4）。可以得出，绿色产品认证数量与经济发展水平、地理气候等相关，宁夏、青海经济发展速度较慢，影响了农业的绿色高质量发展。

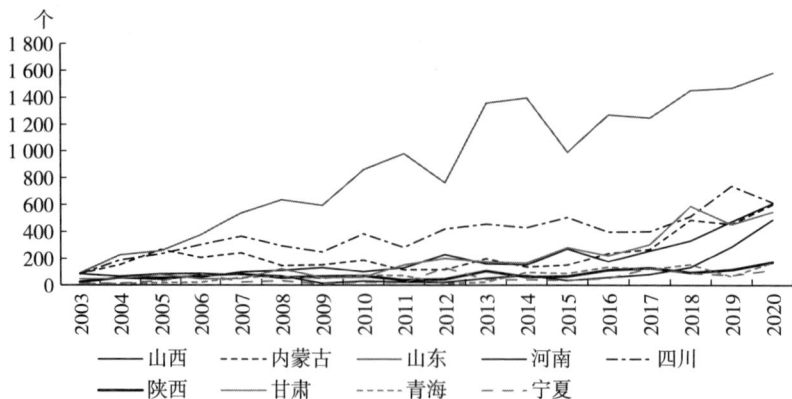

图4　黄河流域各省份绿色产品认证总数量变化

3.2 黄河流域特色农业高质量评价指标选择

（1）黄河流域特色农业高质量评价指标选择

在结合黄河流域地理因素和水资源约束等特征，遵循指标选取的科学性、全面性、代表性和可比性原则，充分考虑数据的可得性及连续性基础上，设立"创新、协调、绿色、开放、共享"五个基本维度，16 项具体指标的黄河流域特色农业高质量发展评价指标体系（表1）。

表 1　黄河流域特色农业高质量发展评价指标体系

维度	指标	指标内涵	单位	指标方向
技术高效 (B1)	杂粮土地生产率 (C1)	杂粮总产值/杂粮播种面积	亿元/千公顷	＋
	杂粮农机生产率 (C2)	第一产业增加值/农业机械总动力	千瓦/人	＋
	杂粮劳动生产率 (C3)	第一产业增加值/第一产业从业人员总数	万元/人	＋
发展协调 (B2)	杂粮产值比重 (C4)	杂粮产出/农业总产出	％	＋
	森林覆盖率 (C5)	森林覆盖率	％	＋
	农业产业发展财政支持力度 (C6)	农林水支出/财政总支出	％	＋
环境友好 (B3)	杂粮单位面积化肥消耗 (C7)	杂粮化肥消耗折纯总量/杂粮种植面积	万吨/千公顷	－
	杂粮单位面积农药消耗 (C8)	杂粮农药使用总量/杂粮种植面积	万吨/千公顷	－
	杂粮单位面积农膜消耗 (C9)	杂粮农膜使用总量/杂粮种植面积	吨/千公顷	－
	杂粮单位面积水资源消耗 (C10)	杂粮农业用水量/杂粮种植面积	万吨/千公顷	－
	环境污染治理投资总额 (C11)	环境污染治理投资总额/GDP	％	＋
产业开放 (B4)	农业与第三产业融合强度 (C12)	第三产业增加值/第一产业增加值	亿元/万人	＋
	农产品进出口额占 GDP 比重 (C13)	农产品进出口额占 GDP 比重	％	＋
生活保障 (B5)	杂粮人均占有量 (C14)	杂粮人均占有量/年末常住人口	千克/万人	＋
	农村居民可支配收入 (C15)	农村居民可支配收入	元	－
	城镇化率 (C16)	城镇人口/年末常住人口	％	＋

指标体系共 5 个研究单元，涉及 16 个原始指标。其中，杂粮总产值、杂粮播种面积、农业机械总动力、第一产业从业人员总数、农业总产出来自

《中国农村统计年鉴》，农林水支出及财政支出来自《中国统计年鉴》，杂粮农业用水量来自《中国环境统计年鉴》，农产品进出口额来自商务部《中国农产品进出口月度统计报告》，其他指标来自国家统计局官网、各省统计年鉴、《中国农村统计年鉴》，个别缺失数据采用线性插值法、移动平均法补齐。

（2）研究方法

熵值法是一种客观赋权的多指标综合评价方法，它根据各指标的联系程度或各指标所提供的信息量来决定指标的权重，能够客观准确地评价研究对象。为了比较不同年份黄河流域特色农业高质量发展水平，本研究对熵值法作了改进，加入了时间变量，使分析结果更加科学合理。通过改进的熵值法评价模型如下：

第一步，指标设定。设有 k 个省份，n 个年份，m 个指标，则 X_{rij} 为第 r 年省份 i 的第 j 个指标值；

第二步，对各个指标进行标准化处理，为消除不同指标量纲的影响，采用极值法对各个指标数据进行标准化处理，从而将指标值转换到 $0\sim1$ 之间；

$$正向标准化：X_{rij} = \frac{X_{rij} - X_{\min}}{X_{\max} - X_{\min}} \tag{1}$$

$$负向标准化：X_{rij} = \frac{X_{\max} - X_{rij}}{X_{\max} - X_{\min}} \tag{2}$$

$$第三步，确定指标权重：Y_{rij} = X_{rij} / \sum_r \sum_i X_{rij} \tag{3}$$

第四步，测算第 j 项指标的熵值：$S_j = -\lambda \sum_r \sum_i Y_{ij} \ln(Y_{rij})$，$\lambda = \ln(kn)$

$$\tag{4}$$

$$第五步，测算第 j 项的差异系数：G_j = 1 - S_j \tag{5}$$

$$第六步，测算各评价指标的权重：W_j = G_j / \sum_j G_j \tag{6}$$

$$第七步，测算各地区特色农业发展水平综合得分：H_{ri} = \sum_j (W_j X_{rij}) \tag{7}$$

黄河流域特色农业高质量发展评价指标体系权重及排名情况见表2。

表 2　黄河流域特色农业高质量发展评价指标体系权重及排名情况

维度	指标	权重	权重排名
技术高效（B1）	杂粮土地生产率（C1）	0.069	7
	杂粮农机生产率（C2）	0.075	5
	杂粮劳动生产率（C3）	0.079	4
发展协调（B2）	杂粮产值比重（C4）	0.098	1
	森林覆盖率（C5）	0.088	3
	农业产业发展财政支持力度（C6）	0.048	12
环境友好（B3）	杂粮单位面积化肥消耗（C7）	0.043	13
	杂粮单位面积农药消耗（C8）	0.041	14
	杂粮单位面积农膜消耗（C9）	0.032	16
	杂粮单位面积水资源消耗（C10）	0.034	15
	环境污染治理投资总额（C11）	0.063	8
产业开放（B4）	农业与第三产业融合强度（C12）	0.058	9
	农产品进出口额占 GDP 比重（C13）	0.05	11
生活保障（B5）	杂粮人均占有量（C14）	0.095	2
	农村居民可支配收入（C15）	0.073	6
	城镇化率（C16）	0.054	10

3.3　黄河流域特色农业高质量发展水平测算

（1）黄河流域特色农业高质量发展水平总体分析

由表 3 各一级指标得分变动可知，创新和共享这两项指标增长较快，是推动黄河流域特色农业高质量发展的主要力量。协调、绿色、开放这三项指标还有所下降，制约了黄河流域特色农业的高质量发展。

表 3　2003—2020 年黄河流域特色农业高质量发展各维度测度结果

年份	创新	协调	绿色	开放	共享
2003	0.233	0.648	0.624	0.444	0.467
2004	0.299	0.637	0.641	0.462	0.500
2005	0.297	0.637	0.621	0.560	0.516
2006	0.301	0.573	0.596	0.588	0.477

（续）

年份	创新	协调	绿色	开放	共享
2007	0.362	0.559	0.593	0.581	0.488
2008	0.413	0.566	0.629	0.477	0.530
2009	0.408	0.552	0.615	0.485	0.511
2010	0.459	0.545	0.613	0.493	0.525
2011	0.529	0.541	0.599	0.518	0.545
2012	0.567	0.519	0.588	0.511	0.546
2013	0.617	0.514	0.565	0.538	0.554
2014	0.616	0.525	0.488	0.553	0.548
2015	0.619	0.506	0.474	0.482	0.545
2016	0.635	0.508	0.465	0.480	0.560
2017	0.718	0.517	0.447	0.478	0.580
2018	0.790	0.517	0.453	0.473	0.615
2019	0.833	0.520	0.485	0.475	0.645
2020	0.803	0.497	0.474	0.442	0.660

根据测算结果，黄河流域特色农业高质量发展总体水平有所提升，年均值从 2003 年的 0.482 上升到了 2020 年的 0.575，累计提高 0.093。总体上而言，特色农业高质量发展较为缓慢，五个维度中创新与共享维度增幅较大，得益于土地生产率、农机生产率、劳动生产率的提升，以及杂粮人均占有量、农村居民可支配收入、城镇化率的增长，但是协调、绿色、开放都有所下降，主要原因是杂粮产值占比有所下降、化肥农药农膜单位面积使用量都有所上升、随着灌溉设施的增加农业消耗用水也有所增加。

从各个维度来看，"创新"增长最快，从 2003 年的 0.233 上升到了 2020 年的 0.803，累计提高 0.570，其次是"共享"，从 2003 年的 0.467 上升到了 2020 年的 0.660，累计提高 0.193。但是"协调""绿色""开放"却呈现出负向增长，尤其是"协调"从 2003 年的 0.648 减少到了 2020 年的 0.497，"绿色"从 2003 年的 0.624 减少到了 2020 年的 0.474，"开放"从 2003 年的 0.444 减少到了 2020 年的 0.442（图 5）。

黄河流域特色农业高质量发展综合得分如表 4 所示。山东的综合得分最

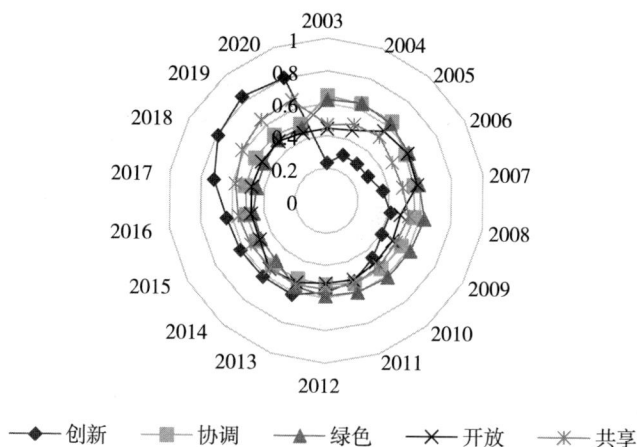

图 5 黄河流域特色农业高质量发展各维度变动趋势

高，其次是四川、内蒙古、陕西、青海；河南、甘肃、宁夏的综合得分居中，山西的综合得分最低。

表 4 黄河流域各省份特色农业高质量发展水平测度结果

年份	山西	内蒙古	山东	河南	四川	陕西	甘肃	青海	宁夏
2003	0.196	0.288	0.465	0.236	0.347	0.229	0.240	0.246	0.168
2004	0.187	0.305	0.479	0.275	0.361	0.247	0.257	0.259	0.170
2005	0.171	0.308	0.566	0.271	0.366	0.229	0.272	0.278	0.170
2006	0.166	0.311	0.573	0.252	0.345	0.252	0.270	0.208	0.159
2007	0.171	0.281	0.549	0.251	0.355	0.263	0.258	0.259	0.196
2008	0.161	0.305	0.534	0.255	0.356	0.269	0.263	0.284	0.189
2009	0.155	0.289	0.548	0.247	0.351	0.261	0.251	0.282	0.185
2010	0.163	0.312	0.563	0.257	0.358	0.268	0.248	0.278	0.188
2011	0.169	0.318	0.595	0.264	0.372	0.283	0.261	0.275	0.194
2012	0.173	0.323	0.581	0.258	0.374	0.291	0.266	0.270	0.194
2013	0.202	0.326	0.604	0.257	0.369	0.287	0.262	0.281	0.200
2014	0.181	0.311	0.604	0.249	0.370	0.292	0.242	0.278	0.204
2015	0.177	0.308	0.519	0.251	0.374	0.286	0.238	0.273	0.201
2016	0.183	0.314	0.508	0.252	0.381	0.294	0.234	0.279	0.201
2017	0.195	0.329	0.509	0.265	0.396	0.313	0.235	0.289	0.210
2018	0.213	0.348	0.512	0.276	0.400	0.318	0.249	0.306	0.226
2019	0.234	0.379	0.503	0.290	0.413	0.332	0.268	0.300	0.238
2020	0.207	0.365	0.510	0.273	0.411	0.327	0.260	0.298	0.224

其中，陕西、内蒙古、四川、青海、宁夏五省份的增长率较快，年均增长率超过了黄河流域的平均水平；陕西省特色农业高质量发展水平从 2003 年的 0.229 上升到了 2020 年的 0.327，累计提高 0.098，发展速度最快。其次，内蒙古特色农业高质量发展水平从 2003 年的 0.288 上升到了 2020 年的 0.365，累计提高 0.077，发展速度较快。

四川特色农业高质量发展水平从 2003 年的 0.347 上升到了 2020 年的 0.411，累计提高 0.064，发展速度也较快，高于黄河流域平均水平。山西特色农业高质量发展水平从 2003 年的 0.196 上升到了 2020 年的 0.207，累计提高 0.011，发展速度最慢，低于黄河流域平均水平。山东特色农业高质量发展水平总体最高。从 2003 至 2020 年，山东特色农业高质量发展水平处于领先地位。从 2003 年的 0.465 上升到了 2020 年的 0.510，累计提高 0.045，增速较慢（图 6）。

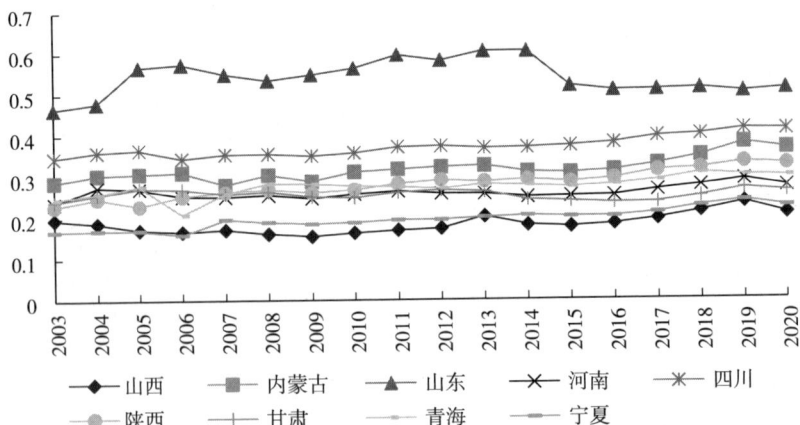

图 6　黄河流域各省份特色农业高质量发展变动趋势

（2）各省份特色农业高质量发展水平一级指标比较

创新项得分最高的是四川，得分最低的是山西与甘肃，四川从 2003 年到 2020 年都处于排名第一的位置，山西省和甘肃省基本处于第八名或者第九名。四川薯类与豆类单位面积产量可以达到 3 131.78 千克/公顷，杂粮农业劳动生产率达到了 1.54 万元/人，农机生产率达到了 0.871 千瓦/人，农业机械资源消耗量较小，形成了高效低碳的发展模式。四川杂粮土地生产率、农机生产率、劳动生产率这三项指标均较高，促使四川省创新项得分较高（表5）。

表 5　黄河流域各省份特色农业创新水平得分与排名情况

省份	2003 年		2007 年		2011 年		2015 年		2020 年	
	得分	排名	得分	排名	得分	排名	得分	排名	得分	排名
山西	0.012	8	0.013	9	0.024	9	0.030	9	0.049	9
内蒙古	0.031	3	0.044	3	0.071	3	0.084	3	0.104	4
山东	0.045	2	0.062	2	0.082	2	0.101	2	0.118	2
河南	0.017	6	0.040	5	0.057	6	0.057	6	0.082	5
四川	0.058	1	0.080	1	0.100	1	0.105	1	0.131	1
陕西	0.017	7	0.039	6	0.069	4	0.076	4	0.105	3
甘肃	0.019	5	0.026	7	0.039	7	0.050	7	0.059	8
青海	0.026	4	0.041	4	0.057	5	0.073	5	0.097	6
宁夏	0.009	9	0.017	8	0.030	8	0.043	8	0.060	7

　　山东创新项得分也较高，仅次于四川，山西和甘肃却在创新项得分较低。山西、甘肃应在保障粮食安全的前提下，加大杂粮的种植面积，以适应不断提高的社会需求，提高机械化水平，加大对农民种植技术的培训，对节水、耐旱型技术进行积极推广，促进黄河流域特色农业的高质量发展。

　　协调项得分最高的是四川，得分最低的是山东与宁夏。四川森林覆盖率从 2003 年的 0.047 增长到 2020 年的 0.055，农业生产与环境保护较为协调。而山东农业产业发展财政支持力度从 2003 年的 0.017 降低到 2020 年的 0.009，即农林水支出占财政总支出不断下降，从而影响了特色农业的协调性发展。宁夏同样在农业产业发展财政支持力度方面有所下降，农林水支出在财政总支出中的占比从 2003 年的 0.014 降低到 2020 年的 0.003。山东与宁夏应加大农业方面的财政支持力度，促进特色农业协调性发展（表6）。

　　绿色项得分最高的仍然是四川，得分最低的是山东与宁夏。四川单位面积化肥消耗达到 0.29 吨/公顷，农药使用量单位面积达到 0.003 吨/公顷，农膜使用量单位面积达到 0.001 1 吨/千公顷，农业用水量 0.142 吨/公顷，化肥、农药消耗量较低，但是农业用水消耗较大。山东单位面积化肥消耗达到 0.42 吨/公顷，农药使用量单位面积达到 0.009 吨/公顷，农膜使用量单位面积达到 0.002 8 吨/千公顷，农业用水量 0.137 吨/公顷，化肥、农药、农业用水均消耗较大。对于宁夏而言，单位面积化肥消耗达到 0.29 吨/公顷，农药使用量单位面积达到 0.012 吨/公顷，农膜使用量单位面积达到 0.000 9 吨/千公顷，农业用水量 0.533 吨/公顷，宁夏农业单位面积耗水量非常大，这对于宁夏这样的干旱半干旱地区极为不适宜，其次是青海单位面积耗水量也较大，达到 0.400 吨/公顷（表 7）。

表 6　黄河流域各省份特色农业协调水平得分与排名情况

省份	2003 年		2007 年		2011 年		2015 年		2020 年	
	得分	排名	得分	排名	得分	排名	得分	排名	得分	排名
山西	0.062	6	0.044	7	0.038	8	0.041	7	0.041	7
内蒙古	0.074	4	0.061	5	0.059	5	0.047	5	0.048	5
山东	0.053	7	0.042	8	0.036	9	0.034	9	0.033	9
河南	0.053	8	0.045	6	0.042	6	0.043	6	0.042	6
四川	0.103	1	0.089	1	0.092	1	0.096	1	0.095	1
陕西	0.091	3	0.085	2	0.088	2	0.086	2	0.086	2
甘肃	0.073	5	0.068	4	0.062	4	0.048	4	0.049	4
青海	0.097	2	0.083	3	0.086	3	0.073	3	0.067	3
宁夏	0.042	9	0.042	9	0.039	7	0.037	8	0.035	8

表 7　黄河流域各省份特色农业绿色水平得分与排名情况

省份	2003 年		2007 年		2011 年		2015 年		2020 年	
	得分	排名	得分	排名	得分	排名	得分	排名	得分	排名
山西	0.062	7	0.056	8	0.062	7	0.049	7	0.049	5
内蒙古	0.082	2	0.073	3	0.069	4	0.060	2	0.061	3
山东	0.053	9	0.046	9	0.056	8	0.040	9	0.045	8
河南	0.079	3	0.077	2	0.076	2	0.055	4	0.053	4
四川	0.085	1	0.084	1	0.081	1	0.064	1	0.064	1
陕西	0.068	5	0.065	6	0.063	6	0.053	5	0.049	6
甘肃	0.073	4	0.069	4	0.071	3	0.046	8	0.045	7
青海	0.064	6	0.067	5	0.068	5	0.059	3	0.062	2
宁夏	0.058	8	0.057	7	0.053	9	0.049	6	0.046	9

开放项得分最高的是山东，得分最低的是青海。其中，山东的农业与第
三产业融合强度达到 0.234，农产品进出口额占 GDP 比重达到 0.001 3%，
为所有省份中最大，进出口额相对值和绝对值均最大。青海的农业与第三产
业融合强度为 0.259，但是农产品进出口额占比在黄河流域所有省份中排名
最低。未来青海应着力提高农产品的进出口，进一步提高特色农产品的开放
程度（表8）。

表8　黄河流域各省份特色农业开放水平得分与排名情况

省份	2003 年		2007 年		2011 年		2015 年		2020 年	
	得分	排名	得分	排名	得分	排名	得分	排名	得分	排名
山西	0.017	5	0.021	6	0.012	6	0.017	6	0.018	6
内蒙古	0.028	4	0.029	5	0.017	5	0.022	5	0.024	5
山东	0.275	1	0.362	1	0.378	1	0.299	1	0.258	1
河南	0.048	2	0.047	2	0.045	2	0.052	2	0.045	2
四川	0.038	3	0.041	3	0.029	3	0.032	3	0.033	3
陕西	0.017	6	0.032	4	0.019	4	0.026	4	0.032	4
甘肃	0.009	8	0.020	7	0.008	8	0.015	7	0.013	8
青海	0.002	9	0.011	9	0.000	9	0.004	9	0.004	9
宁夏	0.010	7	0.018	8	0.009	7	0.014	8	0.015	7

共享项得分最高的是内蒙古，得分最低的是河南和山西。内蒙古杂粮人
均占有量 0.133 千克/万人，农村居民可支配收入 16 242 元，城镇化率
67%。人均杂粮占有量最高。而河南杂粮人均占有量 0.030 千克/万人，农
村居民可支配收入 11 755 元，城镇化率为 61%，在杂粮人均占有率以及城
镇化率方面均较低（表9）。

表9　黄河流域各省份特色农业共享水平得分与排名情况

省份	2003 年		2007 年		2011 年		2015 年		2020 年	
	得分	排名	得分	排名	得分	排名	得分	排名	得分	排名
山西	0.043	6	0.037	8	0.033	9	0.039	9	0.051	9
内蒙古	0.073	1	0.075	2	0.102	1	0.095	1	0.129	1
山东	0.038	8	0.037	9	0.042	8	0.045	8	0.057	6

（续）

省份	2003 年		2007 年		2011 年		2015 年		2020 年	
	得分	排名	得分	排名	得分	排名	得分	排名	得分	排名
河南	0.039	7	0.042	7	0.044	7	0.044	8	0.052	8
四川	0.062	3	0.061	3	0.070	3	0.076	3	0.088	3
陕西	0.037	9	0.042	6	0.045	6	0.044	7	0.055	7
甘肃	0.067	2	0.076	1	0.081	2	0.079	2	0.093	2
青海	0.058	4	0.058	5	0.064	4	0.064	4	0.069	4
宁夏	0.049	5	0.061	4	0.064	5	0.059	5	0.068	5

（3）2003—2020 年黄河流域特色农业高质量发展水平分类分析

为进一步观察 9 个黄河流域省份之间的差异性，了解其特色农业高质量发展特征，本研究借鉴涂正革等人构建的多指标面板数据聚类分析方法，利用软件 Stata15.0，对 2003 至 2020 年黄河流域特色农业高质量发展情况进行分类分析，然后根据聚类结果提取优劣势指标，结果如表 10 所示。

表 10 黄河流域各省份特色农业发展的优劣势指标

类别	省份	主要特征	优势指标	劣势指标
第一类	山东	发展速度最快，发展程度最高	农业与第三产业融合强度、农产品进出口额占 GDP 比重、杂粮土地生产率、杂粮农机生产率、杂粮劳动生产率	杂粮产值比重、森林覆盖率、农业产业发展财政支持力度、单位面积化肥消耗、单位面积农药消耗、单位面积农膜消耗
第二类	内蒙古、四川	发展速度较快，发展程度较高	杂粮土地生产率、杂粮农机生产率、杂粮劳动生产率、杂粮产值比重、森林覆盖率、农业产业发展财政支持力度、单位面积化肥消耗、单位面积农药消耗、单位面积农膜消耗	农业与第三产业融合强度、农产品进出口额占 GDP 比重
第三类	陕西、青海、河南	发展速度较慢，发展程度一般	杂粮产值比重、森林覆盖率、农业产业发展财政支持力度、杂粮人均占有量	杂粮土地生产率、杂粮农机生产率、杂粮劳动生产率、单位面积化肥消耗、单位面积农药消耗、单位面积农膜消耗、单位面积水资源消耗、环境污染治理投资总额

（续）

类别	省份	主要特征	优势指标	劣势指标
第四类	甘肃、宁夏、山西	发展速度较慢，发展程度较低	杂粮产值比重、杂粮人均占有量	单位面积农药消耗、单位面积农膜消耗、单位面积水资源消耗、环境污染治理投资总额、农业与第三产业融合强度、农产品进出口额占 GDP 比重

第一类：山东。山东是黄河流域各省份中特色农业高质量发展速度最快，发展水平也最高的省份，但是在发展协调、环境友好、生活保障方面有待提高。2020 年该省产业开放水平排名第一，技术高效水平排名第二，尤其是杂粮土地生产率、杂粮农机生产率、杂粮劳动生产率发展水平较高，但是发展协调项排名第九、环境友好项排名第八，生活保障项排名第六，单位面积化肥消耗、单位面积农药消耗、单位面积农膜消耗较高。山东特色产业开放和技术高效水平均较高，但是在发展协调、环境友好、生活保障方面却发展较为缓慢，仍然属于粗放式发展模式。2018 年山东《关于创新体制机制推进农业绿色发展的实施意见》中指出，按照宜农则农、宜牧则牧的原则，创建特色农产品优势区，大力发展杂粮等特色高效农业，建立评价标准和技术支撑体系，推动农业绿色高质量发展。2021 年山东实施《支持黄河流域生态保护和高质量发展若干财政政策》，提出要加大节水激励力度，对符合国家要求的节水型社会建设达标区、县，给予资金补助，并加快推动农业绿色发展，促进形成现代农业体系，在相关政策支持下山东特色农业总体上发展又好又快。

第二类：内蒙古、四川。这类省份特色农业高质量发展速度较快，发展水平较高。2020 年内蒙古总体特色农业高质量发展排名第二，创新项排名第四、绿色项排名第三，发展协调项排名第五、开放项排名第五、共享项排名第一，可以得出内蒙古在绿色、共享、创新方面均发展较好，杂粮土地生产率、杂粮农机生产率、杂粮劳动生产率较高，单位面积化肥消耗、单位面积农药消耗、单位面积农膜消耗较低，但是在进出口、产业融合度方面发展较慢。2020 年四川在创新项排名第一、协调项排名第一、绿色项排名第一、开放项排名第三、共享项排名第三，可以得出四川省在创新、协调、绿色三个方面均发展较好，但是开放和共享发展相对较为缓慢。从整体上而言，这两个省份第一产业与第三产业融合度不足，农业基本上仍然是初级生产加工模式，没有与第三产业进行深度融合，尤其是内蒙古和四川自然环境优越，人均收入也较高，更应积极延伸特色农业产业链，不断加快产业融合，提高特色农业发展的附加值。

第三类：陕西、青海、河南。这类省份特色农业高质量发展速度较慢，发展水平一般。青海和河南创新项均排名较为靠后，2020年陕西协调项排名第二，青海协调项排名第三，河南协调项排名第六。绿色项方面，2020年河南排名第四，陕西排名第六，青海排名第二。开放项方面，2020年河南排名第二，陕西排名第四，青海排名第九。共享项方面，青海排名第四，陕西排名第七、河南排名第八。这类省份整体上发展较慢，发展水平一般，尤其是农村居民可支配收入、城镇化率发展基础不是很好，但是有很大的发展潜力，尤其是青海在绿色项方面从2003年的第六名发展到2020年的第二名，陕西与河南在开放项方面也发展迅速，随着欧洲班列的开通，极大促进了沿线省份农产品在欧洲市场的进出口。

第四类：甘肃、宁夏、山西。这类省份发展速度较慢，发展程度较低。2020年甘肃在创新项排名第八、宁夏在创新项排名第七、山西在创新项排名第九，这类省份的创新项整体上偏低。在协调项方面，2020年甘肃排名第四、山西排名第七、宁夏排名第八。在绿色项方面，甘肃从2003年的排名第四下降到2020年的排名第七，下降较为迅速，山西排名第五，宁夏排名第九。在开放项方面，2020年山西排名第六，宁夏排名第七，甘肃排名第八，整体上得分均较低。在共享项方面，甘肃排名第二，宁夏排名第五，山西排名第九。其中，甘肃在共享方面基本排在第一、第二的位置，在共享方面得分较高。整体上而言，这类省份发展速度较慢、发展程度较低，虽然在杂粮产值比重、杂粮人均占有量等方面得分较高，但是在杂粮单位面积农药、单位面积农膜、单位面积水资源等方面消耗较高，在环境污染治理投资总额、农业与第三产业融合强度、农产品进出口额占GDP比重方面得分较低。

4 黄河流域特色农业高质量发展路径设计

4.1 建立灵活梯度的财政支持政策

平衡公平与效率，建立灵活梯度的财政支持政策。针对较为落后的地区，应采用积极的社会保障理念，福利型财政支持在减缓灾难冲击的同时，以增加再就业和再生产为政策导向，促进小农在特色农业发展中增收；投资型支持尤其农田水利建设、农产品流通设施、互联网新基建等投资，应持续加大对农业的财政支持，优化农业财政支持结构，建立与农业污染物减排挂钩的财政支持体系，促进特色农业数量和质量同步发展。各级政府需要因地制宜地进行福利型支出和投资型支出，需要考虑实施的基础，不同类型的财政支农政策需要结合技术发展水平、市场化水平、产业组织化水平，形成"政府的推动力、市场的原动力、农民的创造力、社会的协同力"。政府财政政策支持属于推动力，市场收益激励属于原动力，产业组织属于协同力，而农民力量是主体。财政支农政策这一制度的实施，首先需要考虑实施的技术基础和市场基础，在技术发展的不同阶段，财政支农政策的实施倾向、强度以及种类是不同的；财政支农政策本质上在于弥补农业市场失灵，支农政策的实施在于增强农业市场功能，市场化发展阶段不同，财政支农政策的强度和方式就会存在差异。以小农为主体的杂粮生产，龙头企业、新型经营主体等产业组织化发展，可以推动小农适度规模经营，提高农业生产的集约化、专业化水平，财政支农需要考虑组织化发展水平，以提高财政支农政策的实施效果。

此外，需要通过设立乡村振兴特色产业重大专项，扶持各地区特色农产品产业发展，对优势特色产业集群、农业产业园、农业产业强镇设立财政专项补贴，提高产业发展的内在活力和竞争力，促进产业转型升级，实现高质量发展。中央财政农业生产发展资金通过对农民直接补贴，提高农民的种地积极性和农业机械化水平，例如耕地地力保护补贴、农机购置补贴、实际种粮农民一次性补贴。开展东西部协作和定点帮扶工作，推动区域协调发展、促进共同富裕，丰富协作帮扶形式，巩固拓展脱贫攻坚成果，重点支持乡村产业发展，加快推进农业农村现代化，全面推进乡村振兴。打造特色产业，制定相关文件推进这些产业的可持续发展，使相关企业部门明确自己的工作任务，政府部门了解相关政策和具体举措，并对相关项目提供资金支持。要根据政策落实各部门的责任，安排好工作，将所有举措落到实处，共同促进特色产业发展进步。同时，相关部门要确保工作稳定任务细化，通过书记驻村、专业工作队进村等方式，重点发展产业落后和经济基础薄弱的村庄。我国小杂粮市场发展前景较好，是黄河流域增收致富的重要发展路径。因此，必须搞好农业投入，确保资金供给到位，形成有利于农业发展的农业投入机制，推动地方小杂粮特色农业可持续发展。

在对各地级市、县区的干部、领导进行考核时，要将特色产业的长远发展纳入对乡村振兴发展的考核中，将相关内容融化为考核指标，对上级部门提出的政策和措施、脱贫地区的特色产业升级、更新经营方式和体系建设特别是服务体系等内容进行重点考察。对于线上体系，首先要完善各特色产业的信息系统，实时更新上级下达的相关政策和举措，其次，对于产业发展的相关信息和产品的销售信息要及时更新。要增强品牌意识，突出重点培育项目，带动周边发展，从而为产业评价和上级部门完善相关产业的政策提供更好的帮助。

4.2 不断提高产业组织化水平

健全联农带农机制，在特色农业发展的过程中起到很大作用的龙头企业应该得到各级政府的政策支持和资金帮助，例如应该降低龙头企业的贷款利率，降低龙头企业的用电用地费用，给予这些企业更大的资金支持，让龙头企业得到很好的发展。各级政府应该大力支持乡镇企业上市，使这些企业更有活力，从而带动经济发展。不同粮食作物之间应该找到协调发展之路，因地制宜地发展杂粮产业，以增加农民收入。在贫困地区，要大力推进产权制度的改革，让农村土地更合理应用，从而更大程度上推动该地经济发展。最近几年，由于受疫情防控等大环境的影响，很多在城市务工者返回自己的家乡，政府应该鼓励这些返乡人员在家乡发展特色产业，利用他们的技能和知识，促进该地经济向更好的方向发展，同时也能带动当地的就业。注重培育小农户发展特色优势农产品。实施特色产业集群发展行动，引导和带动小农户走入现代农业发展快车道。因地制宜，大力发展特色产业，促进农民脱贫致富，实施农业品牌培育工程。

整合特色产业项目，组建资料库，与脱贫攻坚成果结合起来，建立优秀项目主要思路与内容的共享机制。通过调研整个农业产业链的生产、加工、销售过程，突出培育良种、种植栽培、精细加工、病虫害防治、机械采收、市场推广、品牌提升、开拓市场等环节的特点，挑选各产业效率高的优质方案纳入项目库，促进农业产业链的全面发展。把脱贫攻坚成果和乡村振兴结合起来，建立专项资金，专款专用，大力支持优秀农业项目持续发展，健全县乡农技部门和政府机构联合办公机制，合理规划管理特色产业项目，并结合各地生态状况、产业环境，因地制宜，不断引进促进本地经济发展的新项目。

健全特色产业产销衔接机制，开展农产品产销对接活动，鼓励各地特色农业产业经营者参与不同地区的展销会，与电商、批发市场建立合作关系，开拓农产品市场的深度、广度，实现根据市场需要设定生产规模的生产模式，签订产销合同实现利益一体化的合作模式，共同促进特色农产品产业链的发展。持续开展消费帮扶活动，通过电商带货来提高品牌知名度、提高市场竞争力，通过消费帮扶助力乡村振兴，进一步做好消费帮扶产品认定工作，以网络消费平台为依托，全面开启农特产品线上销售渠道。与全国汽车站、火车站、高速服务区开展合作，通过开设商铺或者开展农产品展销活动，进一步打开特色农产品在全国各地的销路。

4.3 健全农业社会化服务体系

技术服务或者支持对于黄河流域传统特色农业的发展至关重要，尤其是在种子、种植过程等方面的技术支持。政府应该组织技术部门进行技术讲解，开展技术指导会，培训农民开展种植活动。为了让该机制切实有效地推行可以制定更加具体的计划，例如支持精确的对点帮扶，让水平较弱的区域得到技术帮助，从而促进这些区域更好的发展。农村的农业服务水平参差不齐，提高农村的农业服务水平可以让资金和技术支持进入更加广阔且需要技术的乡村，资金支持会让经济得到更好的发展。同时，应该更加密切关注摆脱贫困的农民，并继续给予他们一定的帮助。在广大的乡村，要大力开展教育培训、特色农业种植技术指导，提高农民的文化水平和技术水平，以便更好地促进农业农村的发展，让技术创新带动农民致富。针对性地发展具有当地特色的农业发展方式，同时加强该种发展方式的解读，以方便农民更好地理解，从而更有利于农民在实际操作中的实施。同时还可以讲解一些在当地特色农业发展过程中的典型案例，以便农民参考和理解，这也能在一定程度上激励农民的动力和活力。在农村发展中，要避免不切实际的畅想和假大空的宣传，要做到立足基本情况，实施具体的措施。大力发展新型技术，例如延安洛川县广泛应用电子商务销售特色农产品，使农民节约资金1.5亿元，增收6.4亿元，落实"互联网＋"特色农业发展行动。

通过创新贷款产品，开设特色产业发展工程贷款，助力资金需求大、发展前景好、提升农民收入的农产品加工企业，实现资金精准供给，打造当地特色产业集群，迎合食品市场多样化的消费需求，提高初级农产品精加工、深加工标准，增加产品附加值，提高产品市场竞争力。根据农业经营规模、物质装备条件的不同，出台差异化信贷政策，丰富贷款产品种类，例如支持农村承包土地的经营权抵押贷款、鼓励农业机械和养殖场等抵押质押融资。开设创业担保贷款助力特色产业，开通脱贫农户办理贷款绿色通道，通过简化申请材料、优化审批流程，提高贷款发放速度，促进一二三产业之间的融合渗透。

4.4 培育特色农业市场体系

不断培育特色农业要素市场和产品市场。尤其是需要促进土地要素市场发展，在合理规划土地开发治理布局的基础上，整合现有存量土地资源，用于建设农业集体化产业生产基地，调整农业生产结构，发展乡村优势特色主导产业，引导多部门开展审批业务合作，简化办理用地审批手续，提高农业规划用地审批速度，促进农业产业融合发展。做好农业产业化生产设施及配套设备用地管理，根据不同粮食作物栽培特点，确定用地规模、工程内容建设标准，多部门分工合作，形成联动工作机制。优化财政投资型支持与财政福利型支持结构，推动交通、市场网络组织等硬件基础设施发展，在形成统一大市场的基础上，促进农业要素和产品市场化配置；大力发展绿色认证、信息化等无形市场体系，提高农业的市场信用与知识产权保护水平，规范农业绿色市场准入，充分发挥市场供给、竞争、价格等功能。持续完善创新驱动环境，调整农业科技创新研发方向。财政投资型支持向农业绿色转型倾斜，通过研发前沿技术，降低特色农业绿色生产成本，提高绿色收益以增加特色农业绿色生产者的收入；构建多元化、发散的农技推广体系，促进特色农业绿色科技创新成果转化，将特色绿色农业科技创新智力和价值紧密联系起来，切实落实政产学研相结合的特色农业绿色科技创新服务体系。不断提升特色农业产业化水平。调整财政支持方向，加大财政支持农业产业化资金投入，以县域为重点发挥支持农业产业化发展项目的辐射和带动作用，引导农村集体经济组织、农民规模化和商品化经营，以探索企业、合作社、小农户共赢模式，促进特色农业增产、农民增收、企业增效。

要更加重视杂粮产业，优化杂粮区域布局，将杂粮作为调整农业种植结构、改善居民膳食结构、促进农业可持续发展的重要潜力作物，鼓励陕西、山西、甘肃等省份因地制宜发展杂粮作物，促进杂粮生产向优势产区集中，适度替代高耗水型大宗粮食作物。内蒙古及长城沿线区应坚持以畜牧业为重点，强化农牧结合，重点发展特种优质谷物和以甜菜为主的经济作物生产。四川地区在综合治理和改善生态环境的基础上，大力加强烟叶、甘蔗、中药材、花卉等特色农产品的生产基地建设。黄土高原区应加大退耕还林还草力度，积极发展经济林果业，推动果品加工业的发展。甘新区发展集约化的绿洲农业与牧区畜牧业，扶持发展在国内外享有盛誉的番茄、葡萄、香梨、啤酒花、枸杞等特色农产品。青藏区以保护草地天然生态系统为主，加强人工草场建设，提高畜产品品质，在河谷地区发展油菜等特色种植业。

参考文献

陈文胜，2021. 乡村振兴的历史逻辑与现实进路［J］. 书屋（6）：4-7.

陈文胜，李珊珊，2022. 论新发展阶段全面推进乡村振兴［J］. 贵州社会科学（1）：9.

陈乙西，张邦辉，2018. 社会保障对农民工流动决策的影响研究——基于"推拉"理论的实证 [J]. 农业经济问题 (10)：132-140.

高玉强，2010. 农机购置补贴与财政支农支出的传导机制有效性——基于省际面板数据的经验分析 [J]. 财贸经济 (4)：61-68.

葛继红，周曙东，2012. 要素市场扭曲是否激发了农业面源污染——以化肥为例 [J]. 农业经济问题 (3)：7.

郭玉清，2006. 中国财政农业投入最优规模实证分析 [J]. 财经问题研究 (5)：68-72.

何振国，2006. 中国财政支农支出的最优规模及其实现 [J]. 中国农村经济 (8)：61-65.

黄祖辉，2018. 改革开放四十年：中国农业产业组织的变革与前瞻 [J]. 农业经济问题 (11)：61-69.

李焕彰，2004. 财政支农政策与中国农业增长：因果与结构分析 [J]. 中国农村经济 (8)：38-43.

刘飞，王欣亮，白永秀，2018. 城乡协调分异、社会保障扭曲与居民消费差距 [J]. 当代经济科学，40 (3)：10.

刘玉安，徐琪新，2020. 从精准扶贫看完善农村社会保障制度的紧迫性 [J]. 东岳论丛，41 (2)：74-82.

吕诚伦，江海潮，2016. 财政农业支出影响农业经济增长效应研究——基于1952~2012年的数据分析 [J]. 财经理论与实践，37 (6)：6.

潘珊，龚六堂，李尚骜，2016. 中国经济的"双重"结构转型与非平衡增长 [J]. 经济学（季刊），15 (4)：24.

孙红霞，2008. 财政支农支出总量与最优支出规模的实证分析 [J]. 农村财政与财务 (5)：16-19.

汪海洋，孟全省，亓红帅，等，2014. 财政农业支出与农民收入增长关系研究 [J]. 西北农林科技大学学报（社会科学版）(1)：72-79.

魏朗，2007. 财政支农支出对我国农业经济增长影响的研究 [J]. 中央财经大学学报 (9)：11-17.

夏显力，陈哲，张慧利，等，2019. 农业高质量发展：数字赋能与实现路径 [J]. 中国农村经济 (12)：14.

胥巍，曹正勇，2008. 我国东西部财政支农对农业经济增长贡献的比较研究——基于协整分析与误差修正模型 [J]. 软科学 (5)：95-99.

严成樑，吴应军，杨龙见，2016. 财政支出与产业结构变迁 [J]. 经济科学 (1)：12.

杨林，薛琪琪，2016. 中国城乡社会保障的制度差异与公平性推进路径 [J]. 学术月刊，48 (11)：10.

叶初升，惠利，2016. 农业财政支出对中国农业绿色生产率的影响 [J]. 武汉大学学报：哲学社会科学版 (3)：8.

张笑寒，金少涵，2018. 财政农业支出的农民收入增长效应——基于收入来源的角度 [J]. 南京审计大学学报，15 (1)：10.

张召华，罗宇溪，李强，2019. 群体分异视角下新农保"减贫"与"防贫"效果识别 [J]. 统计与决策 (24)：4.

左停，赵梦媛，金菁，2018. 路径、机理与创新：社会保障促进精准扶贫的政策分析 [J]. 华中农业大学学报 (社会科学版) (1)：1-12，156.

Acemoglu，D. and V. Guerrier，2008. Capital Deepening and Non-balanced Economic Growth [J]. Journal of Political Economy，116：467-498.

Andreo V.，2013. Remote Sensing and Geographic Information Systems in Precision Farming [J]. International Journal of Remote Sensing，14 (17)：3181-3190.

第三篇
案例篇

案例一

新型农业经营主体与
农户利益联结模式比较研究

——基于沿黄省份农企利益联结案例分析

摘要： 探究新型农业经营主体和小农户之间的内在联系机制，引导其和农户之间形成利益共享、风险共担的利益联结关系具有重要意义。本文基于交易费用理论、委托-代理理论和不完全契约理论，按照利益联结紧密程度将利益联结分为订单式、股份式、服务型和混合型四种主要方式，通过对沿黄河流域各个省份的案例分析，深入剖析了这四种利益联结方式的特点和适用条件。研究发现，四种模式各有利弊，适用条件不尽相同。"订单式"利益联结适用于农产品价格波动较小，农户和企业双方履行合约能力较强的情形。村内党建基础好，村委会群众基础好适合"股份式"利益联结方式。"服务型"联结方式适用于企业生产经营水平和管理水平高和农户参与管理意识强的村集体。混合型利益联结方式组织操作难度过大，对企业内部管控能力和产业链建设水平等要求较高，需要政府和相关部门的配合。

关键词： 新型农业经营主体；农户；利益联结机制；案例剖析

1 引言

农业高质量发展最终是为了实现农业增效和农民增收，农民是农业最主要的利益主体，推动农民共享高质量发展成果是农业高质量发展的最终归宿（杜思梦、刘涛，2021）[①]。目前黄河流域地区农业生产经营主体主要是小农

[①] 杜思梦，刘涛. 基于新发展理念的农业高质量发展：内涵、问题及举措 [J]. 中国农业科技导报，2021，23（3）：18-24. DOI：10.13304/j. nykjdb. 2019. 1087.

户，但是随着工业化、城市化、农业现代化步伐的不断推进，分散经营的小农户与现代农业集约化生产要求的矛盾日益凸显。农业生产进入"全要素购买时代"导致生产成本增加，再加上农民缺乏对高端产业链的控制，使农业效益大多被生产资料供应者和农产品加工流通主体吸收，农业所产生的效益很少回馈到农民本身（杜思梦、刘涛，2021）[①]。因此，要推动黄河流域农业高质量发展，实现小农户与现代农业发展的有机衔接是目前亟待解决的问题。实践证明，新型农业经营主体是实现农业现代化的基础支撑。

我国农业经营处于从初级农业现代化向基本农业现代化转型的阶段，据农业农村部预测，到2030年，我国经营规模为3.33公顷以下的小农户仍有1.7亿户，并经营着我国70%的耕地总面积（屈冬玉，2017）[②]，因此，小农户仍为当前和今后一个时期内我国农业生产经营的主体。近年来，党中央专门下发了加快构建政策体系培育新型农业经营主体的意见，推动家庭农场培育发展、土地流转和适度规模经营，形成了多种形式的农业规模化经营路径。党的十九大报告提出要"实现小农户和现代农业发展有机衔接"，2019年和2021年的中央1号文件都强调需培育壮大农业龙头企业等新型农业经营主体，让农民更多地参与分享产业增值收益。因此，探究新型农业经营主体和小农户之间的内在联系机制，引导其和农户之间形成利益共享、风险共担的利益联结关系，将有效地促进小农户与现代农业发展有机衔接，推动农业经营转型升级，并进一步构建现代农业产业体系，实现农业高质量发展。

2 理论基础与文献回顾

2.1 理论基础

（1）交易费用理论

交易费用理论最早是由经济学家科斯在《企业的性质》一文中提及，科

---

① 杜思梦，刘涛.基于新发展理念的农业高质量发展：内涵、问题及举措［J］. 中国农业科技导报，2021，23（3）：18-24. DOI:10.13304/j.nykjdb.2019.1087.
② 屈冬玉.以信息化加快推进小农现代化［N］. 人民日报，2017-06-05.

斯认为，企业和市场是两种可以相互代替的资源配置机制，市场中由于有限理性、机会主义、小数目条件和不确定性的存在，市场交易费用会很高，为降低交易费用，企业作为代替市场的新型交易形式应运而生（沈满洪，2013）①。企业采取不同的组织方式最终目的也是节约交易费用。在现代农业生产当中表现为龙头企业与农户订立合同，企业以相对于市场价格更加令农户满意的价格收购农产品，同时也减少了农户进入市场进行交易的费用，对农户而言，农户所种植的农产品的销路有了保障。对于企业而言，一方面保证了原材料的质量和供应，也克服了农产品在市场上分散出售造成的难买、短缺的问题。难买和难卖的双重市场障碍得到解决，这样农户和龙头企业的效率都得到了提高，农业资源得到了优化配置。

（2）委托-代理理论

委托-代理理论是制度经济学契约理论的发展和改进，由美国经济学家米恩斯和伯克利于20世纪30年代提出，主要用于分析非对称信息下最优合同的建立。信息不对称理论认为在市场交易当中，各类人员对有关信息的了解是有差异的；掌握信息比较充分的人员，往往处于比较有利的地位，而信息贫乏的人员，则处于比较不利的地位。在信息不对称的情况下，委托人和代理人的目的是有所区别的，委托人的目的是实现企业或集团利益最大化，而代理人的目的则是实现自身利益最大化。委托人在二者利益冲突下不能采用强硬的合同来约束代理人的行为，而采取最有效的方式是激励代理人，委托人可以通过代理人实现自身利益最大化而达到其最大化利益。在农业产业化中，龙头企业和农户之间就存在着委托-代理关系，二者之间签订合同，规定农户要按照合同完成相应的订单任务，规定利益分配原则。农业生产当中大多数农户都是散户，他们生产规模小，生产过程中由于信息不对称要额外承担交易费用，在生产资料采购、生产、加工、销售环节处于信息的劣势地位，难以分享农业产业链上各个环节的利润。农户作为代理人可能会不按照委托人的要求和契约关系生产，于是便有了代理成本。

---

① 沈满洪，张兵兵.交易费用理论综述［J］.浙江大学学报（人文社会科学版），2013，43（2）：44-58.

（3）不完全契约理论

不完全契约理论是指合约的不完全性，是由 Grossman（1986）、Hart（1986）和 Moore（1990）共同创立，因此又被称为 GHM 模型。该理论认为在契约组织形态下，市场不完全性、人的有限理性、信息的不完全性以及交易的不确定性，使得强势的一方压制或限制弱势一方，弱势一方丧失部分权利，削弱了弱势一方的履约能力，增加了组织运营成本，组织稳定性越来越低，这种不完全性造成风险增加、地位不平等、利益不完善。因此，为了避免合约的不完全性，龙头企业和农户在利益联结时应该注意到不顾农户利益的合同会带来农户违约的后果，企业应该在农产品收购价格、利益分配各个环节考虑到农户的利益，从技术扶持、信息共享方面提供帮扶。

2.2 文献回顾

利益联结机制是各个经济主体之间在利益方面的连接关系，这种联结关系使得利益主体在合作过程中可以获取并保障属于自身的利益。现有文献将利益联结机制分为四种：利益分配机制、利益调节机制、利益约束机制和利益制衡机制。把龙头企业和农户利益联结的程度分为"松散型""紧密型"和"半紧密型"。其中"松散型"利益联结机制，即"买断型"或"市场交易型"。龙头企业根据市场销售行情和生产需要，随机收购农户生产的农产品，企业和农户不签订合同，自由买卖，价格由市场决定。"紧密型"利益联结机制，即"产权关系型"。龙头企业和农户组建共同经济体，农户成为企业股东并受企业章程和法律约束。"半紧密型"利益联结机制，即"契约型"或"合同型"。

郑立平、龙文军（2005）[1] 研究了广西的农村产业融合经营利益联结机制形式、利益联结机制的难点及其原因。朱金鹤（2005）[2] 和康红梅（2012）[3]

---

[1] 郑立平，龙文军. 论利益联结机制与农业产业化经营——以广西壮族自治区为例［J］. 华南农业大学学报（社会科学版），2005（2）：15 - 20.

[2] 朱金鹤. 新疆农业产业化利益联结机制研究［J］. 石河子大学学报（哲学社会科学版），2005（3）：11 - 14. DOI:10.13880/j. cnki. cn65 - 1210/c. 2005.03.004.

[3] 康红梅. 兵团农业龙头企业与农户利益联结机制的探讨［J］. 新疆农垦经济，2012（7）：42 - 46.

分别对新疆以及新疆生产建设兵团农村产业融合利益联结机制类型进行了研究，而祝宏辉、王秀清（2007）^① 研究了新疆番茄产业"契约型"利益联结机制问题。郑凤田、李明（2009）^② 以黑龙江省为例，研究了大豆产业链的利益分配机制。闫玉科（2006）^③ 通过实地调研广东省龙头企业与农户深入了解分析利益联结机制建设中存在的问题、联结模式异同、联结模式归属利益联结机制的类型后，提出了引导农业龙头企业与农户之间建立紧密型的利益联结机制的对策。钱淼、马龙波（2018）^④ 认为来自农户和龙头企业在公平的交易下形成的均衡价格，使得市场交易的双方在利益和风险上存在对称关系。陈慈等（2021）^⑤ 将紧密型利益联结机制分为新型利益联结和股份式利益联结并将二者进行对比分析发现，现阶段构建紧密型农业产业利益联结机制在利益调节、利益分配、利益保障等反面仍存有诸多不足。涂圣伟（2019）^⑥ 在利益联结机制的构成中，以利益分配机制、利益保障机制和利益调节机制三种机制为主要内容。李明贤、刘宸璠（2019）^⑦ 以农民专业合作社引领的一二三产业融合利益联结为研究对象，从梳理农村一二三产业融合与农业产业化的区别开始，明晰了农村一二三产业融合的利益联结机制在新时代背景下所要完成的主要任务是促进农民持续增收。兰勇（2021）^⑧ 以湖南省家庭农场为研究对象，将利益联结方式分为合同式、买断式和股份式三种，从制度效益、治理水

① 祝宏辉，王秀清. 新疆番茄产业中农户参与订单农业的影响因素分析 [J]. 中国农村经济，2007（7）：67-75.

② 郑凤田，李明. 大豆产业链的成本与利润分配：黑龙江个案 [J]. 改革，2009（5）：61-67.

③ 闫玉科. 农业龙头企业与农户利益联结机制调查与分析——以广东省为例 [J]. 农业经济问题，2006（9）：32-36.

④ 钱淼，马龙波. 合作社为枢纽的农企利益联结机制研究——以山东省院东头镇茶产业为例 [J]. 林业经济，2018，40（1）：87-91. DOI：10.13843/j. cnki. lyjj. 2018.01.018.

⑤ 陈慈，龚晶，周中仁. 农村产业融合中利益联结机制的差别化构建研究 [J]. 农业经济，2021（3）：87-89.

⑥ 涂圣伟. 工商资本参与乡村振兴的利益联结机制建设研究 [J]. 经济纵横，2019（3）：23-30. DOI：10.16528/j. cnki. 22-1054/f. 201903023.

⑦ 李明贤，刘宸璠. 农村一二三产业融合利益联结机制带动农民增收研究——以农民专业合作社带动型产业融合为例 [J]. 湖南社会科学，2019（3）：106-113.

⑧ 兰勇，周艺珮，蒋黾. 家庭农场与农业企业利益联结机制综合评价研究 [J]. 农业现代化研究，2021，42（5）：805-814. DOI：10.13872/j. 1000-0275.2021.0069.

平和成长能力等三个维度对农企联结利益模式的有效性进行了分析。

综合以上文献可以看出，目前学术界针对农业利益联结研究较为丰富，但大多数都是基于理论进行定性分析，少有研究基于现实案例同时分析多种利益联结模式，探究不同利益联结方式的具体做法、优缺点、适用条件。因此本文将在前人研究的基础上，将利益联结模式分为"订单式"利益联结、"股份式"利益联结、"服务型"利益联结和混合型利益联结四种联结方式，并总结和比较不同模式特征适用条件，以期为引导龙头企业和农户之间形成利益共享、风险共担的利益联结关系，促进小农户与现代农业发展有机衔接提供有价值的参考。

3 案例选取

黄河流域作为东亚农业的起源中心之一，也是中国重要的农牧业生产基地，同时也是发展不充分、发展质量有待提高的地区。2019年9月18日，习近平总书记在黄河流域生态保护和高质量发展座谈会上明确指出，推动黄河流域高质量发展，积极探索富有地域特色的高质量发展新路子。在国家推进质量兴农、新型基础设施建设、新型城镇化建设的背景下，黄河流域农业高质量发展过程中也进行了诸多探索，并取得一定的成绩。因此本研究以黄河流域为研究区域，开展农业高质量发展的研究，进行新型农业经营主体与小农户的利益联结方式的差异化研究对于推进黄河流域农业高质量发展具有重要意义。

基于以上分析本文将选取沿黄各个省份的案例作为主要分析对象，将利益联结分为"订单式"利益联结、"股份式"利益联结、"服务型"利益联结和混合型利益联结四种方式，并基于案例对这四种联结方式进行深入剖析，总结提炼各个模式的特点和适用条件。

4 案例剖析

4.1 "订单式"利益联结机制

"订单式"利益联结机制主要是一种较为传统的农企联结模式，发展至今逐渐演变为以农业龙头企业为核心、农民专业合作社为纽带、家庭农场和种植大户为基础，建立农业产业化联合体，如"公司＋合作社＋农户"模式，引导企业、合作社与农户建立紧密的契约关系，通过签订长期购销合同等形式，保障农户收益、提升生产集约化、组织化水平。龙头企业统一种植标准、统一供应农资、统一收购产品、统一产品品牌，公司负责统一生产服务与管理，让农户在降低劳动强度和经营风险的同时，提高经营收益。支持龙头企业通过保护价收购和利益兜底、利润返还或二次结算等方式，与农户建立"风险共担、农企双赢"的紧密利益联结机制，提高订单履约率，让农户分享稳定收益。下面以具体地方案例为分析对象，介绍该模式的具体做法和特点。

陕西省汉中市留坝县地处秦岭南麓，县内生态资源丰富，是陕西西南部的特色农业产业县。近年来，留坝县在推进产业富民的过程中，积极畅通下游销售渠道，大力发展订单农业，引导农民转方式、调结构，实现种有定向，销有方向。同时，开辟出一条"政府＋龙头企业＋扶贫社＋农户"的订单产业发展道路，通过能人大户引领、产业基地示范、扶贫社托管把农户绑在产业链上，持续带动农业增效、农民增收。以范条峪村为例，年初龙头企业山城公司与村民签订合同，为村民提供 6 500 只鸡苗及足量的鸡饲料，村民提供场地和劳动力，等鸡苗长大成熟之后企业一次性收购，直接拉走。当地村民算了一笔账，同年 9 月份土鸡出售后，刨去山城公司的鸡苗和饲料钱，村民能净赚 6 万元左右。这种模式最大的特点就是以销定产，市场有消费需求，龙头企业提供原材料，农户只需要按要求去生产，避免了盲目生产。该模式下农民的产销都没有后顾之忧，所承担的市场风险也相对较少。但是，对于龙头企业来说他们要承担市场价格波动带来的风险，为了自身利益的最大化，在市场价格变化频繁时，企业会放弃履约，将经济损失转移给农户。

内蒙古呼和浩特赛罕区金河镇盖板村就是一个鲜活的例子。盖板村的村民大部分以种植彩椒为生，此前他们与某农业公司签约，规定在彩椒成熟后企业按照规定的价格全部收购，可刚收了一茬，企业就违约了。经当地村民介绍：村干部千辛万苦找来的 10 万斤彩椒订单被意外跑单了，自己辛辛苦苦种植的彩椒就这么烂在了地里，要不就只能拿来喂羊。据了解盖板村有120个大棚种植彩椒，一个棚一年的租金是 5 000 元，每棚约 2 200 株彩椒苗，一株苗成本是 1.6 元，加上农机、化肥以及人工成本等，每年的投入约在 12 000 元左右。这次因为企业的违约，全村的亏损超 100 万元。盖板村的遭遇并不是个案，这种情况在黑龙江、海南、江苏等地都曾出现过，因订单农产品预期价格高于市场价格，企业为避免亏损，放弃收购拒不履约，将严重的经济损失转嫁于农民。

4.2 "股份式"利益联结机制

"股份式"利益联结机制是农民以土地经营权、大棚圈舍和农机渔船等生产生活设施、劳动力以及自有资金等要素和资产入股龙头企业、农业产业化联合体或园区基地，参与农业全产业链经营，获得相应分红收入，实现成果共享、收益共享。该模式将现代企业股份制引入特色产业发展，通过入股分红将农民要素资产与企业经营发展联为一体，成为休戚与共的命运共同体，实现农户与企业共赢。农民与企业之间不再是简单的购销关系、合作关系、临时关系，而是资产深度联结、收益紧密捆绑、分配事关你我、发展荣辱与共的利益共同体。

一方面，农民借助要素资产入股企业，推动资金变股金、资源变资产、农民变股民，实现经营就业多选性、收入来源多元化；另一方面，企业通过要素入股将农民带入产业环节、引入产业链条、融入产业融合，将资源整合于产业之中，将要素注入产业发展，将收益让渡农民，实现小农户与现代农业有机衔接的方式多元化、渠道多样化、收益共享化、联结深度化，在要素收益共享中实现产业增效和农民增收。下面以具体地方案例为分析对象，介绍该模式的具体做法和特点。

山东省德州市是传统农业大市，但农业大而不强，农产品多而不优；农民组织化程度低、农业效益不高；年轻人不愿种地、留守老人种不了地，"谁来种地"等问题凸显。为此，德州市委采用"先试点、然后逐步推开"的办法，以临邑县一村为试点对象，建立村土地股份合作社，探索实施"以土地入股、按股分红"的土地股份化、集约化运营模式。村民以土地经营权入股，合作社采取两次分红的模式，一部分群众保底分红，群众以一亩地算一股，前两年以每亩 900 元进行保底分红，以后按照每亩粮食 1 000 元进行分红。第二部分是增产分红，对于保底分红超出部分，按照村入股、群众和合作社经营者第三方均分进行分红。同时，通过整合各个村山地、涝洼地等资源，村集体土地入股 30 余亩，按照保底分红模式可实现集体增收 3 万余元。试点成功后，该模式逐步推开，德州市共规划建设 128 个土地股份合作社，实现涉农乡镇全覆盖。相较于其他农业新型经营主体的"单打独斗"，党组织的组织优势，为合作社的生产经营带来了极大便利。

但是这种利益联结方式也并不是万无一失的。以农民土地入股为例，在深化农村土地制度改革中，农民土地入股成立合作社，是土地流转的重要形式之一，不仅有助于促进农业适度规模经营，而且有助于现代化农业建设，实现创新发展，也可以让农民享受更多的利益，实现资源共享发展。值得注意的是，入股本质上是一件市场投资行为，必然存在市场风险，而且土地承包经营权入股虽与转让有较大的区别，但同样会发生土地承包经营权转移的后果，会使得入股农民在入股期间长期脱离自己的土地，丧失对土地的利用和处分权。

4.3 "服务型"利益联结机制

这种利益联结机制是指企业、农民合作社及农民形成稳定的技术资本服务协作关系，农民按照企业要求进行生产，企业根据生产需要向农民提供产业环节内、产业链条间的社会化服务如资金扶持和技术指导，从而形成的利益联结。具体而言，就是龙头企业根据自身需求，在生产等领域创设一批标准化作业标准、操作规范和工艺流程，并通过技术培训、农机作业、农资供应等方式的社会化服务，帮助农户采取标准化生产模式，实现以服务联带农户、以服务联结生产、以服务联动产业。尤其是不同程度的农业生产托管服务，为广大分散的小农户突破农产品下行、农业生产成本上升双重不利因素的制约，享受土地流转之外实现适度规模经营优势创造了可能。下面以具体地方案例为分析对象，介绍该模式的具体做法和特点。

位于山西省寿阳县的嘉禾农业科技有限公司，将农业生产托管与现代农业结合，走出了提质增效、增产增收的新路子。2018年底，嘉禾公司与胜利村7个村民小组达成生产托管服务协议，并提供三种收费方案供农户选择：第一种是收取每亩地600元的服务费，第二年给农户交付每亩地900千克粮食；第二种是直接给农户每亩地900元收入，公司负责粮食从种植到销售的全流程服务；第三种是收农户每亩地600元的服务费，并保证每亩比周边农户同等地块增产100千克。

公司与村民小组签订了3年的服务合同，以50亩为一个作业单元，破除田垄，负责从种到收全过程服务。目前，嘉禾公司在朝阳镇胜利村托管玉米地达到10 200亩，惠及955户2 555人；在景尚乡的四个行政村，托管玉米地10 700亩，惠及1 000户3 000余人。两年后，选择第三种托管方案的农户由原先的5%增加到80%，选择第二种托管方式的农户由原先的80%减少到5%。胜利村逐步实现了集中连片推进机械化、规模化、集约化的绿色高效现代农业生产方式。同时，公司建立了玉米产供销全链条收入风险保障机制和"收、烘、储、运"四位一体的万吨粮食仓储物流中心，免费为托管农户进行粮食储存，解决农民存粮和卖粮难题。寿阳县陈家村村民陈四有，每年播种和秋收时节都要自己去找耕种机械，还要凑别人的时间，耕种秋收还需自己监管。自从寿阳县开展农业生产托管这项服务后，他再也不用发愁了。当地村民表示，农业托管服务给他们带来了极大的便利，解放了双手还能使粮食增产。对农业服务合作社而言，合作社需要联系播种耕地客户，加之作业场地不连片，市场价格不稳定，服务规模难以扩大。实行农业生产托管后，服务组织扩大了服务能力，配齐全套的农业生产设备，作业质量和效率大大提高，连片作业还能增收5%以上，各项难题迎刃而解。寿阳县根英合作社负责人表示，实行托管后，生产作业又快又好，40台拖拉机仅仅在25天内就完成了托管项目5 000亩的目标。发展农业生产托管，就是在不流转土地经营权的情况下，将耕、种、防、收等作业环节委托给社会化服务组织，让专业的人干专业的事。

4.4 多种联结方式并存的混合利益联结模式

主要表现为多种联结方式并存的混合型模式，兼具各家之所长，对经营主体的内部管控能力、产业链建设水平等要求较高。现在所谓的市场竞争，已经不仅仅是企业间、市场主体间的竞争，而演变为产业链与产业链之间的竞争。随着农业的高质量发展，现代农业产业链的构建也在不断发展，农业产业链上分工越来越明确，主体越来越多，因此，采取更具兼容性和灵活性的合作模式，更有利于适应现代农业的发展，提高农业产业竞争力，适应农业市场不同层次的需求。实际上从各地实践来看，新型农业经营主体与小农户的利益联结机制也是丰富多样的，而且各种模式之间还存在相互关联、相互交叉的关系。一些经营主体会根据自己的实际需求来采取多元复合式的利益联结机制。

济南市莱芜区的万亩姜田蒜田郁郁葱葱，每年到了收获的季节，这里产出的大姜经过加工、包装，走上餐桌。疫情防控期间，在农业农村部门统筹安排指导下，山东万兴食品有限公司租用附近乡镇冷库作为临时场所，就近从事生姜、大蒜初加工，产能稳步提升，同时还缓解了周边农民无法外出务工的就业难题。

山东省万兴食品有限公司是集农产品研发、种植、收购、储存、加工和销售于一体的农业产业化国家重点龙头企业，公司现有员工1 410人，通过探索"公司＋基地＋合作社＋农户"模式，"以点带线、以线带面"持续辐射带动周边乡村发展、农民增收致富。按照国家土地流转政策，该公司与寨里公家庄村民签订了2 000亩的土地流转合同，不仅实现了集约高产、绿色高效、降本增收，农民也从昔日繁重的体力劳动中解放出来。同时，农民除了通过土地流转入股分红外，还以"工人"的身份参与公司基地生产，青壮年负责运输、转储等工作，日收入百元以上；妇女、体弱者从事姜蒜粗加工，每天收入约七八十元，即使年龄较大的老年人也视情况分配简单的原材料剥皮、清洗等工作，日收入50元左右，做到企业周围农民"人人有活干、天天有钱赚"。企业牵头成立了莱芜生姜加工协会，推动合作村镇成立了各类合作社等农业生产、服务机构10余家。在基地管理上实行"五统一"即：

统一规划标准、统一技术规程、统一种植管理、统一投入品供应、统一病虫害防治管理模式。在基地内严格按照良好农业操作规范要求,大力实施标准化生产,公司技术员每周1～2次在田间指导。在生姜收获贮藏的关键时期,邀请农业专家、农技人员做好安全用药监督管理和技术指导。同时,与合作社签订"定品种、定面积、定品质、定最低收购价"的合同,对达到收购标准的产品,以高于市场平均收购价10%的价格进行收购,当地农户累计增收近3 000万余元。为促进莱芜姜蒜产业发展,充分发挥农业龙头企业辐射带动作用,市、区两级农业农村部门根据《济南市农业劳动力专业化培训输出平台建设方案》要求,积极与万兴公司配合建设农业劳动力培训输出基地。通过基地针对散户、种植大户等经营主体,开展高素质农民培训、扶贫培训、科技下乡等农业技术培训,利用田间课堂、现场指导和农技推广App等形式,传授先进姜蒜种植技术与田间管理知识,提高农民的种植信心与种植水平,鼓励更多农民参与姜蒜种植,进一步提升农民增收致富本领。截至目前,该企业已建设和辐射带动标准化基地面积近3.5万亩,拉动全区10余个乡镇,近600个行政村的10万余户农民开展订单生产,每年可吸纳当地闲散劳动力季节工1 000人左右,年支付工资500多万元。农忙在乡务农,农闲进企务工,农村劳动力增收致富有了保障。

5 模式的比较与适用条件

通过深入分析4种利益联结模式的实践案例,笔者发现这4种模式各有利弊,其使用条件也不尽相同(表1),现归结如下:

第一,对于"订单式"利益联结而言,其优势对于农户来说,销路有了保障,农户可以提高效率定量生产同时避免了因农产品价格波动带来的风险。对于收购者来说,确保了货源,企业按订单收购农产品,分散的小农户不直接参与市场交易,极大减少了农户和企业自身的交易成本,效率比较高。但是该模式的弊端在于,由于农产品所处市场的不完全性,农产品市场价格会发生较大波动,特别是经济作物,根据不完全契约理论,企业会处于弱势地位,农户可能会毁约,使企业利益受损;当市场价格明显低于订单价格时，企业可能会毁约，将经济损失转嫁给农民。同时由于农户种植技术水平不统一，农产品的品质也会参差不齐，有损企业利益。

第二，对于"股份式"利益联结而言，其优势对于农户来说，在于统筹规划村内零散的土地、资金、劳动力的要素，不仅提高了要素生产率，盘活了村集体资产，还使得农户拥有了企业股份升级成为股东有了保底分成，收入更加稳定。对于企业来说，企业通过要素入股的方式将要素注入产业发展当中，这种方式能有效降低企业成本在要素收益共享中实现产业增效。对双方而言这种利益联结方式下双方不再是简单的供销、买家与卖家的关系，而是资产深度联结、收益紧密捆绑、分配事关你我、发展荣辱与共的利益共同体，这种联结方式更为紧密。但是该模式的弊端在于，企业与农户组建共同经济体，农户成为企业股东并受企业章程和法律约束，一旦合作失败，前期投入很难收回，农户要承担较高投资风险。因此该模式对企业实力要求较高。

第三，对于"服务型"利益联结而言，其优势对于农户来说，农产品生产组织化程度更高，农民素质能力和农产品品质都能有所提升，农户收入增加。对企业来说，企业能够标准化生产，以较低的成本获取自身所需的一定品质的农产品，减少了交易成本，企业效益增加。但是这种模式下，企业仍然处于强势地位，由于信息不对称的存在，一旦企业不守法不讲信用，分散的农户利益无法得到保障。同时这种模式对农户参与管理的意识要求较高，尽管企业提供一定的技术资金支持，但是这些支持的成效与农户素质相关性较强，小农户诚信意识和法律意识会直接影响到合同履约的效果。由于小农户和企业的目标不一致，该模式下容易出现委托-代理问题，双方都为了追求自身利益的最大化而不惜牺牲对方的利益。

第四，对于混合型利益联结而言，其优势在于能够充分发挥以上利益联结模式的优势，不仅能降低农企双方的交易成本，提高农产品生产效率，还能使农民的收入更加多元化，更有保障，能够有效推进小农户与现代农业有机衔接。但是对龙头企业的内部管控能力和产业链建设水平等要求较高。且上述模式存在的劣势，混合型利益联结模式也会有。因此，为保障农户和企业的利益，政府需制定完善的监督和规范机制。

表1　4种利益联结方式优缺点及试用条件比较

模式	优势	劣势	适用条件
"订单式"利益联结模式	产销有保障；能降低交易成本；避免了无效生产；效率较高	在市场价格波动时，容易出现违约情况	农产品市场价格波动较小；双方履约能力强；合同规范，约束机制完善
"股份式"利益联结模式	村集体资源利用率提高；有保底分红，农户收入稳定参与积极性高；农户与企业联结更为紧密	农户作为股东需承担较高风险；组织操作难度大；协调统一难度大	村内党建基础好，村委会群众基础好，有号召力；企业生产经营水平较高
"服务型"利益联结模式	组织化程度高，生产效率高；农产品质量有保障；能降低交易成本	企业处于强势地位，农户利益保障受限；容易发生委托-代理问题	企业生产经营水平和管理水平高；农户参与管理意识高
混合型利益联结模式	能够充分发挥以上三种利益联结模式的优势，降低农企交易成本，提高农产品生产效率，有效推进小农户与现代农业有机衔接	组织操作难度过大；易发生委托-代理问题；对企业内部管控能力和产业链建设水平等要求较高	村内党建基础好，村委会群众基础好，有号召力；企业内部管控能力和产业链建设水平较高；政府主管部门制定了完善的监督规范机制

6　结论与政策启示

　　推进小农户与现代农业有机衔接是实现农业高质量发展的关键，而利益联结机制是小农户与新型农业经营主体联系的关键。因此，进行新型农业经营主体与小农户的利益联结方式的差异化研究对于推进黄河流域农业高质量发展具有重要意义。本文基于交易费用理论、委托-代理理论和不完全契约理论，基于前人的研究将利益联结模式分为"订单式"利益联结、"股份式"利益联结、"服务型"利益联结和混合型利益联结四种联结方式，并总结和比较不同模式特征适用条件。

本文通过深度剖析 4 种利益联结方式的典型案例发现，实践中各种模式各有利弊，适用条件也不尽相同。"订单式"利益联结作为最传统的方式，效率较高适用于农产品价格波动较小，农户和企业双方履行合约能力较强的情形。对于村内党建基础好，村委会群众基础好，有号召力以及企业生产经营水平较高的村组织，更适合"股份式"利益联结方式。这种模式下农户通过入股企业的方式获得企业的保底分红，农户收入更为稳定，村民参与的积极性较高。"服务型"联结方式通过向村民提供社会化服务从而将分散的小农户统一组织起来参与生产，能够有效提高农产品质量，该模式适用于企业生产经营水平和管理水平高和农户参与管理意识强的村集体。最后，混合型利益联结方式则是能够充分发挥以上三种利益联结模式优势，有效推进小农户与现代农业有机衔接。但是该模式组织操作难度过大；对企业内部管控能力和产业链建设水平等要求较高，需要政府和相关部分的配合。

基于研究结论，提出以下对策建议：

第一，强调严格规范契约合同，提高监管力度。合同契约内容越完善和细化，违约惩罚措施越严格，中介组织的监管力度越大，出现违约行为的概率越小。合同中加大违约金的赔偿额度和概率，会提高双方的违约成本，这会激励和约束彼此的合作行为。过高的违约成本也会导致合同签约率降低，因此，龙头企业和农户协商违约惩罚时要找到利益平衡点制定相应违约责任。另外，中介组织和政府的监管也是必不可少的，尤其是在违约行为出现之后，监督各利益主体修正违约行为，以激励合作为监管原则，减少违约行为。

第二，加强信息化建设，减少信息不对称。不完全竞争市场上，信息不完全不对称导致了经营主体要承担更多的交易成本。龙头企业自身实力强大，很容易掌握农产品市场的信息，受市场风险的影响比农户小得多。但双方在信息不对称的情况下都会最大化自身利益，寻找机会主义减少自身利益的损失，出现投机行为或违约行为，这样双方的利益都受到损失，不利于双方合作和农业生产经营活动。因此，规范信息传播的途径，完善信息化基础设施建设，使双方掌握同等程度的市场信息，即使违约难以制止，双方都已在合同内商量好惩罚措施，并受到相关部门和中介组织的监管，从而减少违约，提高订单履约率。这样有利于龙头企业和农户的长期合作和利益联结机制的稳定。

第三，发展新型经营主体，培育壮大中介组织。农户的分散性和谈判地位的不平等性，使得农户很难分享到农产品加工和销售环节的利润。中介组织的加入就是把分散的农户组织化，承担联结龙头企业与市场的桥梁。新型经营主体的出现就是弥补家庭承包经营的缺陷，成为新的中介组织。相较于龙头企业，中介组织可以集中交易，减少交易双方的交易成本，促进利益合作。发展新型经营主体，增进双方利益联结关系，引导不同类型的经营主体分层分类发展，提升农户参与农村产业融合发展的能力，壮大中介组织，突出中介组织的监管职能，提高订单履约率，减少机会成本，降低道德风险，促进各方的利益联结，建立互惠共赢的利益共同体。

参考文献

陈慈，龚晶，周中仁，2021. 农村产业融合中利益联结机制的差别化构建研究［J］. 农业经济（3）：87-89.

杜思梦，刘涛，2021. 基于新发展理念的农业高质量发展：内涵、问题及举措［J］. 中国农业科技导报，23（3）：18-24. DOI：10.13304/j. nykjdb. 2019.1087.

兰勇，周艺珮，蒋亀，2021. 家庭农场与农业企业利益联结机制综合评价研究［J］. 农业现代化研究，42（5）：805-814. DOI：10.13872/j. 1000-0275.2021.0069.

李灿，丁琳，阳荣凤，2022. 差异化利益联结模式下农业龙头企业的价值实现比较［J］. 财会月刊（1）：125-134. DOI：10.19641/j. cnki. 42-1290/f. 2022.01.017.

李明贤，刘宸璠，2019. 农村一二三产业融合利益联结机制带动农民增收研究——以农民专业合作社带动型产业融合为例［J］. 湖南社会科学（3）：106-113.

钱森，马龙波，2018. 合作社为枢纽的农企利益联结机制研究——以山东省院东头镇茶产业为例［J］. 林业经济，40（1）：87-91. DOI：10.13843/j. cnki. lyjj. 2018.01.018.

屈冬玉，2017. 以信息化加快推进小农现代化［N］. 人民日报，06-05.

沈满洪，张兵兵，2013. 交易费用理论综述［J］. 浙江大学学报（人文社会科学版），43（2）：44-58.

涂圣伟，2019. 工商资本参与乡村振兴的利益联结机制建设研究［J］. 经济纵横（3）：23-30. DOI：10.16528/j. cnki. 22-1054/f. 201903023.

王乐君，寇广增，王斯烈，2019. 构建新型农业经营主体与小农户利益联结机制［J］. 中国农业大学学报（社会科学版），36（2）：89-97. DOI：10.13240/j. cnki. caujsse. 2019.02.022.

闫玉科，2006. 农业龙头企业与农户利益联结机制调查与分析——以广东省为例［J］. 农业经济问题（9）：32-36.

郑风田，李明，2009. 大豆产业链的成本与利润分配：黑龙江个案［J］. 改革（5）：61-67.

郑立平，龙文军，2005. 论利益联结机制与农业产业化经营——以广西壮族自治区为例［J］. 华南农业大学学报（社会科学版）（2）：15-20.

朱金鹤，2005. 新疆农业产业化利益联结机制研究［J］. 石河子大学学报（哲学社会科学版）（3）：11-14. DOI：10.13880/j. cnki. cn65-1210/c. 2005.03.004.

祝宏辉，王秀清，2007. 新疆番茄产业中农户参与订单农业的影响因素分析［J］. 中国农村经济（7）：67-75.

案例二

黄河流域乡村产业高质量
发展的模式选择及增效机制

——基于陕西省三家乡村产业组织的案例分析

摘要： 黄河流域是我国重要的农产品主产区。黄河流域中上游地区是我国西北地区主要的粮食生产基地。目前黄河流域农业发展正处在由总量扩张向提高质量、增加效率转变的关键时期，选择合适的发展模式是促进乡村产业高质量发展的有效途径。本文在对乡村产业发展模式进行理论分析的基础上，选取陕西省三家乡村产业组织案例，对其发展模式进行提炼并阐明其增效机制，并从破解农业生产经营活动中交易与分工的困难、实现个体收益与集体收益的协调统一、将农民增收与农业增效纳入统一激励轨道和促进技术推广四个方面揭示乡村产业的增效机制。研究结果表明，乡村产业基于资源禀赋差异选择"企业＋村集体""企业＋基地＋农户""合作社＋农户"等不同发展模式，构建和完善农业生产经营体系及其产业体系，完善自身发展。乡村产业通过构建和完善发展模式、经营体系、生产体系和产业体系实现高质量发展；通过构建稳定的利益链接，破解交易和分工的困境；促使产业和农民形成共同利益目标，获得个体和集体收益的协调统一；将产业高质量发展和农民稳定增收统一，并推动农业技术的扩散。从而促进乡村产业的提质增效和农业产业的高质量发展。

关键词： 乡村产业；发展模式；增效机制

1 引言

当前，我国农产品市场发生深刻变化。农产品供给保障能力大幅提高，消费需求加快升级。居民消费从初级农产品转向个性化、多元化、中高端化农副产品及安全、绿色、健康食品。我国农产品国内国际市场融合加深，国际竞争压力日益凸显；同时随着互联网的蓬勃发展，"一带一路"倡议的提出，我国跨境电商物流体系也不断趋于完善。我国农业生产经营方式发生深刻变化，传统农户比重明显下降，新型经营主体蓬勃发展。我国农业发展以质量为导向的思路已经达成共识，中国农业发展进入了一个崭新的阶段。农业高质量发展是以新发展理念为目标导向，使农业的产品效益、生产效率、经营者素质、农民收入、国际竞争力、绿色发展水平都得到较高较好的提升，从而更好地服务于民生，服务于经济高质量发展，以达到解决我国目前社会主要矛盾，实现建设社会主义现代化强国之宏伟目标的一种农业发展模式（李惠、严中成，2021）[①]。2020 年中央 1 号文件正式提出，要持续抓好农业稳产保障和农民增收，推进农业高质量发展。2021 年中央 1 号文件进一步提出，全面推进乡村振兴，加快农业农村现代化，以推动高质量发展为主题。

黄河流域是我国重要的农产品主产区。黄河流域中上游地区，是我国主要的旱作农业生产区，降水偏少且时空分布不均，也是我国西北地区主要的粮食生产基地。在促进旱作区农业可持续发展，保障粮食安全，发展高效旱作农业的情况下，实现了资源集约利用和粮食稳产高产，充分挖掘旱区农业潜力，目前黄河流域中上游地区已经成为农业发展新的增长点。黄河流域农业发展正处在由总量扩张向提高质量、增加效率转变的关键时期，承担着"把农产品质量提上去，为保障国家粮食安全作出贡献"的任务。

2 理论分析

2.1 乡村产业高质量发展的内涵

关于现代农业发展问题，威廉·阿瑟·刘易斯（William Arthur Lewis）[②]

① 李惠，严中成.关于我国农业高质量发展的文献综述［J］.农业与技术，2021，41（12）：8-13.
② Oliver E. Williamson. The Vertical Integration of Production：Market Failure Considerations［J］. The American Economic Review，1971，61（2）.

和西奥多·威廉·舒尔茨（Theodore William Schultz）① 都提出过具有影响力的观点。刘易斯的"二元经济发展模式"，主要从劳动力转移的角度分析了工业化进程中的经济发展特点，强调工业部门的迅速发展，农业以低廉的粮食和劳动力价格支持工业，用转移农业剩余到工业部门的方式实现现代化。舒尔茨的"改造传统农业"思想，更强调发展中国家在经济起步至转轨阶段对农业要给予足够重视，通过技术进步和提高农业人力资源素质的方法来将弱小的传统农业改造为高生产率的现代农业，从根本上提升农业发展质量和水平。我国学者从产业融合、先进要素融入等方面研究了现代农业产业发展路径。姜作培（2007）② 分析认为，发展现代农业要从生产技术科学化、经营形式产业化、运行机制市场化、生态环境优良化、经济社会功能多样化、服务体系社会化等角度制订切实有效的措施；黎明等（2009）③ 认为狠抓农业基础设施建设、推进农业标准系统化、提高农业机械装备水平、强化农业产业功能，是切实加快传统农业向现代农业转变的必由之路。白云（2009）④ 认为农民素质、农业科技、基础设施和农业资源是发展现代农业的决定性因素。林英厦、叶春山（2009）⑤ 指出，发展现代农业，就是以资本、物质和技术等先进要素为基础，对传统农业进行改造。许开录（2009）⑥ 在总结国外发展现代农业经验的基础上，提出中国的现代农业建设必须走农村工业化、农业产业化、农村城镇化和农民知识化互动并举的发展道路。金廷芳（2011）⑦ 针对传统农产品供应链，提出建立一个由农户、农民专业合作组织、龙头企业、零售企业、消费者组成的战略联盟型供应

---

① R. H. Coase. The Nature of the Firm：Influence [J]. Journal of Law, Economics, & Organization, 1988, 4 (1).

② 姜作培. 现代农业的基本特征和建设路径 [J]. 经济问题, 2007, 6：69 - 71.

③ 黎明, 谢芳福. 安宁河流域现代农业发展路径 [J]. 农村经济, 2009, 11：61 - 64.

④ 白云. 发展现代农业的主要影响因素及路径选择 [J]. 学术交流, 2009, 2：59 - 62.

⑤ 林英厦, 叶春山. 福建现代农业发展目标与路径研究 [J]. 福建论坛（人文社会科学版）, 2009, 11：139 - 144.

⑥ 许开录. 基于国际经验的中国现代农业的发展道路与模式 [J]. 生产力研究, 2009 (1)：51 - 53. DOI：10.19374/j. cnki. 14 - 1145/f. 2009.01.021.

⑦ 金廷芳. 农产品供应链模式创新研究 [J]. 商场现代化, 2011, 4：97 - 98.

链，降低农户的生产风险，稳定农产品供应，保证产品安全。李国英（2015）[①] 分析认为，以农业互联网为核心的"智慧农业"是现代农业产业发展的方向，移动网络、通信技术促进了农业产业链的优化和效益的提升，互联网成为转变农业增长方式、提高农业生产效率的关键性手段。刘涛（2011）[②] 认为加快现代农业产业体系建设应注意：调整农业生产结构、大力发展农产品加工业、建立健全农业服务产业体系、积极发展农业创意产业，完善农业创意产业体系。

2.2 乡村产业高质量发展模式

黄河流域农业发展正处在由总量扩张向提高质量、增加效率转变的关键时期。目前，黄河流域乡村产业发展模式主要有企业＋村集体、企业＋农户等模式。在"公司＋村集体"模式中，一般情况下公司不与农户直接合作，而是与当地村委会合作。村委会组织农户参与，农民将土地承包经营权进行流转并与村委会签订协议。"公司＋村集体"模式通过村集体盘活土地资源，整合连片集中田，注入资本进行集约化农业生产，运用土地流转新模式，把农村分散的资源聚集化、模糊的产权明晰化、集体资源市场化。在公司＋村集体模式中村集体将其全部生产资料统一入股到公司，根据村集体在公司中的股份占比享受收益，再将所得收益下放给农户。该种模式中，村委会享有公司大小事务的决策权，而公司整合资金、优化资源配置，可以更好地壮大公司规模，扩大发展效益。此模式对于公司与农户协调、沟通起到了正向影响，对于克服公司与农户因利益分配产生的矛盾起到了有效作用。与此同时，村集体还可对公司产生监督作用，保证乡村产业正规、有序发展。

"公司＋农户"模式是目前黄河流域乃至我国现代农业产业的重要形式。该种模式采用龙头公司带动、农户承包经营的方式，紧密跟踪消费者需求。在"公司＋农户"模式下，公司和农户形成了完整的农业产业链条，形成了有机的农业产业化联合体系统，系统内各子系统分工合作、互相补充、利益

---

① 李国英. 产业互联网模式下现代农业产业发展路径［J］. 现代经济探讨，2015，7：77-82.
② 刘涛. 现代农业产业体系建设路径抉择——基于农业多功能性的视角［J］. 现代经济探讨，2011，1：79-82.

制衡。"公司＋农户"经营模式的核心是现代农业，由此可以优化农业生产资源配置，调整农产品生产结构战略，实现农业现代化。在该种模式下，公司依据消费者需求，收集、研究、分析、判断市场信息，并与农户签订产品购销合同。农户只负责生产，产品生产出来后公司根据合同的条款收购。这种模式的典型特点首先是经营方式一体化，它消除了行政区域和行业壁垒的限制，各方经济利益主体通过契约联结在农业生产过程中，形成共同利益体。其次产购销各方依靠契约关系构成一体化公司，利用自身优势，通过对市场信息的收集、研究、分析、判断，了解市场行情的变化；同时利用自己在销售人员和销售渠道等方面的优势，根据市场需求与农户签订产品购销合同，公司和农户完全按照合同进行生产、收购、销售，以消费者需求为导向，相互之间形成了以共同利益为目标的共同体。另外还形成了以基地为中心带动的产业中心，公司通过在各地建立农业生产基地，通过基地效应吸引周边的农户，使某种农产品的生产在某一地方有许多农户参与，形成各种农产品专业村组，如专业养鸡村组等各种农产品专业生产基地。这种模式有效解决了"小农户、大市场"之间的矛盾，是小生产与大市场对接的桥梁。团队的信息获取能力要比单家独户的农民强得多，因此可以根据市场的需求安排生产，形成集约化的农产品销售市场以及较强的统一卖方要价能力，提高团队的总体收益，实现生产与市场的有效对接。这种模式更方便筹措资金、可以有效地帮助农户分散风险，是现代农业技术推广普及的有效途径，也是组合农村闲散劳动力、土地等资源发展大生产的有效手段。

2.3 乡村产业发展的增效机制

乡村产业高质量发展的增效机制主要体现在破解了农业生产经营活动中交易与分工的困难、实现了个体收益与集体收益的协调统一、将农民增收与农业增效纳入统一激励轨道和促进技术推广四个方面。

破解了农业生产经营活动中交易与分工的困难。新制度经济学理论认为，劳动分工的演进速率取决于产品的交易效率。劳动分工和专业化生产会不可避免地带来交易成本，且劳动分工演进速率与交易成本大小成反比，由此产生了交易与分工不可兼得的"两难困境"。然而，乡村产业与农户利益联结的建立从产业链系统层面上解决了这一难题，其既细化了产业链分工，促进了生产效率提升，又极大地避免了农产品供应链中经营主体为寻找合适交易对象所产生的交易成本。乡村产业运营中，乡村产业组织作为经营主体，对原料供应、生产、销售等整个流程有较强的控制能力，有稳定的营销渠道，发展订单生产，从而可以降低交易频率。企业通过与种植农户及专业合作社签订合作契约，要求其供给符合企业质量要求的产品或服务，并提供相应的生产资料、资金及技术支持以保证生产的高效进行与产品的优质供给。种植农户、专业合作社从事高度专业化的生产与服务活动，满足企业对于上游产品供应的质量与数量需求，并形成稳定的农产品供应链。在此过程中，企业获得了稳定的优质初级产品供应来源，极大地降低了交易成本。同时，细化了产业链的专业分工，提升了生产效率与经营效果，构建起"从种子到筷子""从田间到餐桌"的全产业链模式，降低了生产经营的风险和不确定性，减少履约监督成本。

实现了个体收益与集体收益的协调统一。在传统产品供应链中，受信息不对称等因素影响，各供应环节出于自身理性考虑易引发双边际效应，供应主体基于其自身利益诉求的局部优化会导致系统次优解，最终带来供应链的整体效益低于供应链双方利益之和"1+1<2"的局面（张廷龙、梁樑，2012）[①]。与传统产品供应链相对，乡村产业基于订单、合同等契约安排，构建起稳定的利益链接，各经营主体只有符合契约要求完成自身分工才能获得经营收益，从而形成了对个体理性的约束机制。内部成员基于合同签订，确定产品和服务买卖关系，界定了合作行为、分配机制与违约责任，促使乡村产业组织成员形成共同利益目标，将个体理性转化为集体利益诉求，化解了因上下游产品供应单独经营所带来的双边际效应，获得供应链整体效益的提升。此外，基于共同的利益机制，组织内部具有高度的资源共享性，增强了信息、技术、资金以及管理等生产要素在产业链内部的流动，减少了资产专用性所带来的交易成本，优化整合了生产要素投入，在内部各经营主体获

---

① 张廷龙，梁樑.不同渠道权力结构和信息结构下供应链定价和销售努力决策［J］.中国管理科学，2012，20（2）：68-77.DOI：10.16381/j.cnki.issn1003-207x.2012.02.015.

得成本削减受益的同时也带来乡村产业整体生产效益的提升。

将农民增收与农业增效纳入统一激励轨道。农民增收与农业增效分别是"三农"问题和农业供给侧结构性改革的核心。乡村产业作为现代农业生产的组织创新成果，通过契约约束与利益链接，推动形成了优质优价的正向激励机制，将农民增收与农业增效纳入统一的激励轨道，实现二者的共同迈进。在乡村产业生产运营中，一方面，农户农场按照合同要求进行标准化生产，向企业提供符合合同标准的安全优质农产品，专业合作社按照企业要求统一向家庭农场提供作业、信息、技术等专业化服务，在此过程中实现农产品标准化生产与农业的集约化经营，进而降低了农业生产成本，并提升了农产品供给质量。另一方面，产业组织以优惠价格或以赊账抵账的形式向种养农户提供种苗及农业生产资料，以超过市场价的稳定价格收购农产品，形成稳定的供应体系，农户在供给标准化生产的优质初级农产品时所获收购价格也得以提高。农户及农场既节省了因寻找交易对象而花费交易成本，同时能够获得更高的收购价格，进而达到促进稳定增收的效果。在规模经营中实施标准化生产并实现集约化经营，促进农业生产的提质增效；又基于产业组织内部形成的优质优价的正向激励与稳定的购销交易机制，进一步促进农民稳定增收。

有效促进农业技术推广。乡村产业可以有效促进农业技术的推广，参与乡村产业生产经营活动能促使农户进行统一生产与技术管理，也具有促进农户间信息传递，提升技术能力水平的作用。中国农村特有的关系型社会网络，使农户间的信息传递成为农业技术扩散的主要渠道。这种基于地缘与亲缘形成的关系型的社会网络连接，有效促进了农业技术的推广。一方面，统一生产与技术管理有助于农户积累的经验在生产空间中扩散，以"干中学"的方式加速了农户熟练掌握新技术的进程；另一方面，当地农户具有相同社会背景与社会结构关系，基于本土经验理解和采纳后的信息再传递，能通过"示范效应"降低农户采纳新技术的风险与不确定性。

综上所述，在获取更大潜在收益的目标驱动下，乡村产业通过构建和完善发展模式、生产体系和产业体系实现自身的高质量发展，通过细化产业链分工，促进生产效率提升，又通过与农户或合作社、村集体签约的方式避免了农产品供应链中经营主体为寻找合适交易对象所产生的交易成本，破解交易和分工的困境。乡村产业基于合同等契约安排，构建起稳定的利益链接、合作行为、分配机制与违约责任，促使乡村产业组织成员形成共同利益目标，获得个体和集体收益的协调统一。并通过与农户建立利益联结，助力农户增收，降低交易成本，给予农户农业生产资料支持，统一收购，形成稳定的供应体系，另外还有股份分红、工资收入及土地流转收入等，极大地增加农民收入。通过统一标准化生产等方式实现农业技术的推广，从而促进乡村产业的提质增效和农业产业的高质量发展（图1）。

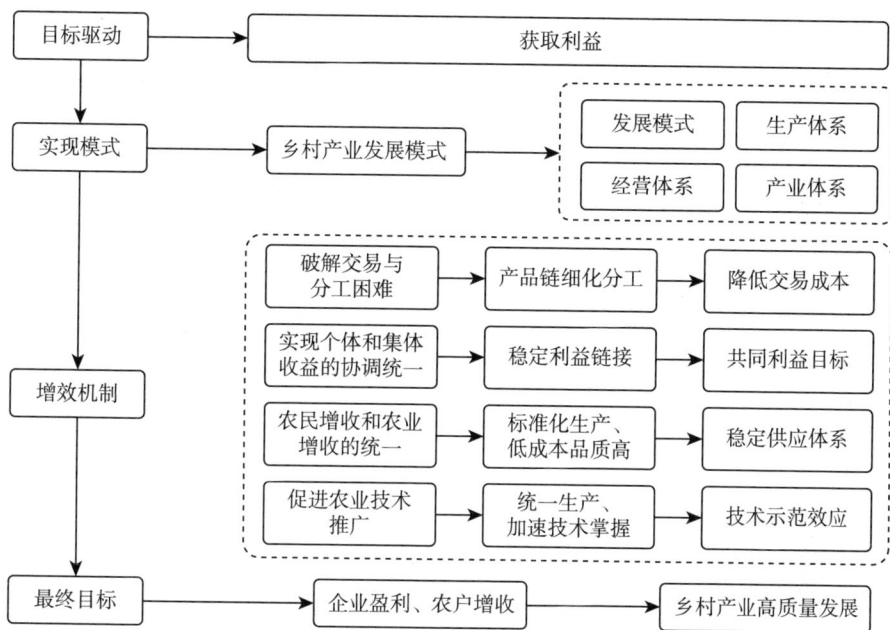

图1　农业产业高质量发展增效机制

3 案例选取

3.1 资料来源和案例选取

自 2018 年正式提出农业高质量发展概念以来，陕西在农业产业高质量发展中进行了诸多探索。首先是一二三产业融合模式，如大荔冬枣、榆阳马铃薯、洛南苗木花卉、米脂小米等国家农村产业融合发展示范园。其次是绿色发展引领转型模式，如陕西省苹果产业发展重点从传统的以扩面积壮大产业，转向以提质增效强产业。陕西省小农户与新型农业经营主体积极投入到农业生产性服务实践当中，形成了多种农业生产性服务融入农业产业的典型模式。

陕西省乡村产业在发展过程中，有"企业＋村集体""企业＋农户""企业＋基地＋农户"等多种模式。各个乡村产业将产业链纵向业务活动从市场整合到组织内部，或者根据自身条件特点将产业链不同环节和产业间不同功能模块整合到组织内部，可以有效节约交易成本，实现生产的标准化、专业化、统一化，逐步实现多元经营，从而在充分利用资源、增加收益的同时降低经营风险。本文选取陇县宏盛农牧有限责任公司、龙山玉珠葡萄及宁陕海棠园中蜂养殖合作社作为乡村产业组织发展的典型案例，分析乡村产业发展的不同模式及增效机制。

3.2 案例基本情况介绍

（1）陇县宏盛农牧有限责任公司探索创新模式助力脱贫攻坚

陇县宏盛农牧有限责任公司成立于 2012 年，公司所属温水现代农业园区是 2012 年经陕西省人民政府认定的第三批省级现代农业园区，是陇县命名的示范型"双百"产业扶贫基地。园区核心面积 1 350 亩。已建成日光温室 45 座、10 连栋温室 5 座、蔬菜大棚 525 座、烘烤房、1 000 吨冷库 4 座，办公楼 2 750 平方米，工厂化生产车间 5 000 平方米。固定资产 7 500 万元，年生产无公害食用菌 5 000 吨，实现产值 4 000 万元，"陇关"牌香菇已获得农业农村部无公害产品认证、"全国农产品 500 强品牌""陕西省著名商标""第 20 届杨凌农高会后稷奖"等殊荣。宏盛农牧公司先后被命名为"省级现代农业园区""省级食用菌标准化示范区""全国科普惠农兴村先进单位""宝鸡市农业产业化重点龙头企业""宝鸡市诚信企业""宝鸡市重合同守信用企业""宝鸡市嵌入式扶贫示范基地""陇县'双百'产业扶贫基地""陇县脱贫攻坚先进党支部"等荣誉称号；公司法人李晓宏先后被授予"全国农村青年致富带头人""全国优秀农民工""陕西省劳动模范"等荣誉称号。园区已成为全县农业新技术的创新区、结构调整的先行区、产业扶贫的示范区、农村产权制度改革的试验区，促进了区域经济发展，实现了群众可持续增收。

公司成立以来，通过规范化管理，使内部机构不断健全，规模逐渐增大，为了切实贯彻国家脱贫攻坚相关政策，明确了以"发挥优势、精准对接、靶向发力、精准帮扶"的思路，以建档立卡贫困户为对象，建立平台，实行"公司＋扶贫基地＋贫困户"的发展思路，带动周边1 743户贫困户加入公司共同致富，发展态势良好，推动了农业结构的优化调整和贫困户增收工作的可持续发展。

（2）陕西宝鸡："葡萄力量"助力脱贫

龙山玉珠葡萄项目由陕西众智汇农业开发有限公司投资建设，公司作为中国高品质鲜食葡萄行业的引领者，品牌通过了中国绿色食品A级认证，在中国葡萄产业科技年会鲜食葡萄评比中获得最高铂金奖。2015年园区被农业部、共青团中央认定为"全国青少年农业科普示范基地"，2016年被宝鸡市农业局评选为首批"宝鸡休闲农业游十佳目的地"；2016—2017年度被省农业厅认定为"省级休闲农业示范点"。2017年度被宝鸡市林业局评为"全市林业产业发展优秀单位"，被宝鸡市科协评为"宝鸡市优秀农村科普示范基地"。2018年度园区合作社被评为"全国农民合作社示范社"称号。2018年被陕西农学会、陕西科技报社等单位授予"陕西省百家创新生态农业基地体验式科普教育试点园"称号。2019年园区党支部被渭滨区公有制经济组织评为"先进基层党组织"，年底公司被市政府认定为"扶贫龙头企业"。2020年6月入选国务院扶贫办"国家扶贫产品名录"，2021年元月园区被评为全国农民优秀田间学校。

龙山玉珠经过9年努力，已取得高品质鲜食葡萄生产核心技术，在充分发挥宝鸡的区位气候优势、历史文化优势和专家团队优势的基础上，开展了黑龙珠和碧玉珠两种品种的种植，栽培中采取36道模式化的栽培工序，保证销售渠道稳定，帮助农民致富脱贫。龙山玉珠葡萄拥有秦岭北麓台塬区的天然地理气候优势，是中国高品质鲜食葡萄的"引领者"。宝鸡市通过"代建代管代销＋村级集体经济组织"的发展模式，在渭滨区、高新区、千阳县发展葡萄产业，帮助贫困户完成脱贫。

（3）宁陕县海棠园中蜂养殖专业合作社

陕西省宁陕县海棠园中蜂养殖专业合作社成立于2014年12月，位于宁陕县筒车湾镇海棠园村小园组，由理事长刘大华发起，吸纳成员 70 多户。合作社主要开展中蜂养殖，蜜蜂养殖技术培训、指导、服务，蜂产品销售等。合作社带动发展养蜂 3 000 余箱，建立示范蜂场近 20 个，种植板栗、天麻各 500 余亩，建设蜜源基地 100 亩。如今，合作社的"蜂小伙"牌海棠蜜已销往北京、天津等大城市，同时实现了中蜂养殖与林果、中药材种植多种产业融合发展，各产业年综合收入 210 余万元，带动农户 150 余户，其中带动的贫困户全员脱贫，帮助村民稳定增收，有力提升了当地农户的生产技能，助力乡村振兴。合作社先后被评为"县级示范社""市级示范社""省级示范社""生计发展示范合作社""林下经济示范基地""县级就业扶贫基地""陕西省服务'三农'金牌合作社"等荣誉称号。

刘大华基于当地的养蜂自然资源，选定养蜂这个传统产业。宁陕县有林地 33 万公顷，森林覆盖率高达 90.2%，是天然的氧吧，有 1 000 余种蜜源植物，是高山蜂蜜、天然成熟蜜示范县，且宁陕自古有养蜂的传统。刘大华通过远程教育平台自主学习，系统地掌握了养殖场地选择、养殖品种适应性、蜂群安置与检查、巢脾处理、蜜蜂饲喂、蜂群合并、育王、分蜂、蜂群异常处理及病害防治等一系列知识，结合当地实际，总结经验，改变以往粗放的养殖方式，逐渐摸索出了一套养殖新模式，有效地规避了养殖风险，实现了蜂群稳定繁育、蜂蜜稳定产出，他毫无保留地将自己的技术与经验一一传授给村民，并鼓励村民发展中蜂养殖。随后海棠园中蜂养殖专业合作社正式成立，吸纳全县 3 镇 6 村 70 多户村民共同开展中蜂养殖。他带领农户认真研究出现的各种新情况、新问题，不懂就学，积极钻研，努力帮助农户解决困难，为农户发展"赋能"。

4 案例分析

4.1 黄河流域乡村产业高质量发展模式

黄河流域农业发展正处在由总量扩张向提高质量、增加效率转变的关键时期，承担着"把农产品质量提上去，为保障国家粮食安全作出贡献"的任务。目前，黄河流域农业发展模式可分为传统农业模式、村集体股份经济模式、公司＋村集体模式、公司＋农户模式、社会化服务＋农户模式五种类型。基于前文对乡村产业高质量发展模式的理论分析，笔者利用调查获取的实地调查资料，深入分析三家乡村产业组织的发展过程。

三家乡村产业组织都是依托于村庄资源，基于自然环境及当地农业发展特色发展起来的农业企业，但是三家乡村产业组织的发展路径又各不相同。除了主营业务的不同外，三个产业组织的经营模式、生产方式及与农户的利益联结方式都有所区别。本文将分别探究各乡村产业组织的具体发展路径（表1）。

表1 三家乡村产业组织发展路径的对比分析

项目	乡村产业名称		
	陇县宏盛农牧有限责任公司	龙山玉珠	宁陕海棠园中蜂养殖合作社
地理位置	陇县温水镇坪头村	宝鸡渭滨石鼓镇	宁陕县筒车湾镇海棠园村小园组
成立时间	2012年	2013年	2014年
主营业务	食用菌	高品质葡萄	中蜂养殖
发展模式	企业＋基地＋农户	企业＋村集体	合作社＋基地＋农户
经营体系	"三免一借两保障"统一销售	企业与村集体联合生产、统一销售	合作社开展租蜂经营、产品统一收购统一销售
生产体系	①专业化大棚生产②生产规范化，统一品种、统一管理、统一标准③农户入股分红	①专业化葡萄匠人生产②农户承包种植，企业统一管理、投入物资及技术培训③品牌化	①标准化生产②提供技术指导和农业生产管理等服务③建示范蜂场、蜜源基地
产业体系	科研、种植、加工与销售为一体的全产业链综合开发，统分结合	产销融合以及"认养"休闲新业态	产加销一体三产融合；坚持生产、包装、销售等统一；旅游休闲业

（1）陇县宏盛农牧有限责任公司："企业＋农户"模式

"企业＋农户"模式是目前黄河流域乃至我国现代农业产业的重要形式。该种模式采用龙头企业带动、农户承包经营的方式，紧密跟踪消费者需求。

在"企业＋农户"模式下，企业和农户形成了完整的农业产业链条，形成了有机的农业产业化联合体系统，系统内各子系统分工合作、互相补充、利益制衡。"企业＋农户"经营模式的核心是现代农业，由此可以优化农业生产资源配置，调整农产品生产结构战略，实现农业现代化。在该种模式下，企业依据消费者需求，收集、研究、分析、判断市场信息，并与农户签订产品购销合同。农户只负责生产，产品生产出来后企业根据合同条款收购。

立足立身，结合当地实际情况，宏盛农牧有限责任公司带动农户增收的模式是："借袋还菇"，这种模式是公司在不断发展扩大生产规模，积极吸纳农户参与生产过程中，即通过"三免一借两保障"形式（三免：免费提供生产设施大棚、免费提供生产用水用电、免费提供生产全程技术培训；一借：每棚按照相应标准先借给贫困户生产食用菌菌袋 8 000 个；两保障：出菇后企业按保底价回收销售，保障每季每座大棚带动农户增收不少于 8 000 元，低于保底收入由企业补差给农户）来解决农户缺乏资金、技术和销路的问题，切实带动贫困群众通过发展产业实现脱贫。此模式实现了农户低门槛入园，有一定劳动能力和发展意愿的农户，凭村里证明与企业签订合作协议后即可进入园区进行务工或生产；近距离就业，家门口赚钱，既能增加收入，又能照顾到家庭；低风险保障，通过"两保障"将农户的生产风险和市场风险降到了最低；帮扶精准化，园区提供技术培训、营销支撑，做到精准带动；生产规范化，实行统一品种、统一管理、统一标准、统一销售、分户管理，实现统分结合、优势互补、科学规范；效益最大化，增强了企业的发展后劲，实现了农户的稳定增收，做到了政府、企业、农户三方共赢。提高农户参与产业发展的积极性，为陇县食用菌产业化发展奠定了良好基础。扩建食用菌香菇种植基地 3 个，建设大棚 300 座。

另外对没有劳动能力的农户采取入股分红的方式，用产业扶持资金作为股金入股，通过分红带动农户增收。公司已先后吸纳 1 361 户农户入股共同发展，每户入股 5 000 元年收益 350 元。目前公司三个基地已吸纳务工人员 250 名，月工资 1 800 元，户均年收入 2 万元。三个基地共计流转土地 1 350 亩，涉及农户 600 户，其中低收入户 164 户，每年流转费达 69 万元，低收入户收入 23.68 万元，户均增收 1 600 元以上。对有创业意愿的农户通过"借袋还菇"模式的孵化，基地提供全程的技术支撑，政府通过产业扶持资金和贴息贷款提供资金支撑，公司提供营销支撑，农户采取自己建、联合建等多种形式发展产业，从而实现自身良性发展。截至 2021 年 8 月，公司已建成了温水、固关、新集川等地 8 个帮扶示范基地，与村股份经济合作社联合带动 2 700 多户农户增收，成为山区群众脱贫致富的新希望。

此模式消除了行政区域和行业壁垒的限制，各方经济利益主体通过契约联结在农业生产过程中，形成利益共同体。企业利用自身优势，通过对市场信息的收集、研究、分析、判断，了解市场行情的变化；同时利用自己在销售人员和销售渠道等方面的优势，根据市场需求与农户签订产品购销合同，而农户只要按照合同要求的产品组织生产，农户产品生产出来后企业根据合同的条款收购。企业和农户完全按照合同进行生产、收购、销售，以消费者需求为导向，相互之间形成了以共同利益为目标的共同体。有利于形成以基地为中心带动的产业中心。

（2）龙山玉珠："企业＋村集体"模式

在"企业＋村集体"模式中，一般情况下企业不与农户直接合作，而是与当地村委会合作。村委会组织农户参与，农民将土地承包经营权进行流转并与村委会签订协议。这种模式通过村集体盘活土地资源，整合连片集中田，注入资本进行集约化农业生产，运用土地流转新模式，把农村分散的资源聚集化、模糊的产权明晰化、集体资源市场化。在这种模式中，村集体将其全部生产资料统一入股到企业，根据村集体在企业中的股份占比享受收益，再将所得收益下放给农户。

龙山玉珠葡萄拥有秦岭北麓台塬区的天然地理气候优势，是中国高品质鲜食葡萄的"引领者"。龙山玉珠在栽培中采取 36 道模式化的栽培工序，保证销售渠道稳定，帮助农民致富脱贫。通过"代建代管代销＋村级集体经济组织"的发展模式，在渭滨区、高新区、千阳县发展葡萄产业。该项目采取农户单元承包制和葡萄匠人培育两大方法，在实现产品质量可控的前提下，带动了更多农民参与利润分红和致富增收。农户单元承包制即将果园划分为30 亩/单元，从建园开始，将果园承包给农户，由企业统一管理、投入物资及技术培训。农户进行生产管理，未挂果期按每亩 600 元计算收入，盛果期按葡萄的产量、质量计算收入。同时按 30 亩销售的纯利润，给予农户 10%二次分红，使户均收入达到 8 万～12 万元。不仅解决了企业规模化的问题，还带动了村集体经济合作组织的发展，累计带动贫困户 859 户 2 896 人脱贫。公司与村集体经济组织合作，从种到卖，全产业链深度利益分配，资源共享，形成共生共荣共享的利益共同体，保证产品质量稳定、销售渠道稳定，产业规模有序扩大。不仅解决了企业规模化的问题，还带动了村集体经济合作组织的发展。经过"公司＋村集体"模式的发展，目前陕西众智汇农业开发有限公司在宝鸡全市发展鲜食葡萄 1 722 亩，甜柿子 390 亩，花椒 140 亩。在各级党委、政府的支持下，村级集体经济在发展优质葡萄产业过程中成为受益主体。

（3）宁陕海棠园中蜂养殖合作社："合作社＋农户"

合作社对新吸纳的贫困户成员采取免费入社、免费技术培训、免费上门指导、免费取蜜和奖补政策（四免＋奖补），促使贫困户产业上规模，增加收入实现脱贫；非贫困户成员缴纳 500 元作为股金，退社时返还；对于资金困难的成员，合作社采取"租蜂"经营模式，即合作社提供种蜂群并协助建设标准化蜂场，种蜂群租期为三年，三年内成员以蜂蜜实物作为"租蜂"租金上交合作社（每箱蜂每年交回 2 斤蜂蜜），其余蜂蜜收入及分蜂多出的蜂群归其本人所有，租赁期满，成员归还"租蜂"等量蜂群即可。合作社对全体成员提供技术培训和产品回收服务，每年终开展一次"评优树模"活动，评选产业大户、优秀理事等并给予奖励，对建成 50 箱以上标准示范蜂场的成员，合作社另行给予奖励，形成了你追我赶的良好局面，提升了成员发展产业的积极性。

宁陕海棠园中蜂养殖合作社为农户提供技术指导和农业生产管理等服务，使得农户能够生产出高质量的农产品，降低生产成本。合作社在运营中不断强化管理，完善制度，规范财务流程，严格生产技术标准和操作规程，运营中坚持生产资料供应、技术、生产、包装、销售、核算、盈余分配等"多个统一"。合作社产品质量稳定，为成员提供优质服务，生产规模逐步扩大。在服务区域产业发展方面，在做好蜜蜂养殖、蜂蜜生产销售、提高经济效益的同时，合作社还加入了相关协会和产业技术服务队，把自身实践中探索总结出的新法养中蜂、病虫害防治、蜂群科管、人工育王、蜂种培育、蜜源培植、巢蜜生产、中蜂高产技术和经验制作成课件，在全省20多个县区进行授课。合作社探索的"党支部＋X＋贫困户""合作社＋基地＋贫困户"运行模式为陕西省脱贫攻坚提供了重要的经验借鉴，获得社会高度认可。

合作社与中国蜜蜂研究所合作，进行技术和产品研发。合作社在原有瓶装蜜的基础上，购置设备，建立蜂蜜生产线，探索"吸管蜜""便携蜜"等蜂蜜加工产品，推进产品多样化，完善产品包装设计，使产品更能满足消费者多元化需求。合作社还结合海棠园村的乡村旅游和山货节、插秧节、蜂蜜节、钓鱼大赛等，开展对比新老箱养殖、感受蜜蜂酿蜜过程、体验摇蜜取蜜、现场品尝蜂蜜、辨别真假蜂蜜等活动，既增加了游客对原生态蜂蜜的认知，又提升了产品知名度，增加了销量，拓展了市场。2016年7月，合作社举办的"甜蜜之旅首届蜂蜜节"迎来全省游客300余人。在品牌建设方面，为区别于其他同类产品，培养客户忠诚度，合作社分别注册了"海棠园中蜂""蜂小伙"商标。合作社在发展过程中实行产品统一收购，对成员的蜂蜜以高于市场5元/斤的价格进行收购，并依据《农民专业合作社法》和合作社章程进行盈余分配，具体为：提取10％的盈余公积，用于扩大生产经营，弥补亏损或者转为成员出资；提取5％的公益金，用于成员技术培训、文化和福利事业；经过上述分配后的余额，按不低于60％比例依据交易量（额）向成员分红，余下不足40％的部分按出资额、成员享有公积金份额和国家财政扶持资金及接受捐赠量化为成员的份额向成员进行分配。

4.2 黄河流域乡村产业高质量发展模式的增效机制

乡村产业发展模式成效一般表现在：破解了农业生产经营活动中交易与分工的困难、实现了个体收益与集体收益的协调统一、将农民增收与农业增效纳入统一激励轨道和促进技术推广四个方面，下面将结合三家乡村产业组织的实际案例，探讨其发展模式的成效。

（1）破解了农业生产经营活动中交易与分工的困难

乡村产业组织与农户利益联结的建立既细化了产业链分工，促进生产效率提升，又避免了农户寻找合适交易对象而产生的交易成本。陇县食用菌产业组织与企业签订合作协议后即可进入园区进行务工或生产；近距离就业，家门口赚钱，既能增加收入，又能照顾到家庭。龙山玉珠葡萄实施农户单元承包制，即将果园划分为30亩/单元，从建园开始，将果园承包给农户，由企业统一管理、投入物资及技术培训。农户进行生产管理，获得了稳定的优质初级产品供应来源，极大地降低了交易成本。企业通过这样的方式与种植农户及专业合作社签订合作契约，对产品质量有较高的标准，还为其提供相应的生产资料、资金及技术支持，在这样的生产方式下，种植农户、专业合作社从事的生产和服务活动是高度专业化的，满足企业对于上游产品供应的质量与数量需求，并形成稳定的农产品供应链。

（2）实现了个体收益与集体收益的协调统一

乡村产业组织基于订单、合同等契约安排，构建起稳定的利益链接，只有完成自己的分工才能获得收益，由于合同的签订，对各部分成员合作行为、分配机制与违约责任都进行了界定，促使企业、合作社、村集体和农户都形成了共同利益目标。陇县食用菌产业，实行统一品种、统一管理、统一标准、统一销售；龙山玉珠葡萄公司与村集体经济组织合作，从种到卖，全产业链深度利益分配，资源共享，形成共生共荣共享的利益共同体，保证产品质量稳定、销售渠道稳定。此外，基于共同的利益机制，组织内部具有高度的资源共享性，增强了信息、技术、资金以及管理等生产要素在产业链内部的流动，减少了资产专用性所带来的交易成本，优化整合了生产要素投入，乡村产业组织拥有更雄厚的资金实力和更先进的技术支撑，可以拓宽农产品的用途，可以直接售卖或者加工，减少农民对下游市场的依附，可以弱化自有资产的专用性，产业内部结构的调整有利于内部业务整合和外部业务扩展，带动经营向多样化与多元化发展，促进经营规模扩大和沉淀成本下降。再次，乡村企业组织能够降低不确定性。乡村产业可以构建起"从种子到筷子""从田间到餐桌"的全产业链模式，降低生产经营的风险和不确定性，减少履约监督成本。例如陇县食用菌产业组织打造集食用菌科研、种植、加工与销售为一体的全产业链综合开发产业扶贫基地宁陕合作社建立蜂蜜生产线,探索"吸管蜜""便携蜜"等蜂蜜加工产品,推进产品多样化,完善产品包装设计,还结合海棠园村的乡村旅游和山货节、插秧节、蜂蜜节、钓鱼大赛等,开展对比新老箱养殖、感受蜜蜂酿蜜过程、体验摇蜜取蜜、现场品尝蜂蜜、辨别真假蜂蜜等活动。在内部各经营主体成本得到削减的同时也带来产业整体生产效益的提升。

(3)将农民增收与农业增效纳入统一激励轨道

乡村产业组织通过契约约束与利益链接,推动形成了优质优价的正向激励机制,将农民增收与农业增效纳入统一的激励轨道。一方面,农户按照合同要求进行标准化生产,向企业提供符合合同标准的安全优质农产品,无论是陇县食用菌种植农户还是龙山玉珠承包种植的农户都严格按照一定的标准进行生产活动。在此过程中实现农产品标准化生产与农业的集约化经营,进而降低了农业生产成本,并提升了农产品供给质量。另一方面,产业组织以优惠价格或以赊账抵账的形式向种养农户提供种苗及农业生产资料,如陇县食用菌种植基地,通过"三免一借两保障"的形式给贫困户免费提供生产大棚、免费供水供电、免费全程技术指导培训。宁陕合作社对新吸纳的贫困户成员采取免费入社、免费技术培训、免费上门指导、免费取蜜和奖补政策(四免+奖补);非贫困户成员缴纳500元作为股金,退社时返还;对于资金困难成员,合作社采取"租蜂"经营模式,即合作社提供种蜂群并协助建设标准化蜂场,种蜂群租期为三年,三年内成员以蜂蜜实物作为"租蜂"租金上交合作社(每箱蜂每年交回2斤蜂蜜),其余蜂蜜收入及分蜂多出的蜂群归其本人所有,租赁期满,成员归还"租蜂"等量蜂群即可。产业组织还以超过市场价的稳定价格收购农产品,形成稳定的供应体系,农户在供给标准化生产的优质初级农产品时所获收购价格也得以提高。龙山玉珠未挂果期按每亩600元计算收入,盛果期按葡萄的产量、质量计算收入。同时按30亩销售的纯利润,给予农户10%二次分红,使户均收入达到8万~12万元。最后还按不低于60%比例依据交易量(额)向成员分红,余下不足40%的部分按出资额、成员享有公积金份额和国家财政扶持资金及接受捐赠量化为成员的份额向成员进行分配。陇县食用菌产业对没有劳动能力的农户采取入股分红的方式，用产业扶持资金作为股金入股，通过分红带动农户增收。公司已先后吸纳 1 361 户农户入股共同发展，每户入股 5 000 元年收益 350 元。还对有创业意愿的农户通过"借袋还菇"模式进行孵化，基地提供全程的技术支撑。由此，农户及农场既节省了因寻找交易对象而花费交易成本，同时也能够获得更高的收购价格，进而达到促进稳定增收的效果。在规模经营中实施标准化生产并实现集约化经营，促进农业生产的提质增效；又基于产业组织内部形成的优质优价的正向激励与稳定的购销交易机制，进一步促进农民稳定增收。

（4）有利于农业技术的推广

现代农业技术推广普及的途径，也是组合农村闲散劳动力、土地等资源发展大生产的有效手段。企业可以通过与农户的利益链接将先进的技术和经验普及给农户，提高农户的技术水平。当乡村产业与村集体或农户签订合同时，由于对产品质量有要求，所以一般会给农户提供一定的技术支持，农户通过参与乡村产业组织生产经营活动，熟悉标准化生产流程、掌握生产技术之后，可以在农户间进行信息传递，进而提升其他农户的技术能力水平。即统一生产与技术管理有助于农户积累的经验在生产空间中扩散，以"干中学"的方式加速农户熟练掌握新技术的进程，再通过"示范效应"降低农户采纳新技术的风险与不确定性。以这种方式有效促进农业技术的推广与普及。

5 结论与讨论

本文引入三家陕西省乡村产业组织案例，总结提炼出乡村产业高质量发展的模式及其增效机制，拓展了黄河流域乡村产业高质量发展模式探索的视角，为促进黄河流域其他地区乡村产业高质量发展提供了借鉴和有益参考。

本文初步结论如下：一是乡村产业组织高质量发展是各地区带动农户增收，促进农业高质量发展的重要组成部分。二是乡村产业组织会基于自身的特点及地区的资源禀赋差异选择"企业＋村集体""企业＋农户""企业＋基地＋农户"等不同发展模式,构建和完善农业生产经营体系及其产业体系,完善自身发展。三是乡村产业组织通过构建和完善发展模式、生产体系和产业体系实现自身的高质量发展,通过细化产业链分工,促进生产效率提升,又通过与农户或合作社、村集体签约的方式避免了农产品供应链中经营主体为寻找合适交易对象所产生的交易成本,破解交易和分工的困境。乡村产业组织基于合同等契约安排,构建起稳定的利益链接、合作行为、分配机制与违约责任,促使乡村产业组织成员形成共同利益目标,获得个体和集体收益的协调统一。并通过与农户建立利益联结,助力农户增收,降低交易成本,给予农业生产资料支持,统一收购,形成稳定的供应体系,另外还有股份分红、工资收入及土地流转收入等极大地增加了农民收入。通过实行统一品种、统一管理、统一标准促进农户间信息传递,推动农业技术的扩散。从而促进乡村产业组织的提质增效和乡村产业组织的高质量发展。

据此,本文得出以下几点政策启示。一是乡村产业组织发展过程中要根据地区农业发展特点及自身资源禀赋选择适合自己的发展模式。二是乡村产业组织发展要加强生产标准化,持续建设标准化农场,实现全流程标准化生产。通过规范化生产,使内部机构不断健全,规模逐渐增大,实行统一品种、统一管理、统一标准、统一销售。再根据自身发展特点结合分户管理、农户承包等方式,实现统分结合,增强乡村产业组织发展的同时,实现农户的稳定增收,做到了企业、农户双方共赢。三是乡村产业组织发展要以调整结构、扩大规模、创建品牌、促进自身升级为发展定位,构建自己的建设格局,以打造集科研、种植、加工与销售为一体的全产业链综合开发产业扶贫基地为方向,推进产品多样化,完善产品包装设计,实现客源拓展。加强产业链的延伸,以更大规模的产业集群,实现园区带动、基地承载、产业脱贫、创业致富的高质量发展。四是乡村产业组织在不断发展扩大生产规模的同时,要积极吸纳群众参与生产过程。带动更多农户,鼓励更多农户参与到发展中,带动地区乡村产业持续发展。在产业与农户之间建立高度融合、休戚与共的利益联结机制,既有利于产业基地转型升级发展壮大,又有利于提高产业扶贫的组织化程度,可以有效实现产业与农户"双赢"。

参考文献

白云，2009. 发展现代农业的主要影响因素及路径选择［J］. 学术交流，2：59‐62.

姜作培，2007. 现代农业的基本特征和建设路径［J］. 经济问题，6：69‐71.

金廷芳，2011. 农产品供应链模式创新研究［J］. 商场现代化，4：97‐98.

黎明，谢芳福，2009. 安宁河流域现代农业发展路径［J］. 农村经济，11：61‐64.

李国英，2015. 产业互联网模式下现代农业产业发展路径［J］. 现代经济探讨，7：77‐82.

李惠，严中成，2021. 关于我国农业高质量发展的文献综述［J］. 农业与技术，41 (12)：8‐13.

林英厦，叶春山，2009. 福建现代农业发展目标与路径研究［J］. 福建论坛（人文社会科学版），11：139‐144.

刘涛，2011. 现代农业产业体系建设径抉择——基于农业多功能性的视角［J］. 现代经济探讨，1：79‐82.

芦千文，2017. 现代农业产业化联合体：组织创新逻辑与融合机制设计［J］. 当代经济管理，39 (7)：38‐44. DOI：10.13253/j. cnki. ddjjgl. 2017.07.005.

罗必良，2014. 中国农业经营制度——理论框架、变迁逻辑及案例解读［M］. 北京：中国农业出版社.

罗千峰，罗增海，2022. 合作社再组织化的实现路径与增效机制——基于青海省三家生态畜牧业合作社的案例分析［J/OL］. 中国农村观察（1）：91‐106［2022—0327］. http：//kns. cnki. net/kcms/detail/11.358 6. F. 20220119. 1404.012. html.

聂召英，王伊欢，2021. 链接与断裂：小农户与互联网市场衔接机制研究——以农村电商的生产经营实践为例［J］. 农业经济问题（1）：132‐143. DOI：10.13246/j. cnki. iae. 2021.01.012.

孙正东，2015. 加快培育联合体 打造紧密新联盟［J］. 农村工作通讯（20）：47‐49.

王志刚，于滨铜，2019. 农业产业化联合体概念内涵、组织边界与增效机制：安徽案例举证［J］. 中国农村经济（2）：60‐80.

夏显力，陈哲，张慧利，赵敏娟，2019. 农业高质量发展：数字赋能与实现路径［J］. 中国农村经济（12）：2‐15.

许开录，2009. 基于国际经验的中国现代农业的发展道路与模式［J］. 生产力研究（1）：51‐53. DOI：10.19374/j. cnki. 14‐1145/f. 2009.01.021.

张廷龙，梁樑，2012. 不同渠道权力结构和信息结构下供应链定价和销售努力决策［J］. 中国管理科学，20（2）：68 - 77. DOI：10. 16381/j. cnki. issn1003 - 207x. 2012. 02. 015.

R. H. Coase，1988. The Nature of the Firm：Influence ［J］. Journal of Law，Economics，&amp；Organization，4（1）.

Oliver E. Williamson，1971. The Vertical Integration of Production：Market Failure Considerations ［J］. The American Economic Review，61（2）.

农业三产融合发展：
科研投入与价值共创

——基于杨凌无花果产业的案例观察

摘要： 推进农业农村"三产融合"是挖掘农业多功能性、实现农业农村高质量发展的重要途径，是落实乡村振兴战略，推进农业农村现代化的重要举措。本文结合具体案例，分析了科研投入和价值共创在农业"三产融合"过程中发挥的作用。结果表明，科研投入对于农业三产融合中三次产业均发挥着基础性作用，是企业参与农业三次产业价值创造和利润分配的关键支撑。农业"三产融合"，企业可以与其他主体进行价值共创，可以有效弥补短板，强化优势，实现共赢。

关键词： 三产融合；科研投入；价值共创

1 引言

中国经济已由高速增长阶段转向高质量发展阶段。高质量发展离不开农业农村的创新发展，需要加快农村产业转型升级，推进农业农村现代化。2015—2021 年的中央 1 号文件连续强调推进农村"三产融合"发展，拓展农业产业链，提升价值链。党的十九大报告明确将产业兴旺放在乡村振兴战略总要求的首位，提出要有效促进农业农村产业发展，充分激活产业发展活力。农业最初仅有生产供给的单一功能，农业产业链"短、窄、薄"①。随着经济社会的发展与人民物质文化需求的增长，农业休闲旅游、生态服务、

---

① 苏毅清，游玉婷，王志刚. 农村一二三产业融合发展：理论探讨、现状分析与对策建议[J]. 中国软科学，2016（8）：17-28.

社会保障的功能逐渐凸显①，这既有利于丰富农业产业业态，带动农村经济发展，也有利于农民更多参与分享农村"三产融合"带来的增值保值收益②。推进农村"三产融合"是挖掘农业多功能性、实现农业农村高质量发展的重要途径，是落实乡村振兴战略，推进农业农村现代化的重要举措。农村三产融合能够进一步释放改革红利和结构红利，提升农业竞争力，有助于提高农业供给体系质量，提升农业农村经济发展的质量和效益③。

关于农村"三产融合"的具体内涵，已有学者进行了详细的阐述。马晓河提出，农村"三产融合"发展指的是以农业为基本依托，通过产业联动、产业集聚、技术渗透、体制创新等方式，将资本、技术以及资源要素进行跨界集约化配置，使农业生产、农产品加工和销售、餐饮、休闲以及其它服务业有机地整合在一起，协同发展④。孔祥利、夏金梅认为农村三产融合，即以农业为基础，以经营主体为引领，以利益联结为纽带，通过产业联动、要素渗透以打破产业边界，推动农业与二三产业有机融合⑤。朱炜、王新志把农工一体化企业作为研究对象，指出农工一体化企业是以农业为基础，向制造业和农业服务业延伸，本质上体现了不同产业间的融合⑥。宗锦耀将农村三产融合定性为一种经营方式，在这种经营方式中，各类经营主体以农业为基本依托，融合所聚焦的群体和平台是农户和农民合作社，其发生地在农村，且需立足于农业资源的开发利用⑦。李乾指出我国和部分农业发达国家三产融合发展的异同，提出要选择适合我国国情发展的融合方式，避免盲目照搬国外经验导致广大农户利益

---

① 彭建，刘志聪，刘焱序. 农业多功能性评价研究进展 [J]. 中国农业资源与区划，2014，35（6）：1-8.

② 黄庆华，李亚美，潘欣欣. 重庆市农村三产融合发展模式选择及多维效果评价 [J]. 农业经济与管理，2020（2）：10-19.

③ 本刊讯. 实施乡村振兴战略的总蓝图、总路线图——国家发改委副主任张勇、农业农村部副部长余欣荣解读《乡村振兴战略规划（2018—2022年）》[J]. 农村经营管理，2018（10）：7-13.

④ 马晓河. 推进农村一二三产业深度融合发展 [J]. 中国合作经济，2015（2）：43-44.

⑤ 孔祥利，夏金梅. 乡村振兴战略与农村三产融合发展的价值逻辑关联及协同路径选择 [J]. 西北大学学报（哲学社会科学版），2019，49（2）：10-18.

⑥ 朱炜，王新志. 农业产业化经营模式的演变与农工一体化企业发展——以山东省为例 [J]. 山东财经大学学报，2015，27（5）：91-99.

⑦ 宗锦耀. 以农产品加工业为引领 推进农村一二三产业融合发展 [J]. 中国农民合作社，2015（6）：17-20.

受损，进一步揭示了农村三产融合对乡村振兴战略实施的重要性[①]。

一些学者通过构建农村三产融合指标体系，测算区域农村三产融合发展指数[②]，乌东峰等运用灰色理论和多层次分析方法构建了现代多功能农业发展评价模型[③]。有学者从农户参与三产融合的增收效应来评估三产融合的发展效果[④]，或者基于县域统计数据分析农村三产融合发展的经济增长效应[⑤]。还有学者基于实证研究考察新型农业经营主体从事融合型产业的影响因素[⑥]。

现有关于农村"三产融合"的研究多集中于农业三产融合的内涵、模式以及测度评价等方面，对于科研投入以及相关主体价值共创在农业三产融合中的作用关注较少。本文拟结合具体案例，分析科研投入和价值共创在农业"三产融合"过程中发挥的作用。

2 理论基础

2.1 农村"三产融合"相关理论

产业融合不仅仅存在于农业相关产业，还广泛存在于各个领域。产业融合有利于拓展产业优化升级空间，是产业协同发展的新趋势。产业融合顺利

---

① 李乾. 国外支持农村一二三产业融合发展的政策启示 [J]. 当代经济管理，2017，39（6）：93 - 97.

② 向从武. 四川省农村产业融合发展评价及空间分异研究 [J]. 中国农业资源与区划，2021，42（8）：226 - 233.

陈盛伟，冯叶. 基于熵值法和 TOPSIS 法的农村三产融合发展综合评价研究——以山东省为例 [J]. 东岳论丛，2020，41（5）：78 - 86.

李治，王一杰，胡志全. 农村一二三产业融合评价体系的构建与评价——以北京市为例 [J]. 中国农业资源与区划，2019，40（11）：111 - 120.

③ 乌东峰，张世兵，滕湘君. 基于灰色理论的现代多功能农业评价研究——以湖南省湘潭市为例 [J]. 农业技术经济，2009（6）：105 - 112.

④ 李姣媛，覃诚，方向明. 农村一二三产业融合：农户参与及其增收效应研究 [J]. 江西财经大学学报，2020（5）：103 - 116.

⑤ 匡远配，肖叶. 农村三产融合发展的经济增长效应分析——基于 2007—2019 年的县域统计年鉴数据 [J]. 湖南农业大学学报（社会科学版），2022，23（2）：10 - 17，91.

⑥ 杨久栋，马彪，彭超. 新型农业经营主体从事融合型产业的影响因素分析——基于全国农村固定观察点的调查数据 [J]. 农业技术经济，2019（9）：105 - 113.

实现的前提是产业间有一定的关联性和技术基础，融合发生的主要原因是技术革新和放松管制导致了行业壁垒松动[①]。厉无畏、王慧敏认为，产业融合是通过资源、市场、技术等相互渗透、交叉、重组，使不同产业实现融合形成新兴产业的动态过程[②]。李美云对产业融合的概念进行了界定，狭义概念指数字技术发展过程中两种及以上产业的界限被打破，产业间阻碍变得模糊；中义概念指服务部门的机构变化；广义概念指广泛的内容和范围，或产业的演化发展[③]。胡汉辉、邢华把产业融合分为产业渗透、产业交叉、产业重组三种组合形式[④]。王丹认为，产业融合的三种形态是改造型融合、互补型融合、替代型融合[⑤]。在产业融合这一动态过程中，产业间会相互交叉渗透、协调耦合，产业链条开始变形且动态延伸，进一步影响行业间的竞合关系，模糊产业界限，使得融合实体逐渐发展成长，形成新产业并带来新价值和利润[⑥]。

农村三产融合属于产业融合范畴，其本质是一种产业创新，是原本相互独立的第一、第二和第三产业重组为一体的动态过程。农村三产融合是以农业为基本依托，通过延伸产业链、集聚要素、技术渗透、创新组织制度等方式，对资本、技术与资源要素进行跨界集约配置，使农业产加销、休闲以及其他服务业有机整合在一起，进而推动农村三次产业协同发展和农业竞争力的提升。

合理的融合模式是实现三产顺利融合创新的重要保障。现有研究从不同视角对目前农村一二三产业融合的模式进行了概括。孙学立将我国对农村一二三产业融合模式的探索划分为两个阶段：传统三产融合阶段，主要包括农业内部融合等三种主要形式；新时期三产融合阶段，包括农业龙头企业＋智

①　植草益. 信息通讯业的产业融合 [J]. 中国工业经济，2001 (2)：24-27.

②　厉无畏，王慧敏. 产业发展的趋势研判与理性思考 [J]. 中国工业经济，2002 (4)：5-11.

③　李美云. 国外产业融合研究新进展 [J]. 外国经济与管理，2005 (12)：12-20，27.

④　胡汉辉，邢华. 产业融合理论以及对我国发展信息产业的启示 [J]. 中国工业经济，2003 (2)：23-29.

⑤　王丹. 产业融合背景下的企业并购研究 [D]. 上海：上海社会科学院，2008.

⑥　苏毅清，游玉婷，王志刚. 农村一二三产业融合发展：理论探讨、现状分析与对策建议 [J]. 中国软科学，2016 (8)：17-28.

慧农场等四种新型融合模式①。马晓河从产业融合的跨度、方向和方式等多视角分析农村一二三产业融合的模式类型，总结出我国农村一二三产业融合的四种模式，即农业内部产业整合、农业产业链延伸、农业与二三产业交叉融合、高新技术渗透②。梁伟军、王昕坤认为，农业产业融合包括农资供应、农产品生产、加工、销售及服务环节的纵向融合，以及农业引入高新技术产业发展理念、技术成果和管理模式的横向融合；可分为高新技术对农业的渗透型融合、农业内部子产业之间的整合型融合、农业与服务业之间的交叉型融合、综合型融合等 4 大类型③。王昕坤根据统计局对三大产业的划分标准，将农村三产融合概括为产业内部和产业之间融合两种模式④。梁立华认为互联网技术在引导产业创新融合中发挥着中介作用，基于此，他把农村地区一二三产业融合模式概括为产业间交叉性融合和一二三产业内部的重构型融合两种主要形式⑤。

三产融合的组织模式包括农户散种散养的模式⑥、"公司＋农户"模式、"公司＋合作社＋农户"模式、"公司＋家庭农场"模式⑦等。新型农业经营主体是三产融合的重要载体⑧。王兴国根据产业融合带动主体的不同，将当前农村三产融合方式归纳为第一产业带动型、龙头企业带动型、工商资本带动型和农业服务企业带动型四种方式⑨。温淑萍等通过实践调研，基于多维

---

① 孙学立 . 农村一二三产业融合组织模式及其路径创新 [J]. 沈阳师范大学学报（社会科学版），2018，42（1）：57 - 63.

② 马晓河 . 推进农村一二三产业融合发展的几点思考 [J]. 农村经营管理，2016（3）：28 - 29.

③ 梁伟军，王昕坤 . 农业产业融合　农业成长的摇篮 [J]. 北京农业，2013（32）：4 - 6.

④ 王昕坤 . 产业融合——农业产业化的新内涵 [J]. 农业现代化研究，2007（3）：303 - 306，321.

⑤ 梁立华 . 农村地区第一、二、三产业融合的动力机制、发展模式及实施策略 [J]. 改革与战略，2016，32（8）：74 - 77.

⑥ 罗必良 . 中国农业经营制度：立场、线索与取向 [J]. 农林经济管理学报，2020，19（3）：261 - 270.

⑦ 蔡海龙 . 农业产业化经营组织形式及其创新路径 [J]. 中国农村经济，2013（11）：4 - 11.

⑧ 国务院发展研究中心农村经济研究部部长叶兴庆 . 农村三产融合发展须牢记初心 [N]. 经济日报，2017 - 4 - 10.

⑨ 王兴国 . 推进农村一二三产业融合发展的思路与政策研究 [J]. 东岳论丛，2016，37（2）：30 - 37.

视角提出五种三产融合模式，分别为区域协同模式、品牌核心模式、技术渗透模式、三资活化模式和主体协作模式，并指出这几种融合模式间存在层层递进的逻辑关系①。王乐君和寇广增认为农村三产融合具有形成产业链、要素融合创新、构建利益共同体和产业可持续等特点，在产业链、发展主体和利益分享机制上具有多种发展模式②。熊爱华、张涵在综合已有农村三产融合模式的研究，根据产业融合过程的具体内容和方式，将三产融合模式概括为四种典型模式：农业内部有机融合、产业链延伸、功能拓展、科技渗透③。

2.2 价值共创理论

价值共创思想最早可以追溯到 19 世纪，主要见于服务经济学研究文献中。20 世纪 60 年代，经济学的一个理论分支——消费者生产理论，突破了消费者对价值创造贡献仅局限于服务经济领域的观点，以经济学的方式阐述了消费者的价值创造作用④。随着网络经济的发展，价值共创视角从企业和顾客的二元互动转变为多个社会经济参与者的动态网络互动，价值共创主体从"企业和顾客"的二元关系发展到"系统"再到"复杂系统"的网络关系。服务主导逻辑衍生出的服务生态系统视角，从动态的、系统的、松散耦合的网络系统研究价值共创问题，将社会经济的参与者都纳入到价值共创的主体，以制度和广泛互动作为实现价值共创的核心，强调通过社会经济资源整合和服务交换实现价值共创⑤。

产业价值共创理论不再囿于单个企业层面，而是扩展到综合考虑多个利

---

① 温淑萍，郭淑敏，王秀琴，等. 农村一二三产业融合发展模式探析 [J]. 宁夏农林科技，2017，58（12）：2，83-87，99.

② 王乐君，寇广增. 促进农村一二三产业融合发展的若干思考 [J]. 农业经济问题，2017，38（6）：3，82-88.

③ 熊爱华，张涵. 农村一二三产业融合：发展模式、条件分析及政策建议 [J]. 理论学刊，2019（1）：72-79.

④ 武文珍，陈启杰. 价值共创理论形成路径探析与未来研究展望 [J]. 外国经济与管理，2012，34（6）：66-73，81.

⑤ 简兆权，令狐克睿，李雷. 价值共创研究的演进与展望——从"顾客体验"到"服务生态系统"视角 [J]. 外国经济与管理，2016，38（9）：3-20.

益相关者的价值主张、价值创造和价值获取过程①。简兆权等认为价值共创是一个通过服务交换和资源整合共同创造价值的动态过程，其研究视角从企业和顾客的二元互动转变为多个社会经济参与者的动态网络互动。随后，在现代农业领域涌现了一批价值共创研究成果②。张月莉、王再文认为知觉行为控制、共创态度、主观规范及价值共创意愿四个主范畴对农业集群品牌经营主体价值共创行为存在显著影响③。刘刚等认为，农业龙头企业如果提出切实的价值主张、积极推动价值创造、实现与各利益相关者的价值共享，就能够推动农业产业生态系统持续升级④；张德海等引入社会动员和资源编排等理论，结合参与主体共同创造市场服务和公共服务等多元价值的路径，构建了现代农业价值共创过程模型⑤。

3 案例描述

3.1 企业概况

我国无花果主产区多在南方，在陕西杨凌种植无花果属于"南果北种"。无花果不耐寒，在北方种植无花果对于种植技术水平和果园管理要求严格。无花果在北方市场中较为稀缺，因此价格较高。无花果甜度不太高，既适合当下消费趋势，又符合人们对健康的追求。无花果从种植到可以结果，只需要半年时间，便于在农户中推广。

菲格庄园隶属于杨凌菲格无花果产业发展有限公司，该公司成立于2018年3月。菲格庄园于同年落户于杨凌农业高新技术产业示范区。菲格

①⑤ 张德海，金月，杨利鹏，等.乡村特色产业价值共创：瓶颈突破与能力跃迁——基于本土龙头企业的双案例观察［J］.中国农村观察，2022（2）：39-58.

② 简兆权，令狐克睿，李雷.价值共创研究的演进与展望——从"顾客体验"到"服务生态系统"视角［J］.外国经济与管理，2016，38（9）：3-20.

③ 张月莉，王再文.农业集群品牌经营主体价值共创行为产生机理——美国"新奇士"品牌的探索性研究［J］.经济问题，2018（5）：40-45，93.

④ 刘刚，张泠然，殷建瓴.价值主张、价值创造、价值共享与农业产业生态系统的动态演进——基于德青源的案例研究［J］.中国农村经济，2020（7）：24-39.

庄园是一个以无花果科研、种植、育苗、示范、文旅等三产融合为主题的农业产业化庄园。杨凌菲格无花果产业发展有限公司成立了全国首个无花果研究院，在无花果品种选育、栽培技术、采后保鲜、深加工产品设计等方面展开科研工作，为菲格庄园的发展提供技术研发、产品设计等方面的支撑。依托设施农业下的温室环境，菲格庄园所种植的无花果第一年就有了不错的产量，这为之后建立标准化产业园打下了坚实的基础。依托现代农业新技术、新模式的支撑，无花果这一南方水果在北方试种成功，这为现代特色农业发展开拓了新路径。目前，菲格庄园的 20 多个品种的无花果陆续进入盛果期，产量达 10 万多千克，产品远销全国各地，每亩无花果年效益达 3 万～5 万元。杨凌菲格庄园已在陕西本地其他市县、新疆、广东、甘肃、青海、四川、云南等地建立或合作多个无花果基地，助力乡村振兴。

菲格庄园占地 600 亩，除了无花果种植园，还包含一个 300 亩的无花果文化园。菲格庄园下属的无花果文化园是一个集种植展示、文旅观光、休闲度假、亲子研学、文创示范为一体的无花果文创产业园。菲格庄园致力于无花果产业技术的研究、产业模式的拓展、产业影响力的提升，实现多元化的无花果产品营销。

3.2 企业三产融合发展概况

第一产业：菲格庄园利用现代生物技术、种植技术、智慧物联网技术等改造农业，提高农业生产效率和管理水平，结合现代工业的经营理念，利用新生态农业模式摆脱了传统农业靠天吃饭的短板，打破无花果种植地域限制，实现高产高收益。菲格庄园采用大棚矮化密植技术，可以使无花果在北方早成熟 2～3 个月，提前上市获得价格优势。菲格庄园通过采用有机化的标准种植，经过品种筛选、科学栽培等技术举措，让无花果品质和口感不断提升，受到市场青睐。

杨凌菲格无花果产业发展有限公司下属的无花果研究院使得菲格庄园在品种选育、苗木栽培等方面均具备自主研发能力。此外，借助杨凌农科城优势，菲格庄园与西北农林科技大学和杨凌职业技术学院紧密合作，引进水肥一体化种植技术，通过铺设反光膜等措施，无花果品质得到了大幅提升。菲格庄园与杨凌职业技术学院专家团队合作选育的"丝路红玉"和"丝路黄金"两个无花果新品种通过了省级林木良种审定。

第二产业：无花果研究院不仅在品种选育、栽培技术、采后保鲜等方面开展研究，在无花果深加工产品设计方面也进行了大量投入。菲格庄园自身不具备无花果深加工产品的生产能力，而是通过和无花果加工企业合作，优势互补，形成产业集群。菲格庄园充分发挥无花果鲜食、加工、药用与观赏的价值，开发了无花果系列产品，为消费市场提供多样化的选择。由无花果生产出来的系列产品，比如无花果茶、无花果酒、无花果干在市场上也非常受欢迎。

第三产业：菲格庄园打造了全国唯一一个以无花果为主导产业的集观光、休闲、度假、示范为一体的主题文化园，借此文化园宣传无花果种植技术，展示无花果系列产品，发扬无花果文化，推广无花果产业。每年无花果成熟季，该主题文化园都会举办无花果采摘节。无花果文化园推出了无花果植树、无花果采摘、无公害蔬菜水果采摘、小动物喂养、无花果美食烘焙体验等丰富多样的农事体验，还提供了特色无花果木烤全羊、特色农家乐等定制餐饮服务。此外，通过营造假山、人造湖，引入孔雀、梅花鹿等动物，文化园塑造了优美的园区环境。文化园通过提供科普教育、文化旅游，承接集体活动等服务，积极发展旅游业，充分发挥园区的观光休闲功能。

菲格庄园已在陕西本地其他市县、新疆、广东、甘肃、青海、四川、云南等地建立或合作多个无花果基地。菲格庄园为这些无花果种植基地提供技术服务，推广自身在育苗、种植、科研投入及产品研发等方面的成功经验。此外，菲格庄园还为其他种类水果种植基地提供技术服务，充分利用无花果研究院的研发成果和果园种植经验，实现技术、种植模式输出，扩大种植规模，增强产业效益。

4 案例内容分析与命题提出

（1）科研投入在果业三产融合中的作用

科研投入对于第一产业的作用：对于第一产业，第一，基于对科研的投入，菲格庄园通过品种培育筛选出更适合在北方种植以及更适合市场的无花果品种。第二，菲格庄园通过科研投入不断完善果园的管理，改进无花果栽培技术，提升无花果品质和口感，并使得无花果提前上市，避免集中上市低价出售。依靠品种优势和质量优势培育产品竞争力，菲格庄园夯实了三产融合中第一产业的坚实基础。菲格庄园将物联网、人工智能等现代高科技融入果业种植，有利于吸引年轻人才从事现代农业，促进农业可持续发展。

科研投入对于第二产业的作用：菲格庄园对于科研的投入不仅局限于品种培育和种植技术管理等技术层面的投入，还通过研发无花果系列产品，将产业链和价值链进一步延伸至第二产业。这使得菲格庄园对于第二产业的参与不仅局限于提供原材料，还更深入地参与到价值的创造过程，在产业链中的议价能力也随之提升。菲格庄园本身不具备无花果深加工产品的生产制造能力，选择与生产企业进行合作，优势互补。如果仅仅提供鲜果材料，对于最终产品影响力微弱，在最终收益的分配方面也处于弱势地位。如果菲格庄园自行投资工厂，生产无花果深加工产品，将会大大加剧成本、资金方面的压力，且由于不具备生产经验，投资风险大幅提升。通过进行产品设计，菲格庄园保证了对第二产业的深度参与以及对最终产品的影响力，又避免了自行生产的巨大成本，进而集中资金于科研投入，强化自身优势。通过与不同生产企业合作，菲格庄园可以最大化地丰富无花果深加工产品的类型。专注于产品设计的轻资产模式也使得菲格庄园可以根据市场反馈更灵活地调整加工产品类型。

科研投入对于第三产业的作用：菲格庄园对于技术研发的重视，使得自身掌握了一整套先进的果业生产技术。通过为其他种植基地提供技术服务，菲格庄园实现了技术、种植模式的输出，丰富了盈利模式，同时有利于最大化技术研发收益，形成研发投入和技术服务盈利的良性循环。

命题1：科研投入对于农业三产融合中三次产业均发挥着基础性作用，是企业参与果业三次产业价值创造和利润分配的关键支撑。

（2）果业三产融合中产业间相互作用

第一产业与第二产业之间的相互作用：菲格庄园通过优化无花果品种并依靠技术研发不断完善果园管理，不断提升无花果品质，为无花果深加工提供了优质原材料。凭借无花果优秀的品质菲格庄园与多家无花果加工企业建立了合作。在初级产品中建立的产品优势是菲格庄园将价值链延伸至第二产业的重要基础。高品质的无花果与其他产品，比如，酒、茶等产品的结合也有利于提升原产品附加值。菲格庄园对于第二产业的深度参与则进一步拓展了无花果鲜果市场，有利于进一步扩大无花果种植规模。无花果茶、无花果酒、无花果干等产品的广泛投入市场对菲格庄园生产的无花果鲜果也是一种有效宣传，有利于进一步扩大无花果鲜果知名度和市场。菲格庄园一二次产业的联动有利于实现良性循环。反之，初级产品和深加工产品如出现质量问题等损害市场形象的事件，也会互相带来负面影响。所以菲格庄园要在保证自身鲜果质量的同时，谨慎选择加工企业合作伙伴，正确评估相应风险。

第一、第二产业与第三产业的相互作用：菲格庄园下属的主题文化园每年举办的无花果采摘节依托于庄园自身经营的无花果果园及其产品，菲格庄园生产的无花果鲜果、种植管理活动、技术以及参与设计的无花果深加工产品也丰富了主题文化园所提供的旅游服务内容。

主题文化园举办的采摘节以及其他旅游服务也为无花果鲜果以及深加工产品提供了展销平台，起到了市场推广、吸引客流与投资合作的作用。提供技术服务与产品设计同样属于第三产业，菲格庄园通过提供技术服务，实现技术、种植模式输出，有利于扩大无花果种植规模，提升产业效益。通过提供产品设计使得菲格庄园得以更深入地参与到第二产业中，并间接拓展了无花果鲜果市场。

命题 2：农业三产融合不是一二三产业的简单叠加，而是要充分发挥三次产业之间资源共享、资源互通、相互支撑的作用。

（3）果业三产融合中各主体的价值共创

菲格庄园除了自身种植无花果外，还与农户、种植基地培育无花果。这一合作中，菲格庄园提供种苗、技术服务以及种植模式，农户、种植基地提供劳动力和果园。双方合作扩大无花果种植面积，发挥规模优势；通过与杨凌本地高校进行合作，菲格庄园进一步强化了在品种培育和种植管理方面的优势，有利于提升无花果品质，并强化技术和种植模式输出。菲格庄园缺乏农产品深加工能力，可与加工企业合作，菲格庄园提供优势原材料和产品设计方案，加工企业进行加工销售，双方优势互补，实现价值共创。

命题 3：农业三产融合，企业可以与其他主体进行价值共创，可以有效弥补短板，强化优势，实现共赢。

5 结论与启示

推动农村三产融合，实现产业兴旺，是农村产业发展的目标导向，也是推进乡村振兴的基本前提。本文通过分析杨凌无花果产业三产融合的具体案例，得出以下结论：科研投入对农村三产融合中三次产业均发挥着基础性作用，是企业参与农业三次产业价值创造和利润分配的关键支撑；农村三产融合不是一二三产业的简单叠加，而是要充分发挥三次产业之间资源共享、资源互通、相互支撑的作用；农业三产融合，企业可以与其他主体进行价值共创，可以有效弥补短板，强化优势，实现共赢。

基于本文的研究结论，可以得到以下政策启示：第一，注重发挥现代农业生产技术在农村三产融合中的重要作用。农村三产融合的基础是农业，初级产品的质量和品质直接关系到农村三产融合的水平。现代农业生产技术的应用是提升初级农产品品质和市场效益的关键，也是吸引年轻人才进入农业领域的重要条件。第二，充分发挥农村三产融合过程中互惠共赢的利益联结机制。积极发挥三产融合过程中，农村三次产业间资源共享、相互支撑的作用。第三，积极引导各市场主体合作共赢，实现价值共创。搭建三产融合交流平台，促进不同农业经营主体之间的交流合作，宣传、推广示范农场和标杆农业企业，进而推动产业化运行和形成利益共同体，加速农村三产融合发展进程。

参考文献

本刊讯，2018. 实施乡村振兴战略的总蓝图、总路线图——国家发改委副主任张勇、农业农村部副部长余欣荣解读《乡村振兴战略规划（2018—2022 年）》[J]. 农村经营管理（10）：7 - 13.

蔡海龙，2013. 农业产业化经营组织形式及其创新路径 [J]. 中国农村经济（11）：

4 - 11.

陈盛伟，冯叶，2020. 基于熵值法和 TOPSIS 法的农村三产融合发展综合评价研究——以山东省为例 [J]. 东岳论丛，41 (5)：78 - 86.

国务院发展研究中心农村经济研究部部长叶兴庆，2017. 农村三产融合发展须牢记初心 [N]. 经济日报，4 - 10.

胡汉辉，邢华，2003. 产业融合理论以及对我国发展信息产业的启示 [J]. 中国工业经济 (2)：23 - 29.

黄庆华，李亚美，潘欣欣，2020. 重庆市农村三产融合发展模式选择及多维效果评价 [J]. 农业经济与管理 (2)：10 - 19.

简兆权，令狐克睿，李雷，2016. 价值共创研究的演进与展望——从"顾客体验"到"服务生态系统"视角 [J]. 外国经济与管理，38 (9)：3 - 20.

孔祥利，夏金梅，2019. 乡村振兴战略与农村三产融合发展的价值逻辑关联及协同路径选择 [J]. 西北大学学报（哲学社会科学版），49 (2)：10 - 18.

匡远配，肖叶，2022. 农村三产融合发展的经济增长效应分析——基于 2007—2019 年的县域统计年鉴数据 [J]. 湖南农业大学学报（社会科学版），23 (2)：10 - 17，91.

李姣媛，覃诚，方向明，2020. 农村一二三产业融合：农户参与及其增收效应研究 [J]. 江西财经大学学报 (5)：103 - 116.

李美云，2005. 国外产业融合研究新进展 [J]. 外国经济与管理 (12)：12 - 20，27.

李乾，2017. 国外支持农村一二三产业融合发展的政策启示 [J]. 当代经济管理，39 (6)：93 - 97.

李治，王一杰，胡志全，2019. 农村一、二、三产业融合评价体系的构建与评价——以北京市为例 [J]. 中国农业资源与区划，40 (11)：111 - 120.

厉无畏，王慧敏，2002. 产业发展的趋势研判与理性思考 [J]. 中国工业经济 (4)：5 - 11.

梁立华，2016. 农村地区第一、二、三产业融合的动力机制、发展模式及实施策略 [J]. 改革与战略，32 (8)：74 - 77.

梁伟军，王昕坤，2013. 农业产业融合 农业成长的摇篮 [J]. 北京农业 (32)：4 - 6.

刘刚，张泠然，殷建瓴，2020. 价值主张、价值创造、价值共享与农业产业生态系统的动态演进——基于德青源的案例研究 [J]. 中国农村经济 (7)：24 - 39.

罗必良，2020. 中国农业经营制度：立场、线索与取向 [J]. 农林经济管理学报，19 (3)：261 - 270.

马晓河，2015. 推进农村一二三产业深度融合发展［J］. 中国合作经济（2）：43 - 44.

马晓河，2016. 推进农村一二三产业融合发展的几点思考［J］. 农村经营管理（3）：28 - 29.

彭建，刘志聪，刘焱序，2014. 农业多功能性评价研究进展［J］. 中国农业资源与区划，35（6）：1 - 8.

苏毅清，游玉婷，王志刚，2016. 农村一二三产业融合发展：理论探讨、现状分析与对策建议［J］. 中国软科学（8）：17 - 28.

孙学立，2018. 农村一二三产业融合组织模式及其路径创新［J］. 沈阳师范大学学报（社会科学版），42（1）：57 - 63.

王丹，2008. 产业融合背景下的企业并购研究［D］. 上海：上海社会科学院.

王乐君，寇广增，2017. 促进农村一二三产业融合发展的若干思考［J］. 农业经济问题，38（6）：3，82 - 88.

王昕坤，2007. 产业融合——农业产业化的新内涵［J］. 农业现代化研究（3）：303 - 306，321.

王兴国，2016. 推进农村一二三产业融合发展的思路与政策研究［J］. 东岳论丛，37（2）：30 - 37.

温淑萍，郭淑敏，王秀琴，等，2017. 农村一二三产业融合发展模式探析［J］. 宁夏农林科技，58（12）：2，83 - 87，99.

乌东峰，张世兵，滕湘君，2009. 基于灰色理论的现代多功能农业评价研究——以湖南省湘潭市为例［J］. 农业技术经济（6）：105 - 112.

武文珍，陈启杰，2012. 价值共创理论形成路径探析与未来研究展望［J］. 外国经济与管理，34（6）：66 - 73，81.

向从武，2021. 四川省农村产业融合发展评价及空间分异研究［J］. 中国农业资源与区划，42（8）：226 - 233.

熊爱华，张涵，2019. 农村一二三产业融合：发展模式、条件分析及政策建议［J］. 理论学刊（1）：72 - 79.

杨久栋，马彪，彭超，2019. 新型农业经营主体从事融合型产业的影响因素分析——基于全国农村固定观察点的调查数据［J］. 农业技术经济（9）：105 - 113.

张德海，金月，杨利鹏，等，2022. 乡村特色产业价值共创：瓶颈突破与能力跃迁——基于本土龙头企业的双案例观察［J］. 中国农村观察（2）：39 - 58.

张月莉，王再文，2018. 农业集群品牌经营主体价值共创行为产生机理——美国"新奇士"品牌的探索性研究 [J]. 经济问题 (5)：40-45，93.

植草益，2001. 信息通讯业的产业融合 [J]. 中国工业经济 (2)：24-27.

朱炜，王新志，2015. 农业产业化经营模式的演变与农工一体化企业发展——以山东省为例 [J]. 山东财经大学学报，27 (5)：91-99.

宗锦耀，2015. 以农产品加工业为引领　推进农村一二三产业融合发展 [J]. 中国农民合作社 (6)：17-20.

案例四

科技支撑乡村产业
高质量发展的模式与路径

——基于"高校＋合作社＋农户"产业模式的案例分析

摘要： 科技兴农是我国发展现代农业的重要方略，农业组织化、产业化发展是实现农业高质量发展的重要路径，探讨科技对农业组织化、产业化发展的作用机制具有重要意义。本文以典型案例为基础，分析"高校＋合作社＋农户"这一合作模式的优势，并探讨科技支撑合作社衔接小农户与现代农业的内在机制。高校与合作社联合进行技术创新，能够实现技术供给与需求的有效对接，技术研发、示范一体化能够提高农业科技成果转化效率，并能提高农民专业化素质。此外，高校以科技助推合作社延伸产业链，带领农户提质增效。衔接农户与现代农业的关键在于使农户对新型农业技术和产业组织产生高度信任，高校与合作社联合进行科技研发、示范一体化提升农户对组织和技术的信任；二者联合开展农业技术培训，提高农户的专业化素质，助推合作社引领农户进行标准化生产，提高农业生产效率，增强农户对组织和技术的信任；合作社通过延伸产业链，与"高校品牌"结合打造特色产业品牌，带领农户增收获利，提升农户的组织认同感、归属感。

关键词： 科技支撑；"高校＋合作社＋农户"；现代农业；农户信任

1 引言

当前我国农业进入高质量发展阶段，加快农业农村现代化进程成为我国农村建设工作的重中之重。然而，小农户经营规模小且分散、技术吸纳能力低以及其与大市场的矛盾为农业现代化进程的推进带来了层层阻碍（钟丽娜等，2021）①。为实现小农户与现代农业的有效衔接，《关于促进小农户与现代农业发展有机衔接的意见》与《新型农业经营主体和服务主体高质量发展规划（2020—2022年）》等政策文件强调要加快培育合作社、龙头企业等新型农业经营主体，以组织化的形式引领农户衔接现代农业。近年来，我国农民合作社数量也实现快速增长。据统计，截至2019年底，全国依法注册的农民合作社220.1万家，覆盖了50％左右的农户，为我国农业组织化、规模化发展奠定了坚实基础。合作社作为农业转型过程中的重要经营主体，已被证实能够通过稳定销售渠道、产生溢价激励（万凌霄、蔡海龙，2021）②、降低交易成本（周振等，2019）③和提供信贷支持（Abate et al.，2014）④、引领农户采用新型农业技术（Wossen et al.，2017；Ma et al.，2019）⑤、转变生产方式（蔡荣等，2019）⑥，进而实现增收提效（刘同山、孔祥智，2019；来晓东等，2020）⑦⑧。然而部分合作社在实际经营过程中，也暴露出

---

① 钟丽娜，吴惠芳，梁栋. 集体统筹：小农户与现代农业有机衔接的组织化路径——黑龙江省K村村集体土地规模经营实践的启示 [J]. 南京农业大学学报（社会科学版），2021，21（2）：126-135.

② 万凌霄，蔡海龙. 合作社参与对农户测土配方施肥技术采纳影响研究——基于标准化生产视角 [J]. 农业技术经济，2021（3）：63-77.

③ 周振，张琛，钟真. "统分结合"的创新与农业适度规模经营——基于新田地种植专业合作社的案例分析 [J]. 农业经济问题，2019（8）：49-58.

④ Abate G T，Francesconi G N，Getnet K. Impact of Agricultural Cooperatives on Smallholders' Technical Efficiency：Enpeirical Evidence from Ethiopia [J]. Annals of Public and Cooperative Economics，2014，85（2）：257-286.

⑤ Wossen T，Abdoulaye T，Alene A，et al. Impacts of Extension Access and Cooperative Membership on Technology Adoption and Household Welfare [J]. Journal of Rural Studies，2017，54：223-233.

Ma W L，Abdulai A. IPM Adoption，Cooperative Membership and Farm Economic Performance：Insight from Apple Farmers in China [J]. China Agricultural Economic Review，2019，11（2）：218-236.

⑥ 蔡荣，汪紫钰，钱龙，杜志雄. 加入合作社促进了家庭农场选择环境友好型生产方式吗——以化肥、农药减量施用为例 [J]. 中国农村观察，2019（1）：51-65.

⑦ 刘同山，孔祥智. 加入合作社能够提升家庭农场绩效吗——基于全国1 505个种植业家庭农场的计量分析 [J]. 学习与探索，2019（12）：98-106.

⑧ 来晓东，杜志雄，郜亮亮. 加入合作社对粮食类家庭农场收入影响的实证分析——基于全国644家粮食类家庭农场面板数据 [J]. 南京农业大学学报（社会科学版），2021，21（1）：143-154.

辐射带动能力弱、运作不规范和资金不足等问题（董红、王有强，2018）[①]，农户的利益无法得到保障，由此导致农户对合作社失去信任，逐渐与合作社脱节。解决这一问题的关键因素在于提升"合作社＋农户"这一合作模式的创收能力，稳定的收益来源不仅意味着合作社拥有充足的资金扩大经营规模，提升辐射带动能力，也能给农户分配较多的利润，与农户形成稳定的利益共同体，为衔接农户与现代农业提供经济保障。

一直以来，科技进步是发展现代农业的根本支撑。自1999年以来，中国科技发展进入实施科教兴国战略和构建国家创新体系阶段，国家政策的重心开始向依靠科技进步和提高劳动者素质的方向转移（贺岚，2020）[②]，以科研院所或高校为技术供给主体，以科研推动生产、以生产促进科研的产学研模式得以大力推广。但是对于"高校嵌入型"产学研模式而言，高校在进行农业类项目研究过程中会遇到实践环境与实验硬件条件的限制，面临着实验用地不足的问题。而合作社作为促进小农户与现代农业有机衔接的新型农业经营主体，具有较高的技术吸收转化能力和资源整合能力（李子涵等，2021）[③]，能够有效地组织农户开展生产经营活动，通过整合人才、土地、资金等资源优势来集中发展当地的优势产业（曾福生、蔡保忠，2018）[④]，但却面临经营效益低下，无法与农户形成稳定的利益共同体的问题，亟须吸纳先进农业技术，为组织经营创收注入新动力。那么，高校作为科技供给主体，能否成为"合作社＋农户"这一合作模式的"黏合剂"？其内在机理是什么？为回答这一问题，本文以陕西省宝鸡市永红猕猴桃专业合作社为例，探讨"高校＋合作社＋农户"这一模式的优势之处，并分析高校促进合作社引领农户的长效发展机制，以期为中国乡村产业高质量发展路径

---

① 董红，王有强．农民专业合作社发展的现状、困难及对策探析［J］．云南民族大学学报（哲学社会科学版），2018，35（2）：105－109.

② 贺岚．农村科技特派员制度下科技兴农的运行框架与主要模式［J］．科技管理研究，2020，40（24）：222－228.

③ 李子涵，许婷婷，丁卓智，徐世艳，郑丹．合作社视域下的科技支撑乡村产业振兴研究［J］．青岛农业大学学报（社会科学版），2021，33（1）：1－6.

④ 曾福生，蔡保忠．以产业兴旺促湖南乡村振兴战略的实现［J］．农业现代化研究，2018，39（2）：179－184.

提供借鉴。

2 小农户衔接现代农业的科技化困境

农业科技创新对农业现代化的实现具有重要意义，但科技创新成果只有最终应用到农业生产中，才能发挥其科技价值。然而，受制于对传统农业生产的路径依赖，先进科技从创新到为农户吸纳并投入实际农业生产的过程中面临着诸多困境。

2.1 农业科技供给偏离需求

农业科技成果转化和技术转移是促进农业生产转型的重要方式，也是我国实践创新驱动发展战略的重要途径（孙俊华、魏丽，2021）[①]。在农业生产技术要素持续增加的情况下，我国小农户的技术需求也急速上升，农民的种植方式急需修正，尤其表现在传统粮食作物的种植方面。在生产资料施用技术落后的情况下，大部分农民往往通过增加投入密度来维持基本生产率。但是我国农业科技推广主要是政府推动型，而政府推动型科技推广具有以行政指令为核心，进行"自上而下"单向沟通的特点，科技推广体系与农业技术应用体系缺乏足够的沟通与对接（王利清，2013）[②]。因此，围绕着行政需求的技术服务并不能回应农民日常生产中的技术问题，也不符合农民经营的基本特点（孙明扬，2021）[③]，导致科研与生产实践相脱节，阻碍了农业技术供给"最后一公里"的实现。

2.2 经济激励不足

农业科技推广和农户对农业技术的获取均需要足够的经济激励。在农业

---

① 孙俊华，魏丽 . 中国高校科技成果转化路径选择——中国内地 28 省市模糊集定性比较分析 [J]. 科技进步与对策，2021，38（20）：20 - 27.

② 王利清 . 农民视角下的农业科技推广困境与出路研究 [J]. 科学管理研究，2013，31（2）：67 - 70.

③ 孙明扬 . 基层农技服务供给模式的变迁与小农的技术获取困境 [J]. 农业经济问题，2021（3）：40 - 52.

科技推广方面，国家各地区均设有农业技术协会等农业技术推广部门，但是对农业科技推广人员的激励机制却较为缺乏，甚至部分地区取消了对农业技术推广人员的补贴，这大大降低了农业科技推广人员的工作积极性。此外，农技服务人员除了完成本职工作外还要承担非业务性工作，导致农业技术推广效率下降。在农户对农业技术的获取方面，随着农业现代化的发展，农业生产所需的资本投入成本也随之增高。加之小农户面对大市场本身就处于劣势地位，议价能力弱，农业生产的利润被中间商以及市场所攫取，农业生产增产不增收成为我国农民面临的最大困境，农民对农业生产越来越缺乏信心（王利清，2013）①，只有努力降低农户的技术采用成本，才可能实现技术产业化。

2.3 小农户的科技吸纳能力弱

在"大国小农"的基本国情下，小农户仍然是我国现代农业发展的重要经营主体，也是现代农业科技发展成果的接收者。然而，小农户的家庭经营特征对农业技术的采纳和吸收带来了重重阻碍。首先，农业生产投入的提升限制了小农户的农业技术采用。我国小农户具有经营规模小且分散的特点，相比于规模经营户，其技术采用的边际成本更高。而小农户的生产资金有限，限制了其对农业技术的需求。其次，在青壮劳动力外流的背景下，当前的小规模农业经营者老龄化较为严重，容易出现"消遣经营"的态度。而且农业生产受到自然灾害和市场不稳定性的影响，面临新型农业技术一般经营风险较高，加之传统农民的思想较为保守，小农户采用新型农业技术的积极性不高。最后，农村劳动力素质阻碍了科技成果发挥经济效应。我国小农户的文化程度普遍不高，其科技文化素质较低，加之小农户获取农业技术指导的途径有限，能够获得技术培训的机会较少，难以做到科学有效地应用新型农业技术。

---

① 王利清. 农民视角下的农业科技推广困境与出路研究 [J]. 科学管理研究，2013，31 (2)：67-70.

3 "高校＋合作社＋农户"合作模式的践行逻辑

3.1 永红猕猴桃专业合作社简介

2021年8月调研团队赴陕西省宝鸡市岐山县永红猕猴桃专业合作社进行实地调研，与岐山县永红猕猴桃专业合作社的总经理进行两个小时的深度访谈，调研团队通过笔记、录音等方式对访谈内容进行了详细记录。陕西省宝鸡市永红猕猴桃专业合作社成立于2010年，位于蔡家坡镇唐家岭村委会北侧，有陕西奇果电子商务有限公司、陕西永红腾达商贸有限公司、深圳岐安唐实业有限公司三个下属公司。合作社主要经营猕猴桃的种植、贮藏、销售以及电子商务，新技术、新模式、新品种的研发与推广，公司分别经营电商、花粉加工、有机肥加工、市场销售等业务，获得"国家级星创天地""省级猕猴桃园区""优秀果业合作社""宝鸡市领先示范园"等先进称号。合作社采取"合作社＋基地＋农户"的生产经营模式，按照"以小农户形成大规模、建设产业链、扩大覆盖面"的发展思路，引进、试验、推广有机、无公害基地，并推行"五统一"的标准化种植，从而实现小生产和大市场的有效对接。目前合作社吸纳社员680户，有机认证1 500亩，无公害基地认证4 500亩，每年可向市场提供无公害、有机猕猴桃12 000多吨。2015年建立电商服务站，以电商的方式推进产品销售。

3.2 高校、合作社、农户三者何以联结

从利益诉求的角度看，对于农业高校而言，培养和研发满足农业经济发展需要的人才和技术，是其根本任务所在。而科技研发是一项精细化任务。一方面，科技研发需要理论与实际的紧密结合，在技术研发的过程中需要不断地重复与试验，从而对试验用地产生较高的需求；另一方面，科研成果只有为农户创造经济收益才能实现其价值，因而在技术研发过程中需要农户的技术使用反馈，进而对农业技术加以改进和完善。对于农业合作社而言，衔接小农户与现代农业是其根本任务所在。而完成这一任务的关键点在于借助

科技支撑现代农业发展，整合发展资源提供产业服务，从而达到带动农户提质增效的目的。为紧密联结小农户，合作社必须以科技进步作为组织发展的源动力，借助科技支撑实现产业链的延伸，充分整合地方农业资源，发展当地特色产业，打造地方特色品牌，从而带动小农户增收。对于农户而言，在理性人的假设下，其最终目标是实现收益最大化。若合作社能够带动农户实现稳步增收，农户便愿意加入合作社，并按照合作社对农业生产的要求标准进行生产。若能够以较低的成本获得新技术，而且新技术的示范效果较好，农户采用新技术的积极性会得到提升。

高校与合作社合作，一方面可以利用合作社整合的土地资源作为科研实验用地，克服客观实践条件的制约；另一方面，高校研发的先进农业技术可以借助合作社这一示范平台推广给社员以及周围农户，农户对技术的实际使用效果可以及时反馈给高校，对技术进行进一步完善。而合作社在这过程中可以借助高校研发的新品种、新技术进行特色品牌建设，促进生产效率的提升，为提高合作社的盈利能力提供强有力的科技支撑。与此同时，农户在合作社的带领下学习到新技术、新管理方法，生产效率得到提升，农产品做到优质优价，从而实现农业增收。

永红猕猴桃专业合作社于2013年开始与西北农林科技大学在宝鸡市的猕猴桃试验站合作，与西北农林科技大学共同开展科研项目，共同研发、示范与推广。合作社与高校建立科技示范园规模有6 000亩，合作研发了规范树形、果园生草、定量挂果、有机物料堆沤发酵、人工授粉、水肥一体化、配方施肥、病虫害生物统防统治等11个新技术，示范推广脐红、农大金猕、农大猕香、农大郁香、紫果、瑞玉、碧玉、红玉、249、翠香、黄金果等13个新品种。截至2021年，带动蔡家坡村种植面积5 600亩，猕猴桃实际种植面积5 200亩，此外，借助科技的溢出效应，辐射带动周围村庄十余个，实现特色产业增收，2015年蔡家坡村被评为"一村一品示范村"，2020年被评为"乡村振兴亿元村"。

3.3 "高校＋合作社"的践行逻辑

3.3.1 高校与合作社联合进行科技创新

在农业环境迅速变化的新形势下，农业发展在很大程度上取决于科学技术如何成功地产生、共享和应用（贺岚，2020）①。高校作为集知识、人才和技术于一身的科学研究高地，已成为科学理论与基础研究的主力军和技术创新的策源地，为农村产业发展不断提供创新驱动力（严瑾等，2020）②。合作社作为新型农业经营主体，具有较强的资源整合能力，为农业科技创新提供实践条件。在本文研究的案例中，永红猕猴桃专业合作社注重以科技创新引领农户组织化发展，与西北农林科技大学联合申报多项科研项目。在这一合作过程中，高校利用合作社提供的猕猴桃园区作为试验田进行科技研发。这一做法的优点在于，高校在合作社的试验田中研发出的科技成果更符合当地的农业生产环境，科技成果的供给与当地农业生产的需求更加契合，更加有助于科技成果的转化。

3.3.2 以合作社为平台进行研发、示范一体化的农业技术推广

作为服务于农业生产的经济性互助组织，合作社在农业技术推广的过程中发挥了重要的纽带作用，是科技兴农的中坚力量。借鉴于国外农业发展经验，农业合作社在农业科技的选择、研发、传播和扩散，乃至一个国家或地区的农业科技推广体系中都发挥着重要的作用（王利清，2013）③。首先，微观层面上，在发达国家，农业技术选择与创新是通过农民的组织化程度以及农民参与公共决策能力的提高得到了很大的改观，并且许多合作社根据自己的技术需求，委托专门的研究机构进行技术研发。近些年来，国外农业合作社作为组织平台在技术传播和沟通模式上推动了"自上而下"的线性推广模式向侧重双向沟通模式的转变。其次，宏观层面上，合作社系统的农业科技推广是许多国家农业科技推广体系不可缺少的组成部分（郑丹，2009）④。然而从我国的合作社发展情况来看，虽然我国的农民合作社整体发展势头良

---

① 贺岚. 农村科技特派员制度下科技兴农的运行框架与主要模式 [J]. 科技管理研究，2020，40（24）：222－228.

② 严瑾，陈巍，丁艳锋，陈利根. 以科技支撑激发产业内生动力——来自南京农业大学产业扶贫的经验 [J]. 南京农业大学学报（社会科学版），2020，20（4）：181－188.

③ 王利清. 农民视角下的农业科技推广困境与出路研究 [J]. 科学管理研究，2013，31（2）：67－70.

④ 郑丹. 国外农业合作社在农业科技推广中的作用及启示 [J]. 农业科技管理，2009，28（2）：55－59.

好，但由于起步较晚、经验不足等原因，合作社提供科技服务的水平较低。加之合作社缺乏支撑产业发展的管理、经营和技术专业人才，合作社单方面的技术推广效率较为低下，其技术服务难以取得农户的信任。而永红猕猴桃专业合作社与西北农林科技大学充分结合当地农业发展条件，以科技研发和示范为一体的农业技术推广模式能有效克服以合作社或农业技术人员为一方的技术推广弊端。一方面，高校与合作社合作能够弥补合作社在技术推广上的人力资本缺陷，高校技术人员能够在技术使用上做出更好的示范与指导效果，提高农业技术的推广效果；另一方面，从科技成果的适宜性来看，试验田设置在技术推广地，技术研发的过程也是示范与推广的过程，农户能够"看得见，摸得着"，更加信任科技成果在实践中的可靠性，能够调动农户采用新型农业技术的积极性，同时也降低了农业技术推广的成本。

3.3.3　高校与合作社联合提升农民专业化素质

人才振兴是实施乡村振兴战略的重要环节，农户的专业化素养决定了其是否能够快速准确地吸收新技术。高校科技人员借助合作社这一平台为农户开展技术指导与培训，在试验田中以实践的形式，通过"面对面交流，手把手教学"的方式传播农业知识和技术，实现理论与实践相结合的培训模式，在提升农户专业素质的同时也实现引导农户从重视以增加生产资料的投入提升产量到重视以采用新技术提质增效的主观思想的改变，激发农户学习专业知识的主观能动性。永红猕猴桃专业合作社与西北农林科技大学联合提升农民专业化素质，合作社聘请西北农林科技大学农业专家免费为农户提供技术培训和指导，同时也与宝鸡农广校合作进行高素质农民培训，培训内容包括生产资料的选择和使用方法、农业技术的使用、创业指导和电子商务等产前产中产后的全方位培训。培训频率高达每年开展40余场培训会，培训方式除了线下培训外，农户还可以通过微信、电话等线上方式咨询农业问题，为农户提高专业素质提供了多方位渠道。

3.3.4　高校助推合作社延伸产业链，与农户形成紧密利益联结机制

农民专业合作社作为"弱势群体"的联合组织，常常由少数个别农村能手倡导发起成立。但是，由于绝大多数成员是竞争力弱的农民，因此风险承受能力不足、社会群体固化等成为其无法回避和逾越的客观问题（唐露菲、

罗磊，2020)①。其中，农业技术的缺乏是影响合作社引领农户拓展产业链的重要因素。以农民专业合作社牵头组织开展农业技术对接，能显著降低对接成本，提高对接效率。农民专业合作社与高校联结形成合作机制，能够有效提高农业产前、产中和产后各环节的技术对接效率。农业生产过程中质量与效率的提升，是合作社拓展产业链的重要基础。永红猕猴桃专业合作社与西北农林科技大学进行技术对接，有效提高了农民的专业化素质，在农业技术的支撑下，实现对农业生产过程的规范化管理。永红猕猴桃专业合作社在此基础上，进一步延伸产业链，对产后的农产品储藏和销售环节提供服务，并结合高校研发的特色品种、改良品种等"高校品牌"打造当地特色猕猴桃品牌。截至 2021 年 8 月，永红专业合作社已建立猕猴桃专业储藏冷库 50 座，用于收购社员的猕猴桃。由于 50 座冷库不足以收购全部社员的猕猴桃，合作社采取农业订单和优质优先收购的收购策略，其中农业订单收购的农产品是按照订单规定的高标准进行规范化生产，产品各项标准经检验合格订单才能生效。合作社的收购价格通常比市场价格高 0.1～0.2 元/斤，在价格波动的应对上，收购价格随市场价格的提升而提高，但不会随市场价格的下降而下降，优先保障农户的收益，与农户实现风险共担，取得农户的信任，从而与农户建立长效的合作机制。在产品储藏方面，高校发挥的作用主要是为合作社提供产品储藏适宜的温度、湿度等环境标准，为合作社解决产品储藏上的技术问题；在产品销售方面，高校发挥的作用主要是协助合作社开展电子商务服务，并利用高校资源帮助合作社拓展销售渠道，解决合作社的产品销路问题。永红合作社总经理表示在高校的协助下，猕猴桃从未滞销过，在产品销售方面一直都很顺利。

4 高校助推合作社衔接农户与现代农业的机制

衔接农户与现代农业的关键在于使农户对新型农业技术和产业组织产生

---

① 唐露菲，罗磊. 农业技术对接模式对农民专业合作社发展的影响机制 [J]. 乡村科技，2020 (9)：32 - 33.

高度信任，引导、激励农户坚定不移地跟随农业组织的步伐，以组织化、规模化、产业化的形式实现农业高质量发展。"高校＋合作社＋农户"的合作模式以农业高校作为农业技术供给主体，以合作社作为农业技术推广平台，以提升农业科技成果转化率为手段，以科技支撑引领农户提质增收为目标导向，从农业产业发展供需视角来优化科技成果供给侧改革，构建转化主体、科研人员、农业产业三方利益共同体，有效激发三方形成科技成果转移转化的合力以支撑农业现代化发展（徐新洲，2019）[①]。高校助推合作社衔接农户与现代农业的机制如图1所示。

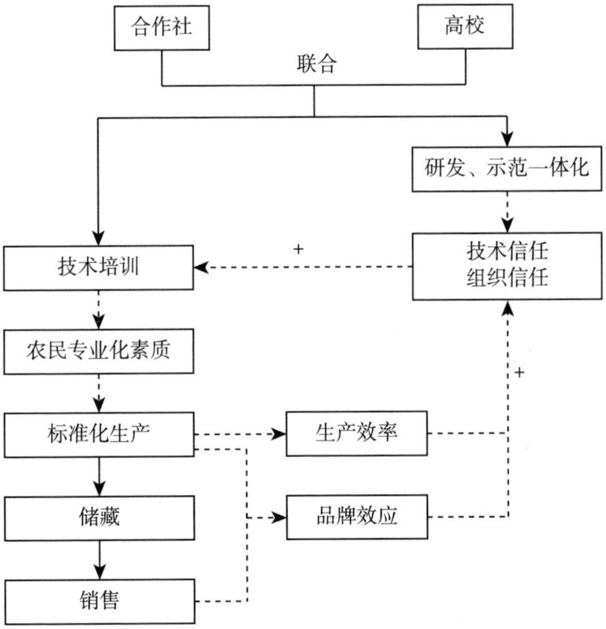

图1　高校助推合作社衔接农户与现代农业的机制

（1）高校与合作社联合进行科技研发、示范一体化提升农户对组织和技术的信任

高校借助合作社提供的试验田作为科技研发基地，在科技研发的同时也

----

① 徐新洲. 创新链与产业链融合下的科技成果转化——以南京林业大学为例［J］. 中国高校科技，2019（10）：8-12.

能给周围农户起到技术示范的作用。科技成果与当地农业生产条件的高度适宜性、技术效果的可获得性和研发、示范一体化带来的知识外溢性能够极大地提高农户对技术研发主体和技术成果的信任，提高技术吸纳的积极性，农业技术培训的参与度将大大提高，为农业技术推广奠定基础。

（2）高校与合作社联合开展农业技术培训，提高农户的专业化素质，助推合作社引领农户进行标准化生产，提高农业生产效率，增强农户对组织和技术的信任

农业技术培训是农户获取农业经营知识的重要途径，接受过大量农业技术培训的农户的农业生产专业化素质将会得到较高的提升。农户具备较高的农业专业化水平，将有助于合作社带领农户开展标准化生产，农产品质量得到提升的同时农业生产效率也将得到较大改善，这将进一步提高农户对组织和农业技术的信任。

（3）高校助力合作社延伸产业链，打造特色产业品牌，带领农户增收获利，提升农户的组织认同感、归属感

在农产品标准化生产的基础上，合作社可以进一步延伸产业链，引进产品储藏设备，并与高校联合拓展销售渠道，实现产储销一体。产储销一条龙服务不仅降低了农户的交易成本，也有助于合作社在引领农户生产优质产品的基础上，结合高校研发的特色品种、改良品种等"高校品牌"，打造特色产业品牌，从而实现带动农户增收获利，提高农户对合作社的组织认同感与归属感。

5 结论与启示

5.1 研究结论

科技兴农是我国发展现代农业的重要方略，农业组织化、产业化发展是实现农业高质量发展的重要路径，探讨科技对农业组织化、产业化发展的作用机制具有重要意义。本文以典型案例为基础，分析"高校＋合作社＋农户"这一合作模式的优势，并探讨科技支撑合作社衔接小农户与现代农业的

内在机制。高校与合作社联合进行技术创新，能够实现技术供给与需求的有效对接，技术研发、示范一体化能够提高农业科技成果转化效率，并能提高农民专业化素质。此外，高校以科技助推合作社延伸产业链，带领农户提质增效。衔接农户与现代农业的关键在于使农户对新型农业技术和产业组织产生高度信任，高校与合作社联合进行科技研发、示范一体化提升农户对组织和技术的信任；二者联合开展农业技术培训，提高农户的专业化素质，助推合作社引领农户进行标准化生产，提高农业生产效率，增强农户对组织和技术的信任；合作社通过延伸产业链，与"高校品牌"结合打造特色产业品牌，带领农户增收获利，提升农户的组织认同感、归属感。

5.2 研究启示

第一，高校是农业现代化发展过程中不可或缺的集知识、技术和人才于一身的重要力量，特别是在科技兴农的过程中探索和创造了"高校品牌"，也真正发挥了高校科技对产业发展的支撑作用，推动了农科教结合的综合服务模式的发展。对此，政府应促进合作社与高校、科研机构的合作。政府作为合作社和高校、科研机构的中介力量，应该积极引导合作社参与产学研合作，特别是引导合作社与大学进行技术引进、联合技术开发等高级产学研合作，而不仅仅是提供信息技术服务。

第二，合作社作为农业技术推广的中坚力量，能够有效促进小农户与新型农业技术的对接。我国应该采取充分利用农民专业合作社这一基层组织平台开发新型农业科技推广模式，进一步拉近农民与科研机构、科研需求与研发之间的距离，真正形成满足农民科技需求的"自下而上"的双向沟通模式，解决农业技术供给"最后一公里"的问题。

第三，政府应加大对合作社的扶持力度。由于我国多数合作社处于发展的初级阶段，资金、规模相对较小，技术创新和推广能力较弱。在鼓励高校与合作社合作的同时，政府可以为合作社参与产学研合作设立专项基金，提供资金保障，避免合作社在提供全方位服务以及延伸产业链过程中出现资金不足的问题。

参考文献

蔡荣，汪紫钰，钱龙，杜志雄，2019. 加入合作社促进了家庭农场选择环境友好型生产方式吗——以化肥、农药减量施用为例 [J]. 中国农村观察 (1)：51-65.

董红，王有强，2018. 农民专业合作社发展的现状、困难及对策探析 [J]. 云南民族大学学报（哲学社会科学版），35 (2)：105-109.

贺岚，2020. 农村科技特派员制度下科技兴农的运行框架与主要模式 [J]. 科技管理研究，40 (24)：222-228.

来晓东，杜志雄，郜亮亮，2021. 加入合作社对粮食类家庭农场收入影响的实证分析——基于全国 644 家粮食类家庭农场面板数据 [J]. 南京农业大学学报（社会科学版），21 (1)：143-154.

李子涵，许婷婷，丁卓智，徐世艳，郑丹，2021. 合作社视域下的科技支撑乡村产业振兴研究 [J]. 青岛农业大学学报（社会科学版），33 (1)：1-6.

刘同山，孔祥智，2019. 加入合作社能够提升家庭农场绩效吗——基于全国 1 505 个种植业家庭农场的计量分析 [J]. 学习与探索 (12)：98-106.

孙俊华，魏丽，2021. 中国高校科技成果转化路径选择——中国内地 28 省市模糊集定性比较分析 [J]. 科技进步与对策，38 (20)：20-27.

孙明扬，2021. 基层农技服务供给模式的变迁与小农的技术获取困境 [J]. 农业经济问题 (3)：40-52.

唐露菲，罗磊，2020. 农业技术对接模式对农民专业合作社发展的影响机制 [J]. 乡村科技 (9)：32-33.

万凌霄，蔡海龙，2021. 合作社参与对农户测土配方施肥技术采纳影响研究——基于标准化生产视角 [J]. 农业技术经济 (3)：63-77.

王利清，2013. 农民视角下的农业科技推广困境与出路研究 [J]. 科学管理研究，31 (2)：67-70.

徐新洲，2019. 创新链与产业链融合下的科技成果转化——以南京林业大学为例 [J]. 中国高校科技 (10)：8-12.

严瑾，陈巍，丁艳锋，陈利根，2020. 以科技支撑激发产业内生动力——来自南京农业大学产业扶贫的经验 [J]. 南京农业大学学报（社会科学版），20 (4)：181-188.

曾福生，蔡保忠，2018. 以产业兴旺促湖南乡村振兴战略的实现 [J]. 农业现代化研究，39 (2)：179-184.

郑丹，2009. 国外农业合作社在农业科技推广中的作用及启示 [J]. 农业科技管理，28 (2)：55 - 59.

钟丽娜，吴惠芳，梁栋，2021. 集体统筹：小农户与现代农业有机衔接的组织化路径——黑龙江省 K 村村集体土地规模经营实践的启示 [J]. 南京农业大学学报（社会科学版），21 (2)：126 - 135.

周振，张琛，钟真，2019. "统分结合" 的创新与农业适度规模经营——基于新田地种植专业合作社的案例分析 [J]. 农业经济问题 (8)：49 - 58.

Abate G T，Francesconi G N，Getnet K，2014. Impact of Agricultural Cooperatives on Smallholders' Technical Efficiency：Enpeirical Evidence from Ethiopia [J]. Annals of Public and Cooperative Economics，85 (2)：257 - 286.

Wossen T，Abdoulaye T，Alene A，et al.，2017. Impacts of Extension Access and Cooperative Membership on Technology Adoption and Household Welfare [J]. Journal of Rural Studies，54：223 - 233.

Ma W L，Abdulai A.，2019. IPM Adoption，Cooperative Membership and Farm Economic Performance：Insight from Apple Farmers in China [J]. China Agricultural Economic Review，11 (2)：218 - 236.